U0362427

近代稀见旧版文献再造丛书

民国中國文化史要籍汇刊（影印本）

侯杰 主编

第十六卷

先秦文化史　孟世杰

唐代文化史研究　罗香林

南開大學出版社

图书在版编目(CIP)数据

民国中国文化史要籍汇刊. 第十六卷 / 侯杰主编
. —影印本. —天津 : 南开大学出版社, 2019.1
(近代稀见旧版文献再造丛书)
ISBN 978-7-310-05715-3

Ⅰ. ①民… Ⅱ. ①侯… Ⅲ. ①文化史—文献—汇编—
中国 Ⅳ. ①K203

中国版本图书馆 CIP 数据核字(2018)第 278078 号

南开大学出版社出版发行
出版人:刘运峰
地址:天津市南开区卫津路 94 号　　邮政编码:300071
营销部电话:(022)23508339　23500755
营销部传真:(022)23508542　　邮购部电话:(022)23502200
*
北京隆晖伟业彩色印刷有限公司
全国各地新华书店经销
*
2019 年 1 月第 1 版　　2019 年 1 月第 1 次印刷
148×210 毫米　32 开本　19.25 印张　4 插页　555 千字
定价:240.00 元

如遇图书印装质量问题,请与本社营销部联系调换,电话:(022)23507125

出版说明

一、本书收录民国时期出版的中国文化史著述，包括通史性文化著述、断代史性文化著述和专题性文化史著述三大类；民国时期出版的非史书体裁的文化类著述，如文化学范畴类著述等，不予收录；同一著述如有几个版本，原则上选用初始版本。

二、个别民国时期编就但未正式出版过的书稿如吕思勉的《中国文化史六讲》和民国时期曾以文章形式公开发表但未刊印过单行本的著述如梁启超的《中国文化史·社会组织篇》，考虑到它们在文化史上的重要学术影响和文化史研究中的重要文献参考价值，特突破标准予以收录。

三、本书按体裁及内容类别分卷，全书共分二十卷二十四册；每卷卷首附有所收录著述的内容提要。

四、由于历史局限性等因，有些著述中难免会有一些具有时代烙印、现在看来明显不合时宜的内容，如『回回』『满清』『喇嘛』等称谓及其他一些提法，但因本书是影印出版，所以对此类内容基本未做处理，特此说明。

南开大学出版社
二〇一八年十一月

总序

侯杰

中国文化，是世代中国人的集体创造，凝聚了难以计数的华夏子孙的心血和汗水，不论是和平时期的锲而不舍、孜孜以求，还是危难之际的攻坚克难、砥砺前行，都留下了历史的印痕，闪耀着时代的光芒。其中，既有精英们的思索与创造，也有普通人的聪明智慧与发奋努力；既有中华各民族儿女的发明创造，也有对异域他邦物质、精神文明的吸收、改造。中国文化，是人类文明的一座巨大宝库，发源于东方，却早已光被四表，传播到世界的很多国家和地区。

如何认识中国文化，是横亘在人们面前的一道永恒的难题。虽然，我们每一个人都不可避免地受到文化的熏陶，但是对中国文化的态度却迥然有别。大多离不开对现实挑战所做出的应对，或恪守传统，维护和捍卫自身的文化权利、社会地位，或从中国文化中汲取养料，取其精华，并结合不同历史时期的文化冲击与碰撞，进行综合创造，或将中国文化笼而统之地视为糟粕，当作阻碍中国迈向现代社会的羁绊，欲除之而后快。这样的思索和抉择，必然反映在人们对中国文化的观念和行为上。

中国文化史研究的崛起和发展是二十世纪中国史学的重要一脉，是传统史学革命的一部分——传统史学在西方文化的冲击下，偏离了故道，即从以帝王为中心的旧史学转向以民族文化为中心的新史学，又和中国的现代化进程有着天然的联系。二十世纪初，中国在经受了一系列内乱外患后，千疮百孔，国力衰微；与此同时，西方的思想文化如潮水般涌入国内，于是有些人开始对中国传统文化产生怀疑，甚至持否定态度，全盘西化论思潮的出笼，更是把这种思想推向极致。民族自信力的丧失既是严峻的社会现实，又是亟待解决的问题。而第一次世界大战的惨剧充分暴露出西方社会的弊端，其文化取向亦遭到人们的怀疑。人们认识到要解决中国文化的出路问题就必须了解中国文化的历史和现状。很多学者也正是抱着这一目的去从事文化史研究的。

在中国文化史书写与研究的初始阶段，梁启超是一位开拓性的人物。早在一九〇二年，他就深刻地指出：『中国数千年，唯有政治史，而其他一无所闻。』为改变这种状况，他进而提出：『历史者，叙述人群进化之现象也。』而所谓『人群进化之现象』，其实质是文化演进以及在这一过程中所进发出来的缤纷事象。以黄宗羲『创为学史之格』为楷模，梁启超呼吁：『中国文学史可作也，中国种族史可作也，中国财富史可作也，中国宗教史可作也。诸如此类，其数何限？』从而把人们的目光引向中国文化史的写作与研究。一九二一年他受聘于南开大学，讲授『中国文化史』，印有讲义《中国文化史稿》，后经过修改，于一九二二年在商务印书馆以《中国文化史稿第一编——中国历史研究法》之名出版。截至目前，中国学术界将该书视为最早的具有史学概论性质的著作，却忽略了这是梁启超对中国文化历史书写与研究的整体思考和潜心探索之举，充满对新史学的拥抱与呼唤。

与此同时，梁启超还有一个更为详细的关于中国文化史研究与写作的计划，并拟定了具体的撰写目录。梁启超的这一构想，部分体现于一九二五年讲演的《中国文化史·社会组织篇》中。在这个关于中国文化史的构想中，梁启超探索了中国原始文化以及传统社会的婚姻、姓氏、乡俗、都市、家族和宗法、阶级和阶层等诸多议题。虽然梁启超终未撰成多卷本的《中国文化史》（其生前，只有《中国文化史·社会组织篇》等少数篇目问世），但其气魄、眼光及其所设计的中国文化史的书写与研究的构架令人钦佩。因此，鉴于其对文化史的写作影响深远，亦将此篇章编入本丛书。

此后一段时期，伴随中西文化论战的展开，大量的西方和中国文化史著作相继被翻译、介绍给中国读者。桑戴克的《世界文化史》和高桑驹吉的《中国文化史》广被译介，影响颇大。国内一些学者亦仿效其体例，参酌其史观，开始自行编撰中国文化史著作。一九二一年梁漱溟出版了《东西文化及其哲学》，这是近代国人第一部研究文化史的专著。尔后，中国文化史研究进入了一个短暂而兴旺的时期，一大批中国文化史研究论著相继出版。在二十世纪二三十年代，有关中国文化史的宏观研究的著作不可谓少，如杨东莼的《本国文化史大纲》、陈国强的《物观中国文化史》、柳诒徵的《中国文化史》、陈登原的《中国文化史》、王德华的《中国文化史略》等。在这些著作中，柳诒徵所著《中国文化史》被称为『中国文化史的开山之作』，而杨东莼所撰写的《本国文化史大纲》则是第一本试图用唯物主义研究中国文化史的著作。与此同时，对某一历史时期的文化研究也取得很大进展。如孟世杰的《先秦文化史》、陈安仁的《中国上古中古文化史》和《中国近世文化史》等。在宏观研究的同时，微观研究也逐渐引起学人们的注意。其中，中西文化交流史研究成绩斐然，如郑寿麟的《中西文化之关系》、张星烺的《欧化东渐史》等。一九三六至一九三七年，商务印书馆出版了由王云五等主编的《中国文化史丛书》，共有五十余种，体例相当庞大，内容几乎囊括了中国文化史的大部分内容。

此外，国民政府在三十年代初期出于政治需要，成立了『中国文化建设会』，大搞『文化建设运动』，致力于『中国的本位文化建设』。一九三五年十月，陶希盛等十位教授发表了《中国本位文化建设宣言》，提出『国家政治经济建设既已开始，文化建设亦当着手，而且更重要』。因而主张从中国的固有文化即传统伦理道德出发建设中国文化。这也勾起了一些学者研究中国文化史的兴趣。

同时，这一时期又恰逢二十世纪中国新式教育发生、发展并取得重要成果之时，也促进了『中国文化史』课程的开设和教材的编写。清末新政时期，废除科举，大兴学校。许多文明史、文化史的著作因非常适合作为西洋史和中国史的教科书，遂对历史著作的编纂产生很大的影响。在教科书撰写方面，多部中国史的教材，无论是否以『中国文化史』命名，实际上都采用了文化史的体例。而这部分著作也占了民国时期中国文化史著作的一大部分。如吕思勉的《中国文化史二十讲》（现仅存六讲）、王德华的《中国文化史略》、丁留余的《中国文化史问答》、李建文的《中国文化史讲话》、范子田的《中国文化小史》等。

二十世纪的二三十年代实可谓中国学术发展的黄金时期，这一时期的文化史研究成就是有目共睹的，不少成果迄今仍有一定的参考价值。此后，从抗日战争到解放战争十余年间，中国文化史的书写和研究遇到了困难，陷入了停顿，有些作者还付出了生命的代价。但尽管如此，仍有一些文化史论著问世。此时，综合性的文化史研究著作主要有缪凤林的《中国民族之文化》、陈安仁的《中国文化史》、王治心的《中国文化史类编》、陈竺同的《中国文化史略》和钱穆的《中国文化史导论》等。其中，钱穆撰写的《中国文化史导论》和陈竺同撰写的《中国文化史略》两部著作影响较为深远。钱穆的《中国文化史导论》，完成于抗日战争时期。该书是继《国史大纲》后，他撰写的第一部系统讨论中国文化史的著作，专就中国通史中有关文化史一端作的导论。因此，钱穆建议读者『此书当与《国史大纲》合读，庶易获得写作之大意所在』。不仅如此，钱穆还提醒读者该书虽然主要是在专论中国，实则亦兼论及中西文化异同问题。数十年来，『余对中西文化问题之商榷讨论屡有著作，而大体论点并无越出本书所提主要纲宗之外』。故而，『读此书，实有与著者此下所著有关商讨中西文化问题各书比较合读之必要，幸读者勿加忽略』。陈竺同的《中国文化史略》一书则是用生产工具的变迁来说明文化的进程。他在该书中明确指出：『文化过程是实际生活的各部门的过程』，『社会生产，包含着生产力与生产关系。这本小册子是着重于文化的过程。至于生产关系，就政教说，乃是权力生活，属于精神文化，而为生产力所决定』。除了上述综合性著作外，这一时期还有罗香林的《唐代文化史研究》、朱谦之的《中国思想对于欧洲文化之影响》等专门性著作影响较为深远。

不论是通史类论述中国文化的著作，还是以断代史、专题史的形态阐释中国文化，都包含着撰写者对中国文化的情怀，也与其人生经历密不可分。柳诒徵撰写的《中国文化史》也是先在学校教习之用，后在出版社刊行。鉴于民国时期刊行的同类著作，有的较为简略，有的只可供学者参考，不便于学年学程之讲习，所以他发挥后发优势，出版了这部比较丰约适当之学校用书。更令人难忘的是，柳诒徵不仅研究中国文化史，更有倡行中国文化的意见和主张。他在《弁言》中提出：『吾尝妄谓今之大学宜独立史学院，使学者了然于史之封域非文学、非科学，且创为斯院者，宜莫吾国若。三二纪前，吾史之丰且函有亚洲各国史实，固俨有世界史之性。丽、鲜、越、倭所有国史，皆师吾法。夫以数千年丰备之史为之干，益以近世各国新兴之学拓其封，则独立史学院之自吾倡，不患其异于他国也。』如今，他的这一文化设想，在南开大学等国内高校已经变成现实。正是由于有这样的文化观念，所以他才自我赋权，主动承担起治中国文化史者之责任：『继往开来……择精语详，以诏来学，以贡世界。』

杨东莼基于『文化就是生活。文化史乃是叙述人类生活各方面的活动之记录』的认知，打破朝代观念，将各时代和作者认为有关而又影响现代生活的重要事实加以叙述，并且力求阐明这些事实前后相因的关键，希望读者对中国文化史有一个明确的印象，而不会模糊。不仅如此，他在叙述中，尽力坚持客观的立场，用经济的解释，以阐明一事实之前因后果与利弊得失，以及诸事实间之前后相因的关联。这也是作者对『秉笔直书』『夹叙夹议』等历史叙事方法反思之后的选择。

至于其他人的著述，虽然关注的核心议题基本相同，但在再现中国文化的时候却各有侧重，对中国文化的评价也褒贬不一，存在差异。这与撰写者对中国文化的认知，及其史德、史识、史才有关，更与其学术乃至政治立场、占有的史料、预设读者有关。其中，既有学者之间的对话，也有学者与读者的倾心交流，还有对大学生、中学生、小学生的知识普及与启蒙，对中外读者的文化传播，及其跨文化的思考。他山之石，可以攻玉。二十世纪二十年代日本学者高桑驹吉的著述以世界的眼光，叙述中国文化的历史，让译者感到：数千年中，我过去的祖先曾无一息与世界相隔离，处处血脉流转，气息贯通。如此叙述历史，足以养成国民的一种世界的气度。三十年代，中国学者陈登原不仅将中国文化与世界联系起来，而且还注意到海洋所带来的变化，以及妇女地位的变化等今天看来都亟待解决的重要议题。实际上，早在二十世纪二十年代，就有一些关怀中国文化命运的学者对十九世纪末到二十世纪初通行课本大都脱胎于日本人撰写的《东洋史要》一书等情形提出批评：以外人目光编述中国史事，精神已非，有何价值？而陈旧固陋，雷同抄袭之出品，竟占势力于中等教育界，垂二十年，亦可怜矣。乃者，学制更新，旧有教本更不适用。为改变这种状况，顾康伯广泛搜集文化史料，因宜分配，撰成《中国文化史》，脉络分明，宗旨显豁，不徒国史常识可由此习得，即史学门径，亦由此窥见。较之旧课本，不可以道里计，故而受到学子们的欢迎。此外，中国文化的海外传播、中国对世界文化的吸收以及中西文化关系等问题，也是民国时期中国文化史撰写者关注的焦点议题。

围绕中国文化史编纂而引发的有关中国文化的来源、内涵、特点、价值和贡献等方面的深入思考，耐人寻味，发人深思。孙德孚更将翻译美国人盖乐撰写的《中国文化辑要》的收入全部捐献给因日本侵华而处于流亡之中的安徽的难胞，令人感佩。

实际上，民国时期撰写出版的中国文化史著作远不止这些，出于各种各样的原因，没有收入本丛书，也是非常遗憾的事情。至于已经收入本丛书的各位作者对中国文化的定义、解析及其编写体例、使用的史料、提出的观点、得出的结论，我们并不完全认同。但是作为一种文化产品值得批判地吸收，作为一种历史的文本需要珍藏，并供广大专家学者，特别是珍视中国文化的读者共享。

感谢南开大学出版社的刘运峰、莫建来、李力夫诸君的盛情邀请，让我们徜徉于卷帙浩繁的民国时期中国文化史的各种论著，重新思考中国文化的历史命运；在回望百余年前民国建立之后越演越烈的文化批判之时，重新审视四十年前改革开放之后掀起的文化反思，坚定新时代屹立于世界民族之林的文化自信。

感谢与我共同工作、挑选图书、撰写和修改提要，并从中国文化中得到生命成长的区志坚、李净昉、马晓驰、王杰升等香港、天津的中青年学者和志愿者。李力夫全程参与了很多具体工作，表现出一位年轻编辑的敬业精神、专业能力和业务水平，从不分分内分外，让我们十分感动。

总目

第二十卷

张星烺　欧化东渐史

郑寿麟　中西文化之关系

梁启超　中国文化史·社会组织篇

吕思勉　中国文化史六讲

孟世杰《先秦文化史》

孟世杰（1895—1949），字咸宇，汉族，北京市人，祖籍山东邹城。一九〇八年，考入京师优级师范学堂，选修中外历史、地理学，并于一九一一年考入国立北平高等师范学校，曾担任燕京大学教授、北平公立第一中学校长。除《先秦文化史》外，还著有《三国六朝文化史纲》《隋唐五代文化史纲》。

孟世杰所著《先秦文化史》共一册，一九二九年由北平文化学社出版，是作者一九二六至一九二九年在燕京大学史学系讲授中国分代史的讲义。全书起讫时段是未有文字的远古至周代，共九章，每章分制度、礼俗、宗教、社会、学艺等方面进行叙述。从宏观到细节，展现了不同历史时期的丰富文化内涵，填补了先秦传统文化研究的空白。作者意在阐扬先民的开化伟绩，展现中华民族的奋斗精神和文化气质。

罗香林《唐代文化史研究》

罗香林（1906—1978），字元一，号乙堂，广东兴宁人。一九二六年夏从上海政治大学考入清华大学史学系，兼修社会人类学。一九三六年起，先后在广州市立中山图书馆、中山大学、广东省立文理学院、香港新亚书院、香港大学任职，讲授史学，还曾创办《广州学报》季刊与《书林》半月刊，一生致力于中西交通及文化史交流研究。

唐史是罗香林主攻方向之一。其中，《唐代文化史研究》一书由上海商务印书馆于一九四四年出版发行。全书共收录七篇论文：《唐代文化的新认识》《大唐创业起居注考证》《坛经之笔受者问题》《唐释大颠考》《唐代桂林磨崖佛像考》《唐人斗鸡戏考》《唐代波罗球戏考》，在唐代典籍、宗教史实的特征、中外交通史实考证、学术文化的论析、唐代民俗与社会生活的描述与考订等方面均有所创获。作者认为唐代文化是具有开创性的文化，是具有世界性的文化，是具有适应性的文化。

先秦文化史

孟世傑 著

北平文化學社印行

先秦文化史自序

近今坊間史學著作雖多，求其專門敘述吾先民創闢文化功業，以供我現代人生活諸方面資鑑者絕尠！間或有之，亦譯自東籍，譌誤相沿，在所難免。民國十五年至十八年，著者在燕京大學史學系講授中國分代史。專以闡揚我先民開化偉迹爲指歸；精研蒐討，抉剔別擇，寫定講義數種，茲編乃其一耳。他日多暇，當更就餘編，董理刊行，供獻社會：海內宏達，幸祈敎正。

北平公立第一中學校長孟世傑

十八年十一月廿五日

先秦文化史 目錄

先秦文化史

孟世傑述

第一章　未有文字以前

人類之始

人類之生，决不能無所始！然言其所始，説各不同！約而別之，可分兩派：其一爲創造說，（Creation theory）其一爲進化說。（Evolutionism）創造說者謂現在生存動植物皆開闢時神之所創造：世界各古國，如埃及巴比倫印度希伯來及我神洲，對於天地剖判之形，元祖降生之事，莫不各立一說；故埃及經文言上帝之爲神也靈而誠，造物而非造於物。巴比倫人所著創世紀；與舊約（猶太人所纂輯）創世紀篇首之語，多相脗合。印度人則謂其氏皆梵天所生。神洲則五運歷年紀言盤古氏開天闢地。在昔每多人主出奴之見，自英人達爾文（Darwin）物種原始（The Origin of Species）一書刊行，世人始共喻生物相嬗之故，由於適應生存競爭，逐漸進化，改其形態：此進化說所由昉也。學者或謂今日生物之起源，決非一物，浮遊海水之小動物，與領有地球高視闊步之人類，決不能由共同之祖先遞降而來！而主張生物多源論：然尠佐證，不足以張其軍。其引證比較豐富，爲現今多數學者所左袒者，厥爲生物一源論；蓋地上棲息之生物，千狀萬態，種類繁夥，溯厥權輿，皆由極簡單而漸次進化，遞增複雜。惟生物之起源，旣認爲一！然則人類果何由生乎？從進化之理法論之，人與猿之關係最爲密切，特猿以體格上遂其發達，人以智識顯其發達爲少異耳。於此又當知者，則爲今之猿，即與以教育，決不能近人類，人類之初，固似猿；吾人未幾於人類之時代，猿亦非猿，旣分爲人類以後，始終爲人類！無論如何加教育於猿；使彼亦富有智識，稱爲進化之猿則可，認爲人類則不可。讀者至此，必更有一疑問焉！曰生物一源，人猿同祖，固矣；然最初之生機，果何自來乎？依宗教家之解答，且歸之造物主！而哲學者，間或主張原子化合說，謂物質有各種之原素，有各各之原力：彼此二原合者，則爲二原之力，彼此三原合者則爲三原之力，彼此四原五原合者，則爲四原五原之力；明其如斯，遂生種種無量之物，遂生種種不可思議之勢。又彼

猿人之姿

J.F.H.

Pithecanthropus

顏顯齒保想像

此二原相合同而二原之分適相均，則生種種之物與勢亦相均。彼此三原之合同如斯，四原如斯，五原六原如斯，則其所生種種無量之物與勢亦如斯，又如有六十元素，取其內二原或三原或四五原而橫列之，斯澤山所生之物，各異其勢；或又二原三原四原相化合其二原三原四原之分相等，則生種種之異物異勢亦相等。此種學說，固具眞理，然仍有神秘不可思議者存

！學者欲窮其指歸，可就神學，哲學，生物學，古生物學，地質學，人類學，進化論等，會類研究；庶能陶鑄羣言，心證一是：

本節參閱書舉要

一，馬驌繹史卷一開闢原始

二，舊約創世紀

三，陳映璜先生著人類學第二編第三章人類之起源

四，馬君武譯達爾文物種原始第十五章復叙及結論

五，趙必振譯藤本充安人圖主義第二編第十章靈魂

六，梁思成等譯韋爾思世界史綱第七章人類之祖先至第十章歐洲之新石器時代人

二　中國民族之原

民族，區域，年代，爲歷史必具之要素；歷史者，一民族或數民族，在一時代或數時代，一區域或數區域內所活動之陳迹也。中國境內人民號

稱四億餘萬，細別之有十餘族；而在中國史上佔重要位置者有六：一交趾支那族(即苗族)，二漢族，三通古斯族(即滿洲族)，四蒙古族，五突厥族(即回族)，六圖伯特族(即西藏族)。苗族蟄居於雲南貴州廣西及四川南部，有史以前曾佔優勝地位。漢族現時徧布於全國，爲東亞文化之創造者。滿族散居朝鮮北部，經奉天吉林，直抵黑龍江濱；爲金清帝室所自出。蒙古族住居內外蒙古青海及天山北路，有元之帝室，實起於此族。回族居住天山南北路，散布於各省，唐宋之際，最爲强盛，藏族舊居前藏後藏，散布於青海及天山南路；唐宋時此族甚强：六大民族而外，與韓民族，大和民族，塞米民族，(Semitic Race)阿利安民族(Aryan Race)亦時有關係。

中國民族旣由六大民族合成；此等民族爲原有之土著乎？抑爲外來之遊牧乎？關於此等問題之解答，歐西學者多滋異說：法人奧帕爾(Oppert)及拉克伯里(Lacorperie)謂吾族來自巴比倫；衛格爾(Wieger)博士謂來自印度支那半島，包爾(Ball)及彭伯賴(Pumpelly)謂來自中央亞西亞；赫胥黎(Huxley)等謂來自美洲，德人利希陀分(Richthofen)謂來自于闐；大抵皆謂人種西來，惟所從來之地有異！考世界人類發生於東半球，東半球人類，始於亞洲，亞洲人類，或始於帕米爾高原，(註一)自此分道四下：其西下者爲埃及，爲美索波達米亞，南下者爲印度，東下者爲中國。中國民族由帕米爾高原移至青海。自此分爲二路，南路由揚子江順流而下抵四川，東阻於三峽不得至湖北，北阻於秦嶺，不得至陝西，乃蟠據揚子江上流，滋生繁盛，建國號曰蜀，至周愼靚王五年，(西歷紀元前三一六年)爲秦所滅，始與北方漢族合。北路沿黃河而下，滋生於陝西山西河南河北山東境內，是由人羣之遷徙，常順山川之形勢以前進；中國之山帶河流，皆爲橫列，故民族之來，旣分道橫列而東，其後佔居部地，亦順橫列之勢，惟現今人類形體，實由數千億萬年之遠，漸次進化而成；(人類學家謂人類之發生有七期：第一期變形蟲狀，第二期珊瑚蟲狀，第三期不確實，第四期魚類狀，第五期蛙及蜥蜴狀，第六期獸類狀，第七期現在人類），地球上確見人類遺蹟在新生代第四紀之洪積統，即冰期，（地質學家分地質年代爲太古代古生代中生代新生代，每代又析爲紀，紀又或析爲統）距今約五十萬年。中國民族之有史據書契所載可考之時代幾五千年，——自黃帝紀元元年至民國紀元十五年共四千六百二十三年。——以中國民族史與全人類史較，相去直不可以道里計：故論中國民族，在未有史以前當即依崑崙山脈遷入黃河流域；而一般之中國文化，則多係中國民族中之漢族，在遷地以後所自創。若必擬定某人於某時由某地遷入，則多見拘迂：即如章炳麟檢論序種性篇謂：『文敎之民，戰勝之國，大抵起自海濱，爲其交通易也。獨中夏王迹，基隴坻華山間，固已異勢！加爾特亞者，蓋古所謂葛天，地直小亞西亞南；其族嘗至中國，自神農黃帝以來非其冑也，』推定西來之際，在神農黃帝以前。」丁謙浙江圖書館地理叢書穆天子傳地理考證中國人種從來攷謂：『依西亞古史，中國人種，爲丟那尼安族，其族分二派：一思米爾，一阿加逖，皆起於亞洲中境。思米爾人先入美索波達米亞南境，建立加勒底國，阿加逖人後至沙陵山麓，建都城於蘇薩，稱南國；其王廓特奈亨臺，兼併加勒底諸部，既乃率其種人遷入中華謂即黃帝；以此王時代在西元前二千二百八十年間也。……西人言伏羲畫八卦，即加勒底人楔形書，並揭舉離卦之辭以證其說，是伏羲時已傳西方文化，則中國人種，雖自西來，其來也不特非黃帝，並非伏羲神農可知！按西史謂徙中國者，爲巴克民族，巴克爲盤古轉音。中國人謂盤古氏開闢天地，未免失實；而盤古氏爲中國始遷祖，則固確有可考矣。』據是則遷徙又當盤古之際：吾人將何所適從乎？夫中國民族西來，固有史以前事，彼時既未有文字，自無所紀錄！後人鑿空考訂謂爲如何如何；姑備一說而已，不足爲信史！必欲進求其實，則當掘地探險，以求古器，觀風攷文，以彰陳迹，是有待於人種學者。

（註一）民國九年，瑞典人安特生（J.G.Anderson）在北平西南八十里周口店發現人牙，定爲五十萬年以前之人類。又民國十二年，法國神父李桑及特哈（Father Licent anb Teil-hard）在內蒙鄂爾多斯發現舊石器時代之石器，定爲五萬年以前之人類遺物。故最近有主張世界人類出於蒙古或中國北部者。

本節參閱書舉要

1，拉克伯里著支那太古文明西原論 （Terrien de Laconperie-western Origin of the Chinese Civilization）

二，章炳麟著檢論序種姓篇

三，蔣觀雲著中國人種攷

四，丁謙浙江圖書館地理叢書穆天子傳地理攷證中國人種從來攷

五，梁思成等譯韋爾思世界史綱第十二章人類之種族

六，王桐齡先生著中國民族史

三　荒古人民之生活

荒古人民身體心意皆不發達，然以能直立步行，知用手捕獲採作，且有語言，以達情欵，故其羣雖薄弱，而較之物類努終開展；當時人類之羣，散在諸方，無長幼之序，無夫婦之別，男女雜婚以女子爲一國男子所公有，民知有母而不知有父，（亢倉子風俗通說皆同）因之血統相續，咸以女而不以男，而姓字從女從生，即古代帝王大抵從母得姓，如神農黃帝皆爲少典之後裔，而神農姓姜，黃帝姓姬，則以母姓不同之故！此由荒古人民倫理不明，其血族之關係，爲傳母之系統，是爲母系制度。漸進乃皆用父系法，是由男子剽悍不甘屬女羣，往往奪婚而歸，而逐水草移居之際，必攜家口而行，始得妻子之協力，因是父權寖張，父系制度確立；（文明諸

國，有史以後，皆用父系制度）同族皆漸相團結非復如母系制，因求妻而散處於外！漸有村落之觀，而爲家族之始：

西洋考古學家考訂太古人民進化之度，謂必經過石器時代而後入銅器時代鐵器時代。石器時代又有新舊之分；以所用器物精粗繁簡，瞻視文野程序，用意至勤。吾國古籍，不無此等思想！如越絕外傳記寶劍有云『時各有使然，軒轅神農赫胥之時以石爲兵，斷樹木爲宮室』。『然至黃帝之時以玉爲兵以伐樹木爲宮室鑿地』。『禹穴之時以銅爲兵以鑿伊闕，通龍門決江導河東注於東海，天下通平，治爲宮室』。當此之時。作鐵兵威服三軍，天下聞之莫敢不服，此亦鐵兵之神』。特無人作爲系統以研究古史耳。茲略師西洋史家之義，叙述各時代用器狀況如後：

一，舊石器時代．韓非子五蠹篇云：『上古之世人民少而禽獸衆，人民不勝禽獸蟲蛇』。呂氏春秋蕩兵篇云：『未有蚩尤之時。民固剝林木以戰矣。』蓋上世人民，手，爪，牙，均不若猛獸之利，欲保厥身，惟天然石塊及樹枝爲最便之武器。周易繫辭傳曰：『上古穴居而野處。』詩大雅緜篇曰：『民之初生，陶復陶穴。』禮記禮運曰：『昔者先王未有宮室，冬則居營窟，夏則居橧巢；未有火化，食草木之實，鳥獸之肉，飲其血，茹其毛，未有麻絲，衣其羽皮』。墨子七患曰：『古之民，未知爲宮室，時就陵阜而居穴而處下』。白虎通義號篇：『古之時，衣皮韋。』五經異義曰：『太古之時，未有布帛，人食禽獸肉，而衣其皮』。蓋初民被髮卉服蔽前而不蔽後，以果食爲飲食，巢穴爲居處，漸進始知搴木茹皮，以禦風霜，綯髮冒首，以去靈雨，進而爲鮮食。迨『後聖有作，然後修火之利』（禮記禮運）故韓非子五蠹篇又云：『上古之世民食果蓏蜯蛤，腥臊惡臭而傷害腸胃，民多疾病：有聖人作鑽燧取火以化腥臊』。風俗通義引禮含文嘉云：『燧人始鑽木取火，炮生爲熟』。藝文類聚引尸子云：『燧人上觀辰星，祭五木以爲火」。（註一）莊子外物篇謂：「木與木相摩，則然」。初民既發明取火之法，於是以炮以燔，以烹以炙；而人類生活；遂大進步：

舊石器時代石器示例

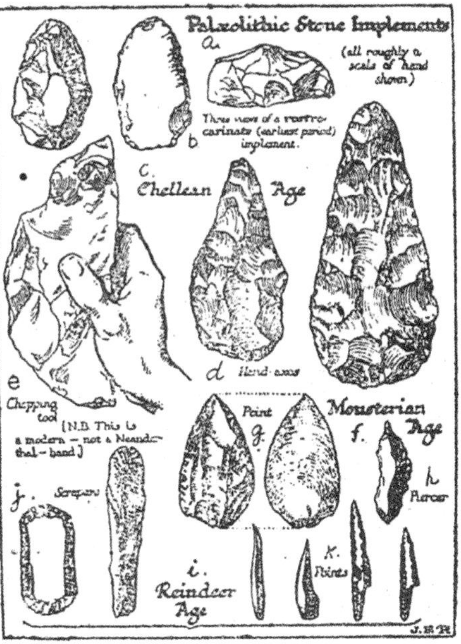

a 舊石器時代之石器。（其大小可以所繪之手作比較）b 人類最早石器之三面觀。c 齊爾時代之物。d 手斧。e 斫刀。f 毛斯他時代之物。g 尖角。h 尖刺。i 馴鹿時代。J 刮刀。k 尖角。

（註一）周禮注：春取榆柳之火，夏取棗杏之火，秋取柞楢之火，冬取槐檀之火。

二，新石器時代．新石器時代所製器物，較舊石器時代爲精；以此時代有石斧之發明，足供硺磨也。惟舊石器時代與新石器時代暨銅器時代鐵器時代不能截然劃分；以次一時代往往沿用前一時代器物！故吾人只能就某一時期所見器物，以某類爲多，而定爲某時代，不能指出確定之界限。此期石器，皆刀，斧，錘，及槍頭類。日本鳥居龍藏氏於所著南滿州古人種考中。謂旅順朝陽鐵嶺等處，均出石斧；普蘭店熊岳城出石槍頭；遼東及遼河下流出鏃；又有石刀，石鑽，石鎚，網石(繫於網用以捕魚)，石鋸，石環，及玉鐲等物；北滿洲長春一帶亦有之，氏又箸東蒙古古人種考，謂東蒙古亦有以上諸物(俱見章鴻釗著石雅)，而西洋人安特孫氏(John Anderson)及勃郎(J. Coggin Brown)曾得石器於雲南；白勃氏(E. ColborneBaber)曾得石器於四川；威廉氏 (Williams) 曾得石器於蔚縣；然皆非漢族遺物！據洛鳥弗爾氏中國古玉考。—最近安特孫氏復於河南澠池縣仰韶村掘得大宗石器，始斷定之爲漢族遺物，謂其時期在鉅今五千年以上云。

三，銅器時代　考各地人羣對於金屬利用，皆以赤銅爲先，蓋以鑛石光澤，易惹人注意；且著火卽鎔，鍛鍊較易；故未有記錄以前之埃及古墓已有銅具(據G.A.Reisner:The Eeary Dynastie Groves of Maga-Ed-Der. P.117.)距今蓋六千年；巴比倫人知有銅，遠在六千五百年前(據 H.R.H all:The oldest Civilization of Greece. P. 167.)。吾國銅之應用，載籍所傳異說頗多，古史考謂在燧人時，文獻通考謂在太昊時，史記洞冥記謂在黃帝時，世本管子呂氏春秋謂在蚩尤時，大抵以史記世本所傳爲近是。虞荔鼎錄云：『昔虞夏之盛遠方皆至，使九牧貢九金，鑄九鼎於荆山之下。』——古所謂金，卽銅——陶弘景古今刀劍錄云：『夏禹子帝啟在位十年。以庚戌八年，鑄一銅劍。』是可知虞夏之際銅已通行，成爲普通金屬；銅與錫合，則成青銅，殷周所遺鐘鼎皆以青銅爲之。考周禮秋官『職金掌凡金玉錫石丹青之戒令。』是周代早已有錫之明證。又考工記言：『金有六齊：六分其金而錫居一，謂之鐘鼎之齊；五分其金而錫居一，謂之斧斤之齊；四分其金而錫居一」謂之戈戟之齊；三分其金而錫居一，謂之大刃之齊；五分其金而錫居二，謂之削殺矢之齊；金錫半，謂之鑒燧之齊。」越絕書：「薛燭曰：寶劍者金錫銅和而不離。」據此則周代銅器，不惟通行，即參和之法亦甚詳：試觀古物圖，西清古鑑，鐘鼎款識等書，均輯有周以前物，而種類亦至夥，足證銅器時代遺物之富。

四鐵器時代　世界各國用鐵器，皆在有記錄以後，埃及希臘勿論矣。其在中國，則史記，稱蚩尤『銅頭鐵額。』尚書禹貢梁州云：「厥貢璆鐵銀鏤砮磬。」刀劍錄云「孔甲在位三十一年，以九年，歲次甲辰，採牛首山鐵鑄一劍，銘曰夾，古文篆書，長四尺一寸」。是中國上古已知用鐵。降而春秋戰國用鐵益廣：故荀子議兵篇云：「宛鉅鐵釶，慘如蠭蠆」。韓非子內儲說七術云：「矢來有鄉，則積鐵以備一鄉，矢來無鄉則爲鐵室以盡備之」。更觀江淹銅劒讚序有云：「古者以銅爲兵，春秋迄於戰國戰國迄

新石器石代石器示例

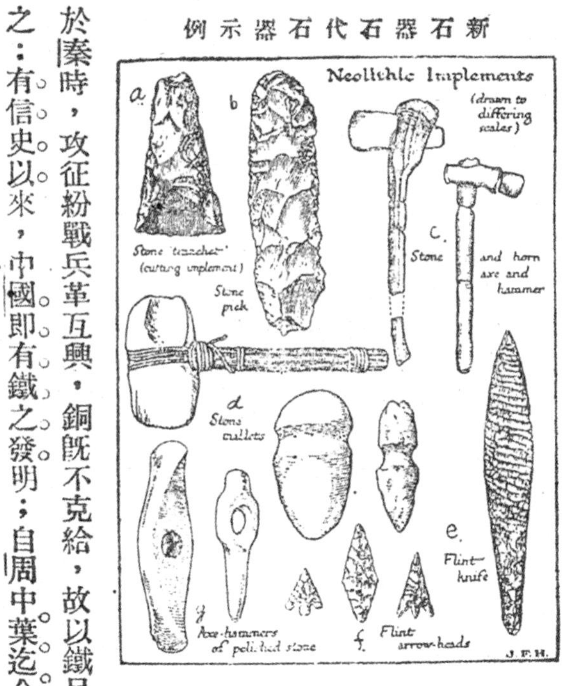

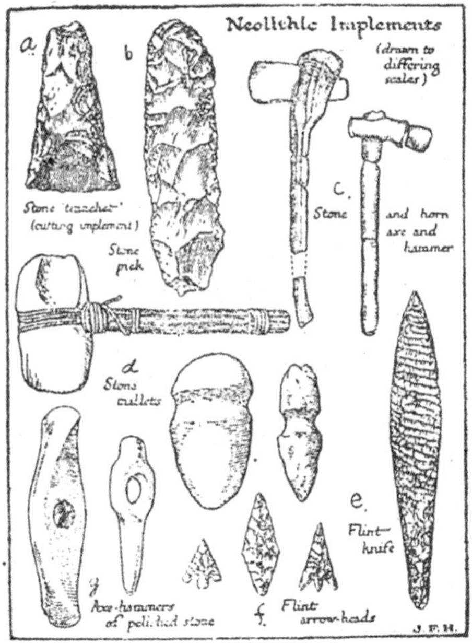

a 石鑿○b石叉○c 石斧及角鎚○d 石鎚○e石刀○f石鏃○g 磨光之石斧石鎚○

於秦時，攻征紛戰兵革互興，銅既不克給，故以鐵足之」。足證非謬：總之：有信史以來，中國即有鐵之發明；自周中葉迄今，皆未脫鐵器時代。

本節參閱書舉要

一，章鴻釗著石雅卷中石器燃石等篇
二，洛烏弗爾著中國古玉考
三，陳映黃先生著人類學第六章第一三〇頁火及言語之起源
四，李泰棻編記錄以前之人類史略第四章第二節初人之取火第五章第五節吾人之器具
五，李泰棻著中國史綱本論第一篇未有文字以前之略史
六，J.G.Anderson Early Chinise Gulture, P.26--36

第二章　遠古之傳說

一　開闢原始

大凡人類初生，由野番以成部落。養生之事次第而備，然後始能制出文字。其初族之古事，但憑口舌之傳，其後乃繪以爲畫，再後則畫變爲字，文字既有，其第一種書，必爲紀載其族之古事；必言天地如何開闢，古人何創制！惟年代杳邈，神人雜糅，往往不可以理求！然既爲其族至古

之書，則其族之性情風俗法律，政治，莫不出乎其間；故此等書，常爲其俗之所尊信，特所傳說，皆在半人半神之間，成爲神話，然神話者固國民思想之反映，研究一國有史以前之事蹟，則其國之神話不可忽也。中國最古之史籍爲尙書，次爲漢儒司馬遷之史記次爲西晉時發現之竹書紀年。尙書斷自唐虞。史記及竹書紀年皆始於黃帝。黃帝以前之事蹟，散見於左傳莊子尸子韓非子諸書，皆華離破碎，不成片段！只能作爲神話觀，未可執以爲眞。記載黃帝以前之史籍，始於緯書(七緯者：易則乾鑿度，稽覽圖，坤靈圖，通卦驗，是類謀，辨終備；詩則含靈霧，推災度，記歷樞；尙書則璇璣鈐，考靈曜，刑德考，帝命驗，運期授；春秋則，元命苞，文耀鈎，演孔圖，運斗樞，感精符，合誠圖，考異郵，保乾圖，漢含孳，助佐期，握誠圖，潛潭巴，說題辭；禮則含文嘉，稽命徵，斗威儀；樂則動聲儀，稽耀嘉，叶圖徵；孝經則援神契，鉤命訣，此外名目紛紜，不能悉載)

。緯書者，陰陽五行家學說，雖託諸孔子，實起自漢哀平之際，所載多荒誕不足信。次為三國時代，蜀漢譙周之古史考——此書已佚，惟散見於裴駰史記註之引用文中。——次為晉儒皇甫謐之帝王世紀；次為唐儒司馬貞之三皇本紀，次為宋儒羅泌之路史，金履祥之通鑑前編。皇甫氏羅氏之書紳記載較詳，大略以緯書為藍本，而參以秦漢時諸子學說；荒渺無稽，薦，先生難言之。其論開闢原始者：易云：『易有太極，是生兩儀，兩儀生四象，四象生八卦，八卦定吉凶，吉凶生大業。』列子云：『昔者聖人因陰陽以統天地，夫有形者生於無形，則天地安從生？故曰有太易，有太初，有太始，有太素；太易者，未見氣也，太初者，氣之始也，太始者，形之始也，太素者，質之始也。氣形質具而未相離，故曰渾淪！渾淪者，言萬物相渾淪而未相離也。視之不見，聽之不聞，循之不得，故曰易也。易無形埒，易變而為一，一變而為七，七變而為九；九變者究也，乃復變而為也；清輕者上爲天，濁重者下爲地，故天地含精，萬物化生。」五運歷年記云：「元氣濛鴻，萌芽茲始；遂分天地，肇立乾坤；啟陰感陽，分布元氣；乃孕中和，是爲人也！首生盤古，垂死化身，氣成風雲，聲爲雷霆，左眼爲日，右眼爲月，四肢五體爲四極五嶽；血液爲江河，筋脈爲地里，肌肉爲田土，髮髭爲星辰，皮毛爲草木，齒骨爲金石，精髓爲珠玉，汗流爲雨澤；身之諸蟲，因風所感，化爲黎甿。」三五歷記云：天地混沌如雞子，盤古生其中，萬八千歲。天地開闢，陽清爲天，陰濁爲地，盤古在其中，一日九變！神於天，聖於地，天日高一丈，地日厚一丈，盤古日長一丈，如此萬八千歲，天數極高，地數極深，盤古極長，後乃有三皇，數起於一，立於三，成於五，盛於七，處於九，故天去地九萬里。」此等恍惚之論，荒唐之說，視爲中國民族最早之宇宙論，殊足令人尋味；史家乃謂「盤古氏，明天地之道，達陰陽之變，爲三才首君；」近儒夏曾佑氏又謂盤古即槃瓠，其關於盤古之神話，亦爲苗族之神話；故證以漢族古帝，都在北方，獨盤古則祠在桂林，墓在南海（見任昉述異記）抑陽子居曰：「太古之事，滅矣！孰誌之哉？」屈原曰：「遂古之初，誰傳道之，」三復斯言，而知稽古之難信，考論者之無徵也。

本節參閱書舉要

一，馬驌繹史卷一開闢原始

二，羅泌路史卷一初三皇紀

三，夏曾佑中國歷史教科書第六節上古神話

二　三皇五帝之傳異

古史相傳，繼盤古出而治世者，爲三皇五帝：周禮春官有「外史職掌三皇五帝之書」之文，是三皇五帝之名，周初已見其書，古注以爲即三墳五典，然墳典已亡，莫知師說，淮南原道訓又有泰古二皇之說，二皇謂庖犧神農，史記秦本紀又有古有天皇地皇，有泰皇，泰皇最貴之說。然皆異說，不常見：常見者以天皇地皇人皇爲多，（見胡宏皇王大紀，司馬貞補三皇本紀）而其所指，各不同！緯候所傳，言者非一，應劭風俗通義引禮含文嘉，以虙戲燧人神農爲三皇。春秋元命苞春秋運斗樞以伏羲女媧神農爲三皇，玉函山房輯佚書引禮稽命徵，僞孔安國尚書序以伏羲神農黃帝爲三皇。異義紛紜莫衷一是：五帝之說，亦甚不同，易繫辭下傳以伏羲神農黃帝堯舜爲五帝，皇王大紀說與之同。史記依世本大戴禮以黃帝顓頊帝嚳堯舜爲五帝；古史考，風俗通義白虎通義說皆同。禮記月令用五帝以配五人神：太昊配句芒，炎帝配祝融，黃帝配后土，少昊配蓐收，顓頊配玄冥；呂氏春秋十二紀說與之同。僞孔安國書序以少昊顓頊高辛堯舜爲五帝。春秋文耀鈎更以靑帝靈威仰赤帝赤熛怒黃帝含樞紐白帝白招拒黑帝汁光紀爲五感生帝。曲禮正義引鄭注中候勅省圖，以黃帝金天氏高陽氏高辛氏陶唐氏有虞氏六人爲五帝，大約異說，尚不止此。然則，三皇五帝究爲何人乎？崔述上古考信錄曰：「且經傳述上古，皆無三皇之號，春秋傳僅溯至黃帝，易傳亦僅至伏羲，則謂羲農以前別有三皇者妄也，燧人不見於傳，祝融乃顓頊氏臣，女媧雖見於記，而文亦不類天子，則以此三人配羲農以足三皇之數者，亦妄也。春秋傳云：「黃帝氏以雲紀，炎帝氏以火紀，共工氏以水紀，太皡氏以龍紀；少昊摯之立也，鳳鳥適至，故紀於鳥；自顓頊以來不能紀遠，乃紀於近。」此但歷敘古帝紀官之不同耳，初無五帝之名，亦無五德之說也。呂氏緣此遂刪共工氏，而以五德分屬之，失傳之本意矣，國語云：「黃帝能成命百物，以明民共財；顓頊能修之；帝嚳能序三辰以固民；堯能單物刑法以儀民；舜勤民事而野死！」但序此五人之功，爲下郊禘張本耳；亦不稱爲五帝，而謂帝必限於五也。大戴記遂獨改此爲五帝，而他不與焉，亦非國語意也。至於易傳五帝亦偶舉之。……蓋三皇五帝之名，本起於戰國以後。周官後人所撰。是以從而述之。』據日本白鳥庫吉所研究，三皇五帝者未必實有其人，不過漢民族國民思想之反映，臆造之架空的理想人物而已。漢民族陰陽五行家學說，至戰國時始發生，至秦漢時而極盛：大抵謂帝王應運御世，皆本於五行之德，五行之中，木火土金水相生，故太皞伏羲氏以木德王，炎帝神農氏以火德王，黃帝軒轅氏以土德王，少皞金天氏以金德王，顓頊高陽氏以水德王：皆以相生之故，而前後繼續御宇。五行之中，水火金木土相尅，故秦始皇之時，以爲周得火德，色尙赤；秦代周從所不勝爲水德，色尙黑。漢文帝時，黃龍見成紀，從魯人公孫臣說，以爲漢得土德，當尙黃：則皆以爲相尅之故，而前後繼續御宇。觀禮記月令『孟春仲春季春之月，盛德在木。其日甲乙，其帝太皞，其神句芒。孟夏仲夏季夏之月，盛德在火，其日丙丁，其帝炎帝，其神祝融。中央土，其日戊己，其帝黃帝，其神后土。孟秋仲秋季秋之月，盛德在金，其日庚辛，其帝少皞，其神蓐收。孟冬仲冬季冬之月，盛德在水，其其日壬癸，其帝顓頊，其神玄冥。』更觀淮南子天文訓：『東方木也，其帝太皞，其佐句芒，其日甲乙，南方火也，其帝炎帝，其佐朱明，其日丙丁。中央土也，其帝黃帝，其佐后土，其日戊己。西方金也，其帝少昊，其佐蓐收，其日庚辛。北方水也，其帝顓頊，其佐玄冥，其日壬癸。』皆以太皞炎帝黃帝少昊顓頊代表五行之德，而以四時或四方分配之：是可知所謂五帝者，係陰陽五行家學說思想之反映，不必實有其人！若三皇者，則又三才思想之反映，所謂天神地祇人鬼者是也。三才之說始見於易繫辭下傳第十章謂『易之爲書也，廣大悉備，有天道焉，有地道焉，有人道焉，兼三才而兩之故六。』後世愈衍愈奇，以三才之自然現象，比附於古帝王之人格，於是有天皇地皇人皇之說：所謂三皇者，即三才之人間化者也。然則三皇五帝，究宜如何解釋？三皇蓋取天開於子，地闢於丑，人生於寅之義。五帝則由追溯開化本原，聯想而生！——如教民構木爲巢，以避爪牙角毒之害，故曰有巢；教民鑽木取火，以備火化，故曰燧人；教民佃漁畜牧，以充庖厨，故曰伏羲，又曰庖犧；教民樹藝五穀，以養民生，故曰神農；教民造車以任重致遠，故曰軒轅：皆先民理想中造出之帝名，未必當時實有其號；寖假而「五行」說出，又從而周納之；於是五帝之說遂顚撲不破：至數字必以三五計算者，則因漢民族思想，以奇爲陽數，偶爲陰數：故尊三重五。易曰：『天一地二，天三地四，天五地六，天七地八，天九地十。』是由凡數字皆起於奇，由五溯三，漸至於一，即爲太極，史家追述開化之初，首論盤古，次及三皇五帝，或由於此！

本節參閱書舉要

一，班固白虎通德論卷之一號

二，應劭風俗通義卷一皇霸三皇五帝

三，馬驌繹史卷二皇王異說

四，崔述補上古考信錄前論一則

五，王桐齡先生中國史本論第一編第一期第五章三皇五帝說

三　三皇五帝之事蹟

大名崔述謂，『古者本無皇稱，而帝亦不以五限』諒哉言乎！史紀秦本紀謂：『古者有天皇有地皇有泰皇。』封禪書稱：『古者封泰山禪梁父者七十二家，』『薦紳先生已難言之。』乃司馬貞補三皇本紀引春秋緯（命歷序）稱自開闢至於獲麟，凡三百二十七萬六千歲，分爲十紀：一曰九頭紀，二曰五龍紀，三曰攝提紀，四曰合雒紀，五曰連通紀，六曰序命紀，七曰修飛紀，（亦作循飛）八曰因提紀，九曰禪通紀，十曰流訖紀，（亦作疏仡）流訖當黃帝時，河圖及三五歷稱天皇氏十六頭，澹泊無所施爲，而俗自化，木德王，歲起攝提，（註一）兄弟十二人，人各一萬八千歲，地皇十一頭

，火德王，亦各萬八千歲，人皇九頭，乘雲車，駕六羽，兄弟九人，分掌九州，凡一百五十世，合四萬五千六百年。」後世叙古史者，往往採之，謬莫甚焉，夫羲農以前，未有書契，所謂三皇十紀帝王之名號，後人何由知之，尙書但始於唐虞；左氏春秋傳不引黃炎以前事；及司馬遷作史記乃起於黃帝，譙周皇甫謐又推之以至於伏羲氏；而徐整以後諸家，遂上溯於開闢之初！焚書以後之儒生，所知反詳於古人，於理實有未諳！故今但取古帝之見於傳者，次第列其事蹟，不復以三五約其數。

（註一）十干：曰：閼逢，（卽甲）旃蒙，（卽乙）柔兆，（卽丙）彊圉，（卽丁）著雍，（卽戊）屠維，（卽己）上章，（卽庚）重光，（卽辛）玄默，（卽壬）昭陽（卽癸）。十二支：曰：困敦，（卽子）赤奮若，（卽丑）攝提格，（卽寅）單閼，（卽卯）執徐，（卽辰）大荒落，（卽巳）敦牂，（卽午）協洽，（卽未）涒灘，（卽申）作噩，（卽酉）閹茂，（卽戌）大淵獻（卽亥）。

包犧氏　包犧一作伏羲，一作庖羲，一作宓羲，一作虙羲。風姓，生於成紀（今甘肅秦安縣）作都於陳。（今河南陳縣）易繫辭下傳稱：「古者包犧氏之王天下也，仰則觀象於天，俯則觀法於地，觀鳥獸之文，與地之宜，近取諸身，遠取諸物；於是始作八卦以通神明之德，以類萬物之情。」又稱「作結繩而爲網罟，以佃以漁。」至漢書五行志引劉歆語，以爲伏羲繼天而王，受河圖而畫八卦，乃本於緯書。（禮緯春秋緯）至補三皇本紀稱：「伏羲氏造書契，以代結繩之政；始制嫁娶，以儷皮爲禮。」概本諸僞書孔安國序文，與譙周古史考。並不足信；又外紀稱「伏羲有以龍馬負圖之瑞，故以龍紀官；」不知以龍名官者，乃太皞，非伏羲。外紀又稱「伏羲氏支干相配爲十二辰，六甲而天道周。」若然，則又何待於「黃帝命大撓作甲子」哉？

又世傳上古之天子，有燧人氏，女媧氏，大庭氏，柏皇氏，中央氏，巻須氏，粟陸氏，驪連氏，赫胥氏，尊盧氏，渾沌氏，昊英氏，有巢氏，朱襄氏，葛天氏，陰康氏，無懷氏：譙周，古史考以燧人備三皇，謂在庖犧以前；補三皇本紀則本春秋緯，以女媧備三皇，而謂在庖犧之後，至於大庭以下十五氏，皇甫謐帝王世紀，以爲並在庖犧之後！補三皇本紀，則據三五歷而以爲並在庖犧之前：其說紛紛不一。考大庭氏之庫，猶存於春秋；(見春秋傳)明棠位序女媧氏於垂叔之後，彼十五氏者，縱使果有其人，未見其必爲上古，更何能斷其果在庖犧之前與其後乎？故茲並不著錄：

神農氏．補三皇本紀云：『神農本起烈山（烈山一名厲山，在湖北隨縣北。）故左氏稱「烈山氏之子曰柱。」亦曰厲山氏，禮曰：「厲山氏之有天下」是也』然杜氏左傳註云：『烈山氏，神農氏諸侯』是神農氏非烈山氏！史又言帝『長於姜水，(在陝西岐山縣東)故以姜爲姓；以火德代伏羲氏治天下，故曰炎帝。』不知炎帝亦非神農！(說見炎帝氏條下)神農都陳，後遷曲阜。初藝五穀，爲日中之市。故易繫辭下傳稱『包犧氏沒，神農氏作，斲木爲耜，揉木爲耒，耒耨之利，以敎天下。』又稱『日中爲市，致天下之民聚天下之貨，交易而退，各得其所。』草昧初開，能興農商之利，以利萬民，功績已自不可沒！補本紀乃稱『神農氏重八卦爲六十四，作蜡祭以赭鞭鞭草木；』又世傳神農始爲本草，漢書藝文志有神農黃帝食禁七卷，神農雜字七卷：既不見經傳，理實多有不通，難以徵信！始嘗百草，始有醫藥，或爲然耳。補本紀又言『庖犧氏作二十五絃之瑟，神農氏作五絃之瑟。』是聖人於一世而盡創作，在茹毛飲血時代而鼓瑟吹笙也；補本紀云：『神農立一百二十年，納奔水氏之女曰聽訞爲妃，生帝哀，哀生帝克，克生帝榆罔：凡八代，五百三十年，而軒轅氏興焉。』綱目前編云：『神農在位百四十年，子臨魁八十年，臨魁子承六十年，承子明四十九年，明子宜四十九年，宜子來四十八年，來子襄四十二年，襄曾孫榆罔五十五年。然則二家之說，已自不合，學者又何由知其孰是而信之乎？且補本記稱包羲氏女媧氏皆蛇身人首，神農氏人身牛首，聖人亦人也，必以異形求之，又烏乎可者！

黃帝氏　史記五帝本紀云：「黃帝姓公孫名曰軒轅。」又云：「黃帝爲有熊氏。」國語謂黃帝姬姓少典氏之子。大戴記云：「黃帝曰軒轅。」又曰：「黃帝居軒轅之邱。」漢書律歷志云：黃帝始有軒冕之服，故號曰軒轅」大名崔述上古考信錄以爲公孫非姓，軒轅爲號，有熊之稱，亦不見於經傳！蓋國語本不足據，不如律歷志臆度之言近似；易繫辭下傳稱：「神農氏沒，黃帝堯舜氏作，」是黃帝爲繼神農而起之聖：五帝本紀云：「神農氏世衰，諸侯相侵伐，暴虐百姓，而神農氏弗能征，於是軒轅氏乃習用干戈，以征不享，諸侯咸來賓從，而蚩尤最爲暴，莫能伐，」又云：「炎帝欲侵陵諸侯，諸侯咸歸軒轅，軒轅乃修德振兵……以與炎帝戰於阪泉，（在直隸保安縣東）之野，三戰然後得其志：』舊說謂炎帝爲神農，——夫神農氏既不能征諸侯矣，又安能侵陵諸侯。既云世衰矣，又何待三戰然後得志乎？且前文言衰弱，凡兩稱神農氏，皆不言炎帝；後文言征戰，凡兩稱炎帝，皆不言神農氏！然則與黃帝戰者自炎帝，與神農氏無涉也。書呂刑云：『蚩尤惟始作亂，延及於平民，罔不寇賊鴟義姦宄奪攘矯虔。』戰國策云：『黃帝伐涿鹿（山名在河北涿鹿縣南）而擒蚩尤。』五帝本紀云：『蚩尤作亂不用帝命，於是徵師諸侯，與蚩尤戰於涿鹿之野，遂擒殺蚩尤！而諸侯咸尊軒轅爲天子。』馬鎬中華古今注引河圖文云：『黃帝攝政前，有蚩尤兄弟八十一人，並獸身人語，銅頭鐵額，食砂石子，造立兵伏刀戟大弩，威震天下，天遣元女授黃帝兵法符制，以服蚩尤。』考書呂刑鄭注，蚩尤爲九黎之君，其少時曾學於中國；逸周書嘗麥解謂其仕於炎帝，使宇少昊。越絕書計倪內經其仕於黃帝爲主金之官，又云，黃帝深器之，使佐少昊，管子五行謂其又爲當時之官。（司天之官）其時中國境內，約分三族：最北以漠南北爲界者爲葷粥（獯鬻，玁狁，匈奴，皆一音之轉）西起崑崙東漸大海，夾黃河兩岸者爲諸夏大江以外，及乎南溟，是爲黎族。黎族自西方來，先於漢族不知幾何年！——近日有人發見猓玀古文書，中言洪水方舟之事，故知黎族亦自西方來——其後漢族順黃河流域而至，如此者又不知幾何年！至黃帝之時，生齒日繁，民族競爭之禍，乃不能不起，考西籍謂太古民族初從中國者爲巴克，（註一）中國人謂開闢始祖爲盤古（註二）苗族謂其始祖爲槃瓠（註三）巴克盤古槃瓠似皆一音之轉，故可說盤古爲漢苗共同之祖先，乃由帕米爾，越葱嶺，沿搭里木河奔黃河源，逐漸遷入中國之第一支人也。黃帝乃其第二支，其來偏北，似由內蒙綏遠移徙而至；（註四）觀史記稱「黃帝遷徙往來無常處，以師兵爲營衛！」是黃帝部衆尚未脫北方遊牧社會，而神農氏教民稼穡已早從事土著生活！故不能斷定伏羲神農黃帝爲一支民族：黃帝與蚩尤戰爭，爲民族戰爭；與炎帝戰爭，亦民族戰爭也！乃晉語謂少典娶於有蟜氏生黃帝炎帝，然證以春秋傳，有「黃帝氏以雲紀，故雲師而雲名；炎帝氏以火紀，故爲火師而火名」之文；是二帝各自爲國，各自爲代，非爲兄弟；尤足證黃帝與炎帝，實非一系：大抵炎帝領域，攝乎蚩尤黃帝之間，蚩尤以久遊中國，稔知諸夏九黎，終不能並存於世，又默觀神農世衰，知事機不可失，乃潛鑄金類，以爲利器；（見山海經及管子地數篇）遂即率衆北向，逐炎帝自立，而居於涿鹿（見路史後紀炎帝紀下）惟黃帝此時亦已轉徙至阪泉涿鹿之間，欲南向以爭殖民地；首宜併同種之國，以厚集勢力！觀「三戰而後得其志」一言，知黃帝之謀炎帝者深也。黃帝既併炎帝，因與蚩尤接觸！蚩尤受金作兵伐黃帝；而吾族剡林木以爲兵：銅木之間，利鈍殊焉，乃蚩尤敗，而黃帝勝者何也？以黃帝時吾族已發明弓矢之制故也。考御覽三百四十九，引世本，稱揮作弓：又書顧命稱倕之竹矢在西房，禹貢謂其矢以砮石爲之。揮與倕皆黃帝臣；是弓矢皆創於黃帝，而又無待乎金！至中國形勢，江南多洲渚林藪，故利於短兵，而長於用水，河北多平原大陸，故利在騎射，而便於野戰。蚩尤率澤國之民，徒步短兵，以與黃帝控弦之士，相角於大野，雖有銅頭鐵額之固，——謂以銅鐵爲兜鍪——亦無所用之！由來土著民族與遊牧民族戰爭，土著之文化，必高於遊牧，土著之武力，必劣於遊牧，故土著恒爲遊牧所制：黃帝與蚩尤之戰，亦正此列，但此一戰，使黃帝而敗，則吾族當失其自包犧神農以來之殖民地，五千年間泰東之史事，無一同者矣！

（註一）據 Terrian Lecouperie: Western Origin of the Early Chinese Civilization

（註二）據五運歷年記。

（註三）據後漢書南蠻傳。

（註四）據王桐齡先生中國民族史上編第一章第一節中國民族之成分。

炎帝氏　漢書律歷志以炎帝爲神農氏，太皞爲包羲氏，大名崔述謂爲不然！其言曰：「易傳曰：「庖羲氏沒，神農氏作；神農氏沒，黃帝堯舜氏作。」是庖犧神農在黃帝之前也春秋傳曰：「黃帝氏以雲紀，故爲雲師而雲名；炎帝氏以火紀，故爲火師而火名，共工氏以水紀，故爲水師而水名；太皞氏以龍紀，故爲龍師而龍名。」是炎帝太皞在黃帝之後也，庖羲神農在黃帝之前，炎帝太皞在黃帝之後，然則庖羲氏之非太皞，神農氏之非炎帝也，明矣，…………封禪書云：「古者封泰山禪梁父者七十二家：而夷吾所記者十有二焉：神農，封泰山禪云云，炎帝封泰山禪云云：」夫十有二家中，既有神農復有炎帝，其爲二人明甚，烏得以炎帝爲神農氏也哉！戰國策曰：「神農伐補遂，黃帝伐涿鹿而擒蚩尤，」亦列神農於黃帝前，而不云炎帝。晉語曰：「黃帝以姬水成，炎帝以姜水成；」亦列炎帝於黃帝後，而不云神農！春秋傳云：「炎帝爲火師，姜姓其後也；」與國語炎帝姜姓之說合：皆云炎帝，不云神農！……蓋自史記以前，未有言庖犧風姓爲龍師，神農姜姓爲火師者，亦未有言太皥畫八卦作網罟，炎帝制耒耜爲市廛者，然則庖犧氏之非太皥，神農氏之非炎帝也，明矣。」自讖緯之學盛，劉歆等比附五行之說，以太皥爲庖犧氏，炎帝爲神農氏，謂春秋傳文爲逆數，然證以古代文理，由今溯昔，且不用逆數！——傳云：「火出於夏，爲三月；於商爲四月；於周爲五月。」又云：「自虞以上爲陶唐氏，在夏爲御龍氏，在商爲豕韋氏，在周爲唐杜氏，晉主夏盟爲范氏。」是也：——況於泛舉古帝王之沿革乎？司馬貞史記索隱釋封禪書，欲曲全歆說，謂神農後子孫亦稱炎帝！若然，則史記詩傳不當稱封禪十二家，皆易姓受命者矣；。

共工氏　漢書律歷志列共工於神農之前，春秋傳共工在黃帝炎帝後！

「以水紀，故爲水師而水名。」（左傳昭公十七年）周語云：「共工虞於湛樂，淫失其身，欲壅防百川，墮高湮庳，以害天下；皇天弗福，庶民弗助，禍亂並興，共工用滅。」魯語云：「共工氏之伯九州也，其子曰后土，能平九土。」夫共工氏之爲帝爲伯，不可考知！然就春秋傳文義推求，實與黃帝炎帝太皞少皞未有差別！補本紀云：「女媧末年，諸侯共工氏，任智刑以强，霸而不王，與祝融戰，不勝而怒，乃頭觸不周山崩，天柱折，地維缺；女媧乃鍊五色石以補天，斷鼇足以立四極，聚蘆灰以止滔水；於是地平天成，不改舊物。」是由列子（湯問篇）淮南子（天文訓本經訓）附會而出，不可爲實！卽周語所稱「虞於湛樂」者；亦未必非其後裔所爲！

太　氏　太皞亦作太昊「以龍紀，故爲龍師而龍名。」「任宿須句顓臾風姓也，實司太皞與有濟之祀。」「陳太皞之虛也。」（並見左傳）漢

書律歷志以春秋傳之太皞氏爲卽易傳之包羲氏，於文理未合！（見前炎帝條下）

少皞氏　少皞，一作少昊，名摯，都於曲阜。左傳昭公十七年，「少皞摯之立也，鳳鳥適至，故紀於鳥，爲鳥師而鳥名。」大戴記帝繫篇云：「黃帝產玄囂，玄囂產蟜極，蟜極產高辛，黃帝產昌意，昌意產高陽。」又云：「黃帝取於西陵氏之子，謂之嫘祖氏產青陽及昌意；青陽降居泜水，昌意降居若水。」自史記始以青陽爲玄囂；而漢書律歷志遂並以青陽爲少皞，而其子孫名摯。由是皇甫謐以來，皆以少皞爲黃帝子；然大戴云：「青陽降居泜水，」是明謂青陽不爲天子。史記云：「自玄囂與蟜極，皆不得在位，至高辛卽帝位。」是亦謂玄囂不爲天子。青陽玄囂皆不爲天子，不得謂爲少皞，若以摯爲少皞子孫之名，則當鳳鳥未至之前，將以何者名其官？國語又以青陽爲方雷氏之甥，亦與大戴文異。大抵國語大戴史記皆不足爲據，而漢志說尤荒唐！

顓頊氏　顓頊初國高陽（今河南杞縣高陽城是）故號高陽氏。都於帝丘。（今直隸濮陽縣）大戴記云：「高陽是爲帝顓頊。」考春秋傳有高陽氏有顓頊氏，而爲一爲二無明文！惟離騷自謂高陽之苗裔，而鄭語以楚爲祝融之後，左傳以祝融爲顓頊氏之子，則似高陽果顓頊然鄭語云：「黎爲高辛氏火正。」楚語云：「顓頊命火正黎司地。」又似顓頊爲高辛者，春秋傳稱：「自顓頊以來不能紀遠，乃紀於近，爲民師而紀以民事。」又云：「陳顓頊之族也。」「衛顓頊之虛也，故爲帝邱。」

帝嚳氏　帝嚳名夋以佐顓帝受封於辛，故號高辛氏。都於亳（今河南偃師縣西有亳城）然春秋傳有高辛而無嚳，至國語始稱嚳，大戴記始以嚳爲高辛：魯語云：「帝嚳能序三辰以固民。」

帝堯　帝堯曰放勳。育於伊，（今河南伊陽縣）後著嘗，（亦曰黎今山西黎城縣）故曰伊耆氏；佐帝摯封植，受封於陶，又封於唐，故爲陶唐氏。大戴記帝繫篇云：『帝嚳上妃姜嫄氏產后稷，次妃簡狄產氏契，次妃陳隆氏產帝堯，次妃陬訾氏產帝摯。』史記云：『帝嚳崩，摯代立，帝摯立，不善崩，弟放勳立，是爲帝堯。』帝王世紀云：『帝嚳在位七十年，年百五歲；摯在位九年，政微弱，而唐侯德盛，諸侯歸之，乃受帝禪，封摯於高辛。』據此則后稷契帝堯帝摯，同爲帝嚳之子，皆異母兄弟也。大名崔述以爲不然！其唐虞考信錄有云：『書云：「帝曰棄，黎民阻饑，汝后稷播時百穀。」帝曰：「契，百姓不親，五品不遜，汝作司徒，敬敷五教在寬」是稷契皆至舜世，然後授官，暨禹播奏，庶艱食也。若稷果嚳元妃之子，則嚳之崩，稷少亦不下五十歲，又歷摯之九年，堯之百載，百有六十歲矣；契於此時，亦當不下百數十歲，有是理乎？堯之兄弟，有如此兩聖人，而終堯之身不知用，四岳亦不之薦，迨舜然後舉之，可謂不自見其眉睦者矣；尚何明之明，而側陋之揚哉！傳云：「高辛氏有才子八人。高陽氏有才子八人，此十六族者，世濟其美，不隕其名，以至於堯。」是高辛氏之子孫，當堯之時，已傳數世，而分數族矣！堯安得爲高辛之子哉！傳云：「高辛氏有二子，伯曰閼伯，季曰實沈，日尋干戈，以相征討，后帝不臧，遷閼伯於商邱，遷實沈於大夏。」若堯親高辛之子，則閼伯實沈當爲堯之兄弟，傳文何得乃云爾乎？唐虞以前，未有父子相繼爲天子者！黃帝之子不繼，顓頊之子不繼，摯非賢聖也，何以獨繼嚳而帝！』據此：不但堯與稷契非嚳之子，即摯之繼嚳，亦未必然也！至堯之有天下，則由於人皆歸之，——「唐侯德盛，諸侯歸之。」——故書曰：『克明俊德，以親九族，九族既睦；平章百姓，百姓昭明；協和萬邦，黎民於變時雍。』帝堯二十即位，都於平陽，在位七十載，以授時禪舜二事，最爲足紀！虞書堯典有云：『乃命羲和，欽若昊天，歷象日月星辰，敬授人時。』分命羲仲居嵎夷，理東作，以殷仲春；羲叔居南交，理南訛，以正夏至；和仲居西，理西成，以殷仲秋；和叔居朔方，理朔易，以正冬至。又云：「帝曰：咨汝羲暨和，碁三百有六旬有六日，以閏月定四時成歲，允釐百工，庶績咸熙。」夫歷數自黃帝以來有之；故傳云：「少皞氏鳥名官，鳳鳥氏歷正也。」然歷之爲法。必積久而後差數可見，創始者事不能周詳盡善；乃行之數百年，至堯而後碁之日數多寡可校，閏之疎密可推，定爲劃一之法，以垂後世！由是四時不爽，農桑可興，政令可布，史册可考：帝堯功德隆盛，生民以來未有倫比也。諸侯有苗氏，處南蠻而不服，堯征而克之於丹水之浦，乃以尹壽許由爲師。當時天下猶未平，洪水橫流，氾濫天下；草木暢茂，禽獸繁殖，五穀不登，禽獸逼人，獸蹄鳥跡之道，交於中國，堯獨憂之，咨四嶽，舉鯀俾治水，九載弗成：是洪水不自堯始，亦不自堯除也，七十載求遜位，四岳羣臣，咸舉舜；於是帝以二女妻舜命以位。

舜舉八愷（高陽氏有才子八人，曰蒼舒隤敳檮戭大臨尨降庭堅仲容叔達天下謂之八愷）八元，（高辛氏有才子八人，曰伯奮仲堪叔獻季仲伯虎仲熊叔豹季貍。）流四凶族；（帝鴻氏有不才子曰渾沌，少昊氏有不才子曰窮奇，顓頊氏有不才子曰檮杌，縉雲氏有不才子曰饕餮，天下謂之四凶。）七十有二載，殛鯀于羽山（今江蘇贛榆縣東）放驩兜於崇山：（今湖南大庸縣東）命禹治水，使續父業，禹與益稷同受命。七十有三載，正月朔，舜受終於文祖，以攝位告。流共工於幽州。七十有六載，竄三苗於三危。八十載禹治水成功。八十有一載分十有二州。（顓頊帝始建九州，曰兗冀青徐豫荆揚雍梁；至是分冀之東爲幷州，東北爲幽州，青之東北爲營州）百載，帝崩。天下不歸帝之子，而之舜，舜乃即天子位。

帝舜　帝舜有虞氏姚姓曰重華。其先國於虞，故曰有虞氏。都於蒲阪。（在今山西永濟縣）大戴記帝繫篇云：「黃帝產昌意昌意產高陽，是爲帝顓頊，顓頊產窮蟬，窮蟬產敬康，敬康產勾芒，勾芒產蟜牛，蟜牛產瞽瞍，瞽瞍產重華，是爲帝舜。」史記五帝本紀因之，然大戴記以堯爲黃帝之玄孫，（註一）則是堯與舜之高祖敬康，爲同高祖兄弟，堯安得以其女妻舜，舜安得遂取之！而上下相距至四五世，舜之年，又安得與堯之女等乎？春秋傳云：「陳顓頊之族也，自幕至於瞽瞍，無違命。」國語云：「幕能帥顓頊者也有虞氏報焉。」是舜爲虞（國名在今山西平陸）幕之後，其系非衍自黃帝：（參攷崔東壁遺書唐虞考信錄卷一，劉獻廷廣陽雜記卷五）考儒家謂：「舜發於畎畝之中：」（孟子）「瞽子父頑母嚚，象傲，克諧以孝；烝烝乂，不格姦。」（書堯典）故堯以爲賢，妻以二女，而禪之位：舜即位，詢四岳以達四聰；咨十二牧以率服蠻夷：命九官以作內政；養國老於上庠，養庶老於下庠；作五絃之琴，簫韶之樂：而「苗頑弗卽工，」於是「分北三苗，」「三苗丕敘。」「三十有二載，命禹攝位。」

「舜生三十徵庸，三十在位，五十載，陟方乃死。」（並見尚書）然史記五帝本紀則云：「舜年二十以孝聞，年三十堯舉之，年五十攝行天子事，年五十八堯崩年六十一代堯踐帝位，踐帝位三十九年，南巡狩崩於蒼梧之野，葬於江南九疑，是爲零陵。」二說顯有差異。

（註一）大戴禮記：黃帝產玄囂，玄囂產蟜極。蟜極產高辛，是爲帝嚳。帝嚳產放勳，是爲帝堯

本節參閱書舉要

一，馬驌繹史太皞紀，炎帝紀，黃帝紀，少皞紀，高陽紀，高辛紀，陶唐紀，有虞紀。

二，崔述上古考信錄唐虞考信錄。

四　大禹治水

中國今日所有之古書，最古者，莫如尚書堯典。堯典稱「湯湯洪水方

割；湯湯懷山襄陵，浩浩滔天，下民其咨！』則其水之大可知，然不詳起於何時，一若起於堯時者！然淮南子覽冥訓云：『往古之時，四極廢，九州裂，天不兼覆，地不周載，火爁炎而不滅，水浩洋而不息！猛獸食顓民，鷙鳥攫老弱！於是女媧練五色石以補蒼天；斷鰲足以立四極，殺黑龍以濟冀州，積蘆灰以止淫水：蒼天補，四極正；淫水涸，冀州平，狡蟲死，顓民生。』天文訓云：『昔者共工與顓頊爭爲帝，怒而觸不周之山，天柱折，地維絕：天傾西北，故日月星辰移焉；地不滿東南，故水潦塵埃歸焉。』（列子湯問篇說與此略同）又本經訓云：『共工振滔洪水，以薄空桑，江淮通流，四海溟涬；民皆上邱陵，赴樹木。』似洪水之禍，實起於堯以前；特至堯時，人事進化，始治之耳！考天下各族，述其古事，莫不有洪水！加勒底（Chaldea）古磚文，載世界原始云：『當上覆無天，下載無地之時，馮翼洞灟，浩蕩混滑，洪水浡溢，是爲洪荒之世。』巴比倫史家皮羅鎖氏（Berosos）之遺書云：『洪水乃一神西蘇詩羅斯（Xisuthros）所造；洪水前有十王，凡四十三萬年；洪水後，乃今世。』希伯來創世紀言：『耶和華鑑世人罪惡貫盈，以洪水滅之！歷百五十日，不死者惟挪亞一家。』印度古書（Satapatha Brahmana）言：『現在人類之祖先摩奴（Manu）一日洗手於河，有游魚浮於水面，謂摩奴曰：「飼我，我將救君！」摩奴依言飼魚，魚告之曰：「今年必有大水；君宜造舟，舉家族從余避難！」摩奴依言造舟，洪水果至，摩奴乃棹舟從魚之後，遂達北方山巔，繫舟於樹；及洪水去，乃下山：是時萬物皆滅，世界生存之人物，唯有摩奴一家。』波斯神話云：『全身由猛火而成之巨龍，從南方翔於天空；天地晦冥，日月無光，恆星不見，晝夜不分，慧星流星，布滿天空，電光閃爍，眩人心目；徧大地之森林，化爲一片猛火，枝葉根幹皆着；大雨如傾盆，其熱如沸湯，地上氾濫之濁水，高過人頂，經過九十晝夜，暴風吹來，洪水漸退，火龍始隱於地中。』維也納地質學者蘇埃茲氏（Suetzs）謂：『此龍卽爆發火山噴火口吐出之火燄，其他可恐之現象，亦火山爆發之現象也。』日本鳥居龍藏引西書謂：『最近發見雲南猓猓古書，亦言洪水：言古有宇宙乾燥時代，其後卽洪水時代；有兄弟四人，三男一女，各思避水；長男乘鐵箱，次男乘銅箱，三男與季女同乘木箱；其後惟木箱不沒，而人類遂存！』觀此則知洪水爲上古之實事，無論東西文野民族，莫不同遭此阨！至於洪水原起：東西載籍之涉於神造說者，語多無徵！卽吾昔賢之主張壅塞說者，——尸子謂：『古者龍門未開，呂梁未發，河出孟門之上，大溢逆流；無有丘陵高阜，盡皆滅之，名曰鴻水。』見呂氏春秋愛類篇。——亦係偏方一隅之見！近今任邱王桐齡先生云：『據吾人所推測，前世界之末期，地球表面曾起一大變化；大陸多震裂，沈爲洋海，一時有生物同歸於殄滅！最終之人類，乃奔避於世界最高處，是爲帕米爾高原，遲之幾千萬年，漸收斂爲大洋，新大陸逐漸浮出，遂成爲現世界！現世界人類之始祖，猶及見洪水氾濫之時，而智短力乏，不知以人力勝天，遂聽其自由氾濫：一時孑遺之人類，相率蟄居於高處，與毒蛇戰，與猛獸戰，忍饑耐寒以待洪水之減退；蓋世界人類之苦楚，未有甚於此時者也。」（見王桐齡先生著中國史第一編第二期第一章第三節洪水說）說與維也那地質學者蘇埃茲氏，（Suetzs）以爆發火山噴火口吐出之火燄，解釋波斯神話中之火龍者，可以互相發明：迨即世界各民族，悉遭洪水之主因。據尚書所載，帝堯之時，洪水滔天，下民昏墊，帝堯詢於四岳，舉鯀治之。鯀堙、洪水，大興徒役，作九仞之城，九載，訖無成功；舜攝政，殛鯀於羽山，以其子禹爲司空使代父業，以益稷佐之，命諸侯百姓，與人徒以傅土！禹傷父大功不成，乃勞身焦思非衣惡食，居外十三年，（孟子作八年，今從禹貢史記）水行乘舟，陸行乘車，泥行乘轜，山行乘欙，隨山刊木，奠高山大川：以水之患，莫大於河，濟次之，淮與江又次之；乃先治河，自北而南，以次及於諸水。故書曰：『冀州既載壺口，治梁及岐，既修太原，至於岳陽，覃懷底績，至於衡漳！……恒衞既從，大陸既作，島夷皮服，夾右碣石入於河。濟河惟兗州：九河（徒駭一，太史二，馬頰三，覆釜四，胡蘇五，簡六，絜七，鉤盤八，鬲津九，）既道，雷夏既澤，灉沮會同；……浮於濟漯，達於河。海岱惟青州，嵎夷既略，濰淄其道；……浮於汶，達於濟。海岱及淮惟徐州；淮沂其乂，蒙羽其藝；大野既豬，東原底平；……浮於淮泗，達於河。淮海惟揚州：彭蠡既豬，陽鳥攸居；三江（吳地記云：松江東北行七十里，得三江口；東北入海爲婁江，東南入海爲東江，並松江爲三江。）既入，震澤底定；……沿於江海，達於淮泗。荊及衡陽惟荊州：江漢朝宗於海；九江（潯陽地記云：一曰烏白江，二曰蚌江，三曰烏江，四曰嘉靡江，五曰畎江，六曰源江，七曰累江，八曰提江，九曰箘江。）孔殷，沱潛既道，雲土夢作乂；……浮於江沱潛漢，逾於洛，至於南河。荊河惟豫州：伊洛瀍澗，既入於河，滎波既豬，導菏澤被孟豬；浮於洛，達於河。華陽黑水惟梁州：岷嶓既藝，沱潛既道；蔡蒙旅平，和夷底績；……西傾因桓是來；浮于潛，逾於沔；入於渭，亂於河。黑水西河惟雍州：弱水既西，涇屬渭汭；漆沮既從，灃水攸同，荊岐既旅，終南惇物至于鳥鼠；原隰底績，至於豬野；三危既宅，三苗丕敘；……浮於積石，至於龍門西河，會於渭汭。織皮崐崘析支渠搜西戎即敘：導岍岐至於荊山；逾於河，壺口雷首至於太岳，底柱析城至於王屋；太行恒山，至於碣石，入于海。西傾朱圉鳥鼠，至於太華；熊耳外方桐柏，至於陪尾。導嶓冢至於荊山，內方至於大別。岷山之陽，至於衡山；過九江，至於敷淺原。導弱水至於合黎，餘波入於流沙。導黑水至於三危，入于南海。導河積石，至於龍門；南至於華陰，東至於底柱，又東至於孟津，東過洛汭，至於大伾；北過降水，至於大陸；又北播爲九河，同爲逆河，入於海。嶓冢導瀁，東流爲漢，又東爲滄浪之水；過三澨，至於大別，南入於江，東匯澤爲彭蠡；東爲北江入于海。岷山導江，東別爲沱，又東至于澧；過九江至於東陵，東迤北會于匯；東爲中江，入于海。導沇水東流爲濟，入于河，溢爲滎，東出於陶丘北，又東至於菏，又東北會於汶，又北東入于海。導渭自鳥鼠同穴，東會于灃，又東會於涇，又東過漆沮入於河。導洛自熊耳，東北會于澗瀍，又東會于伊，又東北入河：九州攸同，四隩既宅，九州刊旅，九川滌源，九澤既陂，四海會同。』觀此：則是禹『決九川，距四海；濬畎澮距川。』使北條之水皆入於河濟；南條之水，皆入於江淮：於是四瀆修，而水土平也。夫洪水在堯時爲中國一大患事，治水之役，鯀九載績用弗成！禹十三載而功成：蓋鯀用障水之法，與水爭地，禹用分水之法，以地讓水也。又觀禹之治水，有就一州之水治之者，有就一山一川治之者；由北而東，由東而南，復由南而西；及水道既疏，乃復就九州之中，次第施功，以期水患之盡平；美哉禹功，明德遠矣。學者或謂禹貢出於戰國，禹治水之說絕不可信，並疑古未必有夏禹其人！海寧王國維氏，乃舉秦公敦『鼏宅禹賚；』齊侯鎛鐘『虩虩成唐。……處禹之堵。』辨之：以爲秦公敦齊侯鎛鐘，皆春秋時器；知春秋之世東西二大國。——齊秦——無不信禹爲古之帝王。且先湯而有天下也。

本節參閱書舉要

一、尚書禹貢

二、馬驌繹史禹平水土。

三、崔述夏考信錄卷一禹上禹下。

四、王國維古史新證第二章禹。

五　堯舜禪讓之疑義

尙書史記稱堯舜禪讓；破世及之例，開傳賢之局，爲古今聚訟一大公案！孟子萬章上：「萬章曰：「堯以天下與舜有諸？」孟子曰：「否！天子不能以天下與人。」「然則舜有天下也孰與之？」曰：「天與之。」「天與之者諄諄然命之乎？」曰：「否！天不言以行與事示之而已矣。」曰：「以行與事示之者如之何？」曰：「天子能薦人於天，不能使天與之天下；諸侯能薦人於天子，不能使天子與之諸侯；大夫能薦人於諸侯，不能使諸侯與之大夫：昔者堯薦舜於天而天受之，暴之於民而民受之！故曰天不言，以行與事示之而已矣。」「敢曰問薦之於天而天受之，暴之於民而民受之如何？」曰：「使之主祭，而百神享之，是天受之；使之主事而事治，百姓安之，是民受之也：天與之，人與之；故曰天子不能以天下與人！舜相堯二十有八載，非人之所能爲也，天也。堯崩三年之喪畢，舜避堯之子於南河之南，天下諸侯朝覲者不之堯之子，而之舜，訟獄者不之堯之子而之舜，謳歌者不謳歌堯之子而歌舜；故曰天也。夫然後之中國踐天子位焉；而居堯之宮，逼堯之子，是篡也，非天與也！」據此是孟子以爲堯舜禪讓皆天意。莊子逍遙遊第一：『堯讓天下於許由，曰：「日月出矣，而爝火不息，其於光也，不亦難乎！時雨降矣，而猶浸灌，其於澤也，不亦勞乎！夫子立而天下治，而我猶尸之，吾自視缺然，請致天下！」許由曰：「子治天下，天下既已治也，而我猶代子，吾將爲名乎？名者實之賓也，吾將爲賓乎？鷦鷯巢於深林，不過一枝；偃鼠飲河，不過滿腹；歸休乎君；予無所用天下爲？」庖人雖不治庖，尸祝不越樽俎而代之矣。』準此則是聖人鄙夷大寶而去之。史通疑古篇云：『堯典序又云：「將遜於位，讓於虞舜。」孔氏注曰：「堯知子丹朱不肖，故有禪位之志。」案汲冢瑣語云：「舜放堯於平陽。」而書云某地有城以囚堯爲號；識者憑斯異說，頗以禪受爲疑！然則觀此二書，已足爲證者矣；而猶有所未覩也！何者？據山海經謂放勳之子爲帝丹朱！而列君於帝者，得非舜雖廢堯仍立堯子，俄又奪其帝者乎？觀近古有姦雄奮發，自號勤王，或廢父而立其子，或黜兄而奉其弟；始則示相推戴，終亦成其篡奪！求諸歷代，往往而有；必以古方今，千載一揆！斯則堯之授舜，其事難明；謂之讓國，徒虛語耳。』又云：『虞書舜典又云：「五十載陟方乃死。」注云：「死蒼梧之野，因葬焉。」案蒼梧者，於楚則川號汨羅，在漢則邑稱零桂，地總百越，山連五嶺，人風婐劃，地氣歊瘴；雖使百金之子，猶憚經履其途！況以萬乘之君，而堪巡幸其國？且舜必以精華既竭，形神告勞，捨茲寶位，如釋重負！何得以垂歿之年，更踐不毛之地？兼復二妃不從，怨曠生離，萬里無依，孤魂溘盡；讓王高蹈，豈其若是者乎？歷觀自古人君廢逐，若夏桀放於南巢，趙嘉遷於房陵，周王流彘，楚帝徙郴：語其艱棘，未有如斯之甚者也。斯則陟方之死，其殆文命之志乎？』依此則與後世篡竊無異：錢塘夏曾佑中國歷史教科書堯舜之政教節，謂禪讓『大約天子必選擇於一族之中，而選舉之權，則操之岳牧，是爲貴族政體！近世歐洲諸國，曾多有行之者；而中國則不行已久，故疑之也。』但吾人稽考古籍，實難徵信。堯舜同出一族！且舜自匹夫而登帝位，亦非貴族！對於夏氏之說，尙未敢盡信。近今任邱王桐齡先生於所著中國史講義（民國元年北京高等師範油印本）謂：『以後人之眼光窺測，上古之時去部落酋長制度未遠；天子稱元后，諸侯稱羣后，其勢位相去殆不甚遠！元后率由羣后選位，有四岳等操廢置之柄，殆如近世日耳曼之選帝侯。堯以天潢貴冑，乘兄之失人望，而奪其位，朝廷之上，賢愚雜進，一時政界未能清明！舜以驍雄之姿，起山西賤民，一躍而爲天子壻，用結婚政策，買君主歡心，乘堯之衰老，而攘其政柄，自總百揆，自攝國政，而以虛名歸之堯；曹操之篡漢獻，徐知誥之奉讓皇，前後如出一轍也。汲引黨援，誅鋤異己，鯀與共工驩兜必當時大臣中之好立異同者，其不能善終，與曹操之殺孔融，司馬懿之殺曹爽，事同一律也。堯崩舜嗣，丹朱不能相續；蓋男系女系古人不甚歧視，頗近今日歐風，亦以舜握政柄已久，大勢所趨，丹朱無如何也！禹以雄武之姿，假治水之名，厚集兵力，戡定天下，征服異族，東方之島夷嵎夷萊夷淮夷，西方之昆侖析支渠搜，西南之和夷，南方之三苗，莫不內屬；禹貢一篇，大禹之武功記也。其所謂浮於何水，達於何水者，當時之交通路也。所謂某州貢某種土物者，征服者對於被征服者所得之利益也。武功既盛，人望所歸，兵柄在握，遂攘政柄，曹操之尊漢獻，劉裕之奉晉安，爲一時便利計，非爲永久計也。舜以衰老之年迫於大勢，蒼皇出走，貨悖而入者，亦悖而出，自我得之，自我失之；唐明皇爲安祿山所驅而幸蜀，魏孝武帝爲高歡所逼而奔長安，非擇而取之，不得已也。舜不東巡西巡而必南巡者，意者苗人背叛，舜或親征，攝政之禹，用有窮后羿因民弗忍拒于河之手段，以兵塞其歸路；舜行營兵馬，恢復中原不足，戡定苗疆有餘，乃經營邊荒，欲自立一國：元順帝之狩應昌，西遼耶律大石之奔起兒曼，末路英雄，聊以支持殘局，亦可悲也。及舜中途殂落，大功不成，二妃感憤，自殺以殉；孝平皇后之效忠漢室，楊太妃之盡節趙家，千古傷心人如出一轍也。禹以武功起家，憑藉戰勝攻取之威，攘取大位，中央集權之勢已成，家天下之局將定，益與禹同功一體，爲啓之前輩，握權最久，其勢不能相容；宋文帝疾動而收檀道濟，宋明帝疾篤而殺王景文，非惡其人，畏其偪也。以上所述，似故意與古人爲難！顧史書所載，誤謬百出，本來授人以指摘之柄，研究歷史者不敢隨聲附和也。據吾人所推測，堯舜禹三帝未必實有其人！即使實有其人，其事蹟亦多傳聞失實之處！堯典舜典禹貢名爲三帝本紀，實則代表漢民族對於天時地理人事之思想：堯典以正天時爲主，舜典以授人事爲主，禹貢以治地理爲主，蓋仍由三才思想臆造而成。惟三帝事蹟傳說之緣起，遠在春秋戰國以前，且以訛傳訛，人人信爲眞實；故孔子大聖人猶祖述堯舜，推崇大禹，順一時人心之趨向而因勢利導之，大政治家，大教育家，大宗教家立教說法，當然如此，非自欺以欺人也！至於禪讓之說，則據亂之世，强陵弱，衆暴寡，爭地以戰，殺人盈野，爭城以戰，殺人盈城；君主自私其國爲已有，權利思想勃發，達於極點，人民之生命財產，等於弁髦：古聖賢惘然憂之，乃創爲大同之說，謂神器爲天下共有物，不可以武力爭，惟有德者可以居之；故堯有天下不傳子，而傳舜，舜有天下不傳子而傳禹：所謂五帝官天下者，乃對於亂暴時君，故作此對病下藥之論；猶之印度階級制度太嚴，釋迦摩尼倡言衆生平等；歐洲宗教壓制太甚，馬丁路德始主張信教自由：事同一律，未必實有其事也。據吾人所觀察，禪讓一節，非盛德事！後世庸主偶一爲之，遂爲歷代權奸所借口：始作俑者爲燕王噲與燕相子之，次則王莽曹丕劉裕楊堅輩，亦嘗效之，子之受禪等于詐欺取財，王莽等之受禪等於强迫取財，自由禪讓，儒教中僅有此思想，歷史上未必有此事實也。至於堯舜禹之事蹟，經史諸子，往往傳聞異辭，愈以徵其事之烏有子虛；甲可以信以爲眞者，乙亦可以斥以爲妄！甲可以信爲有者，乙亦可以斥以爲無！任諸家聚訟不休，暫時只好付之闕疑之列也。」王先生此說，對於堯舜禹事蹟，根本懷疑，以爲古籍所傳堯舜禹之盛德大業，皆後世儒家所依託，足爲千載定論：

本節參閱書舉要

一、劉知幾史通卷十三疑古。

第三章　三皇五帝時代開化之程度

一　制度

官制　古史相傳，唐虞以上，世有五官之建：黃帝氏以雲紀，故爲雲師而雲名：春官爲青雲氏，夏官爲縉雲氏，秋官爲白雲氏，冬官爲黑雲氏，中官爲黃雲氏（註一）炎帝氏以火紀，故爲火師而火名：春官爲大火，夏官爲鶉火，秋官爲西火，冬官爲北火，中官爲中火。共工氏以水紀，故爲水師而水名：春官爲冬水，夏官爲南水，秋官爲西水，冬官爲北水，中官爲中水。太皞氏以龍紀，故爲龍師而龍名：春官爲青龍氏，夏官爲赤龍氏，秋官爲白龍氏，冬官爲黑龍氏，中官爲黃龍氏。少皞摯之立也，鳳鳥適至；故紀於鳥，爲鳥師而鳥名：祝鳩氏司徒也，睢鳩氏司馬也，鳲鳩氏司空也，爽鳩氏司寇也，鶻鳩氏司事也。自顓頊以來，爲民師而命以民事：木正曰句芒，火正曰祝融，金正曰蓐收，水正曰玄冥，土正曰后土。五官以外，舊說相傳，黃帝之世，設左右大監，監於萬國，又有史。太皞之世，尚有所謂飛龍氏之官，潛龍氏之官，居龍氏之官，降龍氏之官，土龍氏之官，水龍氏之官，各有職司。少皞之世，有鳳鳥氏之官，（歷正）玄鳥氏之官，（司分）伯趙氏之官，（司至）青鳥氏之官，（司啓）丹鳥氏之官，（司閉）

並有五雉之官（註二）九扈之官（註三）顓頊之世，有南正之官，北正之官。（註四）帝嚳之世，又有典樂之官：（註五）官制漸趨於完備。唐虞繼治，內設衆官，外設州牧：內官有百揆總理庶政，四岳統治諸侯。又命九官：司空典司水土，后稷典司農事，司徒典司教化，士典司兵刑，共工典司百工，虞典司山澤，秩宗典司祭祀，典樂典司樂教，納言出納帝命。外官有十二州牧分治諸侯。（註六）大抵四岳之官，其權最重，凡立君命官之事，必先詢之。（註七）九官之中，以秩宗，士，司徒，司空，后稷為五官。（見金鶚禮說）又於五官之中，用三人為三公；即司馬公，司徒公，司空公也。（見韓詩外傳伏生大傳）而三公之中，復以一人為首輔，在唐曰大麓，虞曰百揆。（見尚書）故四岳，百揆實為當時輔弼之官；而司空，后稷，司徒，士，共工，虞，典樂則為司民之官，若納言，蓋所以通下情而宣上意，則喉舌之官也。又有司天之官，則仍古代羲和之職。（註八）夷考唐虞時代，去黃帝之時不過二百歲，而設官分職，區處井然，政治之發達，可謂至速。

（註一）史記五帝本紀云：『黃帝舉風后力牧常先大鴻以治民。』資治通鑑綱目前編外紀云：『黃帝立六相，舉風后力牧太山稽常先大鴻以治民。』通鑑外紀曰：『黃帝得六相而天地治神明至。風后明乎天道，故爲當時。太常察乎地利，故爲廩者。奢龍辨乎東方，故爲士師。祝融辨乎南方，故爲司徒。大封辨乎西方，故爲司馬。后土辨乎北方，故爲李。』大名崔述上古考信錄謂：卿相之名，未有見於傳者；又謂：古未有姓名連稱者！故諸家言黃帝立六相，說皆未可憑據。

（註二）左傳昭公十七年，『五雉爲五工正』疏云：『賈逵云：西方曰鷷雉，攻木之工也。東方曰鶅雉，搏埴之工也。南方曰翟雉，攻金之工也。北方曰鵗雉，攻皮之工也。伊洛而南曰翬雉，設五色之工也』

（註三）左傳昭公十七年，『九扈爲九農正。』疏云：『賈逵云：春扈分循相五土之宜，趣民耕種者也。夏扈竊玄，趣民耘苗者也。秋扈竊藍，趣民收斂者也。冬扈竊黃，趣民蓋藏者也。棘扈竊丹，爲果驅鳥者也。行扈唶唶，晝爲民驅鳥者也。宵扈嘖嘖，夜爲農驅獸者也。桑扈竊脂，爲蠶驅雀者也。老扈鷃鷃，趣民收麥，令不得晏起者也。』

（註四）資治通鑑綱目前編外紀云：『古者民神異業，是以禍災不至，而求適不匱。少昊氏衰，九黎亂德，民神雜揉，不可方物。家爲巫史，無有要質，民匱於祀，嘉生不祥，無物以享，禍災荐臻，莫盡其氣。顓帝受之，乃命南正重司天以屬神，北正黎司地以屬民，使復舊常，無相侵瀆，民用安生。』

（註五）資治通鑑綱目前編外紀云：『帝命咸黑典樂爲聲歌，命曰九招。』

（註六）尚書堯典：禹作司空，宅百揆，棄爲后稷，契爲司徒，皋陶作士，垂作共工，益作虞，伯益作秩宗，夔典樂，龍作納言。

（註七）尚書堯典：鯀之治水，舜之登庸，舜命九官：皆先咨於四岳。

（註八）尚書堯典：堯命羲仲宅嵎夷，命羲叔宅南郊，命和仲宅西，命和叔宅朔方：以觀象授時

地方制　帝王世紀云：『自神農以上，有大九州柱州迎州神州等；黃帝以來，德不及遠，惟於神州之內，分爲九州。黃帝受命，風后受圖割地，布九州，置十二國。』按所載州名，與淮南錯出。淮南子墬形篇言：『何謂九州？東南神州，曰農土；正南次州曰沃土；西南戎州曰滔土；正西弇州，曰幷土；正中冀州，曰中土，西北台州曰肥土，正北泲州，曰成土；東北薄州，曰隱土，正東陽州曰申土，』無柱迎二州名，當係傳述之異；莊子言『華胥氏之國，在弇州之西，台州之北：』弇台二州，與淮南略合，則淮南九州，必爲古代相傳之通說，可無疑義！又按史記騶衍以爲儒者。所謂中國者，乃八十一分居其一分耳！中國名曰赤縣神州，赤縣神州內自有九州，禹之序九州是也，不得爲州數！中國外如赤縣神州者九，乃所謂九州也；於是有裨海環之，人民禽獸莫能相通者，如一區中者，乃爲一州。如此者九，乃有大瀛海環其外，天地之際焉，其範圍愈益擴大矣！』

然此皆古初時代之世界觀，其說雖不無所據，究非可語於地方制也：即漢書地理志稱：『昔在黃帝，作舟車以濟不通，旁行天下，方制萬里，畫埜分州，得百里之國萬區，』似黃帝時已有州制者，但亦未足據？馬端臨文獻通考輿地考云：「顓帝之所建，帝嚳受之，創制九州，（雍荊豫梁冀青徐兗揚）是顓頊始創行九州，虞舜攝位，肇十有二州，除雍荊豫梁徐兗揚仍舊外：分冀之東為幷州，東北為幽州；青之東北為營州。禹平水土，復為九州。（冀兗青徐荊揚雍梁豫）若準此以考遠古疆域：則堯都平陽，舜都蒲阪，禹都安邑，皆在河北，兩河間為冀州。濟河惟兗州、（濟北河南）海岱惟青州。（海以西，泰山以東）海岱及淮惟徐州。（海以西，泰山以南，淮以北）淮海惟揚州（淮以南，東至海）荊及衡陽惟荊州（荊山以南，至衡山之陽）荊河惟豫州。（荊山以北，河以南）華陽黑水惟梁州。（華山之陽，西南至黑水上游，黑水今日哈刺烏蘇，即瀾滄江之上游也。）黑水西河惟雍州（黑水之東冀州龍門之河之西）爾雅釋地謂兩河間曰冀州，河南曰豫州，河西曰雍州，漢南曰荊州，江南曰揚州，濟河間曰兗州，濟東曰徐州，燕曰幽州，齊曰營州。呂氏春秋謂：「河漢之間爲豫州周也；兩河間曰冀州晉也；河濟間曰兗州衞也；東方爲青州齊也；泗上爲徐州魯也；東南爲揚州越也；南方爲荊州楚也；西方爲雍州秦也；北方爲幽州燕也。」據此爾雅校禹貢少一梁州，而多一幽州；呂氏春秋與爾雅說合：禹貢冀州當今直隸山西二省，兗州跨今直隸山東二省；青州當今山東省東北部奉天省南部，徐州當今山東省南部與江蘇安徽二省北部；揚州當今江蘇安徽南部與江西浙江北部；荊州約當今湖北湖南兩省；豫州約當今河南；梁州當今四川川邊與雲南貴州北部；雍州當今陝西甘肅二省與青海東部。故禹貢九州較今內地十八省爲大：

刑制　自古論刑制者，皆以唐虞爲斷！或謂唐虞以上無肉刑，僅有象刑：象刑云者，畫其象以治其罪，於本人無傷！白虎通曰：『畫象者，其衣服象五刑也：犯墨者蒙巾，犯劓者以赭著其衣，犯臏者以衣蒙其臏象而畫之，犯宮者扉，犯大辟者布衣無領。』然此不過一種思想，殆非確論！故在昔荀卿著書，已斥爲世俗之說：（見荀子正論篇）又尚書堯典雖有『象以典刑』之文，法用常刑之罰，唐以前說經家異說紛紜，皆不足據。準此以觀，則五刑之日，唐虞之世，固已有之；墨劓剕宮大辟，又皆肉刑也。（註一）又考尚書呂刑言，『苗民弗用靈，制以刑！惟作五虐之刑，曰法；殺戮無辜，爰始淫爲劓刵椓黥。』是肉刑爲苗民所創，後世沿襲以行。唐虞之時，法制較完，其犯五刑者，或當宥則宥而流之！（註二）五刑而外，又有鞭刑，以爲治官事之刑；扑刑。以爲不勤道業者之刑，若誤而入刑，允出金以贖：（註三）過而有害，當緩赦之，怙姦自終，當刑殺之：故尚書堯典曰：『流宥五刑，鞭作官刑，扑作教刑，金作贖刑，眚災肆赦。

，怗終賊刑。」

(註一)漢書刑法志：五刑：大刑用甲兵，(以六師誅暴亂)其次用斧鉞，(斬刑也)中刑用刀鋸，(刀割刑鋸刖刑也)其次用鑽鑿，(鑽臏刑也鑿黥刑也)薄刑用鞭扑。(扑杖也)大者陳諸原野，(征討所殺也)小者致之市朝。(大夫以上尸諸朝，士以下尸諸市)又尚書堯典：五刑有服，五服三就。(大罪於原野，大夫於朝，士於市)

(註二)尚書堯典：五流有宅，五宅三居。(大罪四裔，次九州之外，次千里之外)

(註三)贖刑，出金贖罪。即周代罰鍰之制，西人所謂財產之刑也。

賦稅制　自黃帝創行經土設井之法，地著數詳，人居漸有一定，賦稅之徵收，當即由之而起！稽諸古史，雖無明文可徵；然黃帝固嘗習用干戈，以征不享：是人民賦法與諸侯貢法，皆古所有也。堯遭洪水，天下分絕，禹平水土，制爲貢賦。冀州：厥土惟白壤；厥賦爲上上錯；厥田惟中中。兗州：厥土黑墳；厥田爲中下；厥賦貞；厥貢漆絲，厥篚織文。青州：

厥土白墳，海濱廣斥；厥田爲上下；厥賦中上；厥貢鹽絺海物惟錯，岱畎絲枲鉛松怪石，厥篚檿絲。徐州：厥土赤埴墳；厥田惟上中，厥賦中中；厥貢惟土五色，羽畎夏翟，嶧陽孤桐，泗濱浮磬，淮夷蠙珠暨魚，厥篚玄纖縞。揚州厥土惟塗泥；厥田惟下下；厥賦下上錯；厥貢惟金三品，瑤琨篠簜，齒革羽毛惟木，厥篚織貝，厥包橘柚錫貢。荆州；厥土惟塗泥；厥田惟下中；厥賦上下；厥貢羽毛齒革惟金三品，杶榦栝柏，礪砥砮丹，惟箘簵楛三邦底貢厥名，包匭菁茅，厥篚玄纁璣組，九江納錫大龜。豫州：厥土惟壤下土墳壚；厥田惟中上；厥賦錯上中；厥貢漆枲絺紵，厥篚纖纊，錫貢磬錯。梁州；厥土青黎；厥田惟下上；厥賦下中三錯；厥貢璆鐵銀鏤砮磬熊羆狐貍織皮。雍州厥土惟黃壤；厥田惟上上；厥賦中下；厥貢惟球琳琅玕。（見禹貢）古代貢賦可考者如是而已：

兵制　包羲畫卦，以坤上坎下爲師：師之爲用，由來已久！史稱黃帝所至，以兵師分內外以爲營：其制立外衞二十八以包中衞，立中衞二十八以包外營，立外營十二以包內營，立內營四以應外衞：攻守居行一循是法，此黃帝時兵制之可徵者也。虞舜之世，苗民逆命，益贊於禹，班師振旅；師旅名稱，遂見於古史，至於兵器，則黃帝以來，日見複雜：劍鎧矛戟弓矢，黃帝與蚩尤戰，卽已用之。

封建制　遠古部落時代，酋長林立，無所謂封建！黃帝畫壄分州，得百里之國萬區，亦不過因其舊有而建置！堯時封禹於有夏，（今河南禹縣）封契於商，（今陝西商縣）封棄於邰；（今陝西武功）舜封弟象於有庳，（在今湖南道縣）實爲後世封建勳戚之濫觴。

井田制　通典食貨志云：「昔者黃帝始經土設井，以塞爭端，立步制畝，以防不足，使八家爲井，井開四道，而分八宅，鑿井於中：一則不洩地氣，二則無費一家，三則同風俗，四則齊巧拙，五則通財貨，六則存亡更守，七則出入相司，八則嫁娶相媒，九則有無相貸，十則疾病相救：是則性情可得而親，生產可得而均，欺凌之路塞，鬭訟之心解。既牧之於邑，故井一爲鄰，鄰三爲朋，朋三爲里，里五爲邑，邑十爲都，都十爲師，師十爲州。夫始分之於井，則地著；計之於州，則數詳：迄乎夏殷，不易其制。」後世城鄉市鎮所由昉也：

選舉制　遂古人才之任用，大抵皆出於推舉；堯時四岳之舉鯀舉舜，舜之舉八凱八元，皆其著列。

學校制　古史所稱五帝之學曰成均，顧其所謂五帝，史各一詞，亦無確論！惟有虞氏養國老於上庠，養庶老於下庠，紀事較明，自堪徵信。而上下庠之設立，既以養老，並以教孝；俾人人親其親，長其長焉！故舜命契曰：「百姓不親，五品不遜：汝作司徒，敬敷五教，（註一）在寬。」（見堯典）是可徵當時教養主旨所在矣：

（註一）尚書正義曰：文十八年，左傳云：布五敎於四方，父義母慈兄友弟恭子孝，是布五常之敎也。

幣制　通考錢幣考云：『太皞以來有錢，太皞高陽謂之金，有熊高辛謂之貨，陶唐氏謂之泉。』然在邃古之時，以物易物，固無所用錢幣，卽舊說以珠玉爲上幣，黃金爲中幣，刀布爲下幣者，亦距實物交換時代未遠！又古史稱『黃帝始制貨幣；』初學記云：『黃帝採首山銅，始制爲刀；』然考易繫辭謂神農日中爲市，致天下之民，聚天下之貨。』說文：『貨財也；從貝，化聲。』廣韻：『貨者化也，變化交易之物。』蓋古貿易以貝代泉，及後用以代泉者不止一貝，因有幾多之變化，故定名曰貨；此漢書食貨志所以言『貨謂布帛可衣及金刀龜貝』也：若是則神農所聚之貨，未必無金刀！則泉貨之制，更何待於黃帝？李世熊錢神志圜法第二云：『謂之泉者，言其形，金者言其質；刀者言其器；貨布者言其用。』漢書食貨志云：『貨寶於金，利於刀故曰金刀。』是又泉貨金刀等名之正義也。

本節參閱書舉要

一、尚書堯典

二、左傳昭公十七年，郯子來朝。

三、史記五帝本紀。

四、尚書禹貢。

五、通典食貨志。

六、通考錢幣考。

七、繹史卷三太皞紀至卷十有虞紀。

八、繹史卷十一禹平水土。

二　禮俗

朝覲巡守　尚書堯典（今本舜典）云：『肆覲東后，……修五禮五玉三帛二生一死贄。』孔穎達疏謂五禮，吉凶賓軍嘉之禮；五玉，公侯伯子男所執之圭璧；三帛，諸侯世子公之孤附庸之君，所執玄纁黃之帛；二生，卿所執羔，大夫所執雁；一死，士所執雉。堯典又云：『群后肆朝』。疏謂巡守之年，諸侯羣后四方各朝天子於方岳之下。是堯時朝覲規制，已臻詳密。又考黃帝曾『合符釜山；』是諸侯朝於天子，不自唐虞始也。堯典又云：『歲二月，東巡守，至於岱宗柴；……五月，南巡守，至於南岳，如岱禮；八月西巡守，至于西岳，如初；十有一月，朔巡守，至于北岳，如西禮。歸格於藝祖用特，五載一巡守；』『巡守者巡所守也』（孟子）天子適諸侯，諸侯朝天子：天子與諸侯間往來交際關係，如是而已！

祭祀：史記封禪書云：『古者封泰山禪梁父者七十二家；而夷吾所記者十有二焉；神農封泰山禪云云。』五帝本紀謂黃帝『置左右大監，監於萬國；萬國以和，而鬼神山川封禪，與爲多焉。』山川鬼神祭祀之事，所從來遠矣：尙書堯典云：『肆類於上帝，禋於六宗，(註一)望於山川，徧於羣神。』堯典又云：『歸格於藝祖用特。』更爲祭祀上帝六宗山川羣神祖禰之明證：

(註一)六宗：孔傳謂『四時也，寒暑也，日也，月也，星也，水旱也。』正義云：『漢世以來，說六宗者多矣。歐陽及大小夏侯說尙書皆云：所祭者六，上不謂天，下不謂地，旁不謂四方，在六者之間，助陰陽變化，實一而名六宗矣。孔光劉歆以六宗謂乾坤六子，水火雷風山澤也。賈逵以爲六宗者，天宗三，日月星也，地宗三，河海岱也。馬融云：萬物非天不覆，非地不載，非春不生，非夏不長，非秋不收，非冬不藏，此其謂六也。鄭玄以六宗言禋，與祭天同名，則六者皆是天之神祇，謂星，辰，司中，司命，風師，雨師：星謂五緯星，辰謂日月所會十二次也，司中，司命，文昌第五第四星也，風師箕也，雨師畢也。晉初幽州秀才張髦上表云：臣謂禋於六宗，祀祖考所尊者六，三昭三穆是也。司馬彪又上表曆難諸家，及自言己意，天宗者日月星辰寒暑之屬也，地宗社稷五祀之屬也。四方之宗，四時五帝之屬。惟王肅據家語，六宗與孔同。各言其志，夫知孰是！』

五禮　通典禮篇云：『伏羲以儷皮（註一）爲禮，作琴瑟以爲樂，可爲嘉禮。神農播種，始諸飲食，致敬鬼神，䄍爲田祭，可爲吉禮。黃帝與蚩尤戰於涿鹿，可爲軍禮。九牧倡教，可爲賓禮。易稱古者葬於中野，可爲凶禮。又修贄類帝，則吉禮也。釐降嬀虞，則嘉禮也。羣后四朝，則賓禮也。征於有苗，則軍禮也。遏密八音，則凶禮也。故自伏羲以來，五禮始彰，堯舜之時，五禮咸備；而直云典朕三禮者，據事天事地與人爲三耳！其實天地唯吉禮也，其餘四禮並人事兼之。』然此不過徵引古事類似者言之，謂爲五禮之濫觴則可，究難謂遠古五禮不異於後世所云也！

（註一）譙周古史考：『伏羲制嫁娶，以儷皮爲禮。』儷皮謂兩皮也。用儷皮者，取鹿有文章，且遊牧之世，未有布帛也。

婚姻　初民之始未嘗無男女，然夫婦無固定關係！寖假而以謀生活便利故，夫婦有終矣，又有掠婚買婚之陋俗；吾人正未可侈談遠古人民婚姻自由！又古史稱。『包犧始制嫁娶。以儷皮爲禮；』又言『女媧始立媒：』是由人群進步，深悉腕力不足恃，且感覺買婚之弊，故包犧遂得酌中定制，以爲男女胖合正軌！固不必拘『始制嫁娶』之文，而謂包犧以前無嫁娶；又不可謂包犧以後嫁娶皆有儷皮爲禮也。於此又當知者二事：即一夫多妻之制確立與男女之別漸嚴是也。蓋上世旣爲不定婚姻，則男子腕力所及，可以自由取求，故能多妻！是以一夫娶數婦，姊妹共嫁一夫，在當時皆不足異。（註二）而包犧黃帝治天下，皆爲男女立別；堯舜因之，定爲教化，故後世防閑益厲！

（註一）據帝王世紀，黃帝有四妃：元妃西陵氏女曰嫘祖，次妃方雷氏女曰女節，次妃彤魚氏女，次妃嫫母。

又據尚書堯典：『釐降二女於嬀汭。』尸子『妻之以媓，媵之以娥。』史記堯乃以二女妻舜，以觀內。』

喪葬　孟子藤文公上有云：『蓋上世嘗有不葬其親者，其親死則舉而委之於壑。他日過之，狐狸食之，蠅蚋姑嘬之，……蓋歸反虆梩而掩之。』是可爲埋葬之權輿。易繫辭下傳曰：『古之葬者，厚衣之以薪，葬之中野。不封不樹，喪期無數，後世聖人，易之以棺槨。』漢書劉向傳，謂『棺槨之制，自黃帝始；』是黃帝時雖有棺槨，營葬事，然並無墳墓之制。又遠古並無合葬之說，故禮記檀弓有云：『合葬非古也。』又云：『舜葬於蒼梧之野，蓋三妃（娥皇女英癸比）未之從也。』

民俗　遠古人民無別，羣物不殊。伏羲以來，俗尚簡樸，人心淳厚，故能治以渾約。史稱赫胥之民，『人居不知所爲，行不知所之。』葛天之民，『不言而信，不化而行。』無懷之民『形有動作，心無好惡，雞犬之音相聞，民至老死不相往來！』神農之民『不忿爭而財足，無制令而民從。』黃帝之民『人民相讓以財，無忿爭之心。』唐堯之民『牛馬之牧不相及，人民之俗不相知，不出百里而來足。』故『不賞而民勸，不罰而民治。』虞舜之民『農不以力獲罪，女不以巧獲罪，民不以政獲罪。』故『民無慍惡不服，而天下化之。』是由當時民風樸厚，用能各得其所。觀擊壤之詞（註一）康衢之謠，（註二）足徵熙熙皞皞，並非過語。

（註一）高士傳：『帝堯之世，天下太和，百姓無事，壤父年八十餘，而擊壤於道中。觀者曰：大哉帝之德也。壤父曰：吾日出而作，日入而息，鑿井而飲，耕田而食，帝何德於我哉？』

（註二）列子：『堯治天下五十年，不知天下治歟，不治歟！……乃微服遊於康衢。聞兒童謠曰：立我蒸民，莫匪爾極；不識不知，順帝之則。』

本節參閱書舉要

一、尚書堯典。

二、通典禮篇。

三、孟子滕文公上。

四、易繫辭下傳

三 宗教

古者民智未開，不解物理，見日月星辰山川河海風雨雷霆日食地震等類，輒驚造物之不測，以爲必有神主之。而於人之死也則又謂靈魂之必存；聖人因而利用之，以神道設教，使民不敢爲惡，不敢背本！此宗教發生原因一也。又古者元后與群后階級不甚懸殊，非託之神靈。不足以示尊而馭衆：故伏羲之生，其母以履跡，意有所動，虹且繞之，因而有娠。神農之生，其母有神龍之感。黃帝之生，其母感電光繞斗之祥而有孕。少昊之生其母感大星如虹，下臨華渚之祥而有娠。顓頊之生，其母感瑤光貫月之祥。他若帝嚳元妃姜嫄，則因履巨人迹而生棄，次妃簡狄則因吞燕卵而生契；三妃慶都則感赤龍而生堯。舜之生也，其母握登亦有大虹之感！此宗教發生之原因二也。苗黎先處中原，其俗淫祀而尚鬼；漢族既戰勝而代有其地，必有以變其俗，庶足以服其心，故提倡神權之政策。歷代不已！此宗教發生之原因三也。吾國古代宗教思想既準是發生，故當時崇奉之對象爲天神地祇人鬼；約舉之曰百神，總稱之曰萬靈，此中國多神教所由昉也。若神仙之說，則又迷信之深，推而至焉者。

又古人以「氣」爲萬物原質，從「無」而「有」，本於「陰陽二力！」故漢書律歷志謂：「太極元氣，含三爲一；」老子謂「一生二，二生三，三生萬物。」陰陽者，初象天地以立名，庖犧取之以擬乾坤，畫卦所由肇端也。宇宙萬有，本源同一；一者天也！故禮記郊特牲有云：「物本乎天，人本乎祖！」而天神則稱爲上帝，帝者蒂也，古作柢，與根字互訓：是又古人以天地爲萬物根源之一證！亦卽古人敬信天地之惟一理由也：易繫辭曰：『天地之大德曰生；』莊子天下篇曰：『物得以生謂之德；』道在是矣：又日月星辰皆稱天神，山川河海皆爲地示：太昊爰興神鼎，制郊禪，炎帝祟郊祀；黃帝作合宮，祀上帝，來百神；顓頊作樂，調陰陽，享上帝；帝嚳設邱北於南郊，以祀上帝：皆所以祀天神也，後世郊祀，垂爲定制。黃帝作門行戶竈中霤五祀，亦地示之類；顓頊祀共工氏子句龍（一說炎帝八世孫戲之子）爲社，祀烈山氏（一說卽炎帝）子柱爲稷，是有功烈之人，沒而有靈，則被尊爲地示，後世祠廟多由此起。說文『人所歸爲鬼，』故古人謂死人爲歸人；其有因人死而致禍者，則皆以爲厲；若鬼有所歸，乃不爲厲：鬼者良名，厲乃其惡者！厲之與鬼同類而異名也。由是而有魅焉，卽古之厲鬼；禮緯所謂，『顓頊有三子，生而亡去其一爲魅鬼』者是也。由是而有所謂魃焉，爲古之旱鬼，山海經所謂『蚩尤從風雨，黃帝下天女曰魃而雨止』是也。人鬼之說雖不經，然亦爲古代宗敎思想之所寄；即古人之祭祀祖禰，固爲敎人不忘本，亦所以使鬼有歸也！孔子曰：『爲之宗廟以鬼享之，春秋祭祀以時思之；』殆爲此義。至於宗廟之制，古史無徵！然史稱黃帝之崩，『群臣有左徹者，感思帝德，取衣冠几杖而廟饗之，』可爲宗廟之濫觴。宗者尊也，廟者貌也，象先祖之尊貌，故有是稱。若神仙之說，在古初諸敎中爲最明；其論雖或出於後世方士所假託，然方士假託之始，必有影響之尋求，故黃帝上天之說，雖以張華之博識，猶采述之？（古史謂黃帝常遊名山，與神會，得壬禽之術於玄女，以占吉凶，且戰且學仙；後采首山——河南襄城縣——之銅，鑄鼎；鼎成，乘龍上升，仙去。）蓋神仙之濫觴，與陰陽五行雜占之論同古：陰陽家言託始黃帝，推本庖犧；五行之敎，盛於夏代，依附神農；雜占非一，而以占夢爲大：此遠古宗敎思想之可考者也。

本節參閱書舉要

一、易繫辭傳

二、老子

三、莊子

四、通典禮篇吉禮凶禮

五、劉向列仙傳黃帝

四　社會

飲食　淮南子云：『古者民茹草木飲水，採樹木之實，食蠃蚌之肉，時多疹病毒傷之害，於是神農乃始教民播種五穀。』是初民由果食時代，進而為鮮食時代，再進而為艱食，則神農氏時也。周書曰：『黃帝使立食始蒸穀為飯；』『黃帝始煮穀為粥；』『宿沙善煮鹽』（並見北堂書鈔）立食。宿沙並黃帝臣，是神農之後，人民日常生活，最低限度，亦知啜粥食。

飯用鹽也。禮記禮運『後聖有作，修火之利，以炮以燔，以爲醴酪。』所謂後聖，殆指燧人：是當時人民食肉，要以燒烤爲常；且有酪漿以爲飲料。淮南子精神訓云：『珍怪奇味，人之所美也；而堯糲粢之飯，藜藿之羹。』考自神農迄黃帝，艱食已久；社會通行飲食，不過蔬食菜羹而已。然橘柚見禹貢，儀狄造旨酒；是此時橘柚酒醴亦登食品：

衣服　史稱太古之民，被髮卉服，蔽前而不蔽後。其後辰放氏時，始知搴木茹皮以禦風寒，綯髮冒首以去靈雨，號曰衣皮之民。至神農時，紡織麻枲，則皮服之俗，已變而爲布服。考世本謂，『黃帝作冕旒，』『黃帝作旃冕，』『伯余作衣裳，』『胡曹作冕，』『於則作屝屨；』物原謂：『帝始爲冠。』伯余胡曹帝始並黃帝臣：故易繫辭曰：『黃帝垂衣裳而天下治。！』此可見衣裳冠冕之制，至黃帝時大備。又韓非子五蠹篇云：『堯之王天下也，夏日葛衣，冬日麑裘』史記五帝本紀云：『堯乃賜舜絺衣與琴。

』是衣服質料，逐漸趨精，殆亦自然之勢歟？

居處　禮記禮運云：『昔者先王未有宮室，冬則居營窟，夏則居檜巢。』新語云：『天下人民，野居穴處，未有室屋，則與鳥獸同域；於是黃帝乃伐木構材，築作宮室，上棟下宇，以避風雨。』故白虎通謂：『黃帝作宮室，以避寒暑，此宮室之始也。』又黃帝內傳云：『帝既斬蚩尤，因立臺榭，無屋曰臺，有屋曰榭。』管子云：『黃帝有合宮以聽政。』外紀云：『帝作合宮，祀上帝，布政教。』世本云：『黃帝見百物始穿井。』遠古人民居處，並無室廬；降至黃帝，不惟宮室有制，即臺榭亦有足觀者：及至堯時，水土猶未平；故『蛇龍居之，民無所定；下者爲巢，上者爲營窟；（孟子藤文公下）下民因而昏墊。迨禹平水土，堯使禹作宮室，又堯爲舜築倉廩，（史記五帝本紀）是屋宇通行，民復得安處。

器具　易繫辭稱庖犧氏之王天下，『結繩而爲網罟，以佃以漁。』世本作篇銚，耨，耒耜，皆神農臣亟作。古史考稱『黃帝作車，引重致遠。』世本作篇謂『共鼓貨狄作舟。』（二人皆黃帝臣，）史記夏本紀謂禹治水『陸行乘車，水行乘船，泥行乘橇，山行乘檋。』事物原始云：『尹壽作鏡。』（尹壽黃帝臣）博物志謂：『堯作圍棊以教丹朱。』由是觀之：遠古之時，漁獵用具有網罟，農具有銚耨耒耜，交通器有車船橇檋，家具有鏡，玩具有圍棋，若飲食之器，則由汙尊抔飲，土簋土鉶，易之以陶匏；兵器，則由剡林木以戰，易而為弓矢戈矛刀戟大弩：禮記史記皆有明文可徵。

本節參閱書舉要

一、易繫辭

二、詩大雅周頌商頌

三、禮記禮運

四、史記五帝本紀

五、輯世本作篇

六、事物紀原第五卷第六卷第十五卷第十六卷

七、白虎通衣裳

八、崔豹古今註輿服第一

九、馬縞中華古今注卷上卷中

五　學藝

文字　考上古刻木結繩以紀事，故易稱：『上古結繩而治，後世聖人易之以書契。』所謂後世聖人，殆指庖犧黃帝而言：故易又稱『古者庖犧氏之王天下也，仰則觀象於天，俯則觀法於地，觀鳥獸之文，與地之宜：近取諸身，遠取諸物；於是始作八卦，以通神明之德，以類萬物之情。』伏羲所畫八卦爲☰乾☷坤☳震☴巽☵坎☲離☶艮☱兌，卦者挂也，挂萬物於上。

也。然實爲天地雷風水火山澤八字之代名，故爲文字之濫觴。黃帝時倉頡爲左史，沮誦爲右史。倉頡仰觀奎星圓曲之勢，頫察龜文鳥羽山川掌指禽獸蹄迒之跡，體類象形而制字。使天下義理必歸文字，天下文字，必歸六書。文者：奇偶雜比以相承。如天地之文；是以易曰：「物相雜，故曰文。」說文曰：「文錯畫也。」「字者：始於一，而生於無窮，如母之字子，故謂之字；許慎所謂孳乳寖多是也。六書者：一曰象形，二曰指事，三曰會意，四曰諧聲，五曰轉注，六曰假借：大抵造字之始，所憑依者宇宙間形與事而已：象其形之大體曰象形，日月是也；指其事之實曰指事，上下是也。文字既立，則意寄於字，而字有可通之意；聲寄於字，而字有可調之聲。因而博衍之，取乎意會，曰會意，武信是也；意不會而諧合其聲，曰諧聲，江河是也：四者書之體，止此矣。由是之於用：數字共一用者，如初哉首基之皆爲始，卬吾台予之皆爲我，其義多轉相爲注，因爲別之曰轉注。

；一字具數用者，如令長之類，往往依於義而引伸，依於聲而旁寄，其字多假此而依於彼，因而別之曰假借。六書次第出於自然，立法歸於簡易：就其發明之順序而言，會意諧聲轉注假借四端，又在象形指事之後！觀說文所列古文，多爲倉頡所造之字，而其例要不越於象形指事，可爲是說明證；

天文　天文之學不專包歷象而言，然邃古之人爲明歷象而天文學始發達。考庖犧畫卦，兌上離下，成澤中有火之象；取義爲革；後人作傳，以爲天地革而四時成。晉書律歷志稱『炎帝分八節以始農功。』周髀算經曰：『二至者寒暑之極；二分者，陰陽之和；四立者，生長收藏之始：是爲八節。』四時八節，由來尚矣。然歷法之傳，究當謂託始於黃帝！外紀謂『帝既受河圖，得其五要，乃設靈臺，立五官以敍五事；命鬼臾蓲占星，鬬苞授規正日月星辰之象，於是乎有星官之書，命羲和占日，尚儀占月，車區占風。』又謂『帝命大撓探五行之情，占斗剛所建，始作甲子：甲乙丙丁戊己庚辛壬癸，謂之幹，子丑寅卯辰巳午未申酉戌亥，謂之枝；枝幹相配以名日，而定之以納音。』（註一）又謂：『帝命容成作蓋天，（事物紀原云：蓋天，即渾天儀也）以象周天之形，總六術（謂羲和占日，尚儀占月，臾區占星氣，伶倫造律呂，隸首作算數，大撓作甲子也。）以定氣運。……乃因五量，（註二）治五氣，（註三）起消息，察發斂，以作調歷；歲紀甲寅，日紀甲子，而時節定。是歲己酉朔旦，日南至；……乃迎日推策，造十二神曆，積邪分以置閏，配甲子而設蔀，（註四）於是時惠而辰從矣。』曆象之道，可謂進步；又後漢書郡國志注謂黃帝推分星次，以定律度，自斗十一度，至婺女七度，名曰星紀之次，今吳越分野；自婺女八度，至危十六度，曰玄枵之次，今齊分野；自危十七度，至奎四度，曰豕韋之次，今衛分野；自奎五度至胃六度，曰降婁之次，今魯分野；自胃七度，至畢十一度，曰大梁之次，今趙分野；自畢十二度，至東井十五度，曰實沈之次，今晉衞分野；自井十六度至柳八度，曰鶉首之次，今秦分野；自柳九度，至張十七度，曰鶉火之次，今周分野；自張十八度，至軫十一度，曰鶉尾之次，今楚分野；自軫十二度，至氐四度，曰壽星之次，今韓分野；自氐五度，至尾九度，曰大火之次，今宋分野；自尾十度，至斗十度，百三十五分而終，曰析木之次，今燕分野。凡天有十二次；日月之所躔也；地有十二分，王侯之所國也。故四方方七宿，四七二十八宿，合一百八十二星。東方蒼龍，三十二星，七十五度；北方玄武，三十五星，九十八度四分度之一；西方白虎，五十一星，八十度；南方朱雀，六十四星，百一十二度：周天三百六十五度四分度之一。是又黃帝創制星學之大畧也：少昊之世歷正以次，司分司至司啓司閉，各有專官。及其衰也：九黎亂德，俶擾天常，禍災荐臻，莫盡其氣：顓帝受之！乃命南正重司天以屬神，北正黎司地以屬民，使復舊常，無相侵瀆，民用安生。改作歷象，以建寅月爲歷元。其後三苗復九黎之亂，二官俱廢，閏餘乖次，星序無紀；堯時復立重黎之後，使紹舊業。故尙書堯典曰：『乃命羲和，欽若昊天，歷象日月星辰，敬授民時，歲三百有六旬有六日，以閏月定四時成歲。』後以授舜曰：『天之歷數，在爾躬。』舜亦以命禹。蓋遂古以降，人君無有不重歷法以爲治者；而堯之制歷，又以日之所在，不能以目視以器窺，因爲之中星以紀之！尙書堯典所謂日中星鳥，以殷仲春，日永星火，以正仲夏，宵中星虛，以殷仲秋，日短星昴，以正仲冬者，其徵也。又以日之出入發斂，不可以一方所見爲定，因爲之立東西南北四宅以分候之！尙書堯典所謂羲仲宅嵎夷，羲叔宅南交，和仲宅西，和叔宅朔方，又其徵也。唐虞之世，正天文之器有璣衡，俱以美玉爲飾；故尙書堯典曰：『在璿璣玉衡以齊七政。』疏謂璣衡者：璣爲轉運，衡爲橫簫，運璣使動，於下以衡望之。』漢世以來，謂之渾天儀者是也：夷考古人爲政，首重民事；而上古民事，以農業爲重；農業貴乎得時，故授時一事，爲古政之大者：是以測天之學，爲古代帝王之所特重。

(註一)納音以六十甲子分配五音也。一律納五音，十二律納六十音。如甲子爲黃鐘之商，乙丑爲大呂之商，商音屬金，故曰甲子乙丑海中金，餘類推。見夢溪筆談。

(註二)五量：龠合升斗斛也。見禮記明堂位，正義。

(註三)五氣：雨暘燠寒風也。見書洪範注。又素問云：寒熱風燥溼，五氣之聚也。

(註四)古者治曆，於十九年置七閏月，謂之章；四章謂之蔀，二十蔀謂之元。冬至逢月朔，則爲章首；冬至在朔日之首；則爲蔀首。蔀法者：指一蔀之七十六年，九百四十月，二萬七千七百五十九日而言也。

算數　考結繩之世，創行記數之法；降至庖犧，遂因數以畫卦：漢書律曆志曰：『數者一十百千萬也，所以算數事物，順性命之理也。』古之王者統業，先立算數，以命百事：故逸書曰：「先其算命。」夫數萌於一，而起於三，三三積之，可以至於無盡。故黃帝命隸首定數，以率其羨，要其會，而律度衡量由是而成焉。數卽九章算法；一曰方田，以御田疇界域。二曰粟米，以御交質變易。三曰差分，以御貴賤廩稅。四曰少廣，以御積冪方圓。五曰商功，以御功程積實。六曰均輸，以御遠近勞費。七曰方程，以御錯糅正負。八曰贏不足，以御隱雜互見。九曰句股，以御高深廣遠。（周官義疏）律卽律呂也。（詳見下文樂律條）度者分寸尺丈引也，所以度長短也。本起於黃鍾之管；長以子穀秬黍中者，一黍爲一分；十分爲一寸，十寸爲一尺，十尺爲一丈，十丈爲一引，而五度審矣。量者龠合升斗斛也，所以量多少也，本起於黃鍾之龠，以子穀秬黍中者，千有二百實爲一龠，十龠爲一合，十合爲一升，十升爲一斗，十斗爲一斛，而五量嘉矣。衡卽權衡也，權重衡平也。權者銖兩斤鈞石也。——十黍爲累，十累爲銖，二十四銖爲兩，十六兩爲斤，三十斤爲鈞，四鈞爲石——權與物鈞同而生衡，所以知物之輕重也。尚書堯典云：「同律度量衡。」四端之排列，律獨冠夫三者，以度量衡之法胥由律法而生也；度起於黃鐘之律之管，量衡起於黃鐘之律之龠。抑尤有知者，算數與歷象相表裏，自古未有不明算法而能考察天文者，故黃帝之世數作而歷亦成。說文：『算長六寸，計算數者也。』算者，計數所用之籌也。古者算曆二字，往往連用；——晉書郭璞傳云：璞好經術，博學有高才，好古文奇字，妙於陰陽算曆。——則是歷象之學，必賴數而後明，古代之數學，尤重於曆學，從而可知矣。

樂律　古籍相傳：太古之世，蕢桴而土鼓，（禮）葛天氏之世，八人操牛尾投足扣角而歌八終——一曰載民，二曰玄鳥，三曰遂物，四曰奮穀，五曰敬天常，六曰達帝功，七曰依帝德，八曰臨萬物之極，（路史）——

陰康氏敎人引舞，以舒湮鬱之氣：（呂氏春秋）朱襄氏命士達作五絃之瑟，以來陰氣，（呂覽）伏羲氏作琴以御邪辟防心淫：（琴操）女媧氏命臣隨作制笙簧，以通殊風：（世本）雖未必盡爲事實，要皆必有所受。迨後黃帝令伶倫作爲律，伶倫自大夏之西，乃之阮隃之陰，取竹於嶰谿之谷，（昆侖之北谷）以生空竅厚鈞者，斷兩節間，其長三寸九分，而吹之，以爲黃鐘之宮。又制十二筒以之阮隃之下，聽鳳凰之鳴，以別十二律。其雄鳴爲六，雌鳴亦六，以比黃鐘之宮適合：黃鐘之宮，皆可以生之：故曰黃鐘之宮律呂之本。（呂氏春秋）六律爲陽聲：黃鐘，太簇，姑洗，蕤賓，夷則，無射是也。六呂，爲陰聲：大呂，應鐘，南呂，林鐘，仲呂，夾鐘是也（漢書律歷志）又文之以五聲，播之以八音。五聲者宮商角徵羽也；商之爲言章也，物成孰可章度也：角觸也，物觸地而出戴芒角也；宮中也，居中央暢四方唱始施生爲四聲綱也；徵止也，物盛大而緐祉也；羽宇也，物聚臧宇覆之也。八音者金石絲竹匏土革木也；土曰塤，匏曰笙，革曰鼓，竹曰管，絲曰絃，石曰磬，金曰鐘，木曰柷。五聲和，八音諧，而樂成；於是聲音之道大備。故樂記曰：『聲成文謂之音，知音而樂之謂之樂』也。又樂之在耳者曰聲，在目者曰容，聲應乎耳可以聽知，容藏於心難以貌觀；故古人假干戚羽旄以表其容，發揚蹈厲以見其意；樂舞所由興也。一代之興，必作樂以告成功：黃帝之樂曰咸池，顓頊之樂曰承雲，（前漢書禮樂志謂顓頊之樂曰六莖，）帝嚳之樂曰六英，（禮樂志謂帝嚳之樂五英）堯之樂曰大章，舜之樂曰招，（招讀曰韶）——並見呂氏春秋古樂篇——皆所以表彰其治績。

哲理　考中國哲學雖成立於周代，而哲理實萌蘖於邃古；蓋邃古人民對於有無時間空間等問題，未嘗不思解決！其確然有所發見者，則伏羲是也。伏羲推宇宙之大法，以爲人事之標準：故易繫辭稱伏羲始作八卦以通神明之德，以類萬物之情。鄭玄易論謂伏羲作十言之教，乾坤震巽坎離艮兌消息是也。乾爲天，坤爲地，震爲雷，巽爲風，坎爲水，離爲火，艮爲山，兌爲澤。天地雷風水火山澤，皆世間至大至常之現象，其實不過陰陽二氣之所凝成；故伏羲僅以奇偶象陰陽立卦，觀陰陽之消息，則道理可見。初立之卦，有畫無文，因而重之，得六十四卦，其義至異，其象至簡，然可以貫天地人之道！以其爲古聖人探究宇宙及人生現象之結論故也。而此結論統名之爲易：易於宇宙之生成，則以太極爲宇宙之本原，由太極所生之兩儀爲陰陽；由陰陽所生之四象爲春夏秋冬；由四象所生之八卦爲乾兌離震巽坎艮坤，以之配宇宙自然現象則爲天澤火雷風水山地。一卦各生八卦，成六十四卦，直至於生萬物。故繫辭傳曰：『易有太極，是生兩儀；兩儀生四象；四象生八卦。』此可見邃古人民，認爲存於天地間一定不易之理法爲陰陽二元，陰陽二元乃出於太極；又此理法應用可以無限，天地一切現象，悉可由陰陽二元說明之：天地，日月，明暗，春夏秋冬，上下前後，高低，剛柔，强弱，動靜，吉凶，福禍，貴賤，尊卑等，悉爲陰陽之流動；甚至君臣，父子，夫婦，男女等，亦無不示陰陽之關係。是易對於天地自然之關係與人倫之關係，用同一之理法說明，移天地之道以爲人之道！此序卦傳所以謂『有天地然後有萬物，有萬物然後有男女，有男女然後有父子，有父子然後有君臣，有君臣然後有上下，有上下然後禮義有所措』也。

醫藥　路史依據孔叢子帝王世紀謂伏羲『察六氣，審陰陽，以賚之身，而四時水火陞降得以有象，百病之理得以有類；於是嘗草治砭：以治民疾，而人滋信。』又世謂神農氏味草木之滋，察其寒溫平熱之性，辨其君臣佐使之義，——上藥一百二十種爲君，主養命；中藥一百二十種爲臣，主養性；下藥一百二十五種爲佐使，主治病。——嘗一日而遇七十毒，神而化之，遂作方書，以療民疾；復察水泉甘苦，令人知所避就；由是斯民無夭札之患。必準此以辨嘗百草者之爲伏羲神農則失之於鑿；要無反證能謂吾國醫藥之術，不起於此時代。降至黃帝時，醫藥之學，大爲進步：於是黃帝乃上窮下際，察五氣，（濕涼寒燥溫也）立五運，（甲己土，乙庚金，丙辛水，丁壬木，戊癸火也）洞性命，紀陰陽，咨於岐伯，而作內經，可爲後世醫書之起原；（本草係後人僞作）復命俞跗岐伯雷公，察明堂究息脈，巫彭桐君處方餌，而人始得以盡其年。

本節參閱書舉要

一、說文序
二、晉書卷三十六衞恆傳四體書勢
三、史記卷二十五律書卷二十七天官書
四、漢書卷二十一律歷志卷二十二禮樂志卷二十六天文志

五、資治通鑑綱目前編外紀卷之首

六、尚書堯典

七、周髀算經

八、呂氏春秋古樂篇

九、易繫辭傳序卦傳

第四章 夏

一 禹之異古

近人謂中國進化始於禹，禹以前皆宗教所託言，未可盡信；即大戴禮帝繫篇所列禹之世系，亦未足遽。(參觀崔東壁遺書夏考信錄)然禹之與古帝異者其端甚多：一曰三苗至禹而結局；二曰洪水至禹而平；三曰五行至禹而傳；四曰傳子之局至禹而定。若禹以前，君或稱皇或稱帝，自禹始稱王；唐虞曰載，夏曰歲，商曰祀，周曰年：猶其小焉者。故禹之於黃帝堯舜，一如秦之於三代，實古今一大界劃。

本節參閱書舉要

一、尚書堯典

二、崔述夏考信錄

三、夏曾佑中國歷史教科書第一篇第一章第二十節禹之政教

二　夏傳疑之事

史記夏本紀謂『帝舜崩，三年之喪畢，禹辭避舜之子商均於陽城，天下諸侯皆去商均而朝禹，禹於是遂即天子位，南面朝天下，國號曰夏后，姓姒氏。都於安邑。禹立而舉皋陶，薦之且授政焉，而皋陶卒。後舉益任之政，十年，帝禹東巡狩，至於會稽而崩。以天下授益，三年之喪畢，益讓帝禹之子啓，而避居箕山之陽。禹子啓賢，天下屬意焉。及禹崩雖授益，益之佐禹日淺，天下未洽，故諸侯皆去益而朝啓曰：『吾君之子也』。於

是啓遂即天子之位，是爲夏后帝啓，有扈氏不服，啓伐之，大戰於甘；王責以威侮五行，怠棄三正，（註一）（見尚書甘誓）遂滅有扈氏。然此天命歸啓之說，不過根據尚書孟子立論，乃儒家傳統之理想！若考古本竹書紀年。（見廣倉學窘叢書古本竹書紀年輯校）則云：『益干啓位，啓殺之。』更觀楚詞天問則有『啓代益作后，卒然離蠥！惟啓何憂，而能拘是達？』之文。是益與啓之事，大可存疑：又啓崩後，自太康尸位，至少康中興，其間至少亦六七十年；然尚書不載羿浞之事，孔子不答南宮适之問，史記夏本紀。亦刪去其事，左傳楚詞却又言之極詳：是羿與浞之事，絕非無據，而古人著書，或則刪之。

（註一）尚書正義曰：五行水火金木土也。分行四時，各有其德。月令：孟春三日，太史謁於天子曰：某日立春，盛德在木；夏云盛德在火；秋云盛德在金；冬云盛德在水。此五行之德，王者雖易姓相承，其所取法同也。言王者共所取法，而有扈氏獨侮慢之，所以爲大罪也。且五行在人爲仁義禮智信，威侮五行，亦爲侮慢此五常而不行也。有扈與夏同姓，恃親而不恭，天子廢君臣之義，失相親之恩，五常之道盡矣，是威侮五行也。無所畏忌，作威虐而侮慢之，故云威虐侮慢。易說卦云：立天之道曰陰與陽，立地之道曰柔與剛，立人之道，曰仁與義：物之爲大，無大於此者！周易謂三才。人生天地之間，莫不法天地而行事；以此知怠惰棄廢天地人之正道；廢棄此道，言亂常也。

三　夏之衰亡

史記夏本紀謂少康而後，六傳至孔甲；孔甲而後，五傳至履癸，是爲桀。自孔甲以來，諸侯多叛，夏桀不務德而武傷百姓，百姓弗堪，迺召湯而囚之夏臺；已而釋之，湯修德，諸侯皆歸湯：湯遂率兵以伐夏桀，桀走鳴條，遂放而死。夏亡，凡十七世，四百三十九年。

本節參閱書舉要

一、史記夏本紀

二、繹史卷十二夏禹受禪

三、古本竹書紀年輯校

第五章　夏代之文明

一　制度

封建制　夏仍古制，沿用封建。禹承唐虞之盛，塗山之會，諸侯執玉帛者萬國。「竊意古之諸侯者，雖曰受封於天子；然亦由其德化足以孚信於一方，人心翕然歸之，故其子孫因之遂君其地；或有災否，則轉徙他之，而人心歸之不能釋去，故隨其所居，皆成都邑。」（通考封建考）大抵封建諸侯，皆係將就舊日勢力，故柳子厚曰：『封建非聖人意也！勢也。』

夏代封建之制，爵分三等：公侯爲一等，伯爲一等，子男爲一等。（據春秋繁露及鄭玄說）封地：公侯方百里，伯七十里，子男五十里。每州之中，方百里之國二百，七十里之國四百，五十里之國八百，計一千二百。

國。（餘二百國爲名山大川）合八州計之，共九千六百國；而畿內四百國，皆爲子男，故夏稱萬國。（春秋傳禹會諸侯於塗山，執玉帛者萬國。）若諸侯受祿之制，則夏代以前不可考。（以上據禮記王制及鄭玄注）。

官制　遠古官制。以五官爲最明；後人廣證經言，以爲自周以前，皆爲五官，六官之制，當自周始。（據顧炎武求古錄禮說五官考）然尙書甘誓有「乃召六卿」之文；史記夏本紀亦有「乃召六卿」之句；通考職官考復謂：「虞爲六官，以主天地四時；夏制六卿，其官名次，猶承虞制！」且箕子陳洪範有云司空司徒司寇皆爲夏制；古人解此，有謂司空即共工，司寇即士者！是夏之六卿，殆卽后稷司徒秩宗司馬士共工之職，非謂六軍之將！又集解引孔安國曰：「天子六軍，其將皆命卿。」若六軍之將，皆爲命卿，是夏未必僅有六卿！六卿特舉其較重者言之：故禮記明堂位謂：「夏后官百；」說者猶謂其舉成數以言！更考禮記王制則有「天子三公九卿，二十七大夫，八十一元士』之文；注云：『此夏制也：』是夏官。以達百二十之數。惟所職均未詳！據伊尹云：『三公調陰陽，九卿通寒暑，大夫知人事，列士去其私；』夏商相去未遠，所述當屬夏制之遺，列士則渾舉全數之元士而言。其諸侯設官之制，大國三卿，皆命於天子，下大夫五人，上士二十七人。大國之卿，不過三命，下卿再命，小國之卿與下大夫一命。（禮記王制○孔疏定爲夏制）又天子之官，咸有祿田。三公之田視公侯，卿視伯，大夫視子男，元士視附庸。諸侯之官，大國之下士，祿食九人，中士食十八人，上士食三十六人。下大夫食七十二人，卿食二百八十人。次國之卿，食二百一十七人。小國之卿，食百四十四人。（禮記王制○鄭注定爲夏制。）

地方制　夏有天下，還爲九州：濟河惟兗州，（今直隸東南山東西北）海岱惟青州，（今山東東部以東）海岱及淮惟徐州：（今山東南境及江蘇北境及安徽東北一隅）淮海惟揚州（今江蘇南境浙江西北部安徽全部）荊及衡陽惟荊州，（今湖北南境湖南北境）荊河惟豫州，（今湖北境河南南境）華陽黑水惟梁州，（今甘肅東南陝西南境及四川）黑水西河惟雍州；（今陝西甘肅北境及嘉峪關外）禹貢所稱，最爲明確。

田制　中國自神農而後，即以耕稼立國。顧上古之時，農術未精，地力易竭，故有暘耕制度。（註一）蓋地力既竭，嘉穀不生，乃棄舊疇闢新土，而舊疇之地，休田作牧。田以播穀，萊以牧牲，爲游牧耕稼並行之制。（註二）至新疇力竭，復闢舊疇，而休田之制，易爲趣田；（說文）即爰土易居之義。（漢書注）故夏代之田，區不易（上田）一易（中田）再易（下田）爲三等。（註三）大抵耕稼社會，皆有暘耕趣田制度，甄克思於所著社會通詮，曾暢言之。又大禹咸則三壤，（禹貢）濬畎澮，（益稷）而治溝洫，（論語）使百井爲成。（左傳）（註四）是溝洫丘甸之制，（註五）皆禹所創始。又夏代授田制，沿用井田之法；其詳不可得而徵！所可知者，一夫授田五十畝而已。（據孟子）當時天下之田，悉屬於官，不得私有土地；故民皆授田於官，食其力而輸其賦，無甚貧甚富之差。但此制恐第行於王畿，及近畿侯國，未必通行九州！

（註一）說文：暘下云，不生也；從田，易聲。場下云，祭神道也。一曰山田，不耕者，一曰治穀田也。蓋場暘古通；穀田，不耕；則廢爲場：故字三義。

（註二）中國自神農時，已入耕稼社會；然游牧之俗，未能盡革！觀詩言騋牝三千，而禮記問庶人之富，數畜以對，則知耕稼與游牧並行。蓋兩時代相嬗，斷不能犂然爲二，往往延及千年，而過去時代之遺俗，猶有存者。

（註三）前漢書食貨志：歲耕種者爲不易，上田；休一歲者爲一易，中田；休二歲者爲再易，下田。

（註四）左傳哀公元年，少康有田一成，則百井爲成，始於夏禹，非周代所創之法。

(註五)丘甸之制，即計井田出兵車之法。

賦稅制　古者賦里以入，量其有無之謂賦，籍田以力，砥其遠近之謂稅：賦與稅本相區別，至於後代始幷爲一談。有虞之世，僅有賦制，可得而言，其詳見於禹貢，夏賦法因之。(註一)若夫稅法則根據夫井田制而來，井田創於黃帝，洪水以後，禹修而復之，孔子所謂盡力夫溝洫者卽此。當時一夫受田五十畝，較賦稅之中，不論豐歉，計五畝所入者，以爲貢。孟子所謂「夏后氏五十而貢；」朱子集註所謂『夏時一夫受田五十畝，而每夫計其五畝之入以爲貢』者是也。(禮記王制疏說同)。

(註一)禹貢：冀州厥賦上上錯，(賦謂土地所生，以供天子。上上，第一，錯，雜也，雜出第二之賦。)兗州厥賦貞，(貞，正也。州第九，賦正與第九相當。)青州厥賦中上，徐州厥賦中中，揚州厥賦下上錯，荊州厥賦上下，豫州厥賦錯上中，梁州厥賦下中三錯，雍州厥賦中下。

兵制　夏代兵制不甚可考，惟兵出於農，計田賦以出兵車，似夏代已有其制！故少康有田一成，即有衆一旅。（左傳）蓋井十爲通，通十爲成，成方十里，出革車一乘，徒二十人。又尚書甘誓載夏啓有扈之征，有『大戰於甘，乃召六卿』之文，復有『嗟六事之人』一語；孔安國釋六卿爲六軍之將；集傳云：六卿六鄉之卿也；說雖未相脗合，而夏之君主設六軍，可以無疑！又六軍大抵爲車卒，每車有左右御三人。故甘誓又曰：『左不攻於左，汝不恭命；右不攻於右，汝不恭命；御非其馬之正，汝不恭命。』（註一）則當日用兵，必爲車戰可知；至軍隊之組織，則五人爲伍，百人爲卒，五百人爲旅，二千五百人爲師，萬二千五百人爲軍。出征之事，或命諸侯統軍；（註二）領軍之將，悉以鄉官爲之。（註三）戰陣之際，軍法極嚴：故甘誓，又曰：『用命賞於祖，弗用命戮於社，予則孥戮汝。』此夏代軍制之可考者：

（註一）左，車左；左方主射，絕之也。右，車右；勇力之士，執戈矛以退敵。御以正馬爲政。

（註二）尚書胤征：仲康欲伐羲和，使胤侯掌六師。

（註三）周禮鄉大夫：每鄉卿一人，六鄉六卿，平居無事，則各掌其鄉之政教，有事則各率其鄉之一萬二千五百人，而屬於大司馬，所謂軍將皆命卿者是也。周制本於二代，意夏代之制，當亦如是。

刑制　夏承虞制，沿用五刑，復有流刑。若公佈於民之法律，則有禹刑；左傳晉叔向謂夏有亂政而作禹刑是也。紀年謂帝芬（即帝槐）作圜土，爲夏有牢獄之徵；甘誓謂：「用命賞於祖，不用命戮於社，予則孥戮汝。」爲夏有孥戮之徵；書序言：「呂命穆王訓夏贖刑，作呂刑，」爲夏有贖刑之徵。

選舉制　選舉之法，於夏尚無所聞！然學校備於虞朝，夏代因襲其成。

，則其舉賢選能之典，當即行於學校之中。

學校制　遠古以來，學校之名，數有更革，至夏不曰庠，而曰序，大學曰東序，在明堂之中；（蔡邕說）小學曰西序，設於郊外；（王制及鄭玄說）更立學於鄉，名之曰校（孟子）均爲教民養老習射之所，論其教育宗旨則以明人倫爲主。（據孟子）

幣制　管子稱『禹以歷山之金鑄幣，以救人之困。』通考錢幣考謂『虞夏商之幣，金爲三品，或黃或白，或赤或錢或布或刀或龜貝。』夏代已用鑄錢救濟饑困，足爲錢幣流通已廣明證。

本節參閱書舉要

一、顧炎武求古錄禮說五官考

二、尚書甘誓禹貢

三、禮記王制

四、通考錢幣考

二　禮俗

朝覲　史記夏本紀謂禹會諸侯於塗山，執玉帛者萬國，啓滅有扈氏天下咸朝夏后：是可徵夏代新君即位，必有朝覲之事。

巡狩　史記夏本紀謂禹東巡狩，至於會稽而崩。越絕書謂，禹巡狩大越。吳越春秋謂禹乃東巡狩登衡山，求之。巡狩之制，夏代尚沿襲：

祭祀　考夏代祭法，淵源遠古，天神地示人鬼；皆所祭。（參觀禮記明堂位）蓋古代帝王，以先祖所自出不明，託爲感天生子之說，而天祖並尊，用行禘禮。（註一）祭昊天於圜邱，曰禘；祭上帝於南郊曰郊；祭五帝五神於明堂，曰祖祭宗祭。（禮記祭法鄭注）夏后氏禘黃帝而郊鯀，祖顓頊而宗禹，（註二）是爲大禘之典。或以冬至行禮於方明，以祀上下四方之神；（漢書）此祀天神之典也。又考王者建國，必封土立社，樹以土地所宜之木；故夏后氏樹之以松，殷人樹之以柏。（註三）其社神，則祀后土，卽共工之子句龍：（說文）此祀地祇之典也。若人鬼則爲一族所祀之神，有宗廟以祭享之。夏代天子五廟，二昭二穆，並祖廟而五。——夏太祖無功而不立，自禹與二昭二穆也。——（註四）祭必有尸。夏立尸而卒於祭：此祀人鬼之典也。

（註一）禘，大祭也。或曰禘有三：一是四時之祭。禮王制春礿夏禘秋嘗冬烝是，夏商之禮也。一是殷祭。五歲一禘，三歲一祫，皆合群廟之主，祭於大祖廟。一是大禘。禮大傳禘其祖之所自出，以其祖配之，是也。一說祫禘實一事，而禘即時祭中之一。

（註二）禮記祭法第二十三：『祭法：有虞氏禘黃帝，而郊嚳；祖顓頊，而宗堯。夏后氏亦禘黃帝，而郊鯀；祖顓頊，而宗禹。殷人禘嚳，而郊冥；祖契，而宗湯。周人禘嚳，而郊稷；祖文王，而宗武王。』

（註三）論語：『夏后氏以松，殷人以柏，周人以栗。』

（註四）通考宗廟考一：天子宗廟『唐虞立五廟，夏氏因之。』

婚喪　夏代婚禮承五帝之後，無大變更；但天子一娶十二女（禮鄭玄引春秋說）一夫多妻之風益盛。昏禮雖不可考，然通常以二月爲嫁娶之期，（註一）并有親迎之禮。（註二）喪則夏后氏以塈周，（禮記檀弓）（註三）葬於野有墓，（左傳僖三十二年）大斂用昏時，殯於東階之上，綢練設旐，殉葬之物用明器。（俱見檀弓）又古者喪期無數，夏后氏三年之喪，既殯而致事。（曾子問）凡此皆夏代婚喪禮之可考者。

（註一）據夏小正云：『二月，倭多士女。』

（註二）據何休引書傳云：『夏后氏逆於庭，殷人逆於堂。』

（註三）塈周，或謂之土周。塈者土之餘燼；蓋冶土爲甎，而四周於棺之坎也。

民風　考夏后氏貴爵而尚齒，故養國老於東序，養庶老於西序，（王制）凡所以化萬民於慈順，導萬民於孝弟也。又考夏之政忠，故其民奉上。

而尊命。及其弊也，惷而過，喬而野，朴而不文（禮記表記）然夏太康失德，民即弗忍；桀爲不道，民欲與之偕亡；（孟子）反之，少康圖謀恢復，亦能號召忠義，以一成一旅而建中興；其民權思想，愛國觀念，數千載下，猶想見之。

本節參閱書舉要

一、史記：夏本紀。

二、禮記：明堂位，王制，祭法，檀弓，曾子問，表記諸篇。

三　宗教

遠古宗教思想本有神仙陰陽五行等事：神仙陰陽之論託名黃帝，夏代簡册雖未言其術，其傳必無由而絕！五行之教，惟夏爲盛，洪範九疇，五行爲其始。五行者何？行者言爲天行氣之義！播五行於四時，迭相休旺，是爲天行氣。五行有位置，有性質，有支配：洪範一曰水，二曰火，三曰木，四曰金，五曰土，此位置之說也。水曰潤下，火曰炎上，木曰曲直，金曰從革，土爰稼穡，此性質之說也。潤下作鹹，炎上作苦，曲直作酸，從革作辛，稼穡作甘，此支配之說也。至於後世，凡世間事物之以五成者，往往以五行之說附會之，而支配之論益雜。說者或謂夏啓與有扈之爭，即發生於宗教；五行為禹之國教，有扈不從，故啓征而滅之。又雜占與卜筮同傳，故古人占吉凶，從龜與從蓍並言；至形法之學，託始伯益山海經，以志休祥變怪不經之事，亦迷信思想之肇端於夏代者。

本節參閱書舉要

一、尚書洪範甘誓

二、山海經

四　社會

飲食　尚書益稷謂禹『曁益奏庶鮮食；』又謂『曁稷播，奏庶艱食鮮食；懋遷有無化居，蒸民乃粒。」是夏代食品，以穀食爲主，以肉食爲輔可知！禹「菲飲食，而致孝乎鬼神；（論語）夏初化之，一切從儉。中康時「羲和湎淫，廢時亂日」（史記夏本紀）桀有昏德，爲酒池，一鼓而牛飲者三千人；（帝王世紀）「欲長樂以苦百姓，珍怪遠味，必南海之葷，北海之鹽，西海之菁，東海之鯨：」（御覽八十二引尸子）下民化之，湎淫於酒，寢以奢靡爲尚，亦可想見：

衣服　尚書禹貢有織文，織貝，纖縞，絺紵，元纁，璣組，織纊等貢物；足證當時紡織已精。又考莊子天地篇有云：「使後世之墨者，多以裘褐爲衣，以屐屩爲服，日夜不休，以自爲極曰「不能如此，非禹道也。」」詩豳風有云；「無衣無褐，何以足歲」是禹以後，俗尚簡約，成爲夏代風氣；故絲織物雖興，而一般社會，不過被褐衣皮服卉，履屐蹻屩；羽毛齒革，球琳瑯玕，或間用於服飾而已。管子有云：「桀女樂三萬人，晨譟聞於衢，服文繡衣裳；」帝王世紀云：「妹喜好聞裂繒之聲，爲發繒裂之，以順適其意；」是夏代晚年，宮庭之內，競尚文繡；民間化之，衣服都麗可知：

居處　宮室自禹以後始盛行，故二酉叢書輯世本作篇；謂堯使禹作宮室；論語謂禹卑宮室，而盡力乎溝洫。惟時宮室皆以土築成，迨後桀作瓦屋，（世本）烏曹作甎，（古史考）甎瓦之屋，始流傳於後世：紀年謂桀作瓊室，立玉門。尸子謂桀作瓊室，瑤臺，象廊，玉床。是夏代之末，建築術甚精，而各種工料又皆完備。

器具　禮記明堂位曰：山罍夏后氏之樽也。又曰：夏后氏以盞。又曰：灌樽，夏后氏以鷄彝。又曰：夏后氏之四璉。皆什器也：又有籩豆。籩以竹爲之，以薦果核，可容四升；豆以木爲之，以薦俎醢，亦容四升。又有瓦者，謂之登。皆始於夏后氏：（事物紀原）若簪則前已有之，故禮記有飯黍無以箸之文。白氏六帖云，禹收九州之金鑄九鼎，世本作篇謂『少康作箕帚；』『烏曹作博。』夏代中葉以後，關於器具之製作當不止此，可考者如是而已：

本節參閱書舉要

一、尚書益稷禹貢
二、史記夏本紀
三、御覽八十二
四、詩豳風
五、輯世本作篇
六、禮記明堂位
七、事物紀原什物器用門

五　學藝

文字　黃帝以降，大抵適用倉頡之書，惟文字發明之始，常或不能畫一。即同一時代之中，亦時相殊異！以文字苟趨簡易，時爲自然蛻變故也：

夏禹岣嶁碑

夏代文字之可考見者，有夏禹岣嶁碑（岣嶁山名，在今湖南衡陽縣北五十里，衡山之主峯也。相傳禹得金簡玉書於此。夏禹碑，今已久佚，但傳摹本。）其字非篆非蝌，結構奇古，以較古文字，當有異矣！世或疑岣嶁碑爲僞，然路史云：『述異記空同山有堯碑禹碣。』淳化閣帖云：『有禹篆二十字。』（今閣帖止『出令聶子星記齊其尙』九字）輿地志：『江西紫霄峯下石室中有禹刻篆文七十餘字，止鴻荒漾余乃撵六字可辨。』則神禹紀功刻石之事，當頗有之；不應於岣嶁碑深致駭異！岣嶁碑凡七十七字，唐宋以來，已傳有之；（註一）今所傳拓本，顯於明時；釋文則諸家互異。要以楊愼本爲正，（註二）而沈鑑楊廷相郎瑛三家，亦各有所長。（參觀金石萃編卷三岣嶁碑）夫以四千餘年後之人，欲辨四千年以上擢殘剝落之字，附會穿鑿，塗改竄點，致失本眞，自所不免！要不可以耳目所限爲斷，概謂爲傳聞之誤也。

（註一）唐劉禹錫寄呂衡州詩云：『傳聞祝融峯，上有神禹銘！古石琅玕姿，祕文龍虎形。』崔融云：『於鑠大禹，顯允天德；龍畫傍分，螺書匾刻。』韓退之詩『岣嶁山尖神禹碑，字靑石赤形模奇。』又云：『千搜萬索何處有？森森綠樹猿猱悲！』宋朱晦翁張南軒遊南岳，尋訪神禹碑不獲。

王象之輿地紀勝云：禹碑在岣嶁峯又傳在衡山縣雲密峯；昔樵人曾見之，自後無有見者。宋嘉定中，蜀士因樵夫引至其所，以紙打其碑七十二字，刻於夔門觀中，後俱亡。張季文僉憲自長沙得之。云是宋嘉定中，何致子一模刻於岳麓書院者，凡七十七字，輿地紀勝云七十二字者誤也。

（註二）楊慎岣嶁碑釋文：『承帝曰咨，翼輔佐卿，洲渚與登，鳥獸之門，參身洪流，而明登爾興，久旅忘家，宿岳麓庭，智營形折，心罔弗辰，往求平定，華岳泰衡，宗疏事哀，勞餘伸禋，鬱塞昏徙，南瀆衍亨，衣制食備，萬國其寧，竄舞永奔。』

文學　吾國古文學，濫觴唐虞二代；然『堯有大唐之歌，舜有南風之詩，辭達而已。』（文心雕龍）（註一）卽古書所傳堯舜歌詩：若虞書臯陶賡歌，（註二）尸子帝舜南風之歌（註三）尚書大傳舜作卿雲謌（註四）列子康衢之謠（註五）淮南子堯戒（註六）高士傳擊壤謌（註七）在當時亦必平易之作。夏書禹貢本係夏史追書；伯益山經，或多後人增益。及觀禹之岣嶁碑（註

八)啓之甘誓(註九)暨夏箴(周書引)(註十)夏諺,(孟子引)(註十一)夏小正(大戴禮記篇名)(註十二)諸作,元氣渾渾,令人深許法言論書(註十三)爲得體矣。

(註一)路史後紀陶唐氏:帝堯『制七絃,徽大唐之歌,而民事得。』

路史後紀有虞氏:帝舜『作大唐之歌,以聲帝美,聲成而鳳至。故其樂曰:「舟張辟雝,鶬鶬相從,八風回回,鳳皇喈喈,」言其和也。』

(註二)虞書帝庸作歌曰:『敕天之命,惟時惟幾。』又曰:『股肱喜哉,元首起哉,百工熙哉。』皋陶賡歌曰:『元首明哉,股肱良哉,百工康哉。』又曰:『元首叢脞哉,股肱惰哉,萬事墮哉。』

(註三)尸子帝舜彈五絃之琴,以歌南風。其詩曰:『南風之薰兮,可以解吾民之慍兮;南風之時兮,可以阜吾民之財兮。』

(註四)尚書大傳舜作卿雲歌曰:『卿雲爛兮,糺縵縵兮,日月光華,旦復旦兮。』

(註五)康衢之謠見前第三章三皇五帝二禮俗民俗註二

(註六)淮南子堯戒曰:『戰戰慄慄,日慎一日;人莫蹪於山,而蹪於垤!』

(註七)擊壤歌見前第三章三皇五帝二禮俗民俗註一

(註八)岣嶁碑文見本章五節學藝文字註二

(註九)甘誓見尚書

(註十)周書引夏箴曰：『中不容利，民乃外次』又『小人無兼年之食，遇天饑妻子非其有也。大夫無兼年之食，遇天饑臣妾輿馬非其有也。戒之哉，弗思弗行，至無日矣。』

(註十一)孟子梁惠王下夏諺曰：『吾王不遊，吾何以休？吾王不豫，吾何以助？一遊一豫爲諸侯度。』

(註十二)夏小正，『正月啓蟄，雁北鄉，雉震呴，魚陟負冰，農緯厥耒，初歲祭耒，始用暘，囿有見韭，時有俊風，寒日滌凍塗，田鼠出，農率均田，獺祭魚，鷹則爲鳩，農及雪澤，初服於公田，采芸，鞠則見，初昏參中，斗柄縣在下，柳稊，梅杏杝，桃則華，緹縞，雞桴粥。』（大戴禮補注夏小正篇）

(註十三)楊子法言問神篇云：『虞夏之書，渾渾爾。商書，灝灝爾。周書，噩噩爾。下周者其書誰乎。』司馬光註曰：『渾渾，朴略難知之貌。灝灝富大之貌，噩噩，明直之貌。其書誰乎？言不足以爲書也。

歷史　尙書所載虞夏之書，率爲記言記動之作，其實皆史：堯典爲起居注，臯陶謨益稷爲朝廷瑣記，禹貢爲地志，甘誓則諭旨或宣言書也。又不惟書爲然，卽夏之易——連山——亦爲卜筮之史；而夏之禮——夏小正——亦歲時之記：後儒謂六經皆史，（章實齋龔定盦皆堅持之）正爲此。

天文　夏代天文無顯著之發明，惟茲學愈闡精，則可斷言。觀禹之九疇，五紀居其一。五紀之別：一曰歲，所以紀四時者，二曰月所以紀一月者；三曰日，所以紀一日者；四曰星辰，所以分敍氣節紀日月之會者；五曰厤數所以爲氣節之度而授時者。又史記夏本紀：『孔子正夏時，學者多傳夏小正云。』小正爲言歲時書之最古者。凡此皆爲夏代天文精而厤法正之明驗：

數學　夏禹治水，隨山刊木，必以勾股之算法測量山川，而定其高下；數學進步於此可徵。然此所謂勾股，不過爲算術上之一術，當時並無其書。又度量衡制度，亦各依據算術而生；古人視此極爲注重，惟歷代不同：若據漢制以相比較，夏以十寸爲尺，商以十二寸爲尺，周以八寸爲尺，是度有相殊。又路史謂禹「審銓衡，平斗斛，立典則以貽子孫；」是衡量亦與有虞異制？

哲理　古代哲理之可知者，惟易。夏之易曰連山，以艮爲首。象山之出雲，連連不絕也。惟書已失傳，有文無文，尚待論證。若論夏代哲理，則莫大於洪範之垂訓。洪大也，範法也。洪範九疇：初一曰五行，次二曰敬用五事，次三曰農用八政，次四曰協用五紀，次五曰建用皇極，次六曰乂用三德，次七曰明用稽疑，次八曰念用庶徵，次九曰嚮用五福威用六極。一五行：「一曰水，二曰火，三曰木，四曰金，五曰土。水曰潤下，火曰炎上，木曰曲直，金曰從革，土爰稼穡。潤下作鹹，炎上作苦，曲直作酸，從革作辛，稼穡作甘。』古人詳究宇宙發生之現象，不外此五種原質，因以爲事物標準焉。（參觀白虎通五行篇）二五事：『一曰貌，二曰言，三曰視，四曰聽，五曰思。貌曰恭，言曰從，視曰明，聽曰聰，思曰睿。恭作肅，從作乂，明作哲，聰作謀，睿作聖。』是五事總括身心之作用，由外之視聽，以徵內之心理焉。三八政：『一曰食，二曰貨，三曰祀，四曰司空，五曰司徒，六曰司寇，七曰賓，八曰師。』古人寓倫理思想於政治之中，故八政以食貨爲先，殆如後世所云實利主義者！『伏生大傳曰：「八政何以先食？傳曰：「食者萬物之始，人事之所本也；故八政先食是也。貨所以通有無利民用，故次之。」王制云：食節事時，民咸安其居，樂事勸功，尊君親上，然後興學，故司空在司徒之先；先教而後誅，故司寇在司徒之後；德立刑行，遠方賓服；故次之以賓；其有暴虐無道，不率化者，則出六師以征之，故又次以師。」是其職先後之次也：」四五紀：「一曰歲，二曰月，三曰日，四曰星辰，五曰曆數。」古人欲行其政治理想，非治曆明時，無以置其基礎！故在堯典首著授時，洪範分爲五紀，凡所以著其政令以爲考覈準則。五皇極：皇者大也，極者中也；皇極爲大中至正之義。謂凡一事一物之接；一言一動之發，無不極其義理之當然，以爲行爲之標準，乃堯舜禹相傳之心法，——「允執厥中」之義；爲倫理上至善之正鵠。六三德：「一曰正直，二曰剛克，三曰柔克。平康正直，彊弗友剛克，燮友柔克，沈潛剛克，高明柔克。」是因天道以剛勝，地道以柔勝，惟人道中平正直，不剛不柔；其人之性情有偏於剛柔者，是其稟天地之氣有所偏，當有以治之使得其中！故日本三浦藤作於所著東洋倫理學史，謂「正無邪，直無曲。其平康不需矯正者，導以正直之德，卽可得中；然不得平康而需矯正者，則有剛克柔克之必要！克，治也。即强硬不順者，以剛德治之，使得其中，是以剛治剛也。和柔委順者，以柔治之，使得其中，是以柔治柔也。沉深潛退不及中者，以剛治之，使得其中，是以剛治柔也。高亢明爽過於中者，以柔治之，使得其中，是以柔治剛也。」三德治人，因時制宜使得其中而已：七稽疑：爲禹時占易之法，所以通形而上學與倫理學之郵，示天人相與之關係！然古人蓍龜，先謀及卿士，亦所以盡人事。又『聖人獨見先覩，必問蓍龜何？示不自專也。』（參觀白虎通蓍龜篇）是古人卜筮，從蓍從龜，大有精義。八庶徵：鄭康成曰：『庶衆也，徵驗也。謂擧行得失之驗。』後世言人事可以感動天變者，所由昉也。夫災異祥瑞，非必天地有意示譴告褒勸於人！然觀其常變，以自念其政事之得失，而致修省之極功；使得時有警厲之機：不無裨補於國計！正未可以今人之淺見，笑古人大愚。九五福六極：『五福：一曰壽，二曰富，三曰康寧，四曰攸好德，五曰考終命。六極；一曰凶短折，二曰疾，三曰憂，四曰貧，五曰惡，六曰弱。』一是由倫理上善惡之標準，以立苦樂之分類！嚮樂人用五福，畏懼人用六極，一是皆以勸善懲惡爲目的。觀此可知禹之洪範九疇，係納倫理思想政治思想於哲學思想之中，而以天文曆算卜筮等書附麗之：可謂集中國古代學術之大成：

繪畫　繪畫之事，在黃帝以前，靡得而考：然古代象形文字，實爲簡單之圖畫；是圖畫之傳，當在未有文字以先。若史稱黃帝臣史皇作畫，黃帝畫蚩尤形象以威天下，當是繪事漸精之徵。尚書益稷篇帝舜曰：『予欲觀古人之象，日月星辰山龍華蟲作會，宗彝，藻火粉米，黼黻絺繡，以五采彰施於五色作服，汝明，』鄭玄曰：『會讀若繪，謂畫也。』畫事之盛興，虞舜之時已然矣：夏禹鑄鼎象物，使民知神姦；其窮形盡狀，非繪畫工精，不易爲力，於以知夏代畫事，當較古爲進步。

建築　古者穴居野處，包犧之世，尚不聞有宮室制度！神農時始有明堂之作，其制有蓋而無四方，風雨不能襲，燥濕不能傷；黃帝謂之曰合宮，唐堯謂之五府，虞舜謂之總章：皆明堂也。夫明堂者，明政教之堂也。古祀上帝，祭先祖，朝諸侯；養老尊賢，凡關於大典禮者，皆於此行之。漢武帝時濟南人公玉帶上黃帝時明堂圖，明堂中有一殿，四面無壁，以茅蓋，通水，水圜宮垣，爲複道，上有樓，從西南入名曰昆侖。或曰，明堂無樓，帶言誤也。或曰帶言昆侖，實爲靈臺。遠古明堂雖爲一切建築之擘祖，但其制究不可得而詳：夏后氏謂明堂爲世室，堂修二七，廣四修一，五室，三四步，四三尺，九階，四旁兩夾窻，白盛；門堂三之二，室三之一。具見冬官考工記，其制略有可考矣。至於言建築必始於明堂者。以其關於建築上一切應有之制，如門如壁如室如窻，皆可概括以傳故也。

雕鑄　古史謂伏羲制琴瑟，神農爲耒耜，黃帝作舟車，其時不能無雕刻之技甚明！降至堯時有五瑞之輯，是玉亦早能雕琢成器。又史稱黃帝鑄鐘，鑄鼎，範金爲貨，禹鑄九鼎，則爲鑄術漸精之證。又左傳言成王分魯公以夏后氏之璜，璜爲半璧，乃古人之至寶，歷商而周猶寶存，則夏代玉工之精，更可想見。

音樂　呂氏春秋古樂篇謂：禹命皋陶作爲夏籥九成，以昭其功。然至孔甲復作破斧之歌，又爲東音所自始。然古以聲音之道，與政相通，審樂以知政！樂之正哇，有關於時之理亂，不僅以美術視之；

醫術　醫術之由來甚古，然自唐虞迄於有夏，事無可考。

本節參閱書舉要

一、金石萃編卷二岣嶁碑

二、中國大文學史第二編第二章五帝文學第三章夏商文字

三、史記夏本紀

四、尚書洪範益稷

五、周禮冬官考工記匠人

六、呂氏春秋古樂篇

第六章 殷

一 殷之先世

殷之先祖爲契。史記殷本紀云：『殷契母曰簡狄，行浴見元鳥墮其卵，取吞之，因孕生契。』是殆緣詩商頌：『天命元鳥，降而生商，宅殷土芒芒』之文附會而出。然毛詩傳云：『春分元鳥降，簡狄祁於郊禖而生契，故本其爲天所命，以元鳥至而生焉！』非必爲吞燕卵也：蘇明允於所著嚳妃論辨之甚明。殷本紀又云：『契長而佐禹，治水有功……封於商，（今河南睢縣）賜姓子氏。……契卒，子昭明立；昭明卒，子相土立；相土卒，子昌若立；昌若卒，子曹圉立；曹圉卒，子冥立；冥卒，子振立；振卒，子微立；微卒，子報丁立；報丁卒，子報乙立；報乙卒，子報丙立；

報丙卒，子主壬立；主壬卒，子主癸立；主癸卒，子天乙立；天乙立，是爲成湯。』成湯之先，以相土爲最有名，故詩商頌有云：『相土烈烈，海外有截。』崔述商考信錄曰『按商先世，詩書多缺，不可詳考。竊以時世推之，相土爲契之孫，當在夏太康世。蓋因太康失國，羿浞淫暴，諸侯無所歸，而相土能修其德政，故東方諸侯咸歸之。商邱在東，而西北阻於羿奡，是以號令東訖於海，而云「海外有截」也。』商邱爲相土所居，（據左傳襄公九年傳文）而成湯居亳，（今河南偃師縣）相距絕遠，其中必有播遷；殷本紀云：『自契；至湯八遷。』梁玉繩於所著史記志疑卷二，俱將八遷考全，未必即是。然近考殷虛甲骨文字，得證史記所載殷先公先王，皆確有其人；（參觀王國維殷卜辭中所見先公先王考：）於此可知古代，傳說，存於周秦之間，非絕無根據。

本節參閱書舉要

一、史記殷本紀

二、詩商頌

三、崔東壁遺書商考信錄

四、羅振玉殷虛書契考釋帝王第二

五、王國維殷卜辭中所見先公先王考

二　湯之治績

成湯名履，子姓，崔述商考信錄以爲成湯號也，湯則後世之省文；其子孫追崇之爲武王，因有武湯之稱。湯時夏桀無道，伊尹負鼎俎，以滋味之道說湯，湯得伊尹祓之於廟：（見呂覽本味）伊尹五就湯五就桀，卒歸於湯（見孟子）湯乃伐夏，整兵鳴條（今陝西安邑縣）困夏南巢，（今安徽廬江）放之歷山（今安徽和縣東）（見淮南子修務訓）湯既絀夏，於是諸侯服湯踐天子位，（見殷本紀）國號商。湯以征誅得王天下，故武力特別。

發揚，詩商頌有云：『昔有成湯，自彼氐羌，莫敢不來享，莫敢不來王，曰商是常，』即其證也。世傳湯即位後大旱七年，湯使人持三足鼎禱於山川，以六事自責，並禱於桑林之社，（見御覽八十三引帝王世紀）遂爲後世祭天禱雨之始；然據韓詩傳文。則是以六事自責爲古雩祭常禮，非必爲湯事！（註一）即所傳湯剪髮斷爪身爲犧牲之說，後儒亦多辯其謬。（參觀崔述商考信錄）

（註一）公羊桓五年傳云：『大雩：大雩者何？旱祭也。』註云：『君親之南郊，以六事謝過自責曰：「政不一與！民失職與！宮室崇與！婦謁盛與！苞苴行與！讒失倡與！」』疏云：「君親至責曰：解云：皆韓詩傳文。」故知以六事自責，爲古雩祭常禮。』

本節參閱書舉要

一、史記殷本紀

二、呂覽本味

三、崔述商考信錄

四、御覽十三

五、詩商頌

六、書湯誓

三　殷代傳疑之事

史記殷本紀云：『湯崩，太子太丁未立而卒，於是迺立太丁之弟外丙，是爲帝外丙；帝外丙即位二年崩，立外丙之弟中壬，是爲帝中壬：帝中壬即位四年崩，伊尹乃立太丁之子太甲。……帝太甲既立，三年不明，暴虐不遵湯法，亂德，於是伊尹放之於桐宮；（今河南偃師縣西南五里）三年伊尹攝行政，當國以朝諸侯。帝太甲居桐宮三年，悔過自責反善，於是伊尹迺迎帝太甲而授之政；太甲修德，諸侯咸歸，殷百姓以寧。』然古本竹書紀年則謂『伊尹放太甲於桐，乃自立；七年，王潛出自桐，殺伊尹；

天大霧三日，乃立其子伊陟伊奮，命復其父之田宅而中分之。』又孟子稱「太甲顚覆湯之典刑，伊尹放之於桐；三年，太甲悔過，自怨自艾，於桐處仁遷義；三年，以聽伊尹之訓己也，復歸於亳。』左傳襄公二十一年，『伊尹放太甲而相之，卒無怨色。』杜氏註云：『然則太甲雖見放還殺伊尹而猶以其子爲相也。』總茲數說太甲伊尹之事，正未可深知：大名崔述論曰：『蓋自戰國以後，風俗日頹，見利忘義，世俗之人，習見而以爲固然，遂妄意古聖人之亦如是；是以有舜囚堯，啓殺益，太甲殺伊尹之說；其意以爲不如是，堯益伊尹必據天下於己而不肯與人，而豈知古聖人之心，廣大若天地，光明若日月，其視富貴猶敝屣然！故孔子曰：「巍巍乎舜禹之有天下也，而不與焉。」孟子曰：「伊尹耕於有莘之野，而樂堯舜之道焉，非其義也，非其道也，祿之以天下弗顧也。」蓋惟聖賢，然後能知聖賢之心，彼世俗之「乾餱以愆」者，烏足以知之哉！』（見商考信錄）

雖然，此特就儒家理想立論，竟無二重證據，證明伊尹未爲太甲所殺，尙未足以執反對者之口：

史記殷本紀稱『帝太甲修德，諸侯咸歸殷，百姓以寧，……太甲稱太宗；』中國君主之有廟號，此其始也。殷本紀又云：『帝太戊立伊陟爲相，……伊陟贊言于巫咸，巫咸治王家有成，……殷復興，諸侯歸之，故稱中宗；』今檢戩壽堂所藏殷虛文字第三葉，有『中宗祖乙牛告』之辭，稱祖乙爲中宗，全與古來尙書家之說違異。惟太平御覽八十三引竹書紀年曰：『祖乙滕卽位，是爲中宗；是又與殷虛卜辭文字相合。史記殷本紀以太甲爲太宗，太戊爲中宗，武丁爲高宗，本係尙書今文家說；徵之卜辭則中宗是祖乙非太戊之證據，不只一端：可知紀年是，而古今尙書家說非。（參觀王國維殷卜辭中所見先公先王考）

史記殷本紀三代世表及漢書古今人表所記殷君數同，而世數則互相違。

異。：據本紀則商三十一帝，（除大丁爲三十帝）共十七世；三代世表以小甲雍已大戊爲大庚弟，（殷本紀大庚子）則爲十六世；古今人表以中丁外壬河亶甲爲大戊弟，（殷本紀大戊子）祖乙爲河亶甲弟，（殷本紀河亶甲子，）小辛爲盤庚子，（殷本紀盤庚弟，）則增一世減二世亦爲十六世！若以殷卜辭證之，則以殷本紀所記爲近。茲錄殷世數異同表（見王國維殷卜辭中所見先公先王續考）如下，以供參證：

殷世數異同表

帝名	殷本紀	三代世表	古今人表	卜辭
湯	主癸子	主癸子	主癸子	主癸子 一世
大丁	湯子	湯子	湯子	湯子 二世
外丙	大丁弟	大丁弟	大丁弟	
中壬	外丙弟	外丙弟	外丙弟	

大甲	大丁子	大丁子	大丁子	大丁子 三世
沃丁	大甲子	大甲子	大甲子	
大庚	沃丁弟	沃丁弟	沃丁弟	大甲子 四世
小甲	大庚子	大庚弟	大庚子	
雍己	小甲弟	小甲弟	小甲弟	
大戊	雍己弟	雍己弟	雍己弟	大庚子 五世
中丁	大戊子	大戊子	大戊弟	大戊子 六世
外壬	中丁弟	中丁弟	中丁弟	
河亶甲	外壬弟	外壬弟	外壬弟	
祖乙	河亶甲子	河亶甲子	河亶甲弟	中丁子 七世
祖辛	祖乙子	祖乙子	祖乙子	祖乙子 八世
沃甲	祖辛弟	祖辛弟	祖辛弟	

世					
九世	祖丁	祖辛子	祖辛子	祖辛子	祖辛子
	南庚	沃甲子	沃甲子	沃甲子	
十世	陽甲	祖丁子	祖丁子	祖丁子	祖丁子
十世	盤庚	陽甲弟	陽甲弟	陽甲弟	陽甲弟
十世	小辛	盤庚弟	盤庚弟	盤庚弟	盤庚弟
十世	小乙	小辛弟	小辛弟	小辛弟	小辛弟
十一世	武丁	小乙子	小乙子	小乙子	小乙子
十二世	祖庚	武丁子	武丁子	武丁子	武丁子
十二世	祖甲	祖庚弟	祖庚弟	祖庚弟	祖庚弟
	廩辛	祖甲子	祖甲子	祖甲子	
十三世	庚丁	廩辛弟	廩辛弟	廩辛弟	祖甲子
十四世	武乙	庚丁子	庚丁子	庚丁子	庚丁子

大丁	武乙子	武丁子	武乙子	
帝乙	大丁子	大丁子	大丁子	
帝辛	帝乙子	帝乙子	帝乙子	

本節參閱書舉要

一、史記殷本紀

二、古本竹書紀年輯校

三、孟子萬章上

四、御覽八十三

五、殷虛書契考釋帝王第二

六、王國維殷卜辭中所見先公先王考續考

四　殷代都城之屢遷

史記殷本紀云：『自契至湯八遷，湯始居亳，從先王居。』（按史記殷本紀止言湯之一遷，餘皆不載，惟梁玉繩史記志疑俱將八遷考全，但係强合，未必足據。）（註一）亳地，皇甫謐曰：『梁國穀熟爲南亳，湯所都也。』（史記集解）鄭玄云：『亳今河南偃師縣，有湯亭。』漢書音義臣瓚曰『湯居亳，今濟陰亳縣是也。』杜預云：『梁國蒙縣北有亳城。』（並見書經正義所引帝嚳釐沃序疏）又尚書立政有：『三亳阪尹』之文。疏云：『鄭玄以「三亳阪尹」者，共爲一事，云湯舊都之民，服文王者，分爲三邑，其長居險故言阪尹：蓋東成皋南轘轅，西降谷也。皇甫謐以爲三亳，三處之地，皆名爲亳：蒙爲北亳，穀熟爲南亳，偃師爲西亳。』清王鳴盛尚書後案卷六盤庚上，以爲非是，斷定亳在偃師！而謂後漢分山陽郡薄縣，置蒙穀熟二縣，與薄並改屬梁國；晉又改薄爲亳，且改屬濟陰；故臣瓚杜預皇甫謐諸家所云本爲一說，然魏源書古微考訂湯始都之亳應爲商，（商在今陝西商縣）以其所從居之先王爲契非嚳故！是鄭玄所指河南偃師。

縣之亳，與孟子所稱。『湯居亳與葛爲鄰。』之亳，仍是再遷以後都邑：今考殷虛卜辭中所見殷之都邑曰商曰亳，又考湯之用兵次第，係逐漸向東南發展，（據孟子藤文公「湯始征，自葛載；」詩商頌：「韋顧既伐，昆吾夏桀」暨逸周書殷祝篇：桀從中野不齊魯次第東南徙，去居南巢之文。）則其都城必次第東遷，似應居商，次都偃師之亳，再都鄰葛之亳。

（註一）梁玉繩史記志疑卷二云：『八遷者，本紀止言湯之一遷，餘皆不載。攷書疏曰：「世本：昭明居砥石」荀子成相曰：「昭明居砥石，遷於商」；左傳：「相土居商丘；」是三遷也。（商與商丘不同，見左襄九年疏。）竹書：「帝芒三十三年，商侯遷於殷；」（冥之子，振也。）「帝孔甲九年，殷侯復歸商丘」（不知何世。）是五遷也。路史國名記云：「上甲居鄴；」是六遷也。而水經注十九，又引世本云：「契居蕃；」是七遷也。幷湯爲八：經典釋文謂八遷惟見四。孔仲達數砥石商丘及亳爲三，而連契之居商爲四遷，非也。』

史記殷本紀云『仲丁遷於隞，河亶甲居相，祖乙遷於邢』考隞在今河南滎澤縣；書序隞作囂，並音敖；史記正義『括地志云：『滎陽故城，在鄭州滎澤縣西南十七里，殷時敖地也。』相在今河南內黃縣；史記正義『括地志云：故殷城，在相州內黃縣東南十三里，即河亶甲所築，都之故名殷城也。』邢在今山西河津縣；史記索隱『邢近代本亦作耿，今河東皮氏縣有耿鄉；』史記正義『括地志云：絳州龍門縣東南十二里耿城，故耿國也。』遷隞居相，古史殘缺，莫詳理由！然書序謂『祖乙圮於耿，』尚書正義『鄭玄云：祖乙又去相居耿，而國爲水所毀；於是修德以御之，不復遷也！』似可爲前此遷都，亦由『國爲水所毀』之反證。又殷本紀云：『帝盤庚之時，殷已都河北，盤庚渡河南，復居成湯之故居；……乃遂涉河南，治亳。』史記集解：『鄭玄曰：治於亳之殷地，商家自此徙而改國號曰殷；亳，皇甫謐曰：今偃師是也。』至此次遷殷原因，據尚書正義『

鄭玄云：祖乙居耿後，奢侈踰禮，土地迫近山川，嘗圮焉；至陽甲立，盤庚爲之臣，乃謀徙居湯舊都。又序注云：民居耿久奢淫成俗，故不樂從。……案檢孔傳無奢侈之語，惟下篇云，今我民用蕩析離居，罔有定極；傳云水泉沈溺，故蕩析離居無安定之極，徙以爲之極：孔意蓋以地勢洿下，又久居水泉瀉鹵，不可行化，故欲遷都，不必爲奢侈也。」又殷地，史記以爲在河南，據王國維所考定則在河北；其說曰：「殷字始見於周初之盂鼎，（成王二十三祀作）而不見於卜辭：然卜辭所出之地，爲今彰德西五里之小屯，正在洹水之南，史記項羽本紀所謂洹水南故殷墟者也。集解及索隱均引汲冢古文曰：盤庚自奄遷於北冢。（即蒙字，北蒙對河南之蒙亳言。）曰殷墟，南去鄴三十里，（虛字，因正文而誤加，書疏所引無虛字；南去鄴三十里六字，蓋紀年舊注）是殷固在河北亦非朝歌。而史記殷本紀則云：帝盤庚之時，殷已居河北，盤庚渡河南，復居成湯之故居；又云：

帝武乙立，殷復去亳徙河北，是以殷爲亳地在河南！求其糾紛之由，則由于尚書序誤字：書序盤庚五遷，將治亳殷，束哲謂孔子壁中尚書作將始宅殷。孔疏謂亳字摩滅，容或爲宅，壁內之書，安國先得，治皆作亂，其字與始不類，無緣誤作始字！段氏古文尚書撰異謂治之作亂，乃僞古文；束廣微當晉初未經永嘉之亂，或孔壁原文尚存祕府，所說殆不虛！按隋書經籍志晉世祕府所存有古文尚書經文，束晳所見，自當不誣！且亳殷二字，，未見古籍！特商頌言宅殷土茫茫，周書召誥言宅新邑，宅殷連言，於義爲長。且殷之於亳，截然二地！楚語白公子張曰：昔殷武丁能聳其德；至於神明，以入于河，自河徂亳，蓋用逸書說命之文！（今僞古文說命襲其語）書無逸稱高宗舊勞于外，當指此事。然則小乙之時，必都河北之殷，故武丁徂亳，必先入河，此其證也：史記既以盤庚所遷爲亳殷，在河南，而帝辛之亡，又都河北，乃不得不以去亳徙河北歸之武乙，今本紀年襲之。然史記正義引古本竹書紀年云：自盤庚徙殷，至紂之滅，七百七十三年，（集解引紀年湯滅夏，以至于受二十九王，用歲四百九十六年，則盤庚至紂，不能有七百七十三年，此有誤字。）更不遷都；此雖不似紀年原文，必檃括本書爲之；乃今本紀年於武乙三年，書自殷遷於河北，又于十五年書自河北遷于沬，則又勦史記及帝王世紀之說，必非汲冢古文也。今龜甲獸骨所出之地，正在鄴西，與古紀年合！而卜辭中若父甲一牡，父庚一牡，父辛一牡，（後編上第二十五葉）一骨，乃武丁時所卜；又卜辭中所祀帝王，訖于武乙文丁，則知盤庚以後，帝乙以前，皆宅殷虛，知紀年所載，獨得其實，故卜辭中雖不見殷字；而殷之在河北，不在河南則可斷也。』（王國維古史新證商之都邑及諸侯。）

本節參閱書舉要

一、史記殷本紀

二、梁玉繩史記志疑卷二

三、書盤庚

四、孟子滕文公

五、殷虛書契考釋都邑第一卜辭第六

六、王國維古史新證商之都邑及諸侯

五　紂之不善

錢塘夏曾佑云：『中國言暴君，必數桀紂，猶之言聖君，必數堯舜湯武也。今案各書中，所引桀紂之事多同，可知其間必多附會！蓋既亡之後，其興者必極言前王之惡，而後已之伐暴爲有名，天下之戴已爲甚當，不如此不得也。今比而觀之，桀寵妹嬉，（晉語）紂寵妲己，（晉語）一也。桀爲酒池，可以運舟，一鼓而牛飲者三千人，（劉向新序）紂以酒爲池，懸肉爲林，使男女倮，相逐其間，爲長夜之飲，（史記殷本紀）二也。

爲瓊臺瑤室，以臨雲雨，（劉向列女傳）紂造傾宮瑤臺，七年乃成，其大三里，其高千仞，（太平御覽八十四引帝王世紀）三也。桀殺關龍逢，（太平御覽八十二引尚書帝命驗）紂殺比干，（史記殷本紀）四也。桀囚湯於夏臺（史記夏本紀）湯行賂，桀釋之，（太公金匱）紂囚文王於羑里，西伯之徒。獻美女，奇物，善馬，紂乃赦西伯，（史記殷本紀）五也。桀曰：時日曷喪，（孟子）紂曰：我生不有命在天，（尚書祖伊奔告）六也。故一爲內寵，二爲沈湎，三爲土木，四爲拒諫，五爲賄賂，六爲信命。而桀紂之符合若此！夫天下有爲善而相師者矣，未有爲惡而相師者也，故知必有附會也：』（中國歷史教科書第一章第二十五節）

大名崔邁訥菴筆談曰：『桀紂暴虐，止行於畿內耳。四方諸侯之國，彼不能暴虐也。故湯誓數桀之罪曰：「夏王率遏衆力，率割夏邑；有衆率怠弗協。」而湯之民亦曰：「夏罪其如台。」牧誓數紂之罪曰：「乃惟四方之多罪逋逃，是崇是長，是信是使，是以爲大夫卿士俾暴虐于百姓，以姦宄于商邑。」而僞湯誥則曰：「夏王滅德作威，以敷虐于爾萬方百姓，爾萬方百姓，罹其凶害。」僞泰誓則曰：「毒痡四海」，此皆作者疏妄，而不顧其理之所安也。」大名崔述商考信錄曰：「紂之不善，尙書微子牧誓等篇言之詳矣。約其大概有五：一曰聽婦言，牧誓所謂牝鷄之司晨者。二曰荒酒，酒誥所謂酣身，微子所謂酗酒者也。三曰怠祀，牧誓所謂昏棄肆祀，微子所謂攘竊犧牷牲者也。四曰斥逐貴戚老成，牧誓所謂昏王父母弟，微子所謂耄遜于荒，咈其耇長者也。五曰牧用憸邪小人，牧誓所謂多罪逋逃，是信是使，立政所謂羞刑暴德，同於厥邦，微子所謂草竊姦宄罪合于一者也。論語之稱三仁，晉語之述妲己，皆與此合。即大雅蕩之篇爲後人之託言，而其譏切紂失，亦不外此五端。蓋惟迷於酒色，是以不復畏天念祖，以致忠直逆耳，讒人倖進，故牧誓必推本於婦言，酒誥悉歸咎於荒腆。惟仁賢不用，而掊克在位，是以民罹其殃，故召誥有徂亡出執，必推本於智藏瘝在也。經傳之文互相印證，紂之不善，了然可見，初無世俗所傳云云也。』論語『子貢曰：紂之不善，不如是之甚也！是以君子惡居下流，天下之惡皆歸焉。』諒哉其言之：

本參閱書舉要

一、夏曾佑中國歷史教科書第一章傳疑時代第二十五節桀紂之惡。

二、崔述夏考信錄商考信錄

三、史記殷本紀

第七章　殷代之文明

一　制度

封建　殷代爵分公侯伯三等，合子男從伯。（公羊傳及白虎通）而子男又爲畿內諸侯及蠻夷之稱。（禮記王制鄭注）若小國，則稱附庸。殷代之初，雖三千國，然互相兼併，僅餘一千七百七十三國而已。（王制）公方百里，侯七十里，伯五十里。八州之中，每州方千里，建百里之國三十，七十里之國六十，五十里之國百有二十；凡二百一十國。所餘之地，計方百里者十，方十里者六十，以爲附庸閒田；合八州計之，共得一千六百八十國。而畿內亦方千里，建百里之國九，七十里之國二十一，五十里之國六十三；凡九十三國。所餘之地，計方百里者六十四，方十里者九十六，以爲元士祿田；合以八州所封之國，共得封國一千七百七十三。（以上據王制及鄭注孔疏）以視夏代封域，較爲狹小。其受祿之制，大國（公國）之君，食二千八百八十人。次國（侯國）之制，食二千一百六十人。小國（伯國）之君，食一千四百四十人。（王制）五國爲屬，屬有長；十國爲連，連有帥；三十國爲卒，卒有正；二百一十國爲州，州有伯。八州置八伯，復分天下爲左右，置方伯二人，號曰二伯。（王制）又以天子大夫三人爲三監，監於方伯之國：其防範諸侯之策，視前代爲稍密。

官制　禮記曲禮下『天子建天官先六太：曰太宰，太宗，太史，太祝，太士太卜，典司六典。天子之五官：曰司徒，司馬，司空，司士，司寇，典司五衆。天子之六府：曰司土，司木，司水，司草，司器，司貨，典司六職。天子之六工：曰土工，金工，石工，木工，獸工，草工，典制六材。』鄭玄注指爲殷時制，以此記所言，上非夏法，下異周典故也。惟所職未詳：若以周官考之，多相合，故或疑此爲周時制云：然孔子言殷因於夏禮，周因於殷禮；又言吾學殷禮，有宋存焉！是周官制必因於殷，而殷官制不必皆異於周也。又春秋傳稱仲虺爲湯左相，伊尹爲湯右相，是初制並設二相矣。而司徒，司馬，司空，宋皆沿用！殷墟書契所載卿士，太史，小臣諸官，並見周官，皆可徵信。然夏代職官之數，百有二十，殷代倍之，其數二百四十。（禮記明堂位注）若諸侯之官，則畧同夏制。（據孔疏）（註一）又須祿之等差，天子之官，與諸侯之官，皆同夏制。（註二）惟殷代之制，天子大夫不世爵，諸侯之大夫不爵祿，與後世周代世祿之制不同！

（註一）夏代大國三卿，皆命於天子，下大夫五人，上士二十七人；次國三卿，二卿命於天子，一卿命於其君，下大夫五人，上士二十七人；小國二卿，皆命於其君，下大夫五人，上士二十七人。大國之卿，不過三命，下卿再命，小國之卿與下大夫一命。（禮記王制○孔疏定爲夏制，殷制略同。）

（註二）夏代天子之官，咸有祿田。三公之田視公侯，卿視伯，大夫視子男，元士視附庸。諸侯之官，大國之下士，祿食九人，中士食十八人，上士食三十六人，下大夫食七十二人，卿食二百八十八人。次國之卿，食二百一十七人，小國之卿食百四十四人。

地方制　爾雅釋地：「兩河間曰冀州，河南曰豫州，河西曰雝州，漢南曰荊州，江南曰揚州，濟河間曰兗州，濟東曰徐州，燕曰幽州齊曰營州。」晉郭璞注曰：『此蓋殷制。』宋邢昺疏：『云此蓋殷制者，以此文上與禹貢不同，下與周禮又異！禹別九州，有青徐梁而無幽並營，是夏制也；周禮周公所作，有青幽幷，而無徐梁營，是周制也：此有徐幽營而無青梁幷，疑是殷制也；以無正文，故云蓋也，』晉孫炎謂此係分冀爲幽，易青爲營，合梁於雍；其兗徐楊荊豫五州則仍舊：故殷之地方區域，亦爲九州。」

屬國　四海之外，『肅愼（東）北發（南）渠搜（北）氐羌（西）來服！』此大戴禮少間篇文也。則與虞夏聲教所及略同。而逸周書引伊尹四方獻令曰：『正東符婁，（疑卽朝鮮。）仇州（未詳）伊慮，（疑即挹婁，今吉林敦化縣。）漚深，（疑卽靺鞨號室部，今烏蘇里江左右。）九夷，（宋劉敞謂九夷在徐州莒魯之間；蓋東方之夷也。十蠻（蠻者統類之詞，此之十蠻，大抵在東南）越漚，（漚同歐，越漚今浙江東南地。）鬋髮文身，（言其俗，）請令以魚支之鞞，烏鰂之醬，鮫瞂利劍爲獻。正南：甌，（未詳）鄧，（今河南鄧縣）桂國，（今廣西桂林縣）損子，（未詳）產里，（今雲南）百濮，（今雲南曲靖縣地）九菌（卽九眞之異文，今法蘭西所屬安南國地。）請令以珠璣，瑇瑁，象齒，文犀，翠羽，菌鶴，短狗爲獻。正西崑崙，（今青海以西）狗國，（未詳，疑及旅獒之國。）鬼親，枳已，（以上未詳）闟耳，貫胸，雕題，離邱（未詳）漆齒，請令以丹，青，白旄，紕，罽，江歷，（未詳）龍角，神龜爲獻。正北：空同，大夏，莎車，（今縣，卽葉爾羌。）姑，（此下疑脫師字，今吐魯蕃以北，巴里坤以南。）他旦（韃靼異文，蒙兀兒突厥自稱其人曰達旦。）略貌胡，（未詳）戎翟，（大抵西北游牧之種，無定所。）匈奴，（商時蓋尙是小部落。）樓煩，（漢時在今山西朔平等處。）月氏，（秦漢之間，在今甘肅西境。）孅梨，共龍，（以上兩種未詳）東胡，（今俄屬西悉畢爾有水東北流入昂吉剌河者，曰通古斯河，——下流即葉尼塞河，——即東胡初地也。其在秦漢之間，南至今直隸邊外，及奉天等地；後爲匈奴擯，仍北退歸故地，居鮮卑山。）請令以橐駝，白玉，野馬，騊駼，駃騠，良弓爲獻。』據此則商初屬國，東與南盡海，西踰蔥嶺，北過沙漠也。

田賦制　孟子滕文公上云：『殷人七十而助。』是因殷依古昔井田之法，畫田九區，一夫受七十畝，而其中之七十畝爲公田；公田須八家共耕，所獲入之公家，（註一）故朱子集註曰：『商人始爲井田之制，以六百三十畝之地畫爲九區，區七十畝，中爲公田；其外八家，各授一區，但借其力，以助耕公田，而不復稅其私田。』然考『夏時一夫受田五十畝，而每夫計其五畝之入以爲貢。』（朱子集註）是夏殷受田畝數有不同也。但此特畝制有廣狹大小之分耳，田未嘗易也！（註二）又夏殷之制，百里之國，三十里之遂，二十里之郊；（郊者，近於都邑之田也；遂者遠於都邑之田也。）七十里之國，二十里之遂，九里之郊；五十之國，九里之遂，三里之郊。（伏生大傳）而殷代之制以郊野之地爲田，郊外爲牧，野外爲林。（爾雅釋地）牧即游牧之地，林即未墾之地。故殷代方千里之地，僅有田六百萬畝。（禮記王制）又殷代有圭田，則零星不成井之田，用爲貴族之分地者。『夫圭田無征！』（王制）鄭注云：『夫猶治也，征稅也。孟子曰：「卿以下必有圭田，治圭田者不稅，所以厚賢也」』孔疏云：『必云圭者！圭潔白也，言卿大夫德行潔白，乃與之田，此殷禮也。殷政寬緩，厚重賢人，故不稅之。』凡此皆殷代田賦制之可考者：

（註一）據夏小正，則夏亦有公田、特調不可考！故殷田制當因於夏。

（註二）顧炎武日知錄卷七：其實皆什一也條下云：『古來田賦之制，實始於禹水土既平，咸則三壤。後之王者，不過因其成績而已。故詩曰：「信彼南山，維禹甸之。畇畇原隰，曾孫田之。我疆我理，南東其畝。「然則周之疆理，猶禹之遺法也。（原注：周禮小司徒注：昔夏少康在虞思，有田一成，有衆一旅。一旅之衆，而田一成，則井牧之法，先古然矣。孔氏信南山正義引此則曰：丘甸之法，禹之所爲）孟子乃曰：「夏后氏五十而貢，殷人七十而助，周人百畝而徹。」夫井田之制，一井之地，畫爲九區。故蘇洵謂萬夫之地，蓋三十二里有半，而其間爲川爲路者一，爲澮爲道者九，爲洫爲涂者百，爲溝爲畛域者千，爲遂爲徑者萬。使夏必五十，殷必七十，周必百！則是一王之興，必將改畛涂，變溝洫，移道路以就之。爲此煩擾，而無益於民之事也，豈其然乎？（原注：周官遂人：凡治野，夫間有遂，遂上有徑，十夫有溝，溝上有畛，百夫有洫，洫上有涂，千夫有澮，澮上有道，萬夫有川，川上有路，以達於畿。夫子言禹，盡力乎溝洫，而禹之自言亦曰：濬畎澮距川。知其制不始於周矣。）蓋三代取民之異，在乎貢助徹，而不在乎五十七十百畝。其五十七十百畝，特丈尺之不同，（沈氏曰：通鑑外紀云：夏十寸爲尺，商十二寸爲尺，周八寸爲尺。）而田未嘗易也。故曰：其實皆什一也。古之王者，必改正朔，易服色，異度數。故史記秦始皇帝本紀於改年十月朔上黑之下，即曰數以六爲紀，符法冠皆六寸，而輿六尺。六尺爲步，乘六馬。三代之王，其更制改物亦大抵如此。故王制曰：「古者以周尺八尺爲步，今以周尺六尺四寸爲步。」而當時因時制宜之法，亦有可言。夏時土曠人稀，故其畝特大。殷周土易人多，故其畝漸小，以夏之一畝，爲二畝。其名殊，而實一矣。國佐之對晉人曰：「先王物土之宜而布其利。」豈有三代之王，而爲是紛紛無益於民之事哉？』

兵制　漢書刑法志稱殷周以兵定天下，而猶立司馬之官，設六軍之衆，是殷興，六軍之制，沿襲夏代，而兵事之政專於司馬也。然在湯時，兵車亦復無多！呂氏春秋簡選篇謂：『殷湯良車七十乘，必死六千人』而已。

刑制　殷代五刑，仍沿古制。（禮記王制）若公布於民之法律，則有湯刑。春秋傳昭公五年，晉叔向有言，『商有亂政，而作湯刑；』是也。

而或者以湯之官刑當之，故墨子謂殷湯亦作官刑。又白虎通以殷之牖里，與夏之夏臺，周之囹圄，同為圜土；是殷亦有牢獄之徵。湯誓謂：『爾不從誓言，予則孥戮女，罔有攸赦！』是殷亦有孥戮之徵。紀年祖甲，二十四年重作湯刑，為殷刑復定之徵。呂覽孝行篇引『商書曰：刑三百，莫重於不孝！』是殷代刑律成數有三百條，而以不孝為大罪之徵。禮記王制云：『司寇正刑明辟，以聽獄訟，必三刺；（一曰訊羣臣，二曰訊羣吏，三曰訊萬民。）有旨無簡不聽，附從輕，赦從重。凡制五刑必即天論；郵罰麗於事。凡聽五刑之訟，必原父子之親，立君臣之義以權之。意論輕重之序，慎測淺深之量以別之。悉其聰明，致其忠愛以盡之。疑獄汜與衆共之，衆疑赦之，必察小大之比以成之。成獄辭，史以獄成告於正，正聽之。正以獄成告於大司寇，大司寇聽之棘木之下。大司寇以獄之成告於王，王命三公參聽之。三公以獄之成告於王，王三又，（又當作宥）然後制刑。』

是殷代決獄，尤存愼刑之意：

學校　禮記王制云：『殷人養國老於右學，養庶老於左學；』右學係大學在郊；左學爲小學，在國中；皆國學也：殷人重鬼，祭祀則尙樂，因亦名右學爲瞽宗焉。（禮記明堂位）又有鄕學曰序，立於州遂；（禮記王制）孟子滕文公上所謂『殷曰序』者是也。諸侯之學，夏代以前不可考。殷代諸侯立學，小學在公宮南之左，大學在郊，名曰泮宮。至學校所行之事，則爲敎民，望氛，養老，習射，舉賢等事：

禮記王制云：『司徒修六禮（冠一，昏二，喪三，祭四，鄕五，相見六）以節民性，明七敎（父子一，兄弟二，夫婦三，君臣四，長幼五，朋友六，賓客七）以興民德，齊八政（一曰飮食，二曰衣服，三曰事爲，四曰異別，五曰度，六曰量，七曰數，八曰制）以防淫。……樂正崇四術立四敎，順先王詩書禮樂以造士，春秋敎以禮樂，冬夏敎以詩書。王大子，王子，羣后之大子，卿大夫元士之適子，國之俊選，皆造焉。凡入學以齒。（尚書周傳云：王子公卿大夫元士之適子，十三入小學，二十入大學。又書傳略說餘子十五入小學，十八入大學。）』若其教之之法：據禮記學記云：『比年入學，中年考校。一年視離經辨志，三年視敬業樂群，五年視博習親師，七年視論學取友，謂之小成；九年知類通達，强立而不反，謂之大成。』凡此皆教民之事與施教之次第。

古人以天學教民，設靈臺於學校，以供觀察天文之用：故靈臺者，所以觀天文，（五經異義）占雲物，望氛祥（春秋釋異）者也，上古靈臺，在明堂中，與大學同地。（五經異義）夏殷靈臺——御覽引禮統：夏曰清臺。——在郊，與學校合一。是觀象望氣亦屬學校之事。

古代養老之禮，（註一）皆行於學校。故禮記王制云：『有虞氏養國老於上庠，養庶老於下庠。夏后氏養國老於東序，養庶老於西序。殷人養國老於右學，養庶老於左學。』又云：『五十養於鄉，六十養於國，七十養於學。』按鄉即鄉學，國即國中之小學，學即在郊之大學。鄭玄注云：『此殷制明矣。』是殷代養老於學校之規制，更爲明析。

（註一）禮記王制云：『凡養老：有虞氏以燕禮，夏后氏以饗禮，殷人以食禮，周人修而兼用之。』孔疏云：『凡養老者：皇氏云：「人君養老有四種：一是養三老五更。二是子孫爲國難而死，王養死者父祖。三是養致仕之老。四是引戶校年養庶人之老。」』

古者習射於明堂。（惠氏明堂大道錄）夏代大學以序名，殷代鄉學亦以序名，「序者射也」（孟子滕文公）則學校爲習射之地明矣。又禮記王制云：『命鄉簡不率教者以告，耆老皆朝於庠，元日，習射上功。』孔疏謂爲殷制，更爲殷代習射於學校之證。

殷沿夏制，舉賢選能之典，仍寓於學校之中。故禮記王制云：『命鄉論秀士，升之司徒，曰選士。司徒論選士之秀者而升之學，曰俊士。升於司徒者不征於鄉，升於學者不征於司徒，曰造士。……大樂正論造士之秀者以告於王，而升諸司馬，曰進士。司馬辨論官材。論進士之賢者以告於王，而定其論。論定然後官之，任官然後爵之。』孔疏謂爲殷制：此殷代賢才出於學校之證。

幣制　管子稱『湯以莊山之金鑄幣，而贖人之無糧賣子者。』是湯亦嘗鑄幣。若幣制，則據賈逵云：『夏商錢幣，分爲三等，黃金上幣，白金次之，赤金爲下。』又通志云：『商代錢幣，亦謂之布。』皆殷代幣制之可考者：

本節參閱書舉要

一、禮記：王制典記明堂位學記文王世子

二、白虎通德論：爵篇

三、尚書：臯陶謨湯誓

四、爾雅：釋地
五、孟子：滕文公
六、大戴禮記夏小正
七、呂氏春秋：簡選篇孝行篇
八、左傳：昭公五年
九、通考：錢幣考
十、日知錄：其實皆什一也條
十一、漢書：刑法志
十二、殷虛書契考釋

二　禮俗

朝覲　史記殷本紀云：『伊尹攝政當國，以朝諸侯；』是殷代亦有朝覲禮制。又殷本紀載殷代五衰五興，皆以諸侯朝不朝爲斷，（參觀王桐齡著中國史第一編第二期第三章第二節中葉之興衰）是又殷代認朝覲爲大典之證。

巡守　殷代巡守之制，據鄭志謂天子六年一巡守，分諸侯之五部，每歲一部一朝。

祭祀　古者禮以祭爲重，祭以天爲尊，殷承夏制郊祀天地山川，祭享人鬼，不異於前代！故禮記曲禮下曰：『天子祭天地，祭四方，祭山川，祭五祀，歲徧；諸侯方祀，祭山川，祭五祀，歲徧；大夫祭五祀，歲徧；士祭其先。』鄭玄注曰：『此蓋殷時制也。』祀天神之典，據禮記祭法；謂『殷人禘嚳而郊冥，祖契而宗湯；』爲祭昊天上帝之禮。祀地祇之典，則沿用古制，封土立社，樹以所宜之木；故論語曰：『殷人以柏；』爲一境所祀之神之禮。祀人鬼之典，據禮緯元命苞云『殷六廟，』稍與夏殊。然商書云：『七世之廟，可以觀德』禮記王制云：『天子七廟。』是殷代廟制爲七廟也。大抵殷人重鬼，祭祀祖先之禮，特爲隆重！觀殷虛書契卜辭所載祭先卜日卜牲，暨王往相牛等文，可爲左證。而祭必有尸，通典云：『殷坐尸。』

婚姻　殷代婚姻不詳，然禮記曲禮下云：『天子有后有夫人有世婦有嬪有妻有妾，』疏言：『周禮則嬪在世婦上，又無妾之文也；今此所陳與周禮雜而不次者，記者之言，不可一依周禮，或可雜夏殷而言之。』又『鄭注檀弓云：舜不告而娶，不立正配，但三夫人；夏則因而廣之，增九女，則十二人，所增九女則九嬪也。故鄭云：春秋說云：天子娶十二人夏制。鄭又云：殷增三九二十七人，總三十九人，所增二十七世婦也。周又三九二十七人，因爲八十一人，則女御也。』又公羊何注：謂殷制夫人不祿，或立娣以爲繼室。總茲以觀，殷代貴者，襲行一夫多妻之制可知：至親迎之禮則殷人逆於堂，（何休引公羊傳）與夏后氏逆於庭者異。

喪葬　禮記檀弓上云：『殷人棺槨。』又云『殷人尙白，大事斂用日中。』又云：『殷人殯於兩楹之間。』史記殷本紀，裴駰集解引皇覽曰：『湯冢在濟陰亳縣北東郭，冢四方，方各十步，高七尺。』是殷人死後行斂，用棺椁，有冢之徵；又殉葬之物，殷用祭器。（檀弓）喪期無數，既葬而致事。（禮記曾子問）啤而葬親，卽封而弔，既練而祔。（檀弓）皆殷代喪禮之可考者：世或以比干銅盤銘（註一）爲殷代已有墓銘之徵，然識者多識其僞云。

（註一）比干銅盤銘云：『左林右泉，前岡後道，萬世之靈，於焉是保。』據金石萃編卷二，謂盤出偃師縣，唐開元中，縣人耕地得之。中州金石記云：『文頗似李斯傳國璽，綿密茂美，當是秦漢人所爲。』

民風　漢書董仲舒傳謂：『殷尙敬。』杜欽傳謂『殷因於夏，尙質。』然質亦有流於愚之弊，故禮記表記論之曰：『殷人尊神，率民以事神，先鬼而後禮，先罰而後賞，尊而不親；其民之弊，蕩而不靜，勝而無耻。』徵諸事實；則史記殷本紀謂武乙爲暴雷震死，俗在射天；墨子天志論紂荒亡國，以爲不肯事上帝。今考殷虛書契卜辭中所卜之事，至爲繁賾，其敬鬼信神觀念之强，可以想見！而爲殷民後之宋人，每以愚稱，（見孟子韓非子）亦無足異。

本節參閱書舉要

一、通典禮篇

二、禮記檀弓曾子問祭法祭義祭統

三、史記殷本紀

三　宗教

殷代承襲遠古宗教思想，未或變更，惟崇信鬼神觀念益篤，故人民傾向。神權之見最堅：湯之伐桀，其告天之詞『曰：予小子履，敢用元牡，敢昭告於皇皇后帝，有罪不敢赦，帝臣不蔽，簡在帝心。朕躬有罪，無以萬方，萬方有罪，罪在朕躬。』（論語堯曰篇）書之稱美中宗則云：『昔在殷王中宗，嚴恭寅畏，天命自度，治民祗懼，不敢荒寧。』（書無逸）君主伐國臨民，莫不稱天治事，凡所以迎合百姓尊重神祇觀念也。其君主或有不敬神祇之事，則民心不附！尚書微子至以『今殷民乃攘竊神祇之犧牷牲用，以容將食無災；』為殷政荒亂，國將淪喪之徵！與夏道尊命事鬼敬神而遠之者，大有別矣。

本節參閱書舉要

一、尚書無逸微子

二、殷虛書契考釋禮制第七

四 社會

飲食　據殷虛書契考釋文字第五，有牛，羊，犬，尨，豕，豚，魚，雞，鵝，雉等字，又有黍麥，米糠等字：周書王會解有『鯤鮞之醬』（北堂書鈔一百四十六引）一語；而古籍又多言殷紂沈湎之事：是殷代飲食，

商　甗

腹形如卵，外刻雷紋，上兩耳，下三足，足外，饕餮形。足內空，而中間有銅片相隔。銅片上有蟻鉸，可以啓閉，又有十字穿孔者五，可以獻氣，故名曰甗。此乃商人庖廚中所用之大銅器，徧體翠碧，不露銅質。陸麗斑駁。古意盎然：

（中國美術）

不惟原料加多，即烹調之法，亦當遠勝前代。惟伊尹以割烹要湯之說，在

昔孟子已斥其非，而世傳說湯篇，（見嚴可均輯全上古三代文）所載烹調之法，則甚詳，似後人僞託，未足憑信！

衣服　殷代衣制不詳，惟檢殷虛書契考釋文字第五，有衣，裘，絲，帛等字，是爲殷人以絲帛暨獸皮等原料製爲衣與裘之證。又汲冢周書世俘解云：『商王紂取天智玉琰縫身厚自焚，』故史記殷本紀謂：紂衣其寶玉衣，赴火而死：是殷代貴者衣服有寶玉之證。

居處　史記殷本紀謂：紂實錢鹿臺，盈粟鉅橋，益廣苑臺；又御覽八十三引帝王世紀稱紂作傾宮，瓊室，瑤臺，飾以美玉，七年乃成；而貧民則仍居茅屋，不改舊觀。今考殷虛書契考釋文字弟五：有宮，有室，有宅，是廬舍之制，已大進步。

器物　詳考歷代鐘鼎彝器款識，可見殷器之留遺於後世者不少！而殷虛書契考釋文字弟五所載器名：有彝，尊，壺爵，斝，鬯，卣，敼，鼎，甗，爼，彝，皿，槃，盉，匕，樂，鼓等：可證殷代用具之繁。

商卣
體圓而上有蓋。蓋附紐結。兩旁有耳。綴以提梁，兩端作龍首狀。卣身塑雷紋帶。內刻篆字二，文曰子孫。

（中國美術）

農業　中國自神農以來，即以農業立國，夏殷之時農術已漸進化，故其田咸區不易（上田）一易（中田）再易（下田）之地爲三等。（鄭玄說）而殷代田制歲耕稼者謂之畬田，歲一耕者謂之新田，三歲更耕者謂之菑。

（爾雅釋地）（註一）農圃所出，穀類甚夥，虞夏之時總稱爲百穀。耕稼之外，兼藝桑麻蔬果：故書禹貢絲枲絺紵列於貢品，詩豳風七月有伐桑采蘩亨葵剝棗食瓜斷壺之事，至於農民耕作，咸有定期：夏代之制，正月農緯厥耒，初服於公田，二月穫黍，三月祈麥實，五月種黍菽糜，九月樹麥。（夏小正）殷代之制則『三之日于耜，四之日舉趾。』（七月）所謂三之日四之日者，周之三月四月，即夏之正月二月殷之二月三月也。所謂于耜，謂始修耒耜，舉趾，謂舉趾而耕，卽夏代農緯厥耒，初服於公田遺意。至『八月其穫，』『九月築場圃，十月納禾稼，』（七月）一歲農事始畢，復『入執宮功，』（七月）此農夫所以終歲作苦也。農夫之衣，取給於桑麻獸皮，而爲裳爲裘入於女工。所謂『八月載績，載玄載黃，我朱孔陽，爲公子裳。』『一之日于貉，取彼狐狸，爲公子裘，』（七月）是也。田家飲食，苦無兼味，而園圃所入，則按時以供。故『六月食鬱及薁，七月亨葵及菽，八月剝棗，十月穫稻，爲此春酒，以介眉壽。』又『七月食瓜，八月斷壺，九月叔苴，采荼薪樗，食我農夫。』（七月）迨十月穡事已畢，乃修其牆屋，以避風雨。所謂『穹窒熏鼠，塞向墐戶，』（七月）是也。若夫歲終報賽，集社宴飲，乃『朋酒斯饗，曰殺羔羊，躋彼公堂，稱彼兕觥，』（七月）以酬一歲之勞苦焉。

（註一）參閱本書第五章夏代之文明一制度田制條

工業　昔禹平水土調查各州物產，列爲貢品，核其種類，大都爲製造之原料。（註一）而民間之製造品。如織文織貝纖縞璣組等物，又復盛之筐篚，特示優異，則大禹之留心工業可知。雖夏代工學，歷久無徵，然夏后尚匠，見於考工記，則夏代重工其明證矣。殷代工業，特設專官，曰土工金工石工木工獸工草工，典司六材。土工者，司土器瓦器之官也。金工者，司銅器鐵器之官也。木工者，司木器之官也。獸工者，司角器羽器革器之官也。草工者，司草器之官也。觀此是殷代於工業特爲注意，而百工之事古人固未嘗賤視。

（註一）禹貢所載貢品，如『羽毛齒革，惟金三品，杶榦栝柏，礪砥砮丹』之屬，皆爲製造原料。

商業　古者神農氏爲便民計，設市廛爲聚貨之地。『日中爲市，致天下之民，聚天下之貨，交易而退，各得其所。』（易繫辭下傳）是爲商賈之始：黃帝以後，貨幣之制行，人民之貿易，不患無具。但夏代以前，商政不可考！殷代之制，設典市之官，於天子巡狩之時，『命市納賈，以觀民之所好惡。』（禮記王制）又『圭璧金璋不粥於市，命服命車不粥於市，宗廟之器不粥於市，犧牲不粥於市，戎器不粥於市，用器不中度不粥於市，兵車不中度不粥於市，布帛精麤不中幅廣狹不中量不粥於市，姦色亂正色不粥於市，錦文珠玉成器不粥於市，衣服飲食不粥於市；五穀不時果實未孰不粥於市，木不中伐不粥於市，禽獸魚鼈不中殺不粥於市』（王制）市禁至嚴也。惟無征商之令，故『市廛而不稅，關譏而不征，（王制）與後世之制不同！

交通　中國古代交通情形，不甚可考。然史記五帝本紀稱黃帝，『披山通道，未嘗寧居。東至於海，登丸山及岱宗。西至空桐，登雞頭。南至於江，登熊湘。北逐葷粥，合符釜山，而邑於涿鹿之阿。遷徙往來無常處，以師兵爲營衞：』莊子天地篇稱『黃帝遊乎赤水之北，登乎崑崙之丘。』陸賈新語稱黃帝巡遊四海，登崑崙山，起宮望於其上。』風俗通義聲音篇稱『昔黃帝使伶倫，自大夏之西，崑崙之陰，取竹于嶰谷。』則是黃帝遊跡以崑崙爲最遠，且曾遣使大夏也。（註一）顓頊之世，『北至於幽陵，南至於交趾，西至於流沙，東至於蟠木。動靜之物，大小之神，日月所照莫不砥屬。』（五帝本紀）幽陵即幽州，流沙在居延海南，蟠木在東海中。是北西東三方交通，與黃帝相當；而南至交趾，又遠過之矣。當堯之時，分命羲仲宅嵎夷曰暘谷。申命羲叔宅南交，曰明都。分命和仲宅西，曰昧谷。申命和叔，宅朔方，曰幽都。（見尚書堯典）案嵎夷，今登州蓬萊；南交，交趾之地；昧谷，日所入處；幽都，則僅言在北方無一定之地段；是堯時域內四極，常遣官測驗，則國中必有交通道路可知。又「帝堯，陶唐氏十六年，渠搜氏來賓。」（見竹書紀年）「陶唐之世，越裳國獻千歲神龜。」案隋書西域傳：「鏺汗國都俄嶺之西，五百餘里，古渠搜國也。鏺汗即今俄領中央亞西亞之費爾加拿省。後漢書南蠻傳謂交趾之南，有越裳國。」法國鮑梯氏，（Punthier）謂越裳爲迦爾底，（Chaldea）雖未足爲確據，然越裳固亦未能謂即在今安南境！然則唐堯時之交通路，西越葱嶺五百里，南越安南海際無一定之地段，固爲不刋之論也。舜時「西王母來朝。」（見竹書紀年）西王母國名，近人丁謙謂即古代迦勒底國，顧實謂即波斯國。據唐段成式酉陽雜俎謂西王母「治崑崙西北隅。」今人張星烺先生於所著西北史地中謂「西王母之邦，當在今俄領土爾其斯坦撒馬兒罕附近；」「必在于闐西北也。」是舜時西方交通路，與堯時約畧相當。禹平水土，「東漸於海，西被流沙，朔南曁，聲敎訖于四海」矣。（禹貢）於是任土作貢，於各州物產，條列靡遺。物產既多，則交易之途日廣，而各方交通亦日繁。觀琅玕來自西域，（生於海中者曰珊瑚；生於山中者曰琅玕，其色青碧。按西域記云：「天竺國出琅玕。」今按雍無琅玕，蓋市取於旁近之地以貢也。）象齒取於嶺南，（禹貢揚州：厥貢齒革羽毛。齒卽象齒，揚產無此物。然揚州南抵五嶺，接近兩廣雲貴交趾之地，蓋市取於彼地以獻者。）則大禹之時，域內域外之交通，載在禹貢者，固彰彰明也。殷代之時，珣玗琪產於東方，竹箭產於廣南，犀象產於南方，金石產於西南，珠玉產於西方，璆琳琅玕產於西北，筋角產於北方，文皮產於東北，五穀魚鹽產於中央。（據爾雅釋地）物產充盈，貿遷便利，內國交通發達可知！而湯時，「奇肱氏以車至，」（竹書紀年）其國「去玉門四萬里。」（據述異記）則殷代對於西方之交通益遠矣。

（註一）崑崙，在今于闐西。

大夏，希臘人稱之爲拔克脫利亞(Bactria)在今阿姆河南岸。

本節參閱舉要

一、史記：殷本記

二、逸周書：王會解世俘解

三、殷虛書契考釋文字第五

四、繹史卷一百五十九名物訓詁下

五、殷虛書契

六、御覽八十三

七、歷代鐘鼎欵識卷二至卷六

八、尚書禹貢

九、詩豳風七月

五 學藝

文字 史記封禪書云：『古者封泰山禪梁父者，七十二家。』正義『韓詩外傳云：孔子升泰山，觀易姓而王，可得而數者七十餘人，不得而數者萬數也。按管仲所記，自無懷氏以下十二家，其六十家無紀錄也。』是遠古各代字體殊異，雖仲尼不能盡識：殷代金石文字流傳於後世者！有比干銅盤銘，(註一)散氏銅盤銘，(註二)然學者或疑其非殷代器物。迨清光緒二十五年，(西曆一八九九年)殷虛甲骨文字發見，世人始共喩吾國古代文字形制。出甲骨之地，在今河南安陽縣城西五里之小屯邨。東西北三面，洹水環焉。即商武乙卜居河北，史記項羽本紀所謂『洹水南，殷虛上，」彰德府志所謂河亶甲城者是也。考「商人尙鬼，祭祀，征伐，田漁，出入，年月，風雨等等，無事不以卜。卜用龜甲，亦以獸骨。龜甲用腹甲而棄背甲，獸骨用肩胛及脛骨。卜時削治甲骨，於其裏鑿一橢圓之渠，上博而下狹；復於圓旁鑿一小窪，如◐形。以火在窪處灼之則坼，縱橫見於表，如卜⺊⼘，所謂兆也。凡卜祭祀則以龜，餘則以骨。脛骨多用於田獵，胛骨多用於征伐。兆側刻卜辭，文字小者不及黍米，而刻畫工眇，勝於楮墨。」（容庚先生燕大中國文字學講義第二章第六節甲骨文）光緒二十九年，丹徒劉鶚出其所藏甲骨五千片，拓墨選千紙付諸石印，名曰：鐵雲藏龜。上虞羅振玉復出其所藏甲骨數萬片，於民國元年印行殷虛書契前編，三年印行殷虛書契菁精，四年印行鐵雲藏龜之餘，五年爲殷虛書契後編。（英人哈同影印於學術叢編中）七年英人哈同之妻印行戩壽堂所藏殷虛文字，海寧王國維爲之考釋。十四年天津王襄印行簠室殷契徵文，後附考釋。十五年丹徒葉玉森印行鐵雲藏龜拾遺。甲骨文字流傳既廣，學者據以考訂古文，遂多所創獲：

（註一）參閱第七章殷代之文明二禮俗喪葬條註一

（註二）散氏銅盤銘文十九行，三百四十八字，見金石萃編卷二。銘係小邦諸侯相與爭田，既而得講，於是正別疆域而盟焉，盤則釁以歃血者。汪肇龍王昶斷爲殷季物。江德量謂係周畿內大夫所作。

文字　殷代文詞之可考者有商書：湯誓，盤庚，高宗肜日，西伯戡黎，微子五篇。詩商頌：那，烈祖，玄鳥，長發，殷武五篇。詩書以外，見於禮記者有湯之盤銘：（註一）逸周書引有商箴，（註二）史記殷本紀有湯誥，（註三）秦本紀有石棺銘（註四）伯夷列傳有采薇歌。（註五）是箴銘詩歌諸體，至商皆備矣：劉彥和云：『自商以下，文理允備，』即謂此也。又法言論書曰：『商書灝灝爾。』蘇子由曰：『商人之書簡潔而明肅，其詩奮發而嚴厲，」皆深於文者之至言：

(註一)禮記大學篇：『湯之盤銘曰：「苟日新，日日新，又日新。」』

(註二)逸周書引商箴云：『天降災布祥，並有其職。』

(註三)史記殷本紀云：湯既絀夏命，還亳，作湯誥：『維三月，王自至於東郊，告諸侯羣后，毋不有功於民，勤力迺事，予乃大罰殛汝，毋予怨。曰：古禹皋陶，久勞於外，其有功乎民，民乃有安，東爲江，北爲濟，西爲河，南爲淮，四瀆已修，萬民乃有居。后稷降播農殖百穀。三公咸有功於民，故后有立：昔蚩尤與其大夫作亂百姓，帝乃弗與有狀。先王言不可不勉，曰：不道毋之在國。汝毋我怨，以令諸侯。』

(註四)史記秦本紀云：『蜚廉生惡來，惡來有力，飛廉善走，父子俱以材力事殷紂。周武王之伐紂，幷殺惡來。是時飛廉爲紂石北方，還無所報，爲壇霍太山而報得石棺。銘曰：「帝令處父不與殷亂，賜爾石棺以華氏。」死遂葬於霍太山。』

(註五)史記伯夷列傳云：『武王已平殷亂，天下宗周，而伯夷叔齊恥之，義不食周粟，隱於首陽山，采薇而食之。及餓且死，作歌，其辭曰：「登彼西山兮，采其薇矣；以暴易暴兮，不知其非矣；神農虞夏忽焉沒兮，我安適歸矣？于嗟徂兮，命之衰矣！」遂餓死於首陽山。』

歷史　殷代之史，列於尚書者，有商書盤庚微子，皆以人名篇，爲後世本紀列傳之所本。餘則因事命篇，不爲常格。商書以外，有歸藏，爲卜筮之史。又史采士大夫之歌詠，以爲商頌，則爲詩史。又一代之律令，史職藏之故府，而時以詔王者，則爲禮史：故孔子曰：『夏禮吾能言之，杞不足徵也；殷禮吾能言之，宋不足徵也；文獻不足故也，足則吾能徵之矣。』文獻之不足，則史亡；史亡，而君祿隨之以絕！殷紂之亡，其史由摯抱籍以歸於周，即其證也。

數學曆學　殷代數學進步情形，無可考見。曆學則殷代建丑，（註一）以季冬月爲正，鷄鳴爲朔，（尚書大傳）與夏代建寅，以孟春月爲正，平日爲朔者不同！惟夏正得人統，故孔子主『行夏之時。』（論語）又殷稱年曰祀，亦曰祠，（註二）一月爲正月，一稱一月；有閏之年，則稱其末月曰十三月，（註三）皆曆學之可考者。

（註一）夏商周三代，月正之建，各有不同。其法以斗柄所指爲主，斗柄一歲而周天，畫其周天之度，爲十二辰，以應十二月。子爲正北，午爲正南，卯爲正東，酉爲正西，其餘以次左旋。天開於子，地闢於丑，人生於寅，斗柄建此三辰之月，皆可以爲歲首。夏以寅爲人正，故建寅爲正月。商以丑爲地正，故建丑爲正月。周以子爲天正，故建子爲正月。又建子建丑建寅三正之制，夏代以前已有之。高堂隆謂軒轅高辛皆以十三月爲正，少昊有唐皆以十二月爲正，高陽有虞皆以十一月爲正。

（註二）爾雅釋天：『夏曰歲，商曰祀，周曰年，唐虞曰載。』

（註三）見殷虛書契考釋禮制第七。

哲理　殷代哲理之學，以易與洪範爲最著。殷之易曰歸藏，（註一）以坤爲首，象萬物之莫不歸藏於地，故名。惟書已久佚，今所傳本，乃其僞者。（四部正訛）洪範成於大禹，爲夏后氏之書，殷人重之，箕子在父師之位，而實典焉，（劉歆說）故能爲周武王陳說其義。外此則尊天，畏天，天人一貫之哲學思想，益逾昭著：故湯誓曰：『有夏多罪，天命殛之。』又曰：『夏氏有罪，予畏上帝，不敢不正！』又曰：『爾尚輔於予一人致天之罰。』是獲罪於民者，即獲罪於天；加以誅罰，是爲應天順人；易革卦曰：『湯武革命，順乎天而應乎人，』此之謂也。

（註一）周禮：太卜掌三易之法，一曰連山，二曰歸藏，三曰周易。

繪畫　史記殷本紀云：『伊尹從湯言素王及九主之事。』集解云：『駰案劉向別錄曰：九主者：有法君，專君，授君，勞君，等君　，寄君，破君，國君，三歲社君。凡九品，圖畫其形。』（註一）此爲商代畫像之始。又國語楚語謂殷高宗武丁『使以象夢求四方之賢聖；得傅說以來，升以爲公，而使朝夕規諫。」史記殷本紀衍之曰：『武丁夜夢得聖人，名曰說。以夢所見視群臣百吏皆非也。於是迺使百工營求之於野，得說於傅險中」僞尚書說命又從而衍之曰：『夢帝賚予良弼，……乃審厥象，俾以形旁求於天下。」夫以夢見之人，而圖形求之，乃竟得焉；則其繪畫藝術之精絕，亦可以想見。

（註一）史記索隱：『法君謂用法嚴急之君，若秦孝公及始皇等也。勞君謂勤勞天下，若禹稷等也。等君，等者平也，謂定等威，均祿賞，若高祖封功臣侯雍齒也。授君謂人君不能自理，而授政其臣，若燕王噲授子之，禹授益之比也。專君謂專己獨斷，不任賢臣，若漢宣之比也。破君謂輕敵致寇，國滅君死，若楚戊吳濞等是也。寄君謂人困於下，主驕於上，離析可待，故孟軻謂之寄君也。國君，國當爲固字之訛耳；固謂完城郭，利甲兵，而不修德，若三苗智伯之類也。三歲社君謂在襁褓而主社稷，若周成王漢昭平等是也。」

宮室　考工記謂：『殷人重屋：堂修七尋，堂崇三尺，四阿，重屋。』鄭注云：『重屋者，王宮正堂，若大寢也。其修七尋，五丈六尺；放夏周，則其廣九尋；七丈二尺也。五室，各二尋。崇，高也。四阿，若今四柱屋。重屋，複笮也。』此殷初明堂建築之可考者也。又史記殷本紀謂紂爲鹿臺。集解『如淳曰：新序曰：鹿臺，其大三里，高千尺。』又曰『益廣沙丘苑臺。』又御覽八十四引帝王世紀云：『紂造傾宮瑤臺，七年乃成，其大三里，其高千仭。』是殷代晚年建築工程，益偉大華麗。

雕鑄　殷人重工，六工，（土工，金工，石工，木工，獸工，草工，）各有專職。故雕刻冶鑄藝術，亦隨之進步。當時祭祀所用之禮器，頗有新製。如斝與著尊。著尊不加文飾，而斝則飾以禾稼。若食器，則雖杯觴之微，亦施以刻鏤。所作之銅器，雅有文飾，卽其鼎彝隨處可以考見。今所存之鼎，尊，彝，卣，觚，爵，盤等古器，文字漫漶，饒有古朴之趣

，而銘文亦可識別。『大抵欵識悉爲古文，無有用籀文者；且字數極少，

商爵

體形若胄。周圍刻雷紋。下三足修而銳，如戈形然。緣邊兩柱聳立，上端稍大，作紐結狀。旁有一鋬，突出於龍首之下。鋬內有篆字二，文曰父己。其下承木座，以黑紋古玉飾之。

（中國美術）

不若春秋所載銘文之長，若一字銘，則幾限於商器，古人曾有言之矣。即

如庚，辛，癸，子，孫，舉，木，田，中，非等字，或爲當時帝王之名，或紀年代先後之序。更有立戈，橫戈，禾，斧，矢，車，兕，龍，虎，獸

商觚

長軀婀娜，闊底而侈唇，如喇叭然。自頭部而上，稜邊四角，逐漸展開。頭足之間鏤饕餮狀。花地作雷紋。其上四邊亦然。有篆字二，文曰父庚，在亞之內。

（中國美術）

之形，及人之持戈戟，旂，刀，干等之款識，殆爲商器之特徵。器物之中

，如有上記之文字或象形者，即宗廟之器。銘文中之人名，有「祖乙，」「小乙，」「武乙，」「天乙，」等字者，亦可斷爲商器。其人名可據經傳而考證之。其器之年代及由來，可以推考而確知者則少。自晚清之季，殷虛掘得刻有卜占文字之龜甲獸骨出，而商代文字，因以考知者數百字；又在同處發見牙角所作器物之斷片，有類銅器文字之雕刻，而古物學家鑑識商代銅器，乃得一有力之證明。」（陳彬龢譯中國美術史第四章商）凡此皆商代雕鑄之可考者：

音樂　呂氏春秋古樂篇云：『湯乃命伊尹，作爲大護，歌晨露，修九招六列，以見其善。』大護，左傳作大濩。襄公二十九年，『見舞大濩者』是也。周禮春官大司樂疏云：『濩即救也，求護使天下得所也。』繹史引春秋元命苞說同。今考甲骨文有濩字，（見殷虛書契考釋七九頁）即大護之樂。

醫術　殷代醫術進步情形，不甚可考！惟僞古文尚書說命有云：『若藥弗瞑眩，厥疾弗瘳。』若然，則殷代已知利用重劑，以起積痾。

本節參閱書舉要

一、金石萃編卷二比干銅盤銘散氏銅盤銘
二、殷虛書契菁華
三、容庚先生燕大中國文字學講義第二章第六節甲骨文
四、尚書湯誓盤庚高宗肜日西伯戡黎微子洪範
五、詩商頌五篇
六、陳彬龢譯中國美術史第四章商
七、呂氏春秋古樂篇

第八章　周

一　周之崛起

史記周本紀謂帝嚳生稷，別姓姬氏，爲帝堯農師；子不窋，不窋生鞠，鞠生公劉，公劉生慶節，慶節生皇僕，皇僕生差弗，差弗生毀隃，毀隃生公非，公非生高圉，高圉生亞圉，亞圉生祖類，祖類生古公亶父，古公少子季歷生昌，是爲文王。自稷至文王凡十五世。然考其年代，自帝堯至殷末，至少已歷千二百年，以千二百年之時間僅有十五世之子孫，是平均每世必享壽八十歲，此爲不近人情之甚，其間有無脫誤，或是否可信，至今已無從考證。惟后稷公劉亶父之遺事，具見詩大雅。

周人託始后稷，初居於邰，（在今陝西武功縣西南）蓋亦西北之民族。其後公劉始遷於豳，（亦作邠，卽今陝西邠縣）亶父始遷於岐，（今陝西岐山縣）而民族始大。改國號曰周。

又據史記周本紀：亶父有長子曰太伯，次子曰虞仲，少子曰季歷，季歷娶太任，生昌，有聖瑞。古公曰：我世當有興者，其在昌乎？太伯虞仲知亶父欲立季歷以傳於昌，二人乃如荆蠻，文身斷髮以讓季歷，亶父卒，季歷立，季歷卒，昌立，是爲西伯，曰文王。又據竹書紀年，季歷爲殷王文丁所殺，（晉書束晳傳）與此不同！詩魯頌：『后稷之孫，實維太王，居岐之陽，實始翦商。』蓋周至太王亶父時，已甚强大；又見殷商之衰，及文王之才，於是始有翦商之志。

文王既立，遵后稷公劉之業，則古公季歷之法，敬老慈幼，禮下賢者，日中不暇食，以待士，伯夷叔齊太顚閎夭散宜生鬻熊辛甲之徒皆往歸之。呂尙者，東海上人。年七十釣於渭渚。文王出獵，卜之曰；所獲非龍非螭，非虎非羆，所獲霸王之輔。果遇呂尙於渭之陽，與語大悅。曰：吾太公望子久矣，故號之曰太公望，載與俱歸，立爲師，陰謀修德以傾商政，其事多兵權與奇計。崇侯虎，譖文王於殷紂，紂乃囚文王於羑里。（在今河南湯陰縣北）閎夭之徒，乃求美女文馬他奇怪物，因殷嬖臣費仲而獻之紂，乃赦文王。文王於受命之年，（此年究在何歲，今不可考。）稱王，而斷虞芮之訟。（虞在今山西平陸縣東北；芮在今陝西朝邑縣。）次年伐犬戎。次年，伐密須。（今甘肅靈台縣）次年，伐耆。（亦作黎，按黎有二處，說文內之盭，當在今山西黎城縣。詩序內之黎，當在今河南濬縣西南。）次年，伐邘，（今河南河內縣）次年伐崇，（今陝西鄠縣）徙都豐邑。（在今陝西鄠縣東）次年，文王崩。（以上據周本紀）詩大雅所述伐混夷——即昆夷，亦作犬夷，——伐密，伐于，（即邘）伐崇，及作都於豐，與此正同。惟伐耆，尙書作戡黎。戡黎而祖己恐，奔告於紂，（尙書戡黎篇）可見關係重要。

史記又稱武王卽位，九年東觀兵於盟津，（在今河南孟縣西南）載文王木主，自稱太子發，言奉文王以伐；是時不期而會者八百諸侯。居二年，武王率戎車三百乘，虎賁三千人，甲士四萬五千人，伐紂。十一年十二月戊午，渡盟津。二月甲子昧爽，至於商郊牧野。（據泰誓佚文）所謂九年，十一年者，本文王受命之年而數之也。然史記所謂十一年十二月戊午渡盟津，二月甲子至牧野者；二月一作正月，（齊世家作十一年正月）然是否指殷歷，抑指周歷，亦未言明！據皮錫瑞所考，今文尚書家當作十二月戊午及正月甲子，古文尚書家當作一月戊午及二月甲子。（今文尚書考證卷十）又按書序僅言十一年伐殷一月戊午渡孟津。此蓋用周歷，周之一月，即殷之十二月，與史記正同。由以上所考，知武王勝殷之甲子，當在周之十一年二月之內。至於此年距今究竟若干歲，今已無從考證。

史記周本紀稱牧野之戰，紂兵七十萬，雖不可信，而殷旅如林，實見於詩！則戰爭之際，多殺自所難免。故書武成有血流漂杵之語。乃孟子反不信武成，謂『以至仁伐至不仁，何其血之流杵也！』儒家欲寄託其理想，妄信紂師皆倒戈，以開武王，而故爲之詞耳，不足爲據。又紂師之倒戈，果何如乎？呂覽誠廉篇：稱武王使周公盟膠鬲，使召公盟微子。又莊子讓王篇：稱武王使人與伯夷叔齊盟曰：加富二等，就官一列，此雖未必可信，然文王既用征誅，則不能不用權謀，殷人之倒兵，正未必不由於此。尙書康誥曰：天乃大命文王殪戎殷。是文王本有伐紂之志，不幸年老而死；武王乃繼父未竟之志起兵伐紂，故載文王木主以行！然則論語所謂『三分天下有其二，以服事殷』者，亦未必可信。

武王既以十一年入商，膺受大命革殷，後二年，問箕子殷所以亡？（周本紀）箕子陳洪範：故尙書稱『惟十有三祀，王訪於箕子』按箕子爲殷末之大學者，孔子稱之。——論語曰：『殷有三仁焉：微子去之，箕子爲之奴，比干諫而死。』——其所陳之洪範，自稱禹王受之於上帝，漢儒謂之洛書，（漢書五行志）內容實足以代表夏殷政治學術思想（參閱第五章夏代之文明五學藝哲理條）

禮記稱武王崩，成王幼，不能涖祚，周公攝政，踐阼而治。（文王世子篇）所謂踐阼而治者，即謂踐天子之位以治天下。（明堂位篇）是武王崩，周公緣殷代兄終弟及之例而踐天子位也。先是武王初滅紂，封紂子祿父於殷，並使其弟管叔鮮蔡叔度相祿父治殷。（周本紀）舊說武王分殷地爲鄁鄘衞，（鄁亦作邶，在今河南汲縣東北；鄘在其西，衞在今河南淇縣東北。）封武庚於鄁，使管叔尹鄘，蔡叔尹衞以監殷民。（漢書地理志）武王死，奄君薄姑（奄在今山東曲阜，鄭玄謂薄姑齊地非奄君名。）謂祿父曰：武王死，成王幼，周公見疑，請舉事。（陳壽祺尚書大傳定本卷四）管叔蔡叔疑周公專王室，不利於成王，乃挾武庚以作亂。（史記管蔡世家）並率淮夷反周。（魯世家）此蓋因奄君助殷，而管蔡不滿意於周公所致。史記稱周公興師東伐，作大誥，遂誅管叔，殺武庚，（即祿父）放蔡叔；收殷之餘民以封康叔於衞，（今河南淇縣東北）並遷殷頑民於洛邑。

所以防備殷民者甚至！又封微子於宋。（今河南商邱縣）寧淮夷二年而定。（魯世家）三年踐奄，（尚書大傳）滅國五十。（孟子滕文公）詩豳風詠其事曰：『既破我斧，又缺我斨，』可見當時之戰爭甚烈。大名崔述不信周公踐阼，且不信周公攝政，以爲此不過如古者君薨百官總己以聽於冢宰，（崔述豐鎬考信錄）然尚書洛誥篇實稱『周公誕保文武受命惟七年。』夫既稱受命之七年，則非尋常攝政可比矣。又康誥篇稱『王若曰：孟侯朕其弟，小子封』云云：此王卽是周公尤爲確鑿；以康叔封爲周公同母少弟，故得云云。若如禮記明堂位正義所引王肅說，謂此王爲成王，則成王對於康叔不得曰弟，尤不得直呼其名，而目之爲小子也。又考逸周書度邑解，本有武王傳位周公之說，若依殷代兄終弟及遺制視之，本無可異！惟周公七年而退，還政成王，復定立嫡之制爲後世法，則有大過人處。尚書大傳稱『周公攝政一年救亂，（謂管蔡）二年克殷，（謂武庚）三年踐奄，四年建侯衛，五年營成周，（史記魯世家謂在七年）六年制禮作樂，七年致政成王。』（隋書李德林傳引）是『武王於天下未寧而歿；』（史記封禪書）如無周公，則周之爲周，尚未可知！乃史記蒙恬傳又有成王信讒，周公奔楚之事，尤足見君臣功名之際，始終之不易！

本節參閱書舉要

一、尚書：西伯戡黎微子牧誓鴻範金縢大誥康誥酒誥召誥等篇
二、詩文王生民公劉鴟鴞東山破斧等篇
三、逸周書：克殷解世俘解
四、禮記：明堂位
五、史記：周本紀魯世家
六、崔述豐鎬考信錄卷四
七、汪中述學內篇周公居東證

二 西周之盛衰

夏殷之世，中國之政治組織甚疏。當時所謂諸侯者，實皆自由佔據土地，自由遷徙部落，只有小國大國之分，並無天子諸侯之別。周初始有統一中國思想，其見諸政策者，卽爲分封列國；當時得封者，以王室親族爲最多。左傳所謂『封建親戚，以藩屏周』是也。尙書康誥稱『惟三月哉生魄，周公初基，作新大邑於東國洛，四方民大和會。』尙書大傳以爲在周公攝政之五年，史記以爲在七年。蓋落邑工程浩大，絕非一年可成，大約開工在前，而成於七年返政成王之後。周本紀言成王作洛邑之理由，爲『此天下之中，四方入貢道里均。』然據呂氏春秋長利篇所述成王定成周之辭曰：『惟予一人，營居於成周，有善易得而見，有不善易得而誅。』又漢書婁敬傳稱『成王營成周，以爲此天下中，有德則易以王，無德則易以亡。凡居此者，欲令以德致人，不欲險阻令後世驕奢以虐民。』然洛邑既成，僅遷九鼎，實未遷都，此亦見踐言之難。成王崩，康王立。『成康之世，天下安寧，刑措四十年不用。』（周本紀）康王卒，子昭王立。十六年，伐楚。十九年，喪師於漢。（初學記卷七，引竹書紀年）昭王卒於江上。（周本紀）呂覽音初篇以爲『王及漢，梁敗，隕於漢中。』此與左傳所謂『昭王南征而不復』正合，當係實事。子穆王嗣立。尙書於穆王呂刑篇稱『王享國百年，』後人皆謂穆王享壽百年，或在位百年；而竹書紀年實以爲自周受命至穆王共百年；（晉書束晳傳引）此見古人計數，與後人計數不同，自當以竹書之解釋爲是。

左傳稱『穆王欲肆其心，周行天下，將必皆有車轍馬跡，』（昭公十二年傳）故有北征行流沙，西征崑崙見西王母之說。（穆天子傳郭注引竹書）其事具見晉初汲冢發現之穆天子傳，蓋亦戰國初年人記載，其書雖多誇大之詞，而大抵周初實有穆王遠游之事。考流沙包括中國甘肅新疆及中亞西亞，其地甚廣，不能確指某處。西王母爲西方地名，（爾雅釋地）亦爲其首領名。（山海經大荒西經言西王母虎尾豹飾）依竹書紀年及穆天子傳考之，西王母當在崑崙山附近，即當在今甘肅新疆界內。晉人馬岌謂『酒泉南山即穆王見西王母之地；山上有石室玉堂，珠璣鏤飾，煥若神宮。』（晉書張駿傳）此言信否，今雖不能定，然英人怕克爾(E.H. Parker)謂『穆王所行，卽由現時大路，約自蘭州西寧之間，經新疆之羅布泊，至烏魯木齊，此或卽西王母之地。』怕克爾並就穆天子傳計算其行程，『爲去時用三百日，回時三百日，共行一萬三千三百華里，約日行二十英里。』（E. H. Parker, Ancient China Simplified, P. 217）此說較爲可信：

國語謂穆王征犬戎，僅獲四白鹿四白狼以歸；而竹書紀年以爲取其五王，（穆天子傳注引）未知孰是。

初造父以善御幸於穆王，得赤驥溫驪驊騮騄耳之駟，及王西巡狩，樂而忘歸，徐偃王作亂，造父爲王御，一日千里以救亂。（史記秦本紀）並令楚滅徐。徐偃王不忍鬥其民，敗走彭城武原縣東山下，後人名其山曰徐山。（後漢書東夷傳）偃王好仁義，（淮南子說山訓）割地而朝者三十六國。（韓非子五蠹篇）至是敗亡，是湯武之事，已不能行於穆王之時，可以知社會之變遷矣。

穆王崩，子共王立，共王崩，子懿王立，懿王崩，共王弟孝王立，孝王崩，懿王子夷王立，（周本紀）始下堂而見諸侯，（禮記郊特牲）王室日衰。夷王崩子厲王立。（周本紀）

厲王好利，以榮夷公爲卿士。榮夷公好專利而不知大難，國人謗王。王得衞巫，使監謗者，以告，則殺之。於是國人莫敢言，道路以目。三年乃流王於彘。（今山西霍縣）按此爲中古史上之第一次平民革命，與湯武以諸侯伐暴君之貴族革命不同。又所謂國人者，蓋即指京師市民而言；既演成流君主之事，足證當時民衆之勢力頗大。史記以爲此事，在厲王三十七年，是後由周召二相行政，（註一）號曰共和，（周本紀）亦謂之共和行政。（十二諸侯年表序）汲冢紀年稱「共伯和，卽于王位。」（莊子讓王篇釋文引）呂氏春秋稱「共伯和修其行，好賢仁，而海內皆以來爲稽矣。周厲之難天子曠絕，而天下皆來謂矣。」（開春論）然則史記所謂共和者，與紀年呂覽意義不同，二說未能定論，然終以紀年呂覽之說爲近古，因莊子曾稱共伯和爲古之得道者也。（讓王篇）

（註一）據今本竹書紀年周公爲周定公。又據周語韋昭注召公爲召穆公。

厲王時民衆革命，放流暴君，共和行政，爲吾國上古史中第一大紀念，故史記於周代紀年即託始於此，並以是年爲庚申，書曰共和元年。（十二諸侯年表序）是年距春秋紀元前一百十九年，（集解引徐廣說）距中華民國紀元前二千七百五十二年，即西歷紀元前八四一年。是年以前之年歲，則不可詳：凡共和行政十四年，而後宣王即位，『共伯復歸於宗，逍遙得意共山之首。』（莊子讓王篇釋文）宣王修政法文武成康之遺風，諸侯復宗周。

宣王崩子幽王立。幽王伐有褒，褒人以褒姒女焉。（史記正義卷四引國語）幽王嬖愛褒姒，生子伯服，乃廢申后及太子宜臼，以褒姒爲后，以伯服爲太子。褒姒不好笑，幽王欲其笑萬方，故不笑。初幽王爲熢燧，（史記正義曰：晝日燃熢以望火煙，夜舉燧以望火光。）有寇至則舉熢火，諸侯悉至。至而無寇，褒姒乃大笑，幽王悅之，爲數舉烽火。其後諸侯不信，遂不至。（周本紀）太子宜臼旣廢，出奔申。（晉語）王欲殺太子，以成伯服，求之申。（鄭語）申侯怒，與繒西夷犬戎攻幽王。（申在今河南南陽北二十里申城。繒括地志云：繒縣在沂州承縣，古侯國。西夷，當在陝西境內。犬戎即玁狁。）幽王舉烽火徵兵，兵莫至，遂殺幽王驪山下。（山在今陝西臨潼縣下）虜褒姒，盡取周賂而去。（周本紀）集解云：『駰案汲冢紀年曰：自武王滅殷，以至幽王，凡二百五十七年也。』此說確否今已不可考：

幽王爲亡國之君，詩人多爲詩以刺之，具見詩大雅小雅。就中十月之交篇述有日蝕之事，關係古史年月，至爲重要。其文有曰：『十月之交朔日辛卯，日食之，亦孔之醜。』據鄭箋云：『周之十月，夏之八月也。』按此日蝕，既在十月辛卯朔，唐人以歷法推之，謂在幽王六年十月一日。（新唐書卷二十七下歷志。）與汲冢紀年所載『幽王六年，冬十月辛卯朔日有食之』相合。西人以歷法推之，謂在西歷紀元前七百七十六年八月二十九號，（F. Hirth Ancient History of China P. 147）其說正合。上古史中之日蝕，經中西人考證相合者，此爲第一次：據此可證周幽王六年（

即春秋前五十四年，西歷紀元前七百七十六年）以後之年代，實為中國史上最正確之年代。

幽王之亂，犬戎入西周之都，宮室宗廟，盡成禾黍。先是申侯魯侯及許文公立平王於申；至是鄭武公會晉衛之師，迎立平王。平王元年，遷居洛邑，依於晉鄭：左傳所謂『周之東遷，晉鄭焉依』是也。是年為西歷紀元前七七〇年，民國紀元前二千六百八十一年。

本節參閱書舉要

一、詩大雅宣王幽王諸詩

二、史記周本紀

三、崔述豐鎬考信錄

三　春秋之世

吾國上古紀年完全之史，只有現存春秋一種。孟子稱此書為孔子所作，又稱此書爲孔子所成。孟子滕文公下所謂『孔子懼作春秋，』『孔子成春秋，而亂臣賊子懼』是也。呂覽求人篇稱：『觀於春秋，自魯隱公至哀公十有二世，』此與今存之春秋正合，可見此書在戰國末年，已爲各國傳誦。然墨子明鬼篇稱『周宣王殺杜伯，著於周之春秋；』是周史或原名春秋，魯秉周禮，故魯史亦名春秋。孔子之春秋，即根據魯春秋而加以修正，而魯春秋之作，當遠在孔子以前，自不待言！春秋所記日食三十六次，現經西國天算家證明與實際相合者已有二十八次。（詳見 E. H. Psrker Ancient China Simplified P. 27）足徵春秋一書，確是根據當時史料修成。又春秋託始於魯隱公元年，是爲爲周平王四十九年，西歷紀元前七一七年，民國紀元前二千六百三十三年。

春秋爲有統系之紀年史，然於每事僅書其目，不能考見本事始末！今所存左傳國語二書，正與春秋相表裏。司馬遷稱魯君子左丘明因孔子史記具論其語，成左氏春秋。（史記十二諸侯年表序）又稱『左丘失明，厥有國語。』（史記自序）今本左傳國語雖未必全是左氏原本，而其成書當在秦前，所記史事自是周末史料，大抵可信。至公羊穀梁受春秋于子夏之說，實出於東漢人所傳語，（公羊疏卷一引戴宏說，經典釋文序錄引應劭說：）在西漢著作中實無此事，公穀二傳當爲漢初人記錄，故其歷史的價值又在左傳之下。

春秋之初，鄭國甚强。鄭莊公爲平王卿士，王貳於虢，莊公怨王，王曰無之，故周鄭交質。平王崩，桓王立，莊公不朝，王以諸侯伐鄭，莊公禦之，鄭人射王中肩，王師大敗。（左傳桓公五年）自是以後，周天子之威權掃地以盡；雖虛擁王號，而實則無異於列國：故平王以前，爲周室統一之時代；平王以後，爲列國競爭之時代。

史記周本紀稱武王伐紂，不期而會者八百諸侯。賈山至言又稱周初蓋千八百國。其見於左傳國語暨他籍錄者，不過二百餘國，國名具見顧棟高春秋大事表卷五春秋列國爵姓及存滅表。然其在歷史上佔一地位者，又不過十二諸侯：曰魯，曰衞，曰齊，曰楚，曰晉，曰宋，曰陳，曰蔡，曰燕，曰秦，曰曹，曰鄭。故史記僅有十二諸侯年表。十二諸侯中，佔重要地位者，亦不過齊晉秦楚四國：是以十二諸侯年表序云：『齊晉秦楚，其在成周微甚，封或百里，或五十里。晉阻三河，（漢以河東河內河南爲三河）齊負東海，楚介江淮，秦因雍州之固，四國迭興號爲伯王，文武所褒大封，皆威而服焉。』大抵春秋二百四十年之政治史，皆以此四國之活動爲轉移，自餘諸國，莫不受其支配。

春秋初期，南部有荆楚，北部有戎狄，而內地又有雜居之外族甚多，均爲中國大患。是時『南夷與北夷交，中國不絕如綫。』（公羊傳僖四年）賴霸者迭興，以尊周室攘夷狄爲號召，幸免神州陸沈之大患！霸之爲言伯也，起於古之方伯。戰國時已有五霸之說，具見於孟子荀子左傳國策呂覽等書：但究竟孰爲五霸，漢時班固業有三說：「一有昆吾，大彭，豕韋，齊桓，晉文。一爲齊桓，晉文，秦穆，楚莊，吳闔廬。一爲齊桓，晉文，秦穆，宋襄，楚莊。」（白虎通義號篇）高誘呂覽當務篇注，應劭風俗通義五霸篇，均用第三說。考秦穆僅霸西戎，宋襄師敗身擄，其事功皆不足道！而史記越世家載句踐稱霸；呂覽簡選篇文記闔閭爲霸：是班氏所舉三說一爲三代之五霸，二三爲春秋之五霸；特春秋霸者不僅有五，若必以五說之，則荀子王霸篇議兵篇所舉五霸，差足以當之。但荀子兩舉五霸之名，皆爲齊桓晉文楚莊吳闔閭越句踐而無秦穆宋襄。準是立言，似戰國時人所稱之五霸，當以荀子所說爲是：

春秋之世，周室式微：桓王崩，子莊王立，有子克之亂。莊王崩，子僖王立，齊桓始霸。僖王崩，子惠王立，有子頹之亂。惠王崩，子襄王立，有子帶之亂，賴晉文爲霸，亂始得定。襄王崩，子頃王立。頃王崩，子匡王立。匡王崩，弟定王立。定王崩，子簡王立。簡王崩，子靈王立。靈王二十一年（西歷紀元前五五一年，民國紀元前二四六二年）孔子生於魯。靈王崩，子景王立。景王后（穆氏）太子（名壽）聖而早卒，王愛子朝欲立之，會崩，子丐之黨與爭立，國人立長子猛爲王；子朝攻殺猛，猛爲悼王。晉人攻子朝而立丐，是爲敬王。敬王三十九年，魯西狩獲麟，春秋絕筆。四十一年（西歷紀元前四七九年，民國紀元前二三九〇年）孔子卒於魯，年七十四。自後遂入於戰國之世。周室而外，同異姓諸國盛衰之蹟，其可考者如次：

（魯）周公旦始封，都曲阜。（山東曲阜縣）周公留相王室，子伯禽就封，世秉禮義，號望國。三桓專政，公室微弱，宣公任孔子，國勢幾振。齊歸女樂沮之。哀公時，西狩獲麟，孔子因作春秋，入戰國滅於楚。

（衛）康叔封始封，都朝歌。（河南淇縣）累徙至濮陽。（直隸開縣）東周初，武公髦而好學，稱賢主。懿公敗於狄，齊桓却狄存衛。文公立，勵精圖治，卒富其國。然終春秋之世，役屬於晉。秦並天下，而衛獨存。秦二世廢之始絕。

（晉）唐叔虞始封，都唐（山西太原縣北）累徙至新田。（山西曲沃縣西南）春秋初，晉之宗裔曲沃武公始强，並晉有國。後稍蠶食弱小，以自附益。至文公遂霸中國。百餘年間，世爲盟主。及六卿擅權，韓趙魏三家由此分晉。

（鄭）桓公友始封，都新鄭。（河南新鄭縣，桓公始封在今陝西華州後遷此。）友，宣王母弟，故於諸國受封獨後。晉楚爭衡，鄭介兩大間，時受扼制。簡公任子產，內治外交，一時稱盛。入戰國滅於韓。

（曹）曹叔振鐸始封，都陶邱。（山東定陶縣）春秋時役屬於晉。入戰國，爲宋滅。

（蔡）蔡叔度始封，子胡都蔡。（河南上蔡縣）及於春秋，先後爲吳楚附庸，累徙都。入戰國，滅於楚。

（吳）泰伯之後，周章始封，都梅里。（江蘇無錫縣東）後徙吳。（江蘇吳縣）吳自春秋魯成之世，壽夢始通中國。少子季扎，歷聘諸邦，聲聞盛著。晉人結吳制楚，吳楚累用兵，至闔廬破楚，夫差滅越，遂霸江南；旋越起而覆其國。

以上皆同姓諸國之著於春秋者也。其異姓之國：

（齊）呂尙始封，姜姓，都營邱。（山東昌樂縣東南）累徙至臨淄。（山東臨淄縣）桓公創霸尊王攘夷：春秋之世，齊爲首功，管仲力也。及晏嬰相景公，雖稱賢者，然內變屢作，陳氏厚施，已伏竊國之禍，後果爲田和所篡。

（宋）殷之後，微子始封，子姓，都商邱。（河南商邱縣）齊霸既熄，宋襄慨然思有以繼之，卒敗於楚，其事業無可言者。平公朝，向戌倡弭兵會，中原無大侵伐者幾十年。入戰國，王偃暴虐，號爲桀宋，齊滅之。

（陳）舜之後胡公滿始封，嬀姓，都宛邱。（河南陳縣）役屬於楚，爲楚滅。齊桓之霸，陳公子完避禍奔齊，遂開田氏之族。

（許）四岳之後，姜姓，都許（河南許縣）累遷徙，役屬於鄭，爲鄭滅。

（秦）非子始封，嬴姓，初爲附庸。東周初，襄公有功周室，始列於諸侯，都汧（陝西隴縣）累徙至雍。（鳳翔縣治）穆公霸西戎，國始大。然地處西偏，前有强晉，終春秋之世，不能得志於中國。

（楚）熊繹始封，羋姓，都丹陽。（湖北枝江縣東南）春秋初，文王熊渠始遷郢，（湘北江陵）漸有窺伺中原之志。自是齊晉疊强，楚與爭衡。

莊王制鄭服宋勝晉，遂以稱霸。及吳興而闔閭破楚入郢，賴秦人出師救之，昭王復國。

（越）少康庶子無餘始封，姒姓，都會稽。（浙江會稽縣）至允常稱王，始見於春秋。時吳王闔閭方强，吳越始兵爭矣。夫差滅越，勾踐報之，卒以覆吳稱霸。入戰國，滅於楚。

本節參閱書舉要

一、詩國風
二、左傳
三、公羊傳
四、穀梁傳
五、國語
六、史記：周本紀，十二諸侯年表，各國世家

七、吳越春秋

八、越絕書

九、馬驌左傳事緯

十、顧棟高春秋大事表

四 戰國之世

考春秋二百餘年之事跡，有春秋及左傳國語三書可作根據。戰國時代亦歷二百餘年，至今只存戰國策一書足供考證！蓋秦滅六國，盡燒周室及諸侯史記：（史記六國表序）至漢初獨有秦記尚存，而文畧不具，且不載日月；而今秦紀又亡也。戰國策在西漢時，藏於秘府，卷帙錯亂，原名國策，亦名國事，亦名短長，亦名事語，亦名長書，亦名修書。其有國別者八篇，劉向始編爲三十三篇，以此書爲戰國時游士輔所用之國爲之筴謀，因定名爲戰國策。（劉向戰國策序）北宋時，此書又殘，僅存十一篇。曾鞏訪之士大夫家，始盡得之，正其謬誤而疑其不可考者，然後戰國策三十三篇復完。（曾鞏重校戰國策序）是曾氏所輯之本，已非劉氏之舊；而劉氏所編之本，亦非漢初之舊。但欲考戰國史事者，捨此已無他書；故自司馬遷作秦本紀及六國世家即取材於此！而後之述戰國實事者，亦不能不以此爲根據。

劉向序戰國策謂『其事繼春秋以後，訖楚漢之起，二百四十五年間之事。』然考史家所謂戰國時代者，實無確定之界限：司馬遷作六國年表，始於周元王元年；（西歷紀元前四七五年，民國紀元前二三八六年）司馬光作資治通鑑始於周威烈王二十三年。（西歷紀元前四〇三年，民國紀元前二三一四年）但考戰國之名詞，在七國——齊楚秦燕韓趙魏——時已通用，故蘇代說燕王噲曰：『凡天下之戰國七，而燕處弱焉。』（戰國策燕策一）是知戰國時代之起始，似宜斷自三家分晉以後，卽威烈王二十三年，命晋大夫魏斯趙籍韓虔爲諸侯之年也。

先是周敬王徙居成周。（今河南洛陽縣東二十里）敬王崩，子元王立。元王崩，子定王（一作眞定王）立。定王元年，魯哀公出奔。二年卒於有山氏，左傳以是終焉。十六年三晋（韓趙魏）滅智伯，分有其地。定王崩，長子哀王立。哀王立三月，弟叔襲殺哀王而自立，是爲思王。思王立五月，少弟攻殺思王而自立，是爲考王。考王崩，子威烈王立。考王封弟揭於河南，（即王城在今河南洛陽縣西偏。）是爲西周桓公。桓公卒，子惠公立，惠公封少子於鞏，（今河南鞏縣）以奉王，號東周惠公。威烈王二十三年時，始命晉大夫魏斯趙籍韓虔爲諸侯。威烈王崩，子安王立。安王十六年，初命齊大夫田和爲諸侯。安王崩，子烈王立。烈王崩，弟顯王立。顯王時秦始强盛，六國以次稱王。蘇秦以顯王三十五年，（西歷紀元前三三四年．民國紀元前二二四五年）唱合從拒秦之說。自此之後，事乃可得而記。自左傳之終，以至此，凡一百三十三年，史文闕如，考古者爲之茫然。顯王崩，子慎靚王立。慎靚王崩，子赧王立。王時，東西周分治，王寄住而已。王復居王城，秦日益强。五十九年，秦昭王使將軍摎攻西周，周君（武公）奔秦頓首謝罪。盡獻其邑三十六，口三萬。秦受其獻，歸其君於周。周君王赧卒，周民遂東亡。秦取九鼎寶器，而遷西周公（武公子文公）於𢠳狐。（在洛陽南百五十里，今河南伊闕縣）後七歲，秦莊襄王滅東西周，東西周皆入於秦，周既不祀：凡三十七年，八百六十七年。（史記周本紀）

由春秋入戰國，其初期尚有魯衞蔡鄭宋越藤薛莒邾諸小國。然自三家分晉，田氏纂齊，燕亦崛起河北，與西南秦楚，號稱七雄，自後宇內封邦始有幸存於七國之下者：兹分述七國事迹如後：

（趙）都晉陽，（山西陽曲縣）累徙至邯鄲。（直隸邯鄲縣）初晉范氏中行氏知氏及趙魏韓號六卿，擅國政。定公時，范中行爲亂，旋敗亡，六卿並爲四。然知氏獨强，知伯（即荀瑤）求地於韓魏，韓康子魏桓子皆與之。又求地於趙，趙襄子不與。知伯怒，遂率韓魏攻趙。襄子奔保晉陽，三氏隨而圍之。知伯決晉水（在山西陽曲縣西南）灌其城，城不浸者三版。知伯益驕，韓魏懼及已。襄子使張孟談潛出與韓魏約，共圖知氏，滅之，爲三家分晉之始。襄子再傳至烈侯籍，始受周命，與韓魏同列諸侯，時威烈王二十三年也。自秦之强，蘇秦（洛陽人）倡六國合從之說，趙實主謀。至武靈王胡服騎射，北破林胡樓煩，（在山西外）西窺秦。傳子惠文王用藺相如爲上大夫，廉頗趙奢爲上將，以折强秦，此趙之極盛也。既而秦伐韓，韓上黨（山西潞安府）降趙，秦移師攻之，趙敗於長平，（山西高平縣）秦將白起，坑趙降卒四十萬，趙始衰。然廉頗李牧皆良將，秦尙忌之。末葉嬖臣郭開用事，斥廉頗，使不復用。又受秦間金，誅李牧，牧死而趙亡，王遷被虜。公子嘉奔代，（直隸蔚縣）立為代王，又四年秦滅之。

（魏）都安邑，（今山西夏縣有故域）後徙大梁。（河南開封）自魏桓子滅知伯，子文侯斯立，以卜子夏田子方為師，任魏成為相，樂羊吳起為將，克中山（直隸定縣）拒秦韓，旋受周命為諸侯。時河山以東諸國，聲譽威望，無如魏者。惠王之世，卑禮厚幣，以招賢者，孟子至梁，惠王不能用，東敗於齊，南辱於楚，西困於秦，喪師失地，僅保大梁。蓋自秦用衛鞅，銳意以削魏為强秦之計，以後連歲克奪，魏益不支。後有信陵君（公子無忌）之賢，因以救趙却秦，敗秦軍於邯鄲下。秦使人行萬金之間，魏疏信陵君不用。韓趙既亡，秦起兵引河溝以灌大梁，王假降，魏亡。

（韓）都陽翟，（河南禹縣）康子之子武子虔列於諸侯，幷鄭而有國。當秦孝公之强，韓昭侯亦用申不害爲相，修術行道，國内以治，諸侯不來侵伐。然六國惟韓最小，後屢挫於秦勢益弱。至王安時國亡，虜於秦。六國之滅，韓最先也。

（齊）田氏自春秋末，田常（一作陳恒）弑簡公，執齊政，四傳至田和。（盤之孫）季年，魏文侯爲請於周安王，受命爲諸侯。自是威王，用孫臏爲將，再戰破魏。宣王勝燕，湣王滅宋。於是秦稱西帝，致東帝於齊，東諸侯勢力與秦頡頏者惟齊也。燕師入臨淄，湣王弑死，齊地盡沒，子襄王保莒城（齊東境邑非莒國之莒）即墨（山東平度縣）守將田單，逐燕兵復國。自後秦銳攻三晉，而交歡於齊，王建在位四十年。左右多受秦間金，勸王毋修戰備，不助諸侯攻秦。及五國盡滅，齊亦隨之，蓋最後亡。

（燕）召公之後，都薊。（今北平）自春秋不見於經傳，入戰國始大，遭王噲（燕王噲讓王於其相子之國大亂）之亂，破於齊。昭王立，弔死問孤，卑禮招賢，任樂毅（魏人）爲上將伐齊，收七十餘城，獨莒與即墨不下。毅圍之四年，昭王薨。齊田單縱反間，燕惠王召毅還，（毅懼罪奔趙）使騎劫代之，齊大破燕軍。燕齊劇戰，二國俱疲，秦益得志矣。趙之亡，燕太子丹使荆軻刺秦王不中，秦擊破燕，王喜走遼東，越三年國滅。

（楚）六國惟楚最大，陳蔡吳越魯地皆入於楚。然懷王昏愚，受秦紿，離齊交，終敗於秦。尋與秦會武關，（在陝西商縣）被執，死焉。時秦已得巴蜀，制楚上游。未幾秦將白起拔郢，燒夷陵，（湖北宜昌）頃襄王徙都以避之，最後徙壽春。（安徽壽縣）秦兵日偪，而楚益東，至王負芻國亡。

（秦）自孝公用衛鞅，（衛之庶孽）變法令，徙都咸陽。（陝西咸陽縣東）伐魏，魏獻河西地，（陝西東北部地）秦始強大。既而惠王任張儀，（魏人）更東略魏地，擁有函谷（河南靈寶縣）之固，南收巴蜀，開秦富饒；乃以兵力脅制諸侯，破從爲衡，秦力益厚，諸侯始困。及范雎（魏人）說昭襄王以遠交近攻之策，於是秦將白起伐楚舉郢，拔韓野王（河南河內縣）攻趙上黨，坑軍長平，而遙與燕齊相結。終之始皇用李斯（上蔡人）謀，陰遣辯士齎金玉游說諸侯，離其君臣，然後使良將將兵隨其後，數年之中，遂兼天下。

當時合六國之勢力，而爲秦是懼；秦之強商鞅變法之功也。秦國已強，宣力東方，諸侯非合其力，殆不能制秦！而秦之利，又在於諸侯相離，此蘇秦合從張儀連衡之說所由作也。中經燕齊之難，諸侯互攻，秦遂舍去連衡政策，改用范雎遠交近攻政策與李斯捐金行反間政策：於是秦王政十七年（西歷紀元前二三〇年，民國紀元前二一四一年）內史勝滅韓。十九年王翦滅趙。二十二年王賁滅魏。二十四年王翦滅楚。二十五年王賁滅燕滅代。二十六年王賁滅齊。秦遂統一中國，時西歷紀元前二二一年，民國紀元前二一三二年。溯「自平王東遷，王室凌夷，天下無共主，經春秋戰國五百餘年，至是中國復統一。計秦所以成功之原因有四：

第一、秦居關中，據上游，扼地勢之要害。

第二、秦居西北，與戎狄爲鄰，生存競爭之結果，民風尙武，民氣勝於六國。

第三、秦歷代多英主，能招賢才而登庸之，不拘資格，不論親故，故能吸收六國之人才，使爲已用。

第四、秦之政策一定，歷代皆循一定之方針進行，不輕易變更，與六國之朝秦暮楚，無一定之見解，動輒受人愚弄者異！

以上四大條件：爲列國競爭時必須之要素，六國之中無一能具備者

，故不得不處於劣敗地位。』（王桐齡先生中國史第一編本論第六章第七節）

五　周代種族之爭

戎狄　中國自有史以來，漢民族即與西北民族衝突。故史記五帝本紀稱黃帝『北逐葷粥。』『集解：「匈奴傳曰：唐虞以上有山戎，獫狁，葷粥，居於北蠻：」索隱：「匈奴別名也，唐虞以上曰山戎，亦曰熏粥，夏曰淳維，殷曰鬼方，（註一）周曰玁狁，漢曰匈奴。」』惟其衝突事蹟，在殷以前者不可詳考！殷周之際，鬼方之地，由宗周之西，而包其東北。（據小盂鼎梁伯戈二器）小盂鼎紀盂伐鬼方獻俘之事，在周成王二十五祀。俘人之數，至萬三千有餘。在宗周之初，自爲漢民族與匈奴民族一大衝突。（詳見雪堂叢刻王國維鬼方昆夷玁狁考）

（註一）據鬼方昆夷玁狁考鬼方之名，當作畏方，經典作鬼，係由古文傳寫之誤。

周初有混夷，混夷之名，見於詩大雅緜篇。混字，孟子及毛詩采薇序作昆。周懿王宣王時有玁狁之名，見於詩采薇出車六月三篇。（註一）昆夷玁狁與鬼方獯鬻（即熏粥，見孟子）皆同種而變名者也。

（註一）采薇出車二詩，毛傳及詩序皆以爲文王時詩。但據漢書匈奴傳則班固以采薇爲懿王時詩。又出車詠南仲伐玁狁之事，鄭箋以南仲爲文王時人。然據漢書古今人表則班固以南仲爲宣王時人，據後漢書龐參傳則馬融亦以南仲爲宣王時人。六月一詩，詩序鄭箋皆以爲宣王時詩，世無異論。

玁狁侵暴中國，以厲王宣王時爲最盛。自宣王以後對於玁狁被以戎號，且謂之犬戎：故後漢書西羌傳以太王所事之獯鬻爲犬戎，又以宣王所伐之玁狁爲犬戎。（王國維鬼方昆夷玁狁考。）據此則攻幽王滅宗周之犬戎，當卽宣王時之玁狁！（註一）顧棟高春秋大事表四裔表，謂犬戎卽周之玁狁，不爲無據。（春秋大事表卷三十九）

（註一）史記匈奴列傳『周西伯昌伐畎夷氏。』索隱曰：『韋昭云：春秋以爲犬戎。按畎音犬。小顏云：即昆夷也。』按昆夷即玁狁，故此亦爲犬戎與玁狁同族之徵。

春秋隱公桓公之際，但有戎號；莊公閔公以後，始有狄號。戎者兵也；凡持兵器以侵盜者謂之。狄者，遠也；凡居遠方而當敺除者謂之。戎與狄皆中國所加之名，非其族所固有！　春秋初列國多有戎狄之禍。戎之別有七：在陝西臨潼者曰驪戎。在鳳翔者曰犬戎。在瓜州者曰允姓之戎；秦晉遷之則曰陸渾之戎在今河南嵩縣，又曰陰戎，以其處晉陰地；又曰九州戎，則晉荀吳滅陸渾之戎以後，其餘服屬於晉者；又曰小戎，亦曰姜戎，原在甘肅敦煌廢縣，後遷伊川。自晉滅陸渾，城汝濱地而有之：楚亦滅蠻氏，在汝州（河南臨汝縣）之地，汝水南北遂爲晉楚分界。其先陸渾而居伊洛之間者，又有揚拒泉皋伊洛之戎，王子帶召之，伐京師焚王城東門者，後亦浸微，並爲晉之內臣。蠻氏亦戎別種，在汝州西南；以處茅津，亦名茅戎，在解州之平陸（今縣）其在直隸之永平（盧龍縣）者曰北戎，亦曰山戎，春秋初嘗侵鄭伐齊，已而又病燕，齊桓公因北伐山戎；無終子嘉父因魏莊子納虎豹之皮以請和諸戎者，其別種也。又有在山東之曹縣與河南蘭陽接壤者，春秋初見於經傳，但曰戎無名號，卽戎州己氏之戎也。

狄之別有三：曰赤狄，曰白狄，曰長狄。長狄兄弟三人無種類。赤狄之種六：曰東山臯落氏，廧咎如，潞氏，甲氏，留吁，鐸辰。潞爲上黨之潞縣，處晉腹心。宣公十五年，晉滅赤狄潞氏，明年並滅甲氏留吁鐸辰。甲氏留吁俱在舊廣平府，鐸辰在潞安境。白狄之種三：其先與秦同州，在陝西舊延安府。別種在眞定（正定）藁城晉州（晉縣）者，曰鮮虞，曰肥，曰鼓。肥鼓俱爲晉所滅。鮮虞後爲中山，入戰國後滅。又考春秋時爲中國患者，狄爲最，諸狄之中赤狄爲最，赤狄諸種族潞氏爲最。狄之强莫熾閔公僖公之世：滅邢，滅衛；滅溫；伐齊，伐魯，伐鄭，伐晉；並蹂躪王室。蓋自山西以迄直隸河南，直接山東之境，皆其所出沒！其俗不城郭，就山野廬帳而居，又遷徙無常。

戰國初，秦自隴以西，有緜諸（括地志云：緜諸城，秦州秦嶺縣北五十六里。漢緜諸道，屬天水郡。）緄戎（顏師古云：混夷也。韋昭云：春秋以爲犬戎，）翟䝠（徐廣曰：在天水。䝠音丸。）之戎。岐梁山涇漆之北有義渠（在甘肅舊慶陽平涼二府。）大荔（在陝西大荔縣）烏氏（在甘肅涇川縣北。）朐衍（在甘肅靈武縣）之戎。趙北有林胡（在山西舊大同府朔州以北。）樓煩（在山西舊太原府岢嵐州以北。）之戎。燕北有東胡（服虔云：東胡烏丸之先，後爲鮮卑，在匈奴東，故曰東胡。）山戎。（在直隸舊永平府境。）各分散居谿谷，自有君長，往往而聚者。百有餘戎，然莫能相一。自後秦厲公伐大荔，取其王城，伐義渠，虜其王；趙襄子北畧狄土；韓魏滅伊洛陰戎，餘衆西走。至昭襄王滅義渠；趙武靈王破林胡樓煩；燕將秦開卻東胡：於是中土民族之勢，風發潮湧；舉凡陝西甘肅一帶之戎，山西直隸境內之狄，全數同化於漢族：

戎狄：根據今山西陝西而侵入雜居於內地者，若葷粥鬼方昆夷獫狁犬戎驪戎赤狄白狄林胡樓煩皆匈奴族。根據今甘肅而侵入雜居於內地者，若陸渾之戎，亦稱姜戎，亦稱陰戎，亦稱允姓之戎其後衍爲羌族。根據今遼東以侵入內地而未嘗雜居者，曰北戎山戎無終，爲東胡族。（據梁啓超飲氷室全集歷史上中國民族之觀察）大抵東胡族爲後之滿族，匈奴爲後之蒙族，羌爲後之回藏族。

夷　東方之夷，曰萊，曰介，曰根牟。萊在山東舊登州府黃縣，介在山東舊萊州府膠州東南，根牟在山東舊沂州府沂水縣東南。然皆僻小，不通於中夏。後萊介並於齊，根牟滅於魯，不復見於經。論其著者則有淮夷徐戎：淮夷當周初在泗水徐城縣北，（據史記正義引括地志說）其後辟魯而南，居舊淮安府山陽安東之間。（據春秋大事表四裔表）周宣王曾征淮夷。當齊桓之世，淮夷嘗病鄫病杞，後百餘年復與楚靈王連兵伐吳，然皆竄伏海濱，於中國無甚利害。若徐戎則在舊徐州淮安二府，當周穆王時徐偃王作亂，割地而朝者三十六國，宗周共主，幾爲所奪。大抵東夷與漢族血統較近，在戰國後完全同化於漢族。

蠻　南方民族，種類不一。羣蠻，在湖南舊辰州府永順府境。百濮，在晉建寧郡南，今雲南界。盧戎，在湖北舊襄陽府南漳縣境。巴，在四川舊重慶府巴縣。群蠻嘗受楚盟伐庸，後服屬於楚。盧戎嘗攻敗屈瑕，卒滅於楚。群蠻爲苗血族統，百濮爲猓玀血統。（據梁啓超歷史上中國民族之觀察）左傳杜註盧戎爲南蠻，當是苗族血統。巴族起源或與漢族相近。

由上所言，蠻夷戎狄，從來爲中國患。至周代列國並爭，各開拓疆宇，芟除異族：結果使中國內地之異族，完全同化於漢族，不惟促成中國民族。之。團。結。，亦。足。以。增。進。中。國。文。化。之。發。越。。

本節參閱書舉要

一、戰國策

二、呂氏春秋

三、韓非子

四、史記：周本紀，秦本紀，始皇本紀，六國表，六國世家，匈奴列傳。

五、通鑑：周紀

六、繹史：戰國

七、黃式三周季編略

八、王桐齡先生：中國史第一編上古史本論第五章第六章

九、王國維觀堂叢刻鬼方昆夷玁狁考

十、詩采薇出車六月等篇

十一、漢書匈奴傳
十二、後漢書龐參傳西羌傳
十三、顧棟高春秋大事表卷三十九春秋四裔表
十四、梁啓超飲冰室全集歷史上中國民族之觀察
十五、王桐齡先生中國民族史第二章

第九章　周代之文明

一　制度

封建　周武王既定天下，就其原有諸侯之土地加以封誥，就其原無諸侯之地取以封建。新封七十餘人爲諸侯，其制度雖不可得而詳！然據國語「先王規方千里以爲甸服，其餘以均分公侯伯子男。」（周語中）又據孟子「太公封於齊，周公封於魯，皆方百里。」（告子篇下）「天子地方千里，公侯皆方百里，伯七十里，子男五十里，不能五十里，不達於天子，

附於諸侯，曰附庸。」（萬章篇下）是周代頒爵為五等，封地為三等：而周官（後人謂之周禮）稱諸公方五百里，諸侯方四百里，則土地不敷應用，殆不可信。（註一）

春秋之世，强欺弱，衆倍寡，交相吞併，漸壞舊制！楚以子爵僭稱王，（註二）杞以公爵降為子，（註三）大國有地千里，漸失封建之制，遂成戰國之局。

周之官秩，自一命至九命，凡九等。上公九命：一命受職，二命受服，三命受位，四命受器，五命賜則，六命賜官，七命賜國，八命作牧，九命作伯。（周禮春官宗伯）大抵諸侯之有功德者，則王錫之以命。故晉文侯（名仇）有佐平王東遷大功，平王錫以誥命：（尚書文侯之命）晉文公（名重耳）敗楚於濮城，（今山東濮縣）襄王亦錫之以命。（左傳僖公二十八年）錫命者，又有器物殊禮以寵之，謂之九錫：韓詩外傳卷八曰：諸侯有德，天子錫之：一錫車馬，二錫衣服，三錫虎賁，四錫樂器，五錫納陛，六錫朱戶，七錫弓矢，八錫鈇戉，九錫秬鬯。是以平王錫文侯命，則錫之秬鬯一卣，彤弓一，彤矢百，盧弓一，盧矢百，馬四匹。（文侯之命）襄王錫文公命，則錫之大輅之服，戎輅之服，彤弓一，玈矢百，彤弓十，玈矢千，虎賁三百人。（左傳僖公二十八年）。

周王與諸侯之間，有巡守述職之禮。諸侯能治其國者，則有慶，慶以地；不能治其國者，則有讓，貶爵削地，或加征伐。故孟子曰：「天子適諸侯，曰巡狩；諸侯朝於天子，曰述職。春省耕而補不足，秋省斂而助不給。入其疆，土地闢，田野治，養老尊賢，俊傑在位，則有慶，慶以地；入其疆，土地荒蕪，遺老失賢，掊克在位，則有讓；一不朝則貶其爵，再不朝則削其地，三不朝則六師移之。」（孟子告子下）考周初立國，務求鞏固中央之權，故其制度如是：

（註一）周禮爲戰國時人所僞托，乃叙述個人治國方略之作，與黃宗羲明夷待訪錄，孫文建國大綱建國方略同一性質。故周禮中事實與理想參半，不惟其書非周公所作，書中所載亦不盡爲西周之制。讀毛奇齡經問（刊在皇清經解）萬斯大周官辨非，（刊在昭代叢書）崔述豐鎬考信錄周公相成王下，（刊在崔東壁遺書）皮錫瑞三禮通論：可以了然其故。

（註二）楚子熊通僭稱王，是爲楚武王。

（註一）左傳僖公二十七年，杞桓公來朝，用夷禮，故曰子。

官制　西周官制據僞古文尚書周官謂成王時，「立太師太傅太保，茲爲三公；論道經邦，燮理陰陽，官不必備，惟其人。少師少傅少保，曰三孤；貳公弘化，寅亮天地，弼予一人。冢宰掌邦治，統百官，均四海。司徒掌邦教，敷五典，擾兆民。宗伯掌邦禮，治神人，和上下。司馬掌邦政，統六師，平邦國。司寇掌邦禁，詰姦慝，刑暴亂。司空掌邦土，居四民，時地利：六卿分職，各率其屬，以倡九牧，阜成兆民。」此雖不可盡信。

！然北堂書鈔五十引古周禮，亦謂天子立三公：曰太師太傅太保，無官屬，與王同職，故曰坐而論道，謂之三公。又立三少以爲之副：曰少師少傅少保，是謂三孤。又公羊傳隱五年傳云：『三公者何？天子之相也。周自陝而東者，周公主之；自陝而西者，召公主之；一相居乎內。差足爲周代有三公之論據。且三公殷代已有，戰國策所謂『昔者鬼侯之鄂侯文王，紂之三公也。』（戰國策卷第二十趙策三）太師：殷時箕子爲之。漢官儀曰：紂時胥餘爲之，胥餘箕子字也。尙書微子作誥，父師少師是也。史記周成王爲太子，以太公望爲太師。（周本紀）續事始曰：周文王得呂尙于蟠溪，以爲師，謂之太師。太傅：大戴禮曰：周公始爲之。又禮記文王世子曰：『立太傅少傅以養之，……入則有保，出則有師……虞夏商周有師保，有疑丞。』凡此皆周代有三公，而三公爲師傅保之證；尙書周書中同時言司徒司馬司空者凡三見，（牧誓梓材立政等篇）而同時言司徒司空司寇者寇者亦一見。（洪範篇）冢宰宗伯之名，僅見於僞古文尙書周官篇及不可盡信之周禮。故周代六官之說——天官冢宰，地官司徒，春官宗伯，夏官司馬，秋官司寇，冬官司空。——根據亦較爲薄弱。大抵西周官職分爲諸侯卿大夫士。據孟子則「君一位，卿一位，大夫一位，上士一位，中士一位，下士一位，凡六等。」（萬章篇下）至其諸侯官制：則『大國三卿，皆命於天子，下大夫五人，上士二十七人。次國三卿，二卿命於天子，一卿命於其君，下大夫五人，上士二十七人。小國二卿，皆命於其君，下大夫五人，上士二十七人。（禮記王制）祿制則「天子之卿，受地視侯。大夫，受地視伯。元士，受地視子男。大國地方百里，君十卿祿，卿祿四大夫，大夫倍上士，上士倍中士，中士倍下士，下士與庶人在官者同祿，祿足以代其耕也。次國地方七十里，君十卿祿，卿祿三大夫，大夫倍上士，上士倍中士，中士倍下士，下士與庶人在官者同祿，祿足以代其耕也。小國地方五十里，君十卿祿，卿祿二大夫，大夫倍上士，上士倍中士，中士倍下士，下士與庶人在官者同祿，祿足以代其耕也。耕者之所獲，一夫百畝，百畝之糞，上農夫食九人，上次食八人，中食七人，中次食六人，下食五人；庶人在官者，其祿以是爲差。」（孟子萬章下）

春秋時代，列國官制，多有改更，其見於左傳國語暨他書之可信者，則周官有宰，（隱元年）卜正，（隱十一年）內史，（桓二年）大史，（桓十七年，）膳夫，（莊十九年）史，（莊二十二年）御事，（僖二十四年）虎賁，（僖二十八年）宗伯，（文二年）司寇，（文十八年）虞人，（襄四年）行人，（襄二十一年）尉氏，（襄二十一年）司徒，（襄二十一年）候，（襄二十一年）陶正，（襄二十五年）宰旅，（襄二十六年）司馬，（昭四年）縣大夫，（昭九年）泠，（昭二十一年）帥，（昭三十二年）祝宗，（定四年）等官： 魯官有司空，（隱二年）太宰，（隱十一年）卜士，（桓六年）卜人，（桓六年）史，（桓六年）太史，（桓十七年）圉人，（莊三十二年）傅，（閔二年）巫，（僖二十一年）縣人，（僖二十五年）宗伯，（文二年）行人，（文四年）司寇，（文十八年）虞人，（襄四年）隧正，（襄七年）馬正，（襄二十三年）左宰，（襄二十三年）御騶，（襄二十三年）外史，（襄二十三年）工，（襄二十八年）御，（昭四年）司徒，（昭四年）司馬，（昭四年）工正，（昭四年）司宮，（昭五年）御，右，（昭九年）祝史，（昭十七年）饔人，（昭二十五年）左師，（昭二十五年）賈正，（昭二十五年）工師，（定十年）宰人，（哀三年）校人，（哀三年）巾車，（哀三年）等官。宋官。有大司馬，（隱三年）大宰，（桓二年）司空，（後改司城）（桓六年）右師，（僖九年）左師，（僖九年）門官，（僖二十二年）門尹，（僖二十八年）司徒，（文七年）司寇，（文七年）御，右，（文十一年）帥甸，（文十六年）御，（宣二年）少司寇，（成十五年）少宰，（成十五年）司里，（襄九年）隧正，（襄九年）校正，（襄九年）工正，（襄九年）司宮，（襄九年）巷伯，（襄九年）鄉正，、（襄九年）祝，（襄九年）宗，（襄九年）舞師，（襄十八年）褚師，（襄二十年）圉人，（襄二十六年）封人，（昭二十一年）御士，（昭二十一年）行人，（定六年）迹人，（哀十四年）等官。晉官有九宗五正，（隱六年）司徒，（桓二年）御，戎右，（桓三年）大司空，（莊二十六年）卜人，（閔元年）寺人，（僖五年）僕人，、七輿大夫，（僖十年）（僖二十四年）縣大夫，（僖二十五年）中軍將佐，上軍將佐，下軍將佐，（並僖二十七年）執秩，（僖二十七年）司馬，（僖二十八年）中行，右行，左行，（並僖二十八年）醫，（僖三十年）中軍大夫，上軍大夫，下軍大夫，（並僖三十三年）太傅，太師，（並文六年）宰夫，（宣二年）公族，（宣二年）公行，（宣二年）候正，（成二年）僕大夫，（成六年）巫，（成十年）宗，（成十七年）乘馬御，（成十八年）六騶，（成十八年）僕人，（襄三年）司寇，（襄三年）工，（襄四年）行人，（襄四年）理，（昭十四年）祭史；（昭十七年）等官。齊官有太宰，（國語）工正，（莊二十二年）寺人，（昭二年）饔人，（僖十七年）御戎，右，（成二年）銳司徒，辟司徒，（並成二年）司寇，（成十八年）傳，（襄十九年）史，（襄二十五年）祝，（襄二十五年）侍漁，（襄二十五年）左相，（襄二十五年）太史，（襄二十五年）虞人，（昭二十年）宰，（昭二十七年）僕，（哀二十二年）等官。楚官有莫敖，（桓十一年）令尹，（莊四年）縣尹，（莊十八年）大閽，（莊十九年，）師，（僖二十二年）大司馬，（僖二十六年）太師，（文元年）環列之尹，（文元年）巫，（文十年）司敗，（文十年）工尹，（文十年）左司馬，右司馬，（並文十年）工正，（宣四年）箴尹，（宣四年）左尹，（宣十一年）封人，（宣十一年）司徒，（宣十一年）縣公，（宣十一年）沈尹，（宣十二年）宰，少宰，（並宣十二年）連尹，（宣十二年）溝尹，（成七年）泠人，（成九年）太宰，（成十年）右尹，（成十六年）宮廄尹，（襄十五年）揚豚尹，（襄十八年）醫，（襄二十一年）御士，（襄二十二年）司宮，（昭五年）囂尹，（昭十二年）陵尹，（昭十二年）郊尹，正僕，芋尹，卜尹，（並昭十三年）師，（昭十九年）少師，（昭十九年）右領，中廄尹，（並昭二十七年）鍼尹，（定四年）藍尹，（定五年，）樂尹，（定五年）尹門，（哀十六年）等官。　秦官有右大夫，（成二年）不更，（成十三年）庶長，（襄十一年）等官。　吳官有閽，（襄二十八年）太宰，（定四年）司馬，（哀十一年）等官。　陳官有司敗，（論語）司馬，（襄二十五年）司空，（襄二十五年）等官。　蔡官有司馬，（襄八年）封人，（昭十九年）等官。是為春秋職官之大概：

戰國官制，上承春秋，下開秦漢，故與三代相去遠，而與近世相去近。其可考者：秦官有相，（國策秦一）丞相；（史記秦本記）相國，（史記穰侯傳）師，（史記商君傳）傅，（史記商君傳）容卿，（史記秦本紀）中大夫令，（史記秦始皇本紀）五大夫，（史記秦本紀）尉，（史記秦本紀）國尉，（史記白起傳）廷尉，（史記李斯傳）都尉，（史記王翦傳）衛尉，（史記秦始皇本紀）長史，（史記李斯傳）大良造，（史記秦本紀）庶長，（史記秦本紀）守，（史記秦本紀）縣官，（史記范睢傳）縣令，（史記商君傳）縣丞，（史記商君傳）郎，（史記李斯傳）郎中，（史記荆軻傳）中車府令，（史記蒙恬傳）主鐵官，（漢書司馬遷傳）舍人，（史記李斯傳）中庶子。（史記荆軻傳）齊官有相，（國策齊一）司馬，（國策齊六）師，（史記田敬仲世家）太傅，（國策齊四）御史，（

史記淳于髡傳）右帥，（孟子）祭酒（史記荀卿傳）學士，（史記田敬仲世家）客卿（史記蘇秦傳）騎駕，（韓非子外儲說右）主客，（史記淳于髡傳）謁者，（國策齊四）五官。（國策齊一）

楚官有上柱國，（史記楚世家又國策東周）大將軍，（史記楚世家。案將軍之稱，始見於左傳昭公二十九年，由來已久。蓋至此，始於將軍之外，又加以識別焉。）裨將軍，（史記楚世家）太子太傅，（史記楚世家）太子少傅，（史記楚世家）相國，（國策楚四）新造盩，（國策楚一）三閭大夫，（史記屈原傳）執珪，（國策楚四）左徒，（史記屈原傳）令，（史記荀卿傳）郎中，（國策楚四）謁者。（國策楚三）

趙官有丞相，（國策趙三）相國，（國策趙三）左師，（國策趙四）國尉，（史記趙奢傳）。尉文，（史記趙世家。一說地名，非官名）官帥將，（漢書馮奉世傳）中候，（史記趙奢傳）御史，（國策趙二）博聞師，（史記趙世家）司過，（史記趙世家）黑衣，

(國策趙四)田部吏。(史記趙奢傳)魏官有相，(國策趙一)師，(史記魏世家)傳，(史記魏世家)犀首，(史記魏世家)上將軍，(史記魏世家)御庶子，(國策魏一)博士。(漢書賈山傳)韓官有相國，(國策韓三)守，(史記趙世家)縣令，(史記趙世家)中庶子。(國策韓二)燕官有相國，(韓非子外儲說左上)太傅，(史記荆軻傳)御書。(國策燕二)

地方制(附侯國疆界) 虞夏九州，(冀兗青徐揚荆豫梁雍)制定於禹，殷湯奄有九有，因夏之制，無所變更。逮周既定鼎，職方所掌，亦曰九州，與禹貢所紀，有略異者。東南曰揚州，山會稽，(在浙江紹興縣城東南十三里。)藪具區，(在江蘇吳縣城西南五十里)川三江，(松江，婁江，東江，在江蘇及浙江境。)浸五湖。(五湖，孔氏曰：大湖東岸五灣也。水瀰漫而灘淺者曰藪，窪下而鍾水者曰浸。)正南曰荆州，山衡山，（在湖南衡山縣西，）藪雲夢，（在湖北，德安縣城南五十里，或曰雲夢跨江南北，其澤甚巨。）川江漢，浸潁湛。（潁水，發源河南登封縣陽乾山，至安徽潁上縣入淮。湛水，出河南臨汝縣魚齒山，下流入汝：二水在禹貢爲豫州域內。）河南曰豫州，山華山，（在陝西華陰縣南。）藪圃田，（圃田澤在河南中牟縣西北七里。）川滎洛，（滎灉，即今之汴水。洛水出陝西商縣南冢嶺山，至河南鞏縣北入河。）浸波溠。（波水出河南魯山縣西北歇馬嶺，流入汝水。溠水，出湖北棗陽縣東北黃山，流入溳水。）正東曰青州，山沂山，（沂山，在山東臨朐縣南百五十里。）藪孟諸，（孟諸澤在河南商邱東北，于禹貢爲豫州境。）川淮泗，（淮水出河南桐柏縣桐柏山，至江蘇漣水縣東北入海。泗水出山東泗水縣陪尾山，至江蘇清河縣南入淮。二水於禹貢爲徐州川：）浸沂沭。（沂水出山東臨朐縣沂山，至江蘇邱縣南入泗水。沭水，亦出沂山，至江蘇漣水縣入淮水。）

河東曰兗州，山岱山，（此岱，泰山，在山東泰安縣北五里。）藪大野，（大野澤在山東鉅野縣東五里。）川河泲，（河大河也。濟水，發源河南濟源縣王屋山，至山東利津縣入海。）浸盧濰，（盧水，通典曰，在濟陽郡盧縣。今山東長淸縣有廢盧縣，盧水湮廢不可考。濰水源出山東莒縣西北箕屋山，至濰縣北入海。）正西曰雍州，山岳山，（吳岳山也，在陝西隴縣南百四十里。）藪弦蒲，（弦蒲藪在隴縣西四十里。）川涇汭，（涇水出甘肅平涼縣西南幵頭山，至陝西高陵縣西南入渭。汭水出弦蒲藪，至長武縣合於涇水。）浸渭洛。（渭水出甘肅渭源縣西南谷山，至陝西華陰縣北入於河。洛水出陝西定邊縣白於山，南流，合漆沮水，至朝邑縣南入渭水，此雍州之洛水也。）東北曰幽州，山醫無閭，（在奉天廣寧縣西五里。）藪貕養，（在山東萊陽縣東）川河泲，浸菑時。（菑水即淄水，出山東萊蕪縣東原山，至壽光縣入海。時水，出山東臨淄縣，合小淸河入海。二水於禹貢皆在青州境。）河內曰冀州，山霍山，（在山西霍縣東南三十里。）藪揚紆，（即大陸澤，在直隸平鄉甯晉隆平等縣境。）川漳，（漳水有二：濁漳出山西長子縣西發鳩山。淸漳出平定。廢樂平縣西南少山下流自天津入海。今漳合衛入運。）浸汾潞。（汾水出山西靜樂縣管涔山，至滎河縣西入河。潞水在密雲縣北，即今通縣之白河。）正北曰並州，山常山，（即恒山，在直隸曲陽縣西北。）藪昭餘祁，（在山西祁縣東七里。）川滹沱嘔夷，（滹沱出山西繁峙縣東北泰戲山，至天津入海。嘔夷即唐河，出山西靈邱縣西北高是山。至直隸安新縣北流，合於易水。）浸淶易。（淶水出直隸淶水縣北，一名拒馬河，下流合易水。有三源，並道分流東注，合衞河及滹沱河以入於海。）茲所列之九州，上視禹貢，有幽幷，無梁徐；蓋周合梁徐於雍青，分冀野爲幽幷，此其大異者也。荆靑分占豫境，而幽又犬牙靑壤，兗又錯出徐方，此其小異者也。左傳昭九年，

『王使詹桓伯辭於晉曰：我自夏以后稷，魏，（山西芮城縣東北）駘，（陝西武功縣西南）芮，（陝西大荔縣城南）畢，（陝西咸陽縣）吾西土也。及武王克商，蒲姑，（山東博興縣東）商奄，（山東曲阜縣東）吾東土也。巴，（四川巴縣）濮，（湖南西北部故辰州常德二府境。）楚，（楚之先，國於丹陽，今湖北秭歸縣東南。）鄧，（河南鄧縣）吾南土也。肅愼，（吉林甯安縣境）燕，（故京兆地）亳，（陝西北境）吾北土也。』漢賈捐之曰：『武丁，成王，殷周之大仁也。然地東不過江，（河南正陽縣東南）黃，（河南潢川縣西）西不過氐羌，南不過荆蠻，北不過朔方。』（前漢書卷六十四下賈捐之傳）蓋九州雖廣，封國所建，及於五服；（註一）其他蠻族錯處則如後世之羈縻州：

（註一）五服：尚書禹貢，五百里甸服，五百里侯服，五百里綏服，五百里要服，五百里荒服。又尚書益稷『弼成五服，』注云：『五服，侯甸綏要荒服也。服五百里，四方相距爲方五千里。』此虞夏之五服也：至周之五服，則見於尚書康誥者有云：『侯甸男邦采衛，』注云：『此五服諸侯，服五百里，侯服去王城千里，甸服千五百里，男服去王城二千里，采服二千五百里，衛服三千里，與禹貢異制。』但周又有九服之說：考周禮夏官職方氏有云：『乃辨九服之邦國：方千里曰王畿。其外方五百里，曰侯服。又其外方五百里，曰甸服。又其外方五百里，曰男服。又其外方五百里，曰采服。又其外方五百里，曰衛服。又其外方五百里，曰蠻服。又其外五百里，曰夷服。又其外方五百里，曰鎮服。又其外五百里，曰藩服。』又考僞古文尚書周官有云：『六服群辟。』疏云：『周禮九服，此惟六者，夷鎮藩三服，在九州之外，夷狄之地，王者之於夷狄，羈縻而已，不可同於華夏，故惟舉六服。』按此等『五服九服之說，過於整齊，與建都地形不合，古人多設想之詞，未可據以爲實也。』（夏曾佑中國歷史教科書）

東周王室衰微，諸侯坐大，蓋始於平王東遷，賜秦以岐豐之地。然其時西有虢，（河南陝縣東南）據桃林之塞，（即秦函谷關，在河南靈寶縣）通西京之道。南有申呂，（俱在河南南陽縣）扼天下之膂，屏東南之固。而南陽（今河南沁陽縣）肩背澤潞，富甲天下，轘轅（山名，在河南鞏縣西南。）伊闕，（河南洛陽縣南）披山帶河：地方雖小，亦足王也。惠王割虎牢（河南汜水縣西）畀鄭，酒泉（今陝西澄城縣西有甘泉水，俗稱縣西河，出匱谷中，造酒尤美，名酒泉。或曰酒泉在河南澠池縣。）畀虢，楚又滅申，而東南之屏蔽失。晉滅虢，而西歸之道斷。至襄王以溫（河南溫縣）原（河南濟源縣）畀晉，（註一）而東都之事去矣。迄於二周之亡，所有者惟河南，（即王城）洛陽，（即下都）穀城，（今洛陽西北十八里，有故穀城。）平陰，（故城在今孟津東）偃師，（今河南偃師縣）鞏，（今河南鞏縣）緱氏，（故城在今偃師縣南二十里。）七城而已。

（註一）左傳僖二十五年，襄王與晉，陽樊溫攢茅之田，晉於是始啓南陽。

春秋列國：則齊晉秦楚分建四隅，迭相爭長，號為大國，魯衛宋鄭，介乎其間，時受扼制。而吳越抗衡江表，又後起之勁者也。其强弱之勢，常以地利形勢為之：茲分述魯齊晉楚宋衛鄭秦吳越各國疆域如左：（下文參閱春秋大事表卷四，各該國疆域論）

魯於春秋為望國，當泰山之南，據汶泗上流，其地平衍，終春秋之世，常畏齊而附晉。西南則宋鄭衛及邾莒杞鄫諸國，其地犬牙相錯，時吞滅弱小以自附益。祊（山東費縣）易之鄭，防（山東金鄉縣西北）取之宋，須句（山東東平縣西北有須昌故城，即古須句國。）取之邾，向（山東莒縣南）鄫（山東嶧縣南）取之莒。而邾則空其國都，致邾衆退保嶧山，（山東鄒縣東南）與莒爭鄆（山東沂水縣北）無寧日。連晉文分曹地，則有今濮縣（山東濮縣）西南。而越既滅吳，與魯泗東方百里，地界稍稍擴矣，然不能抗衡齊魯！微特由其君臣之孱弱，亦由地當走集，以攻以守皆不足。

齊地形勢險要不如晉，幅幀廣遠不如吳楚：徒以東至海，饒魚鹽之利；西至河，憑襟帶之固；南至穆陵，（山東臨朐縣大峴山）有大峴之險；北至無棣，（直隸慶雲，山東無棣，兩縣皆其地。）收廣漠之地：用管子之計，官山府海，遂成富强，爲五伯首！豈惟地利，抑亦人謀之善。

晉初辟太原，（屬山西）當周室東遷之時，猶彈丸黑子之地，其勢甚微。及曲沃武公伐晉侯緡滅之，盡以其寶器賂周釐王，王以武公爲晉君，列於諸侯，漸肆兼併。以後滅虢，據崤函之固；啓南陽，扼孟門，（太行八陘：一軹關陘，二太行陘，三白陘，四釜口陘，五井陘，六飛狐陘，七蒲陰陘，八軍都陘。孟門即白陘，在河南輝縣界）太行，（在河南沁陽西北）之險。南據虎牢，北據邯鄲，（今縣）擅河內之殷墟，（衛之朝歌，在今河南淇縣，商所都也）連肥（國名，在直隸藁城縣西南）鼓（國名，在直隸晉縣）之勁地。西入秦域，（伐秦取汪及彭衙，則皆陝西白水縣界。又伐秦取少梁，則在陝西韓城縣南。）東軼齊境，（伐齊取犂及轅，犂在山東臨邑縣西，轅在山東禹城縣西北，）天下扼塞鞏固之區，無不爲晉有，然後以守則固，以攻則勝，擁衛天子，鞭笞列國，周室藉以綿延者二百年，皆晉之力。

楚居南服，其北向以抗衡中夏者，自文王滅申始。厥後滅呂，滅息，（河南息縣）滅鄧，（河南鄧縣）南陽汝甯之地，悉爲楚有，遂平步以窺周疆：故楚出師則申息爲之先驅，守禦則申呂爲之藩蔽。城濮之敗，而子玉羞見申息之老；楚莊初立，而申息之北門不啓。子重欲取申呂以爲賞田，而巫臣謂晉鄭必至於漢，申之係於楚，豈細故哉。故論當日楚之形勢：東拒齊，則召陵（郾河南城縣東）之陘爲咽喉之塞；西拒晉，則少習武關（少習山名，在今陝西商縣東，其下卽武關。）通往來之道；南面扞吳，則鍾離（安徽鳳陽縣）居巢（安徽巢縣）州來，（安徽壽縣北）屹爲重鎮。迨州來失，而入郢之禍作。

宋建國商邱，爲四望平坦之域，入春秋時乃有彭城，（江蘇銅山縣）彭城俗勁悍，又當南北之衝。晉悼公之再霸也，用吳以犄楚，先用宋以通吳，實於彭城取道。楚拔彭城以封魚石，實欲使吳晉隔不得通。晉滅偪陽以畀宋，欲宋爲地主，通吳晉往來之道。蓋彭城爲宋有，而柤爲楚地，（襄十年，晉合諸侯會吳子於柤）偪陽爲楚與國，宋有偪陽：而吳晉相援爲左右手矣。故當日楚最仇宋，常合鄭以齮宋亦最力；而宋以有彭城之故，爲天下輕重。

衞地西鄰晉，東接齊，北走燕，南拒鄭宋，楚與晉爭霸，爭鄭宋而衞不受兵，以鄭宋南面爲之蔽也。自晉文城濮之役，用兵於衞，自後制於衞，幾同晉之都邑。

鄭西有虎牢之險，北有延津（及廩延，在河南延津縣北，爲古黃河經流之道。）之固，南據汝潁之地，恃其險阻，左支右吾。蓋滎陽成皋，爲自古戰爭之地，南北有事，首先被兵，地勢然也。至子產之世，虎牢已屬晉，犨（河南魯山縣東南）郟（河南郟縣）櫟，（河南禹縣）已先屬楚，地險盡失，徒善其區區之辭命，以大義折服晉楚而已。自後三家分晉，而韓得成皋（即虎牢）卒以滅鄭！則鄭之虎牢，豈非得之以興，失之以亡者哉。

秦雖據豐鎬故都，自其東則晉限以桃林（河南靈寶縣）之塞，少南則楚限以武關之險，故滅滑（河南偃師縣）而滑爲晉有，滅鄀（河南內鄉境）而鄀爲楚有！終春秋不得越中原一步。且自今陝西中部之地，——大荔華縣延安綏德一帶，——晉地皆斗入其中！故雖以穆公之雄心，不忘東向，卒亦無以得志，乃開斥戎疆，僅霸西戎！二百年來，秦人屏息而不敢出氣者，晉實有以制之。

吳跨江南北立國，其初服屬於楚。自吳晉交通，教吳叛楚，以後遂爲勍敵。吳楚交兵數百戰，楚得上游，從水則楚常勝，而從陸則吳常勝！楚以水師臨吳，而吳常從東北以出楚之不意也。鐘離居巢州來三邑，爲楚備吳重鎮，吳爭七十年而後得之。三邑滅，而楚淮右之雄藩盡撤，吳遂由陸道，從光黃（河南潢川縣）經義陽三關（大隧卽今黃峴關，亦曰百雁關，在河南信陽縣南。其東曰冥阨，卽今平靖關，又曰西關。又東曰直轅，卽今武陽關，亦曰武勝關，又曰東關，皆南接湖北麻城應山二縣界。）之險，以瞰郢都，（湖北江陵北）置大江於不問。

越自允常始見於春秋，再世至句踐，遂成霸業。其初疆域，南至於句無，（古地名，今浙江諸暨縣）北至於禦兒，（浙江石門縣）東至於鄞，（浙江鄞縣）。西至姑蔑。（浙江龍游縣）然檇李（浙江嘉興縣）餘汗，（江西餘干縣）皆爲越壤，則西北境尙不止此！及其滅吳，遂有吳之全土，北與齊魯接壤。

由春秋入戰國，並吞之禍益亟！於是魯越滅於楚，衞侵割於晉，宋滅於齊，鄭滅於韓；天下強國，只餘秦韓趙魏燕齊楚之七國：

秦地阻山帶河，『西有巴蜀漢中之利，北有胡貉代馬之用，南有巫山（在四川巫山縣）黔中（湖南舊辰州常德永順澧州諸府州，及貴州舊黎平思南諸府地）之限，東有崤函（崤阪在河南永寧縣北。函谷關在靈寶縣南。）之固，沃野千里，地勢形便，所謂天府天下之雄國也。』（戰國策）

韓當秦魏之衝，『北有鞏（河南鞏縣）洛（河南洛陽）成皋之固，西有宜陽（今河南屬縣）商阪（即商洛山，在陝西商縣東南。）之塞，東有宛（河南南陽縣北）穰（河南鄧縣）洧水，（出河南密縣至西華縣而入於潁水）南有陘山，（在河南新鄭縣西南三十里亦名陘塞。）地方千里。』（戰國策）其自成皋渡河，上黨（山西舊潞安府地今山西冀寧道南部之地。）之地，亦爲韓郡。

魏地蜿蜒大河岸，山東之要，天下之脊也。「南有鴻溝，（卽汴河舊曰滎陽東南至安徽泗縣入淮）東有淮潁，西有長城，（史記魏惠王十九年築長城塞固陽以備秦及西戎。又秦紀云：魏築長城，自鄭濱洛以北有上郡。魏惠王初，河西之地，皆魏有也。其後築長城於滎陽陽武間矣。）北有河外，（河之南邑，對河內而言也。）地方千里。」（戰國策）

趙據河北之固，北出則傍陰山下，置雲中（山西歸化城南）雁門（山西舊大同朔平二府地）代郡，（直隸舊尉州）東南跨太行以爲固，西臨河『地方三千里，西有常山，（卽恒山，在山西曲陽縣北）南有河漳，東有清河，（在直隸清河西境今湮。）北有燕國。』（戰國策）

燕附齊趙以爲重者也。『東有朝鮮遼東，北有林胡樓煩，（山西舊太原府岢嵐州以北，故樓煩胡地。山西舊大同府朔州以北，故林胡地。）西有雲中九原，（九原今蒙古烏喇特茂明安二旗之地。）南有呼沱易水，地方二千里。南有碣石（山名，在直隸昌黎縣西北）雁門（關名，在山西代縣北三十里）之饒，北有棗粟之利，此天府也。』（戰國策）

齊據東海之表，與秦東西對峙，號爲雄國，所謂東西秦也。『南有泰山，東有瑯琊，（山名，在山東諸城縣東南。）西有淸河，北有勃海，所謂四塞之國也，地方二千餘里。』（戰國策）

楚南服之勁。『西有黔中巫郡，（四川巫山縣）東有夏州（卽夏口今湖北漢口）海陽，（楚幷吳越，地東至海，海陽蓋楚之東南境。）南有洞庭（湖南洞庭湖）蒼梧，（卽九疑山，在湖南寧遠縣南）北有陘塞（卽陘山與韓接境）郇陽，（郇水之陽，今陝西郇陽縣）地方五千里。』（戰國策）

方七國盛時，其幅員秦楚最大，齊趙次之，燕魏又次之，韓最小。然終以并滅於秦者何哉？初秦之不得東出也，晉爲之限也。至三晉瓜分，所謂函谷天險，河西斗地，皆屬於魏。及魏惠王之世，東敗於齊，秦承其敝，用商鞅之策，伐魏敗之，魏獻河西之地。（陝西宜川縣）已而秦連歲用師於魏，魏納陰晉，（陝西華陰縣）獻少梁，（故城在今陝西韓城縣南）秦又連取汾陰，（山西榮河縣北）皮氏，（山西河津縣西）拔焦。（河南陝縣南）張儀復說魏使盡入上郡十五縣（陝西舊榆林府延安府綏德州境。）於秦。於是秦始憑黃河之險，據崤函之固，東向以制諸侯。南則開通巴蜀，循江而下，攻楚拔郢，取巫黔，握長江之上游，中原形勢，盡在握。其間合從連衡，相攻伐者垂百八十年。秦萃銳三晉，先滅韓，次趙，次魏，次楚，次滅燕並滅代，最後滅齊：故三晉分而秦强，秦强而六國破滅。

屬國　武王伐商，庸蜀羌髳，微盧彭濮，咸來會師，當時諸夷之附服，已可想見。武王十五年，肅愼氏來賓，貢楛矢石砮，其長尺有咫，王銘之，以分元女太姬，歸諸陳，示令德之致遠也。及成王九年，復來朝，王使榮伯作賄肅慎之命。（按舜時息愼即肅愼亦作稷愼。其地在今吉林長白山之北，北至黑龍江城，東至今俄屬東海濱省混同江口。逸周書王會解：西面者，正北方稷愼大麈。）十年，越裳氏（註一）重三譯而來朝，貢白雉。周公曰：德澤不加，君子不饗其質，政令不施，君子不臣其人，遣之歸。道遠恐迷其歸路：周公錫以騈車五乘，皆爲司南之制。越裳使者載之，緣扶南林邑海際，朞年而至國。使大夫宴將（註二）送至國而還，亦乘司南，而背其所指，亦朞年而還。又逸周書王會解曰：「西面者，正北方稷愼大麈。（稷愼肅愼也。貢麈，似鹿。正北，內臺北也。）穢人前兒，前兒若彌猴，立行，聲似小兒。（穢韓穢，東夷別種。）良夷在子，在子口身人首，脂其腹炙之，雷則鳴曰在子。（良夷，樂狼之夷也；貢奇獸。）揚州禺禺，魚名解隃冠。（亦奇魚也）發人鹿鹿者，若鹿迅走。（發亦東夷，迅疾。）俞人雖馬。（俞東北夷，雖馬舊駕一角，大者曰麟也。）青丘狐九尾。（青丘海東地名。）周頭煇羝，煇羝去羊也。（周頭亦海東名也。）黑齒白鹿白馬。（黑齒西遠之夷也，貢白鹿白馬。）白民乘黃，乘黃者似騏，背有兩角。東越海蛤。（東越則海際，蛤文蛤。）歐人蟬蛇，蟬蛇順食之美。（東越歐人也，比交州蛇特多，爲上珍也。）姑於越納曰姑妹珍。（姑妹國後屬越。）且甌文蜃。（且甌在越，文唇大蛤也。）共人玄貝。（共人吳越之蠻，玄貝昭貝也。）海陽大蟹。（海水之陽，一蟹盈車。）自深桂。（自深亦南蠻也。）會稽以鼉。皆西嚮：（其皮可以爲鼓首。自臺以下，至此，向西也。）正北方義渠以茲白，茲白者若白馬鋸牙食虎豹。（亦在臺北，與大臺相對。義渠西戎國，茲白亦名駮者也。）史林以尊耳，尊耳者，身若虎豹，尾長三尺，其身食虎豹。（史林戎之在西南者。）北唐戎以閭閭以喻冠。（北唐戎在西北者也。射禮以閭象爲射器。)渠叟以鼩犬，鼩犬者露犬也，能飛食虎豹。(渠叟西戎之別名也。)樓煩以星施，星施者珥旄。(樓煩北狄，珥旄所以爲旄羽耳。)卜盧以羊，羊者牛之小者也。(卜盧，盧人，西北戎也，今盧水是。)區陽以鼈，封者若彘，前後有首。(區陽亦戎之名也。)規矩，以麟者獸也。(規矩亦戎也。麟似麕，牛尾，一角馬蹄也。)西申以鳳鳥，鳳鳥者，戴仁抱義掖信歸有德。(其形似雞，蛇頭魚尾，戴仁向仁國，抱義懷有義，掖信歸有德君也)丘羌鸞鳥，(丘地之羌不同，故謂之丘羌，今謂之丘羌矣。鸞大於鳳，亦歸於仁義也。)巴人以比翼。(巴人在南者，不比不飛其名曰鶼鶼。)方揚以皇鳥。(方揚亦戎別也。皇鳥配於鳳者也。)蜀人以文翰，文翰者若皐雞。(鳥有文彩者。皐雞似鳧，冀州謂之澤特也。)方人以孔鳥。(亦戎別名，孔與鸞相配也。)卜人以丹沙。(卜人西南之蠻，丹沙所出，)夷用闒采。(夷東北夷也。采生火中，色黑，面光，其堅若鐵也。）康民以稃苡者，其實如李，食之宜子，（康亦西戎之別也。食稃苡即有身。）州靡費費，其形人身，枝踵自笑，笑則上唇翕，其目食人，北方謂之吐嘍。（州靡北狄也。費費曰梟羊，好行，立行如人，被髮，前足稍長者也。）都郭生生，若黃狗，人面能言。（都郭北狄，生生二名也。）奇幹善芳，善芳者，頭若雄雞，佩之令人不昧。皆東嚮：（奇幹亦北狄，善芳鳥名，不昧不囗也，皆東東向列次也。）北方臺正東，高夷嗛羊，嗛羊高，羊而四角。（高夷東北夷高麗句）獨鹿邛邛，距虛善走也。（獨鹿西方之戎也。邛邛獸似距虛負厥而走也。）孤竹距虛。（孤竹東北狄，距虛獸也，驢騾之屬。）不令支玄模。（不令支皆東北夷，模曰狐，玄模則黑狐也。）不屠何青能。（不屠何亦東北夷也。）東胡黃羆。（東胡東北西卑。）山戎菽。（山戎亦東北夷戎菽豆藥也。）其西般吾白虎。（次西般吾北狄近西也。）屠州黑豹。（屠州狄之別也。）禺氏騊駼。（禺氏西北戎夷，騊駼馬之屬也。）大夏茲白羊。（大夏西北戎，茲白羊野獸也，似白牛形也。）犬戎文馬而赤鬣縞身，目黃金，名古黃之乘。（犬戎西戎之遠者也。）數楚每牛，每牛者牛之小者也。（數楚亦北戎也。）匈戎狡犬，狡犬者巨身四尺果。皆北嚮：（匈奴者北戎也。）權扶三目。（權扶南蠻也，玉之有光也，形甚小也。）白州北閭，北閭者其革若於，伐其木以爲車，終行不敗。（白州東南蠻也，與白民接也，水中可居者洲，洲中出此珍也。）禽人菅。（亦東南蠻，菅車堅忍。）路人大竹。（路人東方之蠻貢大竹）長沙鼈。其西魚復鼓鐘，鐘牛。（次西列也，魚復南蠻國也。貢鼓及鐘而似牛形者，美遠致也。）蠻揚之翟。（揚州之蠻貢翟鳥。）倉吾翡翠，翡翠者所以取羽。（倉吾亦蠻也，翠羽其色靑而有黃也。）其餘皆可知。自古之政，（餘謂衆貢物也，言政化之所至也。）南人至，衆皆北嚮：（南人南越）』是周成王所朝見之四方蠻夷至夥！而渠叟，康，大夏，

匈戎等部落皆見於周初。(註三)

(註一)越裳國，舊說在今法屬安南境。法國鮑梯氏，(Punthies) 則謂越裳爲迦爾底。以見近世所發現之古代亞述利亞石碑，所刻人皆服長衣，下垂及地與漢文越裳二字文義相合。

(註二)宴將中華古今注作寠將。

(註三)渠叟，即漢代大宛，隋之鏺汗，唐之拔漢那，今俄領費爾加拿省。(Ferghanah) 康，即漢代之康居，隋唐時曰康國。

田制　孟子滕文公上云：「夏后氏五十而貢，殷人七十而助，周人百畝而徹，其實皆什一也。」然則三代田法，不過名稱不同，其實皆行什一之制。而其所以有五十畝七十畝百畝之異者，由於三代不同度：(蔡邕獨斷曰：夏以十寸爲尺，殷以九寸爲尺，周以八寸爲尺。) 故畝數多寡不同，而地實同也。(據錢塘三代田制考，顧亭林日知錄其實皆什一也條) 周，『六尺爲步，步百爲畝，畝百爲夫，夫三爲屋，屋三爲井，井方一里。』(漢書食貨志)(按穀梁傳宣十五年傳曰：古者三百步爲里，)故，『方里爲井，井九百畝，其中爲公田，八家皆私百畝，同養公田。』──(孟子滕文公上)公田百畝，其中畫出二十畝，爲八家田舍，樹桑柘，種葱韭，一家各得二畝半，所謂五畝之宅。二畝半在田也。八家共耕八十畝，是謂什一之賦。然考周代井田經畫，見於周官遂人匠人之職。但遂人以十爲數，(凡治野，夫間有遂，遂上有徑；十夫有溝，溝上有畛；百夫有洫，洫上有涂；千夫有澮，澮上有道；萬夫有川，川上有路。)匠人以九爲數，(田首深廣二尺謂之遂，九夫爲井，井間廣四尺，深四尺謂之溝；溝方十里爲成；成間廣八尺深八尺謂之洫；方百里爲同；同間廣二尋深二仞，謂之澮，以達於川。)所經畫不同！論者故謂周兼二代之制，鄉遂用貢法，遂人是也。都鄙用助法，匠人是也。爲合一之說者，又非之！謂周家井由之法，通行全國，豈異內外！匠人以方言之，遂人特以直度之，其制則一：（通考田賦考）此說經家紛然聚訟，無關宏旨！且受田百畝，揆諸周制，亦不盡然！大司徒制都鄙之域，不易之地家百畝，一易之地家二百畝，再易之地家三百畝。遂人辨野之土，上地夫一廛，田百畝，萊（謂休不耕者）五十畝；中地夫一廛，田百畝，萊百畝；下地夫一廛，田百畝，萊二百畝：此因土地之肥磽而異其制也。又小司徒均土地，稽人民，上地家七人，中地家六人，下地家五人：此因人口之多寡而異其制也。故周制所謂『一夫百畝』（孟子萬章篇下）者，不過言其大較；而所謂八家同井者，特就土地膏腴，生齒繁庶者言之，並非通行之法！其受田之制，則長子年二十爲及歲，受田百畝，六十歸田。其家衆男，謂之餘夫，受田如此，（二十五畝）士工商受田，五口乃當農夫一人，（漢書食貨志）其受田百畝，必農之長子者；當時宗法嚴，而宗族主義盛行也。又井田之制，西周時代既未通行於全國；春秋戰國之世，各國復廢其制：故年飢何徹，則魯無井田；（論語）經界正始，則滕無井田；許行受廛，則楚無井田；陳相負耒，則宋無井田；百畝無奪時，則齊梁無井田；（並見孟子）商鞅決裂阡陌，則秦無井田。（戰國策）由是言之，自春秋以來數百年，田制變遷之結果，爲人民私有田地，任民所耕，不限多少，使民有田，即爲永業，並得賣買；而豪强兼幷之患，亦自此起。（通考田賦考）

賦稅制　考三代賦稅法，皆由井田而生：故孟子『夏后氏五十而貢，殷人七十而助，周人百畝而徹，其實皆什一也。』（滕文公篇上）趙岐注曰：『貢者民耕五十畝，貢上五畝；助者民耕七十畝，以七畝助公家；徹者民耕百畝，徹取十畝爲賦。』按古者『有賦有稅：稅謂公田什一及工商衡虞之入也。賦共車馬士徒之用役，充實府庫賜予之用。稅給郊社宗廟百神之祀，天子奉養，百官祿食，庶事之費。』（漢書食貨志）『師古曰：

賦謂計口發財，稅謂收其田入也。』惟周代賦稅法與井田有不可分之關係：大抵井九百畝，其中爲公田：公田百畝中，畫出二十畝爲八家廬舍；所餘公田八十畝中所收獲者，盡舉而納諸公家，謂之粟米之征。有時調取民間絹布，盛之以篋，謂之布縷之征。或公家有修城郭，築宮室，浚溝渠，平道路之事，則以農隙徵調人夫，謂之力役之征：然布縷力役之征，不常兼用，惜民力也。（孟子盡心下）又有屋粟，（夫三爲屋）謂田不耕，罰以一屋三家之稅。有里布，謂宅不毛，（不樹桑麻）罰以一里二十五家之布。有夫家之征，謂民無職事，罰之使出一夫百畝之稅，一家力役之征：凡所以警游惰，示懲罰也。（周禮地官載師）春秋以降，王政不行，國自爲政；魯宣公十五年，「初稅畝。」公羊傳曰：『譏始履畝而稅也。』穀梁傳曰：『初稅畝者，非公之去公田，而履畝十取一也。』魯成公元年作丘甲杜預注曰：「周禮九夫爲井，四井爲邑，四邑爲丘；丘十六井，出戎馬一匹，牛三頭。四丘爲甸，甸六十四井，出長轂一乘，戎馬四匹，牛十二頭，甲士三人，步卒七十二人。此甸所賦，今魯使丘出之，譏重斂故書。」魯哀公十二年用田賦。何林注公羊傳曰：「田謂一井之田，賦者斂取其財也。言用田賦者，若今漢家斂民錢以田爲率矣。」昭公四年，鄭子產作丘賦。杜預注曰：「丘十六井，當出馬一匹，牛三頭。今子產別賦其田，如魯之田賦。」魏文侯時，租賦增倍，文侯曰：今戶口不加而賦倍，此由課多也。由是言之，人民之賦重矣：

兵制　「班固漢志：殷周以兵定天下矣。天下既定，戢藏干戈，教以文德，而猶立司馬之官，設六軍之衆，因井田而制軍賦。地方一里爲井，井十爲通，通十爲成，成方十里，成十爲終，終十爲同，同方百里，同十爲封，封十爲畿，畿方千里，有稅有賦，稅以足食，賦以足兵。故四井爲邑，四邑爲邱，邱十六井也，有戎馬一匹，牛三頭。四邱爲甸，甸六十四井也，有戎馬四匹，兵車一乘，牛十二頭，甲士三人，步卒七十二人，干戈備具，是謂乘馬之法。（鄭氏曰：甲士在車士也。）一同百里，提封萬井，（提舉也，舉四封之內。）除山川沈斥城池邑園囿術路三千六百井（沈斥水田瀉滷也，術大道也。）定出賦六千四百井，戎馬四百，兵車百乘，此卿大夫采地之大者也，（采官也，因官食地，故曰采地。）是謂百乘之家。一封三百一十六里，提封十萬井，定出賦六萬四千井，戎馬四千匹，兵車千乘，此諸侯之大者也，是謂千乘之國。天子畿方千里，提封百萬井，定出賦六十四萬井，戎馬四萬匹，兵車萬乘之主，戎馬車徒干戈素具，春振旅以蒐，夏茇舍以苗，秋治兵以獮，冬大閱以狩，皆於農隙以講事焉。」（通考兵考）此爲周代計井田出軍賦之法，亦可見寓兵於農之制。

軍額據周官大司馬，「凡制軍萬有二千五百人爲軍。王六軍，大國三軍，次國二軍，小國一軍，軍將皆命卿。二千有五百人爲師，師帥皆中大夫。五百人爲旅，旅帥皆下大夫。百人爲卒，卒長皆上士。二十五人爲兩，兩司馬皆中士。五人爲伍，伍皆有長。一軍則二府，六史，胥十人，徒百人。」至於調發：據周官大司徒云：『令五家爲比，使之相保；五比爲閭，使之相受；四閭爲族，使之相葬；五族爲黨，使之相救；五黨爲州，使之相賙。』又據小司徒云：『乃會萬民之卒伍而用之。五人爲伍，五伍爲兩，四兩爲卒，五卒爲旅，五旅爲師，五師爲軍，以起軍旅，以作田役，以比追胥，以令貢賦。』是故疏曰：五人爲伍，即五家爲比，家出一人，在家爲比，在軍爲伍。五伍爲兩，即五比爲閭，閭二十五家，兩二十五人。四兩爲卒，即四閭爲旅，旅百家，卒百人。五族爲旅，即五族爲黨，黨五百家，旅五百人。五旅爲師，即五黨爲州，州二千五百家，師二千五百人。五師爲軍，即五州爲鄉，鄉萬二千五百家，軍萬二千五百人。」此等軍隊之組織，伍兩起於比閭，而兵與民爲一，因農事而定軍令者也。

王畿六鄉，故天子六軍；然王畿六鄉之外，又有六遂！（地官司徒遂人職云：五家爲鄰，五鄰爲里，四里爲酇，五酇爲鄙，五鄙爲縣。鄰有鄰長，里有里宰，酇有酇長，鄙有鄙師，縣有縣正）遂之軍法同於鄉，而不並言十二軍者！蓋六鄉爲正，遂爲副，更遞用之，止於六軍！推之大國三鄉三遂，次國之二鄉二遂，小國之一鄉一遂，莫不皆然！不過軍額雖止於是，而司徒立教，則全國之人，無不有服兵之義務！故小司徒會萬民之卒伍而用之，『上地家七人，可任也者家三人，中地家六人，可任也者二家五人，下地家五人，可任也者家二人。凡起徒役者，無過家一人，以其爲餘羨。惟田與追胥竭作。（謂惟田獵及追逐寇賊則盡行也。）』此正副兵之外，又盡以爲羨卒者也。

附錄通考兵考成周兵制圖如下：

王　六鄉六遂　六軍七萬五千人

大國 上公	三鄉三遂	三軍 三萬七千五百人
次國 侯伯	二鄉二遂	二軍 二萬五千人
小國 子男	一鄉一遂	一軍 一萬二千五百人

伍 五人	伍長公司馬下士	一軍伍長二千五百人 六軍共一萬五千人
兩 二十五人	兩司馬中士	一軍兩司馬五百人 六軍共三千人
卒 百人	卒長上士	一軍卒長一百二十五人 六軍共七百五十人
旅 五百人	旅帥下大夫	一軍旅帥二十五人 六軍共一百五十人
師 二千五百人	師帥中大夫	一軍師帥五人 六軍共三十人
軍 萬二千五百人	軍將卿	一軍一人 六軍共六人

以上所言周代兵制，大率根據周官司馬法，雖不足盡信！然據穀梁傳稱。古者天子六師，諸侯一軍，（襄十一年）是師與軍無別。詩經所謂六師，（大雅文王常武篇，小雅甫田篇）即左傳所謂六軍，（成三年）爲天子之

兵數。至春秋時，諸侯或一軍，或二軍，，或三軍，隨大小而異。（註一）最足徵信：但究竟若千人爲一軍，在周官司馬法以外無可考！

春秋諸國，齊晉楚秦爲大；合盟爭霸，常視其兵力之強弱，以爲向背，故其兵制，亦可得而述：

齊　齊桓公問管仲行霸用師之道。仲對曰：公欲定卒伍修甲兵，大國亦將修之，而小國設備，難以速得志矣。乃作內政而寄軍令：五家爲軌，軌爲之長；十軌爲里，里有司；四里爲連，連爲之長，十連爲鄉，鄉有良人。以爲軍令：五家爲軌，故五人爲伍，軌長帥之；（居則爲軌，出則爲伍，所謂寄政。）十軌爲里，故五十人爲小戎，里有司帥之；（小戎兵車也。）四里爲連，故二百人爲卒，連長率之；十連爲鄉，故二千人爲旅，鄉良人帥之，五鄉一帥，故萬人爲一軍，五鄉之帥帥之。三分其國，爲二十一鄉，工商之鄉六，（工商各三也，二者不從戎役。）士鄉十五。（韋昭謂此士，軍士也，十五鄉合三萬人，是爲三軍，農野處而才暱，不在都邑之數，則下云五鄙是也。）公將其一，（工商之鄉隸公）國子率五鄉焉，高子帥五鄉焉。三軍，故有中軍之鼓，有國子之鼓，有高子之鼓。春以蒐振旅，秋以獮治兵，是故卒伍辦於里，軍旅整於郊，內教旣成，令無遷徙，夜戰聲相聞，足以不乖，晝戰目相視，足以相識。凡三軍敎士三萬人，車八百乘，（周制戎車一乘，步卒七十二人，萬二千五百人爲軍。今齊車一乘五十人，萬人爲軍，以齊法參周制，車增三百乘，徒損三萬人。）蓋如鄉之法。五鄙，制鄙三十家爲邑，邑有司；（制野鄙之政，此以下與郊內之政異。）十邑爲卒，卒有卒帥；十卒爲鄉，鄉有鄉帥；三鄉爲縣，縣有縣帥；十縣爲屬，屬有大夫：五屬故立五大夫，各使治一屬焉。立五正，（長也）各使聽一屬焉。自邑積至於五屬，爲四十五萬家，率九家得二兵，得甲十萬；九十家一車，得車五千乘，可爲三軍者四，（長勺之戰，桓公自謂有帶甲十萬，車五千乘，蓋斥地甚大，非齊舊制。）蓋如遂之法：以通國之數，而遞征之，率車用六之一，士用十之三，大略依周變從輕便。（據國語齊語通考兵考）

晉　晉曲沃武公幷翼，僖王使虢公命曲沃伯以一軍爲晉侯。（莊十六年）獻公之十六年，始作二軍。惠公韓（山西韓城縣）之敗，作州兵。孔穎達曰：周禮卿大夫以歲時登其夫家之衆寡，辨其可任者，州長則否；今以州長管人旣少，督察易精，故使州長治之。按此不過增一州長爲將，於軍制無所變！文公蒐於被廬作三軍，（僖公二十七年）城濮之戰，賦車七百乘。（五萬一千五百人）其後作三行以禦狄，（僖公二十八年）特避天子六軍之名，而實則爲六軍。淸原之蒐，（僖公三十年）舍三行，更爲上下新軍，則有五軍。襄公蒐於夷，（文公六年）舍二軍以復三軍之制。景公時復作六軍。至厲公罷新上軍。（成公十六年）悼公初，尙四軍。其後新軍無帥，公使其什吏帥其卒乘官屬以從於下軍，明年遂舍之。（襄公十四年）傳曰：禮也。成國不過半天子之軍，蓋自文公僭王度，至悼公方革焉。

魯　魯國舊有三軍，僖公能復周公之宇，故其詩曰，公車千乘，說者以爲大國之賦也；又公徒三萬，說者以爲大國之軍也。宣公初稅畝，什二而稅，旣益民稅，及成公謀伐齊，（元年）作丘甲，丘各一甲，又益民賦。率一甸而加步卒二十四人，甲士一人，三甸而加一乘。兵車之賦，非復司馬之舊：襄公十一年，三桓改作三軍，三分魯而各征其一。昭公五年，遂舍中軍，四分公室，季氏擇二，二子各一，皆盡征之。迄哀公十二年，用田賦；又以夫田而賦軍旅之征，悉變丘乘之制，民無餘力矣。

楚　楚於春秋爲新起之國，莊王之圖霸也，無日不討國人而訓之於民生之不易。在軍無日不討軍實而申儆之于勝之不可保！其凴此以作士氣，舉軍典，規模遠矣。考其成軍之制：三軍以爲正軍，二廣以爲親軍，游闕以爲游兵，廣有一卒，卒偏之兩。按楚子爲乘廣，三十乘分爲左右。一廣者，十五乘也。司馬法，百人爲卒，卒二十五人爲兩，車十五乘爲大偏，九乘爲小偏，其尤大者又有二十五乘之偏。今一廣十五乘，則古大偏之法，而曰卒偏之兩者，孔穎達謂兩廣之別，各有一卒之兵百人也。一卒之外，復有十五乘之偏，並二十五人之兩。質言之，周制十五乘有兵一千一百二十五人，今楚乘廣之法，復有卒百人，兩二十五人：是於周制外，又增百二十五人爲乘車之副，合二廣凡得二千五百人矣。蓋防正軍有敗，則以偏卒易之：正卒有闕，則以偏卒補之。又游闕，蓋游兵往來游補闕者，觀兵陳何處爲薄，則從補之，所謂奇軍，以防敗失，故在春秋，楚兵制爲特異。

秦　秦自穆公霸西戎，始作三軍。及孝公用商鞅定變法之令，爲什五之法。又以秦地曠而人寡，晉地狹而人稠，誘三晉之人耕秦地，優其田宅，而使秦人應敵於外。大率百人則五十人爲農，五十人習戰，凡民年二十三附之疇官，給郡縣一月而更謂更卒，復給中都一歲謂正卒，復屯邊一歲謂戍卒。凡戰獲一首，賜爵一級，皆以戰功相君長。鞅法行之十年，民勇於公戰，怯於私鬪：

春秋時霸國全軍，皆不及十萬人。逮戰國之世，大國號稱萬乘。（國策趙策三）故蘇秦稱燕帶甲數十萬，車六百乘，騎六千匹。（燕策一）趙帶甲數十萬，車千乘，騎萬匹。（趙策二）韓帶甲數十萬，（韓策一）魏武士二十萬，蒼頭二十萬，奮擊二十萬，厮徒十萬，車六百乘，騎五千匹。（魏策一）齊帶甲數十萬。（齊策一）楚帶甲百萬，車千乘，騎萬匹。（楚策一）秦戰車萬乘，奮擊百萬。（秦策一）其數皆十倍於春秋。此因自晉魏舒毀車崇卒，（左傳昭元年）各國戰爭用車日少，故時人不以車爲重。

，而以步兵騎兵爲重。

關於兵器，則有刀，劍，戈，矛，殳，戟之類；在春時代皆屬銅造，春秋以後，漸用鐵兵。（參閱石雅卷十二中國古代銅器鐵器沿革考；曁民國十八年一二月間大公報文學副刊，新晨報副刊，關於鐵兵問題之討論）又有，弓，矢，杆，楯，犀甲，兕甲，合甲之類：皆爲戰時利器。

戰術，在春秋時，尚用車戰。一車：甲士三人，一人主御，一人主射，一人持矛，凡持矛者居右，謂之車右。又有步卒七十二人。然昭公元年，傳云：晉魏舒請毀車以爲行。杜預注，爲步陳也。又云五乘爲三伍。杜預注：乘車者，車三人，五乘十五人，今改去車，更以五人爲伍，分爲三伍也。又云爲五陳，以相離，兩於前，伍於後，專爲右角，參爲左角，偏爲前拒。孔穎達正義：五陣者，即兩伍專參偏是也。相離者，布置使相遠也。其人數不可得知。案此即廢車戰之漸矣。至戰國時乃廢乘而騎，趙武靈王之胡服習騎射，(史記趙世家)此爲古今戰術之一大轉關。其後魏之武卒，以度取之，(度程也；下文所云是也。)衣三屬之甲，(上身一，髀褌一，脛繳一，謂之三屬。)操十二石之弩，負服矢五十個，置戈其上，冠冑帶劍，贏三日之糧，日中而趨百里。中試則復其戶，利其田宅。於此所當注意者，春秋以前行徵兵制，至戰國以後，變而爲召募。他如營陣始於黃帝，兵畧共祖呂尙。然六韜之書，漢志勿錄，世或以爲僞作。其傳世最古者，有古司馬法，蓋周之政典也。自齊景公時，田穰苴爲將，有名於時。至戰國齊威王，使大夫追論古者司馬兵法，而附穰苴於其中，因號曰司馬穰苴兵法。太史公謂其書閎廓深遠，雖三代征伐，未能竟其義，如其文也。古者以師克亂，而濟百姓，動之以仁義，行之以禮讓，故司馬法說行兵揖讓，猶存三代之風。自春秋至於戰國，出奇設伏變詐之兵並作，而孫武吳起。乃各以其書傳世。然起之書，尙禮，明敎訓，或有得於司馬法者。

至孫子十三篇，則反覆馳騁，一出乎奇：而兵行彀要，至此搜剔無遺！蓋趨利忘義，不復能有假借者，自孫子始。而論古今兵法，實爲一大進步：

（註一）晉國初有一軍，獻公作二軍，文公作三軍，悼公作新軍，具見左傳。

刑制　周之五刑：墨辟，劓辟，剕辟，宮辟，大辟，見尚書呂刑篇。墨罪，劓罪，宮罪，刖罪，殺罪，見於周官司寇。墨，黥也，先刻其面以墨窒之。劓，截其鼻也。宮者，丈夫則割其勢，女子閉於宮中。刖，斷足也。殺，死刑也。大抵沿用唐虞舊制：其所謂『五刑不簡，正於五罰，』（呂刑）即『金作贖刑』（堯典）也。罰鍰之數，（銅六兩曰鍰）墨辟百鍰，劓辟二百鍰，剕辟五百鍰，宮辟六百鍰，大辟千鍰。墨罰之屬千，（千猶云其例千條）劓罰之屬千，剕罰之屬五百，宮罰之屬三百，大辟之屬二百：通計五刑之屬，凡三千。（據呂刑）蓋贖刑自古有之，至周而條目尤備，又周官司寇：『墨者使守門，劓者使守關，宮者使守內，刖者使守圜，髡者使守積，」（周禮秋官掌戮）則徒刑之屬也。禮記王制：司徒簡不率教者，移之郊，移之遂，屛之遠方，則流放之屬也。惟周代亦尙貴族主義，禮不下庶人，刑不上大夫：『故其時劓刵椓黥之法，惟行之於民，而貴族無之：貴族有罪止於殺而已。其次則爲執爲放。」（中國歷史教科書第二章第二十三節）

寬宥之典，據周官司寇，有八議之制：一曰議親之辟，二曰議故之辟，三曰議賢之辟，四曰議能之辟，五曰議功之辟，六曰議貴之辟，七曰議勤之辟，八曰議賓之辟，所以待親貴有功之人。又凡有罪者，止及一身，家屬不連坐。年在悼（七歲）耄，（八十九十歲）雖有罪不加刑，若夫不知而犯，過誤而犯，（意善功惡）遺忘而犯，皆得邀宥恕輕減之典。刑人於市，而王族及有爵者，若婦人，皆不於市。又士大夫與老弱者，不使服徒刑，命夫命婦，（大夫之妻）不能自出而身與訟獄，須使臣下代替：皆可見周法寬厚之意。

周制訴訟之法：以兩造禁民訟，入束矢於朝，然後聽之。（訟謂財貨相告者，造至也；使訟者兩至，既兩至，使入束矢，乃治之也。不至，不入束矢，則是自服不直者也。必入矢者，取其直也。詩曰：其直如矢。古者一弓百矢，束矢其百個歟。）以兩劑禁民獄，入鈞金，三日，乃致於朝。然後聽之，（獄謂相告以罪名者，劑今券書也。使獄者，各齎券書，既兩券書，使入鈞金者，又三日乃治之，重刑也。不券書不入金，則是亦自服不直者也。必入金者，取其堅也，三十斤曰鈞。）刑事之訟，必以三刺斷庶民獄訟之中：一曰訊群臣，二曰訊群吏，三曰訊萬民。若決死刑時，士師受其宣告書，擇日行刑。民事之訟，關於人事者，以證人爲斷；關於土地者，以地圖爲證。（周禮小司徒：凡民訟以地比證之，地訟以圖證之。）關於錢債者，以約劑爲重。（周禮士師，凡以財訟獄者，正之，以傳別約劑。)而裁判官之對於案證，以五聲聽之：一曰辭聽，(觀其出言，不直則煩)二曰色聽，(觀其顏色，不直則赧)三曰氣聽，(觀其氣息，不直則喘)四曰耳聽，(觀其聽聆，不直則惑)五曰目聽。(觀其眸子視，不直則眊然)亦可見當時訴訟聽斷之完密。(據周官秋官司寇)

周官大司寇「以圜土聚敎罷民，凡害人者寘之圜土而施職事焉；以明刑恥之，其能改過，反於中國，不齒三年；不能改而出圜土者殺。……以嘉石平罷民，凡萬民之有罪過，而未麗於灋而害於州里者，桎梏而坐諸嘉石，役諸司空。重罪旬有三日，坐三月役。使州里任之，則宥而舍之。」所謂施職事，所謂役，皆爲收而敎之之事；所謂罷民，則皆無業游惰之民，爲周法之所難容者！(據周官秋官司寇)

西周時代成文法之可考者，有九刑，左傳所謂周有亂政，而作九刑是也。又有刑書，逸周書所謂亾命大正之刑書，太史筴刑書九篇，以升授大正者是也。而周官大司寇有懸法於象魏之之文，尚書穆王有呂刑之作，自是一代法典。

春秋刑名之可見者；曰轘，（即車裂）曰刖，（即斷足）曰梏，（即械手）曰鞭，曰醢，曰亨，（即烹）曰磔，曰馘（割耳）等，均見於左傳。而此時之法典：鄭有刑書，（左傳昭六年）又有竹刑。（定九年）晉有被盧之法，（昭二十九年）又有刑鼎。（昭二十七年）楚有僕區之法：（昭七年）茅門之法，（韓非子外儲說）雞次之典。（楚策）惟已失傳：僕區之法有曰：『盜所隱器，與盜同罪，』猶似當時法律條文焉。

戰國時，族制既改，刑遂爲貴賤普及之事，而殘酷又甚於春秋。秦刑有三族，（史說秦本記）七族，（漢書鄒陽傳）十族，（韓詩外傳）先具五刑而後腰斬，（史記李斯傳）連坐，（史記商君傳）腰斬，（史記商君傳）車裂，（史記商君傳）棄市，（史記秦本紀）梟首，（史記秦始皇本紀）鑿顚，（漢書刑法志）抽脅，（漢書刑法志）黥，（史記商君傳）劓，（史記商君傳）士伍，（史記白起傳）鬼薪，（史記秦始皇本紀）遷。（史記商君傳）齊刑有烹。（史記田敬仲世家）楚刑有冥室櫝棺，（古文苑詛楚文，案此即活葬之法）滅家。（國策楚四）趙刑有夷。（史記趙世家）魏刑有誅籍，戍，臏，刖，黥，宮，夷其鄉，族，罰金三市，笞，罰。（註一）（桓譚新論引李悝法經）韓刑亦極深刻。（據論衡引申不害刑符）關於此時之法典；魏有太府之憲。「憲之上篇曰：子弑父，臣弑君，國有常不赦。國雖大赦，降城亡子，不得與焉。」（國策魏四）又有李悝法經。晉書刑法志曰：『悝撰次諸國法，著法經。以爲王者之政，莫急於盜賊，故其律始於盜賊。盜賊須劾捕，故著網捕二篇。其輕狡越城博戲，借假不廉，淫侈踰制，以爲雜律一篇。又以其律具加減：是故所著六篇而已；然皆罪名之制也。』然唐律義疏稱李悝法經爲盜法，賊法，囚法，捕法雜法，具法，與晉書刑法篇所載之篇目不同：

（註一）桓譚新論引李悝法經，正律略曰：殺人者誅，籍其家，及其妻氏；殺二人，及其母氏。大盜，戍爲守卒，重則誅。窺宮者臏，拾遺者刖；曰爲盜心焉。其雜律略曰：夫有一妻二妾，其刑馘；夫有二妻，則誅；妻有外夫，則宮；曰淫禁。盜符者誅，籍其家；盜璽者誅；議國法令者誅，籍其家，及其妻氏：曰狡禁。越城，一人則誅，十人以上，夷其鄉，及族，曰城禁。博戲，罰金三市；太子博戲則笞；不止則特笞；不止則更立；曰嬉禁。羣相居，一日以上，則問；三日四日五日則誅；曰徒禁。丞相受金在右伏誅；犀首以下受金，則誅，金自鎰以下，罰，不誅也；曰金禁。大夫之家，有侯物，自一以上者族。其減律略曰：罪人年十五以下，罪高三減，罪卑一減：年六十以上，小罪情減，大罪理減。

學校制　周人修虞夏商周四代之學而兼用之，故設四代之學：虞則上庠下庠，夏則東序西序，商則右學左學，周則東膠虞庠。而周則又有辟廱成均瞽宗之名。則上庠東序右學東膠太學也，故國老於之養焉；下庠西序左學虞庠小學也，故庶老於之養焉。記曰：天子設四學，蓋周之制也。周之辟廱，即成均也。東膠即東序也。瞽宗即右學也。蓋以其明之以法，和之以道，則曰辟廱；以其成其虧，均其過不及，則曰成均；以習射事則曰序，以糾德行則曰膠；以樂祖在焉則曰瞽宗，以居右焉則曰右學。蓋周之學，成均在中，其左東序，其右瞽宗，此太學也；虞庠在國之西郊小學也。』又『凡侯國皆立當代之學，而損其制曰泮宮。凡鄉皆立虞庠，凡州皆立夏序，凡黨皆立商校；於是四代之學，達於天下。』（並見通考學校考）據此則周之太學有三；然大戴禮保傅篇：『學禮曰：帝入東學，上親而貴仁，……；帝入南學，上齒而貴信，……；帝入西學，上賢而貴德，……；帝入北學，上貴而尊爵，……；帝入太學，承師問道……；此五學者既成於上，而百姓黎民化輯於下矣。』是周之太學有五；但注云：『太學者，辟雍之中室也。虞名學爲庠，夏爲序，殷爲瞽宗，周人兼取之以名其四堂。詩曰：「鎬京辟雍，自西自東，自南自北，」謂辟雍居其中，四學環之：東堂曰東序，一曰東膠，養國老在焉。西堂曰瞽宗，周禮「凡有道者有德者，死則以爲樂祖，祭於瞽宗；」故祭義云，「祀先賢於西學，」合於此上賢貴德之事也。北堂曰上庠，北爲冬方，文王世子云：「冬讀書，書在上庠」以此。南堂曰成均，乃周學之正名，故大司樂獨言掌成均之法。」若然，是周之太學雖有五名，而仍爲合一，其百家所記參錯不同者，皆卽周制雜指而互言之也。又學記稱『家有塾，黨有庠，遂有序，』白虎通稱『鄉曰庠，里曰序，』皆小學也：總之：周代學制，大畧可分爲大學小學；大學當在天子之京師，及諸侯之都城，小學當在鄉里。凡此皆學校建置之可知者：

論其就學之年齡及所學科目，則大戴禮保傅傳注曰：『古者太子八歲入小學，十五入大學。』白虎通辟廱篇曰：『古者所以年十五入太學何？以爲八歲毀齒始有識知入學學書。計七八十五，陰陽備，故十五成童志明，入太學學經術。』朱子大學章句序因謂『人生八歲，則自王公以下，至於庶人之子弟，皆入小學，而教之以洒掃應對進退之節，禮樂射御書數之文。及其十五年，則自天子之元子衆子，以至公卿大夫元士之適子，與凡民之俊秀，皆入大學，而教之以窮理正心修己治人之道；此又學校之教，大小之節，所以分也。』但據尚書大傳則謂『十五始入小學，見小節，踐大義；十八入大學，見大節踐大義焉。』通考謂保傳及白虎通所言八歲入小學者乃天子世子之禮；尚書大傳所言十五入小學者，乃公卿大夫元士適子之禮：（學校考）尚屬可信。

當時教育，德智體三育並重：故周官師氏以三德教國子：一曰至德以爲道本，二曰敏德以爲行本，三曰孝德以知逆惡。教三行：一曰孝行以親父母。二曰友行以尊賢良。三曰順行以事師長。保氏養國子以道，乃教之六藝：一曰五禮，（吉，凶，軍，賓，嘉）二曰六樂，（雲門，大咸，大韶，大夏，大護，大武）三曰五射，（白矢，參連，剡注，襄尺，井儀）四曰五馭，（鳴和鸞，逐水曲，過君表，舞交衢，逐禽左）五曰六書，六曰九數。（方田，粟米，差分，少廣，商功，均輸，方程，嬴不足）乃教之六儀：一曰祭祀之容，二曰賓客之容，三曰朝廷之容，四曰喪紀之容，五曰軍旅之容，六曰軍馬之容。又禮記文王世子：『凡學，世子及學士必時，春夏學干戈，秋冬學羽籥，皆於東序。小樂正學干，大胥贊之；籥師學戈，籥師贊之。』而終之以時教必有正業，退息必有長居，學則操縵以安弦，博依以安詩，雜服以安禮，君子之於學也，藏休息游無不在焉。（學記）故所成才，於文事武備皆優爲之：

至於女子教育，據禮記內則云：『女子十年不出。姆教婉娩，聽從，執蔴枲，治絲繭，織紝紃，學女事，以共衣服。觀於祭祀，納酒漿，籩豆菹醢，禮相助奠。」故曲禮謂「納女於天子曰備百姓，於國君曰備酒漿，於大夫曰備洒掃。」易稱「無攸遂，在中饋，貞吉。」列女傳母儀孟母曰：「夫婦人之禮，精五飯，冪酒漿，養舅姑，縫衣裳而已。」

周末國學日衰，「私學成羣。」（韓非子詭使篇）故孔子設教於洙泗，子夏設教於西河；蘇秦張儀學於鬼谷，韓非李斯俱事荀卿。（俱見史記）偏重貴族底教育，始行平民化。

選舉制　禮記王制云：「命鄉論秀士升之司徒，曰選士。司徒論選士之秀者而升之學曰俊士，升於司徒者不征於鄉，升於學者不征於司徒，曰造士。……大樂正論造士之秀者以告於王，而升諸司馬曰進士。司馬辨論官材，論進士之賢者以告於王而定其論；論定然後官之，任官然後爵之，位定然後祿之。」又周官大司徒「以鄉三物教萬民而賓興之。一曰六德：

智，仁，聖，義，忠，和。二曰六行：孝，友，睦，婣，任，恤。三曰六藝：禮，樂，射，御，書，數。』鄉大夫，『三年則大比，攷其德行道藝，而興賢者能者。鄉老及鄉大夫帥其吏與其衆寡，以禮禮賓之。厥明，鄉老及鄉大夫羣吏，獻賢能之書於王，王再拜受之，登於天府，內史貳之。退而以鄉射之禮五物詢衆庶：一曰和，二曰容，三曰主皮，四曰和容，五曰興舞。此謂使民興賢，出使長之；使民興能，入使治之。』於鄉如此，於遂亦然。自其舉於鄉，所謂升諸司徒者是也。故『正義曰：大司徒之官，命鄉大夫論量考校此鄉學之人有秀異之士者，升於司徒。先名惟在鄉，今移名於司徒，其身猶在鄉學，云秀士。鄉大夫所考有德行道藝者，謂鄉大夫考此鄉學之人，有德行道藝者，德行謂孝友之徒，道藝謂多才藝；此惟升名司徒，未及貢舉入官也。按鄉大夫云：三年則大比，攷其德行道藝而興賢者能者，謂鄉人有能有賢者，以鄉飲海之禮興之，獻賢能之書於王，名則生於天府，身則任以官爵；則下文云，大樂正論造士之秀者，以告於王，而升諸司馬，曰進士。彼據鄉人，故三年一舉，此據學者，故中年考試：殷周同也。態氏安生以爲此中年舉者爲殷禮，鄉大夫三年舉者爲周法，其義非也。』由是觀之，周之取士，有二善焉：道德學問體用賅備，期可見諸施行。積日累功，綜合縝密，杜徼幸之端二也。蓋欲使人人以積學敎品爲其一生之榮辱，於以化民成俗焉。

幣制　通考云：『周制以商通貨，以貿易物。太公又立九府圜法，（周官有太府玉府內府外府泉府天府職內職幣職金，皆掌財幣之官，故云九府。圜謂均而通也。）黃金方寸而重一斤，錢圜函方，（外圜而內孔方）輕重以銖。（黃金以斤爲名，錢以銖爲重也。）布帛廣二尺二寸爲幅，長四丈爲疋，故物寶於金。利於刀，流於泉，（流行於泉）布於布，（布於民間）束於帛。（束聚也。）周官司市，國凶荒札喪，則市無征而作布。（凶年物貴。置錢以饒民。)」夾漈鄭氏曰：『謂之泉者言其形，謂之金者言其質，謂之刀者言其器，謂之貨謂之布者言其用。古文錢字作泉者，言其形如泉文，一變而爲刀器，再變而爲圜法，(卽太公所作)自圜法流通於世，民實便之，故泉與刀爲廢，後人不曉其謂也。觀古錢，其形卽篆泉文也。後世代以錢字，故泉之文，借爲泉水之泉，其實泉之篆文，下體不從水也。』(貨幣考) 由是言之，九府圜法，實爲吾國圜法之始。然主財之官，雖有九府，專掌錢布，則爲外府掌齎賜之出入，泉府掌買賣之出入，不可不知也。管仲相桓公，請以棧臺之錢，鹿臺之布，散之國內，衡其輕重用之，齊用富强。(管子輕重九) 其後『周景王二十一年，患錢輕，更鑄大錢，徑一寸二分，重十二銖，文曰大泉五十，肉好皆有周郭，以勸農贍不足。』(錢幣考) 先是景王將鑄大錢，單穆公諫曰：『古者天災降戾，於是乎量資幣，權輕重，以振救民；民患輕則爲作重幣，以行之，於是乎有母權子而行，民皆得焉。若不堪重，則多作輕而行之，亦不廢重，於是乎有子權母而行，小大利之。』（國語周語下）據單穆公之言，則輕。重。子。母。，因時。制。宜。：凡所以總盈朒之柄，而廣流通之路者，極合近今貨幣學之精義！又錢有二品，母平子，子權母而行，自古然矣。乃『鄭司農說周禮云：錢始蓋一品也，周景王鑄大錢而有二品，……省之不熟也。』（周語韋註）又漢人以爲圓錢育文曰寶貨者，即景王之錢，（漢書食貨志）亦非事實。（據周語韋註）至後世地下發現有文字之錢幣，如安邑幣，平陽幣，安陽幣等，（註一）當是春秋戰國時代遺物。（戴熙古泉叢話）大抵三晉之幣，多作鏟刑二足；齊莒即墨之幣，則作刀形。同時亦有圓錢，而有圓孔方孔之異。又周末錢幣，皆上鑄地名甚精，亦有著其價値者：凡此皆周代貨幣之可知者也。

（註一）前人以安邑幣爲禹幣，平陽幣爲堯幣；實則幣上之地名，爲周末文字，故可斷定爲周幣。

本節參閱書舉要

一、禮記王制

二、孟子萬章下滕文公上

三、左傳

四、顧棟高春秋大事表卷四春秋列國疆域表卷十春秋列國官制表卷三十九春秋四裔表

五、顧祖禹讀史方輿紀要卷一歷代州域形勢一

六、逸周書王會解

七、中華古今注

八、漢書食貨志

九、通考田賦考學校考錢幣考

十、全祖望鮚埼亭集外編卷四十古車乘考

十一、章鴻釗石雅卷十二中國古代銅器鐵器沿革考

十二、夏曾佑中國歷史教科書第二章第二十三節第二十四節

十三、大戴禮保傅篇

十四、白虎通辟雝篇

十五、朱子大學章序

十六、尚書大傳略說

十七、載熙古泉叢話

十八、馬昂貨布文字考

（二）禮俗

朝覲　朝覲之禮，所以明君臣之義也。（禮記經解）周制五年一朝。（禮記王制）天子當扆而立，諸侯北面而見天子曰覲；天子當宁而立，諸公東面，諸侯西面曰朝。」（禮記曲禮下）案戶牖之間曰扆，門屏之間曰

宁。（爾雅）朝諸侯於明堂之位（禮記明堂位）諸侯朝覲，各以其所貴寶爲贄。（詩韓奕篇）

巡守　禮記王制『天子五年一巡守。』注云：『五年者，虞夏之制也。周則十二歲一巡守。』疏云：『正義曰：知五年是虞夏之制者！堯典云：五載一巡守，此正謂虞也。以虞夏同科，連言夏耳。若夏與殷依鄭志當六年一巡守也。云周則十二歲一巡守者！大行人云：十有二歲，王巡守殷國，故知周制十二年也。』

聘問　聘問之禮，所以使諸侯相尊敬也。（禮記經解）周制諸侯比年一小聘，三年一大聘，相厲以禮；小聘使大夫，大聘使卿。聘以圭璋，已聘而還圭璋，重禮輕財也。諸侯相厲以禮，則外不相侵，內不相陵！諸侯相厲以輕財重禮，則民作讓。（禮記王制聘義）故春秋幷爭之世，列國特選專對之材，以備行人之職。

六禮　禮記王制云：「司徒修六禮，以節民性。」疏云：「六禮：謂冠一，昏二，喪三，祭四，鄉五，相見六。」茲分述如左：

（冠）「冠者，禮之始也。」（禮記冠義）男子二十行冠禮，（禮記曲禮）表其爲成人之意。『筮日筮賓，所以敬冠事。敬冠事所以重禮，重禮所以爲國本也。故冠於阼以著代也。（註一）三加彌尊，（註二）加有成也。已冠而字之，成人之道也。見於母，母拜之；（註三）見於兄弟，兄弟拜：成人而與爲禮也。玄冠，玄端，奠摯於君，遂以摯見於鄉大夫，鄉先生，以成人見也。』（禮記冠義）

（註一）疏云：『故冠於阼以著代也者，言適子必加冠於阼。阼是主人接賓之處。今適子冠於阼階，所以著明代父之義也。』

（註二）三加疏云：『初加緇布冠，次加皮弁冠，三加爵弁。』

（註三）疏云：『案儀禮廟中冠，子以酒脯奠廟訖，子持所奠酒脯以見於母，母拜其酒脯，重從尊者處來故拜之，非拜子也。』

（昏）昏禮者，將合二姓之好，上以事宗廟，而下以繼後世也。先使媒氏通言，女家許之，然後有納采，問名，納吉，納徵，請期，親迎之六禮。納采者，謂采擇之禮，其贄以雁；必用雁者，取其隨時而南北，不失節也。又是隨陽之鳥，妻從夫之義也。問名者，問其女之所生母之姓名也：此二禮一使而兼行之。納吉者，謂男家既卜得吉與女氏也。納徵者，納聘財也。徵成也，先納聘財而後昏成也。春秋則謂之納幣。請期者，謂男家使人請女家以昏時之期。由男家告於女家，何必請者！男家不敢自專，執謙敬之辭，故云請也。女氏終聽男家之命，乃告之。納吉，納徵，請期，每一事則使者二人行。惟納徵無雁，以有幣故，其餘皆用雁。親迎者，父親醮子而命之迎，男先於女也。子承命以迎，主人筵几於廟，而拜迎於門外，壻執雁人，揖讓升堂，再拜奠雁。降出，御婦車，而壻受綏。御輪三周，先俟於門外。婦至，壻揖婦以入，共牢而食，合巹而酳：所以合體同尊卑以親之也。厥明，舅姑共饗婦以一獻之禮。（禮記昏義）嫁女之家，三夜不息燭，思相離也。取婦之家，三日不舉樂，思嗣親也。三月而廟見，稱來婦也。擇日而祭於禰，成婦之義也。（禮記曾子問）婚姻期限，男子三十而娶，女子二十而嫁；（禮記內則）男女合爲五十，適爲大衍之數，所以生萬物者也。然男子二十而冠，（曲禮）女子十五許嫁。（內則）既冠則有爲人父之道；許嫁亦有適人之義！而禮必以三十，二十爲規定者，特舉其極言之，未可泥解也。

（喪）周代喪葬之禮，因貴賤而異其制。天子死曰崩，諸侯曰薨，大夫曰卒，士曰不祿，庶人曰死。（禮記曲禮下）三日而斂，在床曰尸，在棺曰柩。（禮記問喪）小斂於戶內，大斂於阼。（禮記喪大記）天子七日而殯，諸侯五日而殯，大夫士庶人三日而殯；（禮記王制）殯於西階之上，則猶賓之也。（檀弓上）天子七月而葬，同軌畢至；諸侯五月，同盟至；大夫三月，同位至；士踰月，外姻至。（左傳隱元年傳）棺槨之別，天子四重，諸侯三重，皆用松；大夫二重，用柏；士一重，用雜木：又製竹器瓦器之類，納於棺中，名曰明器。葬之時，有挽歌；（見於檀弓，春秋，莊子，列子等書）（註一）葬不爲雨止。（王制）惟喪服則貴賤同禮，爲父母服斬衰三年，祖父母伯叔父母昆弟服齊衰期年，從父母兄弟大功三月，再從兄弟外祖父母服小功三月，三從兄弟服緦麻三月。（儀禮喪服）父母喪中，食飦粥；然年五十身體始衰，故不毀瘠；七十則身體全衰，故僅衣衰麻而不輟酒食。春秋以降，有倡薄葬短喪之說者，（註二）儒者闢之，而其說卒不行。

（註一）檀弓：季武子之喪，曾點倚其門而歌。春秋：哀公會吳子伐齊。將戰，公孫夏命其徒歌虞殯，示必死也。莊子：紼謳所生，必於斥苦。司馬彪注：紼讀曰拂，引柩索；謳挽歌，斥疏緩，苦急促：言引紼謳者，爲人用力也。列子仲尼篇：季梁之死，楊朱望其門而歌；隨梧之死，楊朱撫其尸而哭。唐段成式酉陽雜俎：曾引春秋莊子二事，以辨挽歌之非始於田橫之客。

（註二一）墨子節葬篇：子墨子制爲葬之法曰：棺三寸，足以朽骨；衣三領，足以朽肉；掘地之深，下無菹漏，氣無發洩於上，壟足以期其所則止矣。

論語陽貨篇：宰我問三年之喪，期已久矣！

（祭）周官大宗伯掌天神人鬼地元之禮：以禋祀祀昊天上帝，以實柴祀日月星辰，以槱燎祀司中司命飌師雨師，此祀天之典也。以血祭祭社稷五祀五嶽，以貍祭祭山林川澤，以疈辜祭四方百物，此祭地之典也。以肆獻祼享先王，以饋食享先王，以祠春享先王，以禴夏享先王，以嘗秋享先王，以蒸冬享先王，即詩小雅所謂礿祠蒸嘗，于公先王者，蓋享祖之典也。（周禮春官）又禮記王制謂天子祭天地，諸侯祭社稷，大夫祭五祀。（

五祀謂司命也，中霤也，門也，行也，厲也。）天子祭天下名山大川，諸侯祭名山大川之在其地者：所言與周官大宗伯天神人鬼地示之祭亦合。至宗廟之制：天子七廟三昭三穆，與大祖之廟而七；諸侯五廟，二昭二穆與大祖之廟而五；大夫三廟；一昭一穆，與大祖之廟而三；士一廟；庶人祭於寢。天子社稷皆大牢，諸侯社稷皆少牢，大夫士宗廟之祭，有田則祭，無田則薦。庶人春薦韭，夏薦麥，秋薦黍，冬薦稻。韭以卵，麥以魚，黍以豚，稻以鴈。（具見王制）

（鄉）鄉禮爲鄉飲酒鄉射之禮。鄉飲酒者；鄉大夫飲賓於庠序之禮，尊賢養老，所以明長幼之序也。（禮記射義）每三年集一鄉之人而禮飲，鄉大夫爲主人，鄉父老爲賓客，推父老中齒德最尊者一人爲大賓，餘爲衆賓，皆以年之少長定坐之次第。宴時樂人歌詩奏樂。其始終揖讓進退，各如其儀。（周官地官司徒鄉大夫之職，禮記鄉飲酒義，）鄉射者，州長春秋以禮會民而射於州序之禮，觀德行取其士之義也。（周官地官司徒州長，禮記射義）「故射者進退周還必中禮，內志正，外體直，然後持弓矢審固，持弓矢審固，然後可以言中，此可以觀德矣。」（禮記射義）『子曰：君子無所爭，必也射乎！揖讓而升，下而飲，其爭也君子。』（論語八佾）此鄉射之禮也。

（相見）相見禮者，各以其職位相親，始承摯相見也。士相見之禮，摯冬用雉，夏用腒；（乾雉）用雉者，取其耿介交有時別有倫也。雉必用死者，爲其不可生服也。下大夫相見以雁；雁取知時，飛翔有行列也。上大夫相見以羔；羔取從帥，群而不黨也。此執摯之儀也：始見於君，執摯至下，容彌蹙。庶人見於君，不爲容進退走。士大夫則奠摯，再拜稽首，君答一拜。若他邦之人，則使擯者還其摯，他邦之人再拜稽首受。此委摯之禮也：與君言，言使臣，與大人言，言事君；與老者言，言使弟子；與幼者言，言孝弟於父母；與衆言，言忠信慈祥；與居官者言，言忠信。凡與大人言，始視面，中視抱，卒視面毋改，衆皆若是。若父母則遊目勿上於面，毋下於帶。若不言，立則視足，坐則視膝。此言動之節也。凡自稱於君：士大夫則曰下臣；宅者，在邦則曰市井之臣，在野則曰草茅之臣；庶人則曰刺草之臣；他國之人，則曰外臣。此稱謂之禮也：（儀禮士相見禮疏）

民風　禮記表記云：『周人尊禮尚施，事鬼敬神而遠之，近人而忠焉，其賞罰用爵列，親而不尊。其民之弊，利而巧，文而不慚，賊而蔽。』又云：『虞夏之質，殷周之文至矣。虞夏之文，不勝其質；殷周之質，不勝其文』是民風隨時代而異趣，救敝補偏，端在政令利導；故『太史公曰：夏之政忠，忠之敝，小人以野，故殷人承之以敬；敬之敝，小人以鬼，故周人承之以文；文之敝，小人以僿，故救僿莫若以忠。三王之道。若循環終而後始。」（史記高祖本紀）此西周民風之可考者也。降而春秋：齊民貪麤而好勇，楚民輕而賊，越民愚疾而垢，秦民貪戾罔而好事，齊晉（謂齊之西而晉之東）民諂諛葆詐巧佞而好利，燕民愚戇而好貞輕疾而易死，宋民閒易而好正。（管子水地篇）戰國之世，詐僞並作：而秦民質樸強悍，燕趙慷慨悲歌，齊人儇慧逐利，楚俗清刻少信，韓魏矜刻儉嗇，又其大較也。若夫任俠之風起於春秋，而盛於戰國：（註一）養士之風，緣於戰國競爭劇烈：（註二）稽考史記刺客遊俠貨殖等傳，益足了然其故：

（註一）任俠之風，在春秋時代有公孫杵臼程嬰匿趙孤，（史記趙世家）畢陽庇伯州犂，（晉語）專諸刺王僚（史記吳大伯世家）等事。在戰國時代有預讓刺趙襄子，聶政刺俠累，軻荊刺秦王（俱見史記刺客傳）等事。

（註二）養士最著者，齊有孟嘗君，趙有平原君，楚有春申君，魏有信陵君：門下食客，多至三千人。

階級　階級每起於征服者與被征服者之間，故吾國遠古有百姓黎民之分。（尙書堯典）百姓，貴族也。黎民，卽苗民；黎，黑色也，猶言黑人；以其爲漢族所征服，故以種色區之爲賤族也。周代階級之風益盛，諸侯卿大夫士卽爲貴者之階級。又古者有名而無字與諡；貴賤皆呼其名不相諱。至周時呼字之俗起，大夫二十而命字，無稱名者，惟於臣子及幼賤者名之。諡法亦自周始，人死則誄其所行以立諡，而諱生時名；有物與死者同名，臣子必易其物名。（晉僖侯名司徒，便廢司徒爲中軍；宋武公名司空，便廢司空爲司城。）又三代姓氏本分：姓者生也，所以明世系而別種族也；氏者猶家，所以明貴賤而表家門也。姓之起於太古，據古史，五帝皆有姓。惟國中之貴者，始得用之；始於封土命氏，周語所謂帝嘉禹德，賜姓曰姒，氏曰有夏；胙四岳國，賜姓曰姜，氏曰有呂是也。周時王子王孫，公卿諸侯，大抵以國邑爲氏，後裔雖亡，其地亦襲稱之。諸侯子孫稱公子公孫，公孫之子，以王父字爲族，世臣率以邑爲族。官有世功則有官族。族者，氏之支別也，通謂之氏。男子冠名以氏而不稱姓。姓者，婦人所稱也。及戰國時，婦人亦不稱姓，而姓之用廢；自後以民族作姓，姓與氏始無有異義。貴族而外有庶人與奴隸，則爲賤者之階級。曲禮禮不下庶人，刑不上大夫。周制命夫婦不躬坐獄訟，王族有罪不卽市；而庶人不得立廟，不得行冠禮，貴賤之分甚嚴。當時農工商皆庶人也。惟農工商之秀者，得升爲士，則係設爲特例。奴隸則有罰罪爲奴，與鬻價爲奴二類，其地位更不足以望庶人。

本節參閱書舉要

一、禮記：王制，曲禮，明堂位，聘義，冠義，昏義，內則，問喪，喪大記，喪服大記，檀弓，

二、儀禮：士冠禮，士昏禮，士喪禮，喪服，特牲，少牢，有司徹，鄉飲酒禮，鄉射禮，

士相見禮，

三、周禮：春官宗伯，地官，司徒，

四、中國風俗史第一編第三章第二編第一章

三　宗教

中國古初宗教思想，原有鬼神之說，本乎三苗；至禹而有五行之說。自後二說更爲盛衰，夏后啓，則以威侮五行之故，而伐有扈，（書甘誓）孔甲則以信鬼神之故，而失諸侯；（史記夏本紀）紂又以不敬神祇之故，而父兄料其必亡，（書微子）是二說之不相容如此！至周則使說並重，分鬼神爲四種：在天者爲天神，（即上帝）在地者爲地祇，（即山川之神）人死曰鬼，（即祖）百物曰鬽。（即魅俗稱妖怪）然鬼神之情狀，不可直接而知也。乃以五行之理，間接而知之。其術分爲六：一曰天文，二曰歷譜，三曰五行，四曰蓍龜，五曰雜占，六曰形法。（漢書藝文志術數）其說以爲無事不有鬼神之意向，行乎其中，而用各種巫史卜祝之法，以推測之。

大抵天神之崇拜，其別有三：一曰祭天。古時天子歲一祭天：周禮所謂冬日至，祀昊天上帝於圜邱是也。二曰祭寒暑。周禮春官籥章，有中春逆暑中秋迎寒之樂，祭法，相近於坎壇，祭寒暑也。此祭寒暑之可考者。三曰祭日月星辰。祭法王官祭日，夜明祭月，幽宗祭星；其他月令左傳諸書，亦皆有祭日月星辰之說。地元之崇拜，其別有三：一曰祭地。古時惟天子可以祭地；周禮所謂夏日至祭地於方澤是也。其祭於庫門內之西者曰大社；祭於籍田之壇者曰王社，此祭地之可考者。二曰祭社稷。周禮小宗伯，建國之神位，右社稷，左宗廟；社祭土神，稷祭穀神；自天子下至庶民，行皆其祈祭之禮，此祭社稷之可考者。三曰四望。四望者，祭五岳四鎭四瀆是也。以山川之遠，望而祭之，故曰望。自餘如祀戶，竈，中霤，門，行，井；祭六宗，高禖，蜡臘，皆關於地元之典禮也。人鬼之祭，其別有三：一曰祭宗廟。祭法，王立七廟。郊禘宗祖，易代不同。夏殷之制，春曰礿，夏曰禘，秋曰嘗，冬曰蒸，周改夏禘爲礿，春曰祠，以禘爲殷祭，此祭宗廟之可考者。二曰祭帝王。古之帝王，或法施於民，或以死勤事，或以勞定國，或能禦大災，或能捍大患，皆得列祭典；帝嚳，堯，舜，禹，黃帝，顓頊，湯，文王，武王，皆其人也。三曰祭功臣。古時功臣配享之禮，實始於殷。（註一）相沿至周未改！故周書洛誥，記功宗以作元祀。周禮夏官司勳凡有功者，銘書於王之太常，至於大烝，司勳詔之；此又祭功臣之可攷者。若物魃，則主毆而遠之：故周禮方相氏掌儺，以毆方良；（即魍魎）庭氏射妖鳥：即其著例。

（註一）書盤庚茲予大享于先王，爾祖其從與享之。

天文歷譜五行。三家之說，不甚可分！春秋時裨竈梓愼皆憑以爲推驗（左傳昭公十五年十七年）戰國時鄒衍著五行終始之說，其學鳴一時。

蓍龜爲筮卜之二術，蓍者筮也。始筮於庖犧。周禮筮人掌三易：一曰連山，二曰歸藏，三曰周易。其經卦皆八，其別皆六十有四。蓋用蓍草四十九枚揲之成卦，以觀吉凶，所謂使某筮之，遇某卦之某卦云云皆筮也：其不言周易者，皆連山歸藏。龜者卜也。龜亦始於三代之前，故夏代已有龜書；夏龜二十六卷，見於漢志。周禮太卜掌三兆之法：一曰玉兆，二曰瓦兆，三曰原兆。其經兆之體皆百有二十，其繇皆千有二百。蓋以火灼龜，觀其璺罅，各從其形似占之。所謂使某卜之，其繇曰云云，皆卜也。雜占者，紀百事之象，候善惡之徵：蓋假百物之感應，而斷其吉凶者也。易曰占事知來，知其術亦始於古代。然衆占雖非一，而要以占夢爲大。故周禮太卜掌三夢之法。夢出於所因曰致夢，其怪異者曰觭夢，無心感物而自應者曰咸陟。別有占夢之官以日月星辰占諸夢之吉凶。季冬聘王夢，（鄭玄曰：

聘問也。）獻吉夢於王，王拜而受之，乃舍萌於四方以贈惡夢（鄭玄曰：舍萌，猶釋菜也；贈，送也。）其餘如易詩左氏諸書，多有載占夢之不爽者。形法之眞傳始於山海經。春秋時有叔服，（左傳文元年）姑不子卿（荀子非相篇）皆以相人之術著。戰國之世，趙之平原君，梁之唐舉，皆能相人之形狀顏色，而知其吉凶妖祥。凡此皆鬼神術數相關聯之大端。

又有神仙之說，則託始黃帝。周有王子喬，秦有蕭史，皆假神仙之說，流聲於後。戰國時，燕人宋無忌羨門子高之徒，稱有仙化之術，且言海中有三神山，諸仙人及不死之藥在焉。燕齊諸侯，類信之，由是海上多方術之士。

又考鬼神術數之說，至春秋之末漸不行。故左傳引史嚚曰：國將興，聽於民，國將亡，聽于神。（莊公三十二年）子產曰：天道遠，人道邇，非所及也，何以知之。（昭公十八年）仲幾曰：薛徵於人，宋徵於鬼，宋罪大矣。（定公元年）所論皆足爲人智進步，障蔽漸開之徵。

本節參閱書舉要

一、夏曾佑中國歷史教科書第一篇第二章第三節至第五節

二、白虎通五行篇

三、惠棟明堂大道錄

四、左傳

四　社會

飲食　西周飲食，較古爲進化。常食用穀類，多蒸爲飯，或煮爲饘酏，（內則）穀爲六穀，稻粱菽麥黍稷。（具見禮記左傳論語）蔬菜多用羹，（論語）肉食有牛豕羊鷄雁雉兎（曲禮）鼈鹿（禮運）鯉魴鱮（毛詩）等。而犬馬熊狼之類，亦多捕而食之。若魚鳥牛豚羊，稱五鼎之食，當時人民最者好焉。春秋之世黿蠯蛤（左傳）亦登食品。戰國之世，鷄豚狗彘是

蓄，（孟子）故民食芻豢之味。（莊子）烹調製作之法，觀禮記內則一篇，可得大概。當時調和味料，用鹽醯醬葱。（曲禮）降至春秋，復佐以梅（左傳）薑（論語）等。戰國之世，又有大苦，楚詞注豉也；五味調和，須之而成矣。

羹之種類：春秋之世，可考者有菜羹，（曲禮）雉羹，鷄羹，兎羹；（內則）藜羹：（荀子坐宥篇）黿羹。（左傳宣四年）戰國之世，復有瓜瓠羹，（新序刺奢篇）生肝羹（韓非子內儲說下）等。

飲物有酒醴漿湆等。酒係夏后時儀狄之發明；周時有杜康者，更改良其造法，大流行於世間，爲燕饗之必須品，朝廷設酒正掌之。醴者，甘泉也。漿湆爲食物之附屬品。迄春秋戰國，無甚變易。

夏月之用氷。詩曰：二之日鑿氷冲冲，三之日納于淩；又周禮有淩人掌氷正：皆其證也。

衣服　周沿古制，上衣下裳；（白虎通衣裳篇）衣如今之袍，裳如今之裙。衣正色，裳間色。（玉藻）爲防寒之用，則有裘。衣之類有深衣，（禮記深衣篇）麻衣，（毛詩蜉蝣篇箋云，麻衣深衣也。）縞衣，（毛詩出其東門篇箋云：縞白色也。）素衣，（毛詩揚之水篇註謂素衣中衣也。）黻衣，（毛詩終南何有篇，毛萇曰：青而黑謂之黻。）綠衣，（毛詩綠衣篇）褧衣，（毛詩之丰篇）等。裳之類有繡裳，（毛詩終南何有篇）黃裳，（毛詩綠衣篇）褧裳，（毛詩之丰篇）等。裘之類有羔羊裘，（毛詩羔羊篇）犬羊裘，（禮記玉藻）狐裘，（毛詩羔羊篇）熊羆裘，（毛詩大東篇）等。衣服依貴賤而有等差：貴者之服，具詳禮記玉藻，周禮春官司服；特周禮未盡可據，故茲並不著錄。深衣，如今之大領寬袖長衫，大約士以上以冕服爲禮服，以深衣爲便服；庶人以深衣爲禮服，以短褐爲便服。女子則衣裳相連，（古今注）與男子之上衣下裳者不同。男女衣服，多用襲衣，襲衣者，重衣也。衣料有褐帛絺綌緆縞布錦等品。至周末貴族婦女以奢侈相尚，始有衣羅紈綺縠者。（齊策）男女皆束帶，男用革，女用絲。（曲禮）童子不裘不帛，其衣緇布，以錦緣之，帶亦錦爲之。（玉藻）其著於首者，曰冠，曰弁，曰冕。蓋有位者用冕，次於冕者爲弁，次於弁者爲冠。冠以緇布爲之，弁以皮爲之，冕前有旒。平時士以上用冠，庶人用巾。（輟耕錄）其著於足者，曰舄，曰履，曰屨，（均見毛詩）皆一物而異名。又三代皆用角襪，以帶係於足踝。（中華古今注）是時中國無木棉，而有絲綿曰絮；夏衣用葛或麻，冬衣用絮或皮。至趙武靈王始用胡服，卽短衣去裳大袴革履之服。（王國維胡服考）皮鞋亦始於此時。（中華古今注）佩帶之物，爲數極夥，而男子以佩玉之風爲盛。（玉藻）至女子頭飾則有笄髢，玉瑱，象揥等。兒童之裝束曰兩髦，曰總角。毛傳曰：髦者髮至眉，事父母之飾。總角者，聚兩髦也。

居處　周代天子有明堂，諸侯有泮宮；天子諸侯，皆有宗廟朝堂。卿大夫士亦皆有宗廟。其日常居處則天子六寢：一爲路寢，其五爲小寢；復有六宮，王后治之。諸侯三寢：一爲路寢，亦曰大寢；其二爲燕寢，亦曰小寢；復有三宮，夫人治之；餘爲側室。卿大夫士均二寢：正寢居前，燕寢居後；其妻二寢亦如之；其旁則曰側室。（禮記內則）庶人無廟有寢。（禮記祭法）周末居處漸奢，晉有銅鞮之宮，楚有章華之臺，（左傳）又有强臺，（魏策）吳有館娃宮，越有飛翼樓，（吳越春秋）魏有范臺，（魏策）齊有雪宮，（孟子）秦有冀闕。（史記商君傳）故當時貴族之居，則高堂邃宇，檻層軒些，層臺累榭，臨高山些；（楚詞招魂）貧民之居，則屋室廬庾。葭稾蓐尙機筵。（荀子正名篇）至相懸殊：

器具　周人重造器，所作鼎彝，後世地中發現者甚多。至普通物：有縰，用以韜髮；有笏，用以記事；有小觿，用以解小結；有金燧，用以取火；有篚，籢，笥，用以盛物。（俱見禮記內則）用以致遠者；有王之五路，王后之五路，王之喪車，服車，戎車。（周禮春官巾車職車僕職）又夜行以燭，室地用席；門前有薄，室內設帷；（俱見內則）寢用衾裯，（毛詩小星）炊有錡，釜，鑪，（左傳）盆，瓶（禮運）等器。而槃，盂，（墨子尚賢下）壺，罍，（韓非子外儲說右）亦備。又古人雖席地而坐，而睡則用床，（詩小雅）凴則用几；（書顧命）至趙武靈王始用胡床，（風俗通）卽今之交椅。凡此皆足證當時社會進化之程度。

農業　周制天子孟春之月，擇元辰，帥公卿諸侯大夫，躬耕籍田千畝於南郊，冕而朱紘，躬秉耒，天子三推，三公五推，卿諸侯九推，庶人終畝。（禮記祭義月令）蓋國以民爲本，民以食爲天，重農所以厚民生，故雖以天子之尊，不廢躬耕之禮。

周禮太宰以九職任萬民，一曰三農生九穀。大司徒辨十有二壤之物而知其種以教稼穡樹藝。遂人掌邦之野，以歲時稽其人民，而授之田野，教之稼穡。遂大夫正歲簡稼器，修稼政。司稼掌邦野之稼，而辨穜稑之種，周知其名，與其所宜地，以爲法而懸於邑閭。稻人掌稼下地，以豬蓄水，以防止水，以溝蕩水，以遂均水，以列舍水，以澮寫水，以涉揚其芟作田。司農之官，於周爲備：

草人，掌土化之法，以物地向其宜而爲之種。凡糞種：騂剛（地色赤而土剛强也）用牛，赤緹（縓色也）用羊，墳壤（潤解者）用麋，渴澤（故水處）用鹿，鹹瀉（瀉滷也）用貆，勃壤（粉解者）用狐，埴壚（粘疏者）用豕，彊檕（强堅者）用蕡，輕爂（輕脆者）用犬；其別土宜，播嘉種，施肥料，使地得盡其力，民得食其利，農學進步，非可言喻。

古者農圃兼重，故九穀而外，又有樹藝艸木之政。徵之論語有樊遲請學稼。請學圃之問。又徵之周禮場人，掌國之場圃；山虞，掌山林之政令。又徵之禮記月令有后妃躬桑勸蠶之文：是當時對於農產附業，亦極注意。

工業　周官考工記，言工藝之事特詳。所謂國有六職，百工與居一焉。其重視工事可知。知者創物，巧者述之，守之世謂之工；百工之事，皆聖人之作也。天有時，地有氣，材有美，工有巧；合此四者，然後可以爲良。凡攻木之工七：則輪，輿，弓，廬，匠，車，梓也。攻金之工六：則築，冶，鳧，㮚，段，桃，也。攻皮之工五：則函，鮑，韗，韋，裘也。設色之工五：則畫，繢，鍾，筐，㡛也。刮摩之工五：則玉，楖，雕，矢磬也。摶埴之工二：則陶，旊也。（註一）今按考工一篇爲當時工事之經，金木諸工則製作之事，梓匠諸職則工程之司。詳列象度，精究理數，權本於聖人，其義至深。又觀輪輿諸職，察規矩縣水之宜；陶旊之事，揭髻墾薜暴之禁；以逮分率之差，析及毫釐；句矩之形。通於孤度，以梓人飲器之微，一不應法，而梓師罪之；工官之法既嚴，工藝之業必精。

（註一）周禮疏云：攻木之工七，輪人爲輪蓋，輿人爲車輿，弓人爲六弓，廬人爲柄之等，匠人爲宮室城郭溝洫之等，車人爲車，梓人爲飲器及射侯之等。攻金之工六：築氏爲削，冶氏爲戈戟，鳧氏爲鐘，㮚氏爲量，段氏爲鎛，桃氏爲劒。攻皮之工五：函人爲甲，鮑人主治皮，韗人爲鼓，韋氏裘氏闕也。設色之工五：畫繢二者，別官同職，共其事者，畫繢相須故也。鍾氏染鳥羽，筐氏闕，㡛氏主湅絲。刮摩之工五：玉人造圭璋之等，柳氏闕，雕氏闕，矢人主造矢，磬氏爲磬。摶埴之工二：陶人爲瓦器，甗甑之屬，旊人爲瓦簋。

商業　周官夏官職方氏，辨九州之國。使同貫利：東南曰揚州，其利金錫竹箭，其畜宜鳥獸，其穀宜稻。正南曰荊州，其利丹錫齒革，其畜宜鳥獸，其穀宜稻。河南曰豫州，其利林漆絲枲，其畜宜六擾，其穀宜五種。（六擾馬牛羊豕犬鷄，五種黍稷菽麥稻）正東曰青州，其利蒲魚，其畜宜鷄狗，其穀宜稻麥。河東曰兗州，其利蒲魚，其畜宜六擾，其穀宜四種。（四種黍稷稻麥）正西曰雍州，其利玉石，其畜宜牛馬，其穀宜黍稷。東北曰幽州，其利魚鹽，其畜宜四擾，其穀宜三種。（四擾馬牛羊豕，三種黍稷稻）河內曰冀州，其利松柏，其畜宜牛羊，其穀宜黍稷。正北曰并州，其畜宜五擾，其穀宜五種，（五擾馬牛羊犬豕）其時九州所產之物品，當即市上交易之商品。

周代商業政策，取干涉主義。周官司市掌市之治敎政刑，量度禁令。以次敘分地而經市，以陳肆辨物而平市，以政令禁物靡而均市，以商賈而行市，以量度成賈而徵儥，以質劑結信而止訟，以賈民禁僞而除詐，以刑罰禁虣而止盜，以泉府同貨而斂賒。大市日昃而市，百族爲主；朝市朝時而市，商賈爲主；夕市夕時而市，販夫販婦爲主。凡治市之貨賄，六畜珍異，亡者使有，利者使阜，害者使亡，靡者使微。凡市僞飾之禁，在民者十有二，在商者十有二，在賈者十有二，在工者十有二。又禮記王制曰：用器不中度，不粥於市，兵車不中度，不粥於市；布帛精麤不中數，幅廣狹不中量，不粥於市；姦色亂正色，不粥於市，五穀不時，果實未熟，不粥於市；木不中伐，不粥於市；禽獸魚鼈不中殺，不粥於市。是買賣物品，亦有種種之限制；總之不離保商之政策者，近是。

關市之征，據周官廛人掌斂市紘市總布質布罰布廛布，而入於泉府。布，泉也。紘布者，列肆之稅。總布者，守斗斛銓衡者之稅也。質布者，質人之所罰犯質劑者泉也。罰布者，犯市令者之泉也。廛布者，貨賄諸物邸舍之稅。又司關掌國貨之節，以聯門市。司貨賄之出入者，掌其治禁與其征廛，凡貨不出於關者，舉其貨，罰其人。

交通　周官職方氏，掌天下之圖，以掌天下之地，辨其邦國都鄙，四夷八蠻七閩九貉五戎六狄之人民，與其財用九穀六畜之數。要周知其利害。又懷方氏掌來遠方之民，致方貢，致遠物，而送逆之，達之以節，治其委積舘舍飲食。合方氏掌達天下之道路，通其財利，同其數器，壹其度量，除其怨惡，同其好善。故周代域內域外交通皆廣。成王時朝見諸侯及四方蠻夷：渠搜，康，大夏，崑崙，莎車，匈奴，月氏等國，在周初皆見於載籍。（據汲冢周書王會解），而越裳氏來朝，使者迷其歸路，周公作大駕指南車，使大夫宴將送至其國而還。（據竹書紀年，古今注，中華古今注）穆王性好豫游，得千里馬，使造父爲御，欲轍跡徧天下。于是西征，升崑崙之虛，以觀黃帝之宮。又西征至於西王母之邦，所過諸部酋長，皆饋獻馬牛羊，天子賜之則膜拜而受，天子樂而忘歸。嗣以徐偃王之變，疾驅還入宗周，大朝。『乃里西土之數曰：自宗周瀍水以西，至于河宗之邦，陽紆之山，三千有四百里。自陽紆西至于西夏氏，二千又五百里。自西夏至于珠余氏及河首，千又五百里。自河首襄山以西南，至于舂山珠澤昆侖之丘，七百里。自舂山以西，至于赤烏氏舂山，三百里。東北還至於羣玉之山，截舂山以北，由羣玉之山以西，至于西王母之邦，三千里。□自西王母之邦，北至于曠原之野，飛鳥之所解其羽，千有九百里。□宗周至于西北大曠原，一萬四千里。乃還，東南復至于陽紆，七千里。還歸於周，三千里。各行兼數，三萬有五千里。」（穆天傳卷之四）蓋交通益遠矣：

本節參閱書舉要

一、禮記：曲禮，內則，玉藻，月令，王制等篇。

二、毛詩：蜉蝣，揚之水，出其東門，終南何有，綠衣，之丰，羔羊，大東等篇。

三、白虎通：衣裳，紼冕，等篇。

四、觀堂集林：明堂寢廟通考。

五、金鶚禮說：明堂考。

六、周禮：冬官考工記，夏官職方氏，地官司市司關。

七、汲冢周書：王會解。

八、古今注卷上輿服。

九、中華古今注卷上大駕指南車。

十、穆天子傳卷之四。

五　學藝

文字　許愼說文序云：『倉頡之初作書，蓋依類象形，故謂之文，其後形聲相益，卽謂之字。……以迄五帝三王之世，改易殊體，封於泰山者七十有二代，靡有同焉。……乃宣王大史籀箸大篆十五篇，與古文或易。至孔子書六經，左邱明述春秋傳，皆以古文，厥意可得而說。』據許氏所云古文，似指五帝三王之世，改易殊體者而言。然按之說文中所收古文有不然者！蓋僅孔子壁中書，及春秋左氏傳耳。『壁中書者，魯恭王壞孔子宅，而得禮記，尙書，春秋，論語，孝經；又北平侯張蒼獻春秋左氏傳。郡國亦往往於山川得鼎彝，其銘卽前代之古文，皆自相似。」云前代古文者，所以別於孔壁之古文；云皆自相似者，以明與孔壁古文不甚相似也。上虞羅振玉先生謂由甲骨文字之可識者觀之，其與許書篆文合者十三四，且有合於許書之或體者焉，有合於今隸者焉；顧與許書所出之古籀則不合者十八九；其僅合者，又與籀文合者多，而與古文合者寡。以是知大篆者，蓋因商周文字之舊，小篆者又因大篆之舊；非大篆剏於史籀，小篆剏于相斯也。史籀第述古文爲史篇而已。史篇者，小學諸書之祖，有因而無創者也。相斯同文字者，亦弟罷不與秦文合者而已。至秦數百年，所承用商周二代之文字，未聞有所廢置也。（殷商貞卜文字攷）漢書藝文志，史籀十五篇；自注『周宣王時，大史作大篆十五篇，建武時亡六篇矣。』又云：『史籀篇者，周時史官敎學童書也。與孔氏壁中古文異體。』是史籀爲書名也。蓋舉其書，則謂之史籀，史籀篇，史篇；稱其字則謂之籀文，大篆。古代字書，莫古於此。許氏取以入說文中，其字與小篆多同；其不同者，許氏列之於重文，所云籀文作某是也。史籀篇久亡失，清道光間，歷城馬國翰玉函山房輯佚書中，始有輯本一卷；近人王國維復爲史籀篇疏證一卷，以正其違失。總之：周代籀文與孔壁古文，皆行。壁中書者，周秦間東土之文字；史籀一書，殆出宗周文勝之後，春秋戰國之間，周秦間西土之文字也。（據王國維史籀篇叙錄）

石鼓文，自唐張懷瓘以來，卽認爲籀文。石鼓在隋以前，未見着錄，出土之時當在唐初。其名初不甚著，自韋應物韓愈作石鼓歌以表章之，而後始大顯於世。其地爲天興縣（今鳳翔）南二十里許，鄭餘慶遷於鳳翔府（今鳳翔）夫子廟，經五代之亂，又復散失，宋司馬池復輦置府學之門廡下，大觀中自鳳翔遷於東京（今開封）辟雍，後入保殿。金人破宋，輦歸

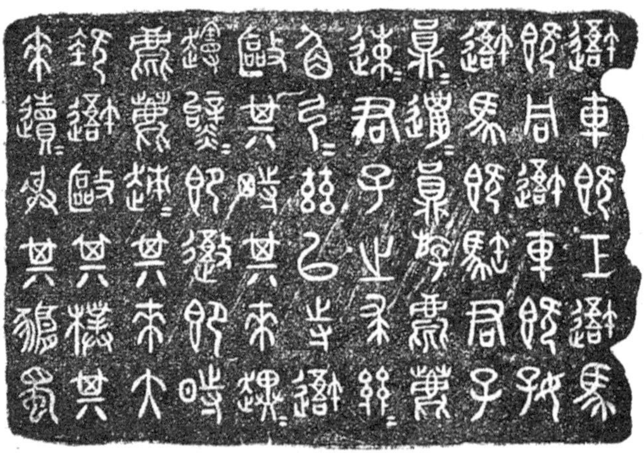

石鼓文

燕京（今北平）今在清故國子監。石鼓凡十，徑曰三尺，上小而下大，頂圓而底平，四面有畧作方形者，有正圓者，銘辭卽環刻於其上。宋司馬池移置時，亡其一；皇祐四年，向傳師求得之，石爲鄉人毀爲臼。其刻石之時代：有以爲周宣王時者，唐張懷瓘竇群韓愈也；有以爲周文王之鼓至宣王時刻詩者，唐韋應物也，有以爲周成王時者，宋董逌程大昌也；有以爲秦者，宋鄭樵也；有以爲宇文周者，金馬定國也。今人馬衡作石鼓爲秦刻石考：據傳世之秦刻遺文，自秦霸西戎時起至二世元年止，凡十二種，證石鼓爲秦刻石；並主宋鞏豐獻公之前襄公之後所作之說云。（馬衡石鼓爲秦刻石考）

石鼓文：字體爲籀文，銘辭爲四言詩。本書所刊之石鼓文，其第一鼓也。茲據金石萃編卷一錄其釋文曰：遻（音我義同）車既工，（堅緻也）遻馬既同；（齊也物馬齊其力）遻車既好，遻馬既駱。（同阜盛大也）君子員邋，（今通用獵）員邋員斿，麀鹿速速，（疾行貌）君子之求。（索也）孫孫角弓，弓茲以寺：（持之省文）遻敺其時，（土高處曰時）其來趩趩：（行聲）𨘋𨘋（許建切走意）𧻚𧻚，（讀若䆐衆多也，）卽遻（同御）卽時；麀鹿趚趚，其來大垐。（疾資切以土增大道也）遻敺其樸，（叢也樹木茂密貌）其來𨘋𨘋，（續也）射其豣（獸三歲爲肩或作豜）蜀。（與屬通連也）

本節參閱書舉要

一、許愼說文序

二、羅振玉殷商貞卜文字攷

三、國學季刊第一期馬衡石鼓爲秦刻石考

四、金石萃編卷一周宣王石鼓文

文學　周監二代，郁郁乎文。若文王之繫易（註一）周公之作詩。（註二）斧藻群言，炳曜千古。降而春秋，雖王制陵夷，而詞命彌重！觀左傳國語所紀，以及十五國風，士大夫，應酬問答，文身見志，良不乏也。迨孔子繼聖，獨秀前喆，裁定六經，以弘道化：於是易張十翼，（註三）書標七觀，（註四）詩列四始，（註五）禮正五經，（註六）春秋五例。（註七）義旣極乎性情，辭亦匠於文理，垂之不刋，爲世正極。故論說辭序，則易統其首；詔策章奏，則書發其源，賦頌歌贊，則詩立其本：銘誄箴祝，則禮總其端；紀傳銘檄則春秋爲根。此所以百家騰躍，終入環內者也。文能宗經，體有六義：一則情深而不詭，二則風清而不雜，三則事信而不誕，四則義直而不回，五則體約而不蕪，六則文麗而不淫。（文心雕龍宗經）昔人所稱稟經約雅，不其懿歟：經籍之外，則有丘明作傳，羽翼素王，典麗雅則，爲史家之冠。降及戰國，有策，蓋錄而弗序，故節蕑爲名；其縱横馳驟，又非春秋可比也。若乃道德五千，獨抽玄旨，管子一部，惟闡伯圖。莊列荀韓，相繼著論；雖理有偏至，而詞並高秀！孟子祖述尼山，言以明道，繼往開來，尤爲宏遠：有周一代之文章，實立千古之極則。

經與諸子之文，皆尚理。自屈原由詞創爲離騷，獨尚詞。騷者，愁也。依詩取興，引類引譬，溫雅皎明，蓋與三百篇相若也。其徒宋玉唐勒景差等推而行之，統曰楚詞：故楚詞實爲詞章之祖。又韓非由詩而創連珠體，假喻達旨，累累如貫珠，欲使覽者易閱而微悟焉，亦合於古詩諷興之義。荀卿由詩而創賦體，體物曲肖，言理盡致，而以整鍊之韻語出之：三者皆爲後世駢文之始，皆由詩而變者。

（註一）說者謂易卦辭文王所作。史記太史公自序謂西伯拘羑里演周易是也。爻辭周公所作。綱目前編云：周公居東，取易之三百八十四爻，各繫以辭。又馬宛斯曰：文王囚羑里有卦辭，周公居東有爻辭。

（註二）詩序：七月，陳王業也。周公遭變，故陳后稷先公風化之所由致王業之艱難也。鴟鴞，周公救亂也。成王未知周公之志，公乃爲詩以遺王，名之曰鴟鴞焉。

（註三）孔子作上彖下彖上象下象上繫下繫文言說卦序卦雜卦爲十翼。

（註四）尚書大傳：六誓可以觀義，五誥可以觀仁，甫刑可以觀誡，洪範可以觀度，禹貢可以觀事，皐陶可以觀治，堯典可以觀美。

（註五）詩序注：關雎之亂以爲風始，鹿鳴爲小雅始，文王爲大雅始，清廟爲頌始。

（註六）禮記祭義：禮有五經，謂吉凶軍賓嘉。

（註七）春秋序謂春秋爲例之情有五：一曰微而顯，文見於此，而起義在彼。二曰志而晦，約言示制，推以知例。三曰婉而成章，曲從義訓，以示大順。四曰盡而不汙，直書其事，具文見意。五曰懲惡而勸善，求名而亡，欲蓋而彰。

本節參閱書舉要

一、文心雕龍宗經篇

二、謝无量中國大學文史第四章至第七章

經學　六藝者，六經之謂。六經之次第有二：七略以前，首詩，次書，次禮，次樂，次易，次春秋；此法周秦諸子，悉遵之。七略以後，首易，次書，次詩，次禮，次樂，次春秋：此法用之至今。易卜筮，周官太卜掌三易之法，一連山，二歸藏，三周易。書政紀，周官外史，掌三皇五帝之書。楚左史倚相則能讀三墳五典八索九邱。（註一）詩言志，周官太師教六詩曰：風賦比興雅頌，（註二）而古者且三千篇也。禮節文，周官宗伯所職，曰吉凶軍賓嘉。擴而言之，則禮儀三百，威儀三千。樂和聲，周官司樂掌之，播之風詩，飾之禮節者也。春秋國史，周所藏百二十國寶書，其繁夥如此。故孔子曰：入其國，其教可知。其爲人，溫柔敦厚，詩教也。疏通知遠，書教也。廣博易良，樂教也。潔靜精微，易教也。恭儉莊敬，禮教也。屬辭比事，春秋教也。孔子又謂老聃曰：丘治詩書禮樂易春秋六經，自以爲孰知其故，以奸七十二君而不用。蓋當孔子之世，六藝之名，由來久遠；要皆先王政典，而爲古史官所職守。

（註一）孔安國尚書序：伏羲神農黃帝之書，謂之三墳；言大道也。少昊顓頊高辛唐虞之書，謂之五典；言常道也。八卦之說，謂之八索；求其義也。九州之志，謂之九邱；邱，聚也；言九州所有，土地所生，風氣所宜，皆聚此書也。

（註二）周官鄭注：風言賢聖治道之遺化也。賦之言鋪，直鋪陳今之政教善惡。比見今之失，不敢斥言，取此類以言之。興見今之美，嫌於媚諛，取善事，以喻勸之。雅正也，言今之正者，以爲後世法。頌之言誦也，容也，誦今德廣以美之。

孔子爲吾國一切學術承先啓後之唯一人物。生平至大之事，爲制定六經。今畧述其概如左：

一、易。包犧始畫八卦，因而重之爲六十四卦。文王作卦辭，周公作爻辭。孔子晚而喜易，序彖繫象說卦文言，是爲十翼，以授魯商瞿子木，凡易十二篇。（史記孔子世家）然十翼自宋以來，卽有辨其一部分非孔子。作者！歐陽修有易童子問三卷辨繫辭文言說卦序卦雜卦等非孔子之作。葉適著記學習言，其第四卷專辨繫辭與彖象之不合，斷定繫辭以下非孔子之作。故十翼中，惟彖象無人否認爲孔子所作。

二、書。書本王之號令，右史所記。尚書緯謂孔子求得黃帝元孫帝魁之書，迄於秦穆公，凡三千二百四十篇。史記謂孔子序書傳，上紀唐虞之際，下至秦穆，編次其事。（孔子世家）孔子編次之後，典謨訓誥誓命之文，凡百篇。由孔子授漆雕開，然師說無傳，唯孔子世傳其書。及秦禁學，孔氏壁藏之。（孔安國尚書序）

三、詩。詩者，所以言志，吟詠性情，以諷其上者也。古者，詩三千餘篇，孔子最先删錄，去其重，取可施於禮義；上採契后稷，中述殷周之盛，至幽厲之缺；孔子皆弦歌之，以求合韶武雅頌之音。凡三百十一篇，以授子夏。

四、禮。帝王質文，世有損益，至於周公，代時轉浮：周公居攝，曲爲之制：故曰經禮三百，威儀三千。及周之衰，諸侯始僭，將踰法度，惡其害己，皆滅去其籍，自孔子時而不具矣。孔子反魯，乃始删定。値戰國交爭，秦氏坑焚，故惟禮經，崩壞爲甚。今所存者，惟儀禮十七篇，至爲可信。漢代稱爲禮古經，又名士禮；至東漢始改稱儀禮。至周禮在漢志稱周官經，隋志始改名周官禮，爲戰國秦漢之間人根據從前短篇講制度之書，借來發表個人主張者；禮記則由漢人掇拾而成，其大部分在戰國中葉已陸續出現，小部分爲西漢前半儒者綴加：故周禮禮記於古六藝無與！

五、樂。自黃帝下至三代，樂各有名。孔子：安上治民，莫善於禮，移風易俗，莫善於樂。二者相與並行，周衰俱壞。孔子自衞反魯，然後樂正，雅頌各得其所。蓋從前之詩，或不盡可歌！自孔子譜詩入樂，於是三百篇無有不可歌者。故孔子世家云：『詩三百篇，孔子皆弦而歌之，以求合於韶武之音。』然樂既微眇，復以音律爲節，又爲鄭衞所亂，故無遺法。

六、春秋。古之王者，必有史官，君舉必書，所以愼言行，昭法式也。諸侯亦有國史，故孟子曰：『晉之乘，楚之檮杌，魯之春秋一也。』春秋，即魯之史記。孔子應聘不遇，自衞而歸，西狩獲麟，傷其虛應，乃因魯舊史，而作春秋。上述周公遺制，下明將來之法；約其文辭，以繩當世。筆則筆，削則削，子夏之徒，不能贊一辭。

六經而外，有論語孝經二種，與六經並重。論語者，孔子應答弟子時人，及弟子相與言，而接聞於夫子之語也。當時弟子各有所記，孔子既卒，門人相與輯而論纂，故謂之論語。孝經者，孔子爲曾子陳孝道也。所記皆孔子與曾子問答之辭：大抵爲曾子門人所作。

本節參閱書舉要

一、夏曾佑中國歷史教科書第一篇第二章第七節孔子世系及形貌至第十節孔子之六經。

二、胡適中國哲學史大綱第四篇第一章孔子略傳第二章孔子的時代。

三、史記孔子世家。

四、梁啓超古書眞僞及其年代（燕京大學講義）分論：第一章易，第二章尚書，第三章詩，第四章三禮，第五章春秋及其三傳，第六章論語孝經爾雅孟子。

諸家學說　周秦之際，至要之事，莫如諸家之學派。大約中國自古及今至美之文章。至精之政論，至深之哲理，並在其中，百世之後，窮研終不能盡！此由春秋以降，王室衰微，諸侯力爭，階級毀滅，言論自由：（註一）於是說治國濟民者，與欲求名立身者，遂蠭起於四方，各述其說，以求用世：結果則諸家並興。

（註一）春秋以前，學不下庶人，掌於官守；故龔定庵古史鉤沈論一云：『周之世官，大者史，史之外，無語言焉；史之外，無文字焉；史之外無人倫品目焉。』章實齋校讎通義上卷云：『官守學業，皆出於一，而天下以同文爲治，故私門無著述。』凡此皆春秋以前，學術專制，思想言論不能自由之徵：

春秋之季，孔老墨三家並作，其思想學說，爲春秋以後一切學術之源泉。茲畧述其事蹟與學說如左：

一、孔子　孔子名丘，字仲尼；其先宋人，父叔梁紇，母顏氏，以魯襄公二十二年庚戌之歲，（周靈王二十一年西歷紀元前五五一年）十一月庚子，生孔子於魯昌平鄉陬邑。爲兒嬉戲，常持俎豆，設禮容。及長爲委吏，料量平；爲司職吏，畜蕃。倡儒教，其要以孝弟爲本，以忠恕爲方，而行仁道於天下。故其教始於修身齊家，終於治國平天下。孔子嘆王室衰微，抱恢復之志。適周，問禮於老子。既反而弟子益進。魯昭公二十五年，孔子年三十五，而昭公奔齊；魯亂，於是適齊，爲高昭子家臣，以通乎景公；公欲封以尼谿之田，晏嬰不可，公惑之，孔子遂行，反乎魯。定公元年，孔子年四十三，而季氏強僭，其臣陽虎作亂專政，故孔子不仕，而退修詩書禮樂，弟子彌衆。九年，孔子年五十一歲，定公以孔子爲中都宰，一年四方則之，遂爲司空，又爲大司寇。十年相定公會齊侯於夾谷，齊人歸魯侵地。十二年使仲由爲季氏宰，墮三都，收其甲兵。孟氏不肯墮成，圍之不克。十四年孔子年五十六，攝行相事，誅少正卯，與聞國政，三月魯國大治；齊人饋女樂，季桓子受之，郊又不致膰於大夫，孔子行。適衞，主於子路妻兄顏讎由家。適陳，過匡，匡人以爲陽虎而拘之。既解，還衞，主蘧伯玉家。見南子，去適宋；司馬桓魋欲殺之，又去適陳，主司城貞子家，居三歲而反乎衞，衞靈公不能用。將西見趙簡子，至河而反，又主蘧伯玉家，靈公問陳，不對而行，復如陳。季桓子卒，遺言謂康子必召孔子，其臣止之，乃召冉求。孔子如蔡，及葉，楚昭王將以書社地封孔子，令尹子西不可，乃止。又反乎衞，時靈公已卒，衞君輒欲得孔子爲政，而冉求爲季氏將，與齊戰有功，康子乃召孔子，而孔子歸魯，實哀公之十一年也，孔子年六十八矣。然魯終不能用孔子，於時孔子亦不求仕，於是傳易彖繫象說卦文言，序書修詩正樂。十四年春，狩大野，叔孫氏之車子鉏商獲獸，以爲不祥！孔子視之曰：麟也，孰爲來哉，吾道窮矣，乃因魯史作春秋。十六年壬戌，（周敬王四十一年，西曆紀元前四七九年）四

月乙丑，孔子卒，年七十三歲。弟子三千人，身通六藝者七十二人，皆異能之士也。(註一)

(註一)孔氏之門，偉然皆有用之才，其箸籍者三千人，自顏淵以下，七十有二人稱於時。顏淵以王佐自命，仲弓有南面才，仲弓一爲季氏宰，而顏淵終其身不仕。孔子不得志於魯以其說干七十二君，率與諸弟子偕。當是時子路公孫龍以勇稱，子貢以辨著，澹臺子羽以俠聞。而孔子嘗曰：『德行：顏淵閔子騫冉伯牛仲弓。言語：宰我子貢。政事：冉有季路。文學：子游子夏。』然如曾參大孝，有若似子，宓賤善治，原憲樂貧，皆不得與於諸子之列。子路者，與顏子並稱。孔子曰：自吾有回，門人並親；自我得由，惡言不入於耳。又曰：千乘之國，可使治其賦也。由也果，於從政乎何有！片言可以折獄者，其由也歟！，宓子賤爲單父宰，三年，至使民闇行，若有嚴刑於旁；蓋以古道德家學治其民者也。子貢者以貨殖名，孔子稱之曰億則屢中；然亦古縱橫家者流也。故子貢一出，曾亂齊，破吳，霸越，而存魯。冉有者，由賜之亞也。子曰求也藝，於從政乎何有！原憲閔子騫者，顏子之流也，身隱居不仕，爲當時高士。孔子嘗厄於陳蔡之間，使子貢至楚，楚昭王興師迎孔子，欲以書社地七百里封孔子。楚令尹子西曰：『王之使，使諸侯，有如子貢者乎？王之輔相，有如顏淵者乎？王之將率，有如子路者乎？王之官尹，有如宰我者乎？且楚之祖封於周，號爲子男五十里。今孔子述三王之法，明周召之業，王若用之，則楚安得世世堂堂方數千里乎？夫文王在豐，武王在鎬，百里之君，卒王天下。今孔子得據土壤，賢弟子爲佐，非楚之福也。』昭王乃止。此與晏嬰之沮尼谿，同一私心也。嬰之言曰：『孔子盛容飾，繁登降之禮，趨祥之節，累世不能殫其學，窮年不能究其禮！君欲用之以移齊俗，非所以先細民也。』晏嬰私一齊，子西私一楚，知孔子爲聖人而不能用，况不知乎？雖然子西亦可謂知孔子與七十二子者矣。孔子以天下爲己任，七十子皆非無心於民者也。又孔子不必遽賢於弟子，乃集衆人之賢以爲賢者也。故尸子曰仲尼志意不立，子路侍。儀服不修，公西華侍。禮不習，子貢侍。辭不辨，宰我侍。亡忽古今，顏回侍。節小物冉伯牛侍。曰：吾以夫六子自厲也。又子夏問於孔子曰

：顏回之爲人奚若？子曰：回之信，賢於我。曰：子貢之爲人奚若？子曰：賜之敏，賢於我。曰：子路之爲人奚若？曰：由之勇，賢於我。曰：子張之爲人奚若？曰：師之莊，賢於我。凡此皆孔子所以成爲大聖也。又孔子處衰亂之世，行其教於天下，犯時忌諱，周流以至老死，而諸侯不能殺，大夫不加誅，大率門弟子之力居多。子畏於匡，顏淵後。子曰：我以汝爲死矣。夫以三千之徒，人人有死其師之心，此固季孫陽虎之暴，所不敢加；晉楚大國之威，所不敢脅者矣。是故匡人簡子，以甲士圍子，子路怒，奮戟將與之戰。公叔氏以蒲叛，而止孔子，公良孺以私車五乘，拔劍與之鬥，甚疾；蒲人懼，乃盟而出之。孔子既不得志於天下，門弟子亦無貴顯者！此可見春秋之世，貴族專擅，雖有聖人之才，亦粥粥無所施之，可悲也矣。孔子卒後，弟子皆服三年心喪，喪畢訣而去。惟子貢廬於冢上，凡六年然後歸。

孔子學說言道言政，皆植本於「仁」。故孔子曰：『仁者，人也』（中庸）又曰：『夫仁者，已欲立，而立人；已欲達，而達人；能近取譬，可謂仁之方也已。』（論語）按孔家一切學問，專以『研究人之所以爲人者』爲其範圍：故孟子亦曰：『仁也者，人也。合而言之道也。』荀子曰：『有知之屬，莫不知愛其類也。）愛類觀念，以消極的形式發動者，則謂之恕；以積極的形式發動者則謂之仁。子貢問一言可以終身行？孔子曰：『其恕乎！己所不欲，勿施於人。』（論語）『强恕而行，求仁莫近焉。』（孟子）孔子論政，則曰：『政者正也。』（論語）『爲政以德，譬如北辰，居其所而衆星拱之。』（論語）至其爲政之方法，則以正名爲先。故子路問曰：『衞君待子以爲政，子將奚先？』孔子曰：必也正名乎。……名不正，則言不順；言不順，則事不成；事不成，則禮樂不興；禮樂不興，則刑罰不中；刑罰不中，則民無所措手足。故君子名之必可言也，言之必可行也。君子於其言，無所苟而已矣。』春秋一書，卽孔子實行正名之作。蓋因當時，『世衰道微，邪說暴行有作。臣弑其君者有之，子弑其父者有之。孔子懼，作春秋。」（孟子）春秋爲例之情有五：一曰微而顯，文見於此，而起義在彼。二曰志而晦，約言示制，推以知例。三曰婉而成章，曲從義訓以示大順。四曰盡而不汙，直書其事，具文見意。五曰懲惡而勸善，求名而亡，欲蓋而彰。大抵春秋文成數萬，其指數千，凡所以誅天下之爲人臣不忠爲人子不孝者也。故「孔子成春秋，而亂臣賊子懼。」（孟子）雖然，『春秋，天子之事也。是故孔子曰：「知我者，其惟春秋乎！罪我者，其惟春秋乎！」』（孟子）又孔子留術數，而去鬼神，認術數爲一種天然法則，即所謂「命」也。孔子云：「五十而知天命。」又云：「不知命，無以爲君子。」又云：「道之將行也與！命也！道之將廢也與！命也！」皆其適例：總上以觀，孔子主張作人。以「仁」「恕」爲本，爲政以「正名」爲先，用世以「知命」爲貴。

二、老子　史記曰：老子者，楚苦縣厲鄉仁里人也，姓李氏，名耳，字伯陽，諡曰聃。周守藏室之史也。（史記老子列傳）然考索隱云：『許愼云：聃，耳曼也。故名耳字聃。有本字伯陽，非正也。老子號伯陽父，此傳不稱也。』是聃爲字，不爲謚之說也。至所以稱爲老子者：據神仙傳曰：『生而皓首，故稱老子。』高士傳曰：『以其年老，故號其書爲老子。』二說雖未盡信，然皆古說，必有所受。按老子事蹟，不可詳考！魯昭公二十四年，孔子三十四歲，適周，問禮於老子。準是立言，老子畧先孔子而出，至多比孔子大二十歲，當生於周靈王初年，當西歷前五七〇年左右。老子之學，以自隱無名爲務，懲當時之繁文縟禮，專尙自然，倡無爲，排禮儀制作。居周久之，見周之衰，乃遂去至關。關令尹喜曰：子將隱矣，彊爲我著書。於是老子乃著書上下篇，言道德之意，五千餘言，名曰道德經，遯世不知所終。然莊子養生主云：老聃死，秦失弔之，三號而出。』是明記老子之死，則流沙化胡，入關仙去（列仙傳）之神話，不攻自破矣。

老子之學，以自隱無名爲務。故其言曰：「五色令人目盲，五音令人耳聾，五味令人口爽；馳騁畋獵，令人心發狂；難得之貨，令人行妨。是以聖人爲腹不爲目，故去彼取此。」又曰：「大道廢，有仁義；智慧出，有大僞；六親不和，有孝慈；國昏亂，有忠臣。」又曰：「絕聖棄智，民利百倍；絕仁棄義，民復孝慈；絕巧棄利，盜賊無有。」又曰：「天下之至柔，馳騁天下之至堅，無有入無間，吾是知無爲之有益。」又曰：「我有三寶，持而保之。一曰慈，二曰儉，三曰不爲天下先。」又曰：「欲上民，必以言下之；欲先民，必以身後之。」又曰：「民不畏死，奈何以死懼之。」又曰：「抗兵相加，哀者勝矣。」又曰：「以道佐人主者，不以兵强天下，其事好還。師之所處，荊棘生焉。大軍之後，必有凶年。」又曰：「夫佳兵者，不祥之器，物或惡之，故有道者不處。」此等非政非兵。

之學說，殆因老子懲於末流之就衰，禮意之失實，原於盛周之繁文縟禮，又觀於列國競爭，干戈滿地，役使數萬，百不一歸！故對於政治思想，激而主張淸靜無爲，『以服從自然爲極則！而主張『我無爲而民自化，我好靜而民自正，我無事而民自富，我無欲而民自樸！』又老子之學，以爲萬物皆出於道，而道出於自然。故曰：『有物渾成，先天地生，吾不知其名，字之曰道』。又曰：『人法地，地法天，天法道，道法自然。』夫唯如是，故『萬物芸芸，各歸其根；歸根則靜，是爲復命，』是舊說鬼神之情狀，不可以人理推，而一切禱祀之說破矣。道先天地而生，則知天地山川五行。百物之非原質，不足以明天人之故，而占驗之說廢矣。『禍兮福所倚，福兮禍所伏，』則知禍福純乎人事，非能有前定之者，而天命之說破矣。鬼神五行前定既破，而後知天地不仁，以萬物爲芻狗，聖人不仁，以百姓爲芻狗。此等新說，大約以反復申明炎黃以來鬼神術數之學之誤爲宗旨，矯枉前代之失過正，有破壞而無建立，終不如孔子學說之適中而近於人事也。

三、墨子　墨子名翟姓墨氏；蓋宋之大夫。（史記孟荀列傳）或云魯人，（呂氏春秋當染愼大篇）或云宋人。（荀子修身篇）今依孫詒讓說，定爲魯人。（墨子閒詁後語列傳第一按語）其生也：或云並孔子時；（史記孟荀列傳）或云在孔子後；（漢書藝文志）或云六國時人，至周末猶存。（畢沅墨子序）汪中謂墨子時代，『明在句踐稱霸之後，秦獻公未得志之前，全晉之時，三家未分，齊未爲田氏也。』據此：墨子大概生於周敬王二十年與三十年之間，（西曆紀元前五〇〇至四九〇年）卒於周威烈王元年與十年之間。（西曆紀元前四二五至四一六年）墨子生時，約當孔子五十歲六十歲之間。（孔子生西曆紀元前五五一年）此時正當儒學極盛之際，故『墨子學儒者之業，受孔子之術。』（淮南子要畧）是墨子者，孔子弟子也。然一說爲史角之弟子焉。（呂氏春秋當染篇）墨子是否爲孔子弟子，雖不能決定！然墨子確學於魯，（當染篇）受儒家影響當不少！

墨子之學說，與孔子相反！孔子不黨，墨子尙同。孔子親親，墨子尙賢。孔子差等，墨子兼愛。孔子繁禮，墨子節用。孔子重喪，墨子節葬。孔子統天，（春秋以元統天；文言稱先天而天不違。蓋孔子不尙鬼神，故有此說。）墨子天志。孔子遠鬼，（論語稱未知生，焉知死！敬鬼神而遠之。）墨子明鬼。孔子正樂，墨子非樂。孔子知命，（論語道之將行也與，命也。道之將廢也與，命也。不知命，無以爲君子也。）墨子非命。孔子尊仁，墨子貴義：殆無一不與孔子相反！墨子者，眞與孔子爲敵者也。孟子曰：墨子兼愛，是無父也。楊墨之道不息，孔子之道不著。荀子曰：不知壹天下建國家之權稱，上功用，大儉約，而僈差等，曾不足以容辨異縣君臣。然而其持之有故，其言之成理，是墨翟宋鈃也。雖然，儒墨不爲其人，而惟其學。以宰我之智，而議短喪；以曾子之賢，而其居衞也，緼袍無表，顏色腫膾，手足胼胝，三日不舉火，十年不製衣，是以儒兼墨者也。墨子守宋，爲宋拒强楚，扞國家之難，存其君，使宋之社稷無患！是儒者所爲竭忠以事君者也。魯君謂子墨子曰：吾恐齊之攻我也，可救乎？墨子曰：可。昔者三代之聖王，禹湯文武，百里之諸侯也，說忠行義，以取天下。三代之暴王，桀紂幽厲，以讐怨行暴失天下。是儒家之恒說通理也。是墨子又以墨而兼儒者也。總之：儒墨皆有救天下之心，而墨之救天下也尤亟。孟子曰：「墨子兼愛，摩頂放踵，利天下爲之，」即其明證。莊子天下篇評墨子有言曰：「其生也勤，其死也薄，其道大觳。使人憂，使人悲，其行難爲也，恐其不可以爲聖人之道。反天下之心，天下不堪，墨子雖獨能任，奈天下何！離於天下，其去王也遠矣。……雖然，墨子眞天下之好也，將求之不得也，雖枯槁不舍也，才士也夫。」

韓非子顯學篇曰：「自墨子之死也，有相里氏之墨，有相夫氏之墨，有鄧陵氏之墨。」莊子天下篇曰：相里勤之弟子，五侯之徒；南方之墨者，苦獲已齒鄧陵子之屬，俱誦墨經而倍譎不同，相謂別墨；以堅白同異之辯相訾，以觭偶不仵之辭相應，以巨子爲聖人，皆願爲之尸，冀得爲其後世，至今不決。」古書言墨學傳受派別者，如是而已。

戰國之世，諸學蓬生，流派寖多：漢書藝文志本劉歆七畧又於司馬談六家之外，增縱橫，雜，農，小說家，共爲九流十家。又索其原流曰：「儒家者流，蓋出於司徒之官；……道家者流，蓋出於史官；……陰陽家者流，蓋出於義和之官；……法家者流，蓋出於理官；……名家者流，蓋出於禮官；……墨家者流，蓋出於淸廟之守；……縱橫家者流，蓋出於行人之官；……雜家者流，蓋出於議官；……農家者流，蓋出於農稷之官；……小說家者流，蓋出於稗官。……」此等九流出於王官之說，近人章太炎先生於所著諸子畧說，（刊在丙午年國粹學報）言之綦詳。然最近胡適則著諸子不出於王官論以駁之，並引淮南子要畧以爲論據：謂「諸子之學皆起於救世之弊應時而興。故有殷周之爭，而太公之陰謀生。有周公之遺風，而儒者之學興。有儒學之敝，禮文之煩擾，而後墨者之教起。有齊國之地勢，桓公之霸業，而後管子之書作。有戰國之兵禍，而後縱橫修短之術出。有韓國之法令「新故相反，前後相繆。」而後申子刑名之書生。有秦孝公之圖治，而後商鞅之法興焉。此所論列，雖間有考之未精，然其大旨以爲學術之興皆本於世變之所急。其說最近理。即此一說，已足摧破九流出於王官之陋說也，」（胡適中國哲學史大綱附錄諸子不出於王官論）顧諸家之學，雖不出於王官，而其派別則頗有可記，茲謹著錄如左：

一、儒家　孺家以孔子爲宗，其學以仁爲道德之極則，以恕爲立身標準，以中庸爲行爲之權衡，以大同爲政治之理想。孔子弟子三千人，通六藝者七十二人。易經由孔子授商瞿，六傳而爲田何。（史記）書經雖由孔子授漆雕開，然師說無傳：唯孔氏世傳其書，九傳而至孔鮒。（孔叢子）詩經由孔子授子夏，六傳而至荀卿，荀卿授詩浮邱伯爲魯詩之祖；復以詩授毛亨爲毛詩之祖。（經典釋文敘錄）春秋自左邱明作傳，六傳而至荀卿，復由荀卿授張蒼，是爲左氏學之祖（劉向別錄）公穀二傳，咸爲子夏所傳。一由子夏授公羊高，五傳而至胡母生，是爲公羊學之祖。（戴弘序）一由子夏授穀梁赤，（風俗通）一傳而爲荀卿，復由荀卿授申公（楊疏）是爲穀梁學之祖。又子夏子貢，皆深於樂；（禮記樂記）曾子子游皆深於禮。（見禮記檀弓雜記諸篇）子夏並有喪服傳（儀禮）之作。六國之時傳禮經者，復有公孫尼子青史氏王氏諸人。（漢書藝文治）大抵孔門六藝傳授，以子夏爲最；徐防曰：「詩書禮樂，定自孔子，發明章句，始於子夏。」（後漢書徐防傳）故孔門經學之傳，子夏功爲多。

戰國時孟子荀子最爲大儒。孟子名軻，鄒人，受業於子思之門人。慕仲尼周流憂世，遂以儒道遊於諸侯，思濟斯民；然由不肯枉尺直尋，時君咸謂之迂闊於事，終莫能聽納其說。（孟子題辭）於是退而與萬章之徒，序詩書述仲尼之意，作孟子七篇。（註一）（史記孟子荀卿列傳）趙岐稱其通五經，尤長於詩書；（孟子題辭）故其書引詩者三十，論詩者四，引書者十八，論書者一，而論春秋尤有特識。孟子之學，其長在於微言大義，而不務章句，與子夏之派異。其說尊王賤霸，重仁義，輕功利，謂人性皆善，人皆可以爲堯舜。卒於周赧王二十六年。（註二）荀子名況，卿者，時人相尊而號爲卿也。年五十始來遊學於齊。騶衍田駢之屬，皆已死齊襄王時，而荀卿最爲老師。齊尚修列大夫之缺，而荀卿三爲祭酒焉。（註三）入秦見秦昭王及應侯。遊趙，見孝成王。又遊楚，春申君以爲蘭陵令。卿本趙人，春申君死，遂家蘭陵。或稱孫卿，蓋孫荀古本通用。大毛公，浮邱伯，皆卿弟子，爲毛詩魯詩所自出。韓詩外傳引荀子說，凡四十有四，則韓詩亦荀卿別子。傳穀梁之瑕邱，傳左氏之賈誼，則皆再傳弟子。且其學長於禮：大戴所傳之哀公問五義篇，禮三本篇，曾子立事篇，勸學篇，小戴所傳之樂記篇，三年問篇，鄉飲酒義篇；大畧皆見於荀子。是子夏之後，有功於經者，又莫荀子若者也。今本荀子三十二篇，中以天論解蔽正名性惡四篇，爲荀卿學說精華所在，大要主張性惡，法後王，及正名。其性惡之說，則由目擊當世爲惡者多，爲善者少，從經驗得來；與孟子性善說之由直覺得來者頗異。

孔門傳經表（從孔子弟子起至漢初止）

—漆雕開—

—孔鯉—孔伋—孔帛—孔求—孔箕—孔穿—孔順—孔鮒—（書學）

孔子—商瞿—公孫段—子庸—馯臂子弓—周醜—孫虞—田何——（易學）

　　—子夏—曾申—李克—孟仲子—根牟子—荀卿—浮邱伯、毛亨——（詩學）

　　　　—公羊高—公羊平—公羊地—公羊敢—公羊壽—胡母生——（春秋學）

　　　　—穀梁赤—荀卿—申公——（春秋學）

　　—左邱明—曾申—吳起—吳期—鐸椒—虞卿—張蒼——（春秋學）

（註一）史記及孟子題辭皆以七篇為孟子自著。十三經孟子疏引唐林慎思續孟子書二卷，以為孟子七篇非孟軻自著，乃弟子共記。

（註二）據明人所纂孟子譜，孟子生於周烈王四年四月二日，死於赧王二十六年十一月十五，年八十四。呂元善聖門志所紀年與孟子譜同。

（註三）史記言荀卿年五十始來游學於齊。風俗通窮通篇云：齊威王之時，孫卿有秀才，年十五，始來游學。晁公武郡齋讀書志引劉向孟子序亦作十五。最近胡適於所箸中國哲學史大綱主從史記，今依之。

二、道家　道家以老子為宗，老子主自然主義，具見於前。其後有楊子名朱，蓋梁人，其年代頗多異辭，有謂其上可以見老聃者，有謂其下可以見梁王者。楊子倡爲我主義，孟子稱其『拔一毛利天下不爲：』（滕文公篇）列子楊朱篇雖係後人僞託，而所記楊朱言行，有孟子作旁證，大體似可憑信。『楊朱曰：伯成子高不以一毫利物，舍國而隱耕；大禹不以一身自利，一體偏枯。古之人損一毫利天下不與也，悉天下奉一身不取也。人人不損一毫，人人不利天下，天下治矣。』（楊朱篇）『有生之最靈者人也。人者爪牙不足以供守衞，肌膚不足以自捍禦，趨走不足以逃利害，無毛羽以禦寒暑，必將資物以爲養，性任智而不恃力。故智之所貴，存我爲貴；力之所賤，侵物爲賤。』（楊朱篇）此等極端的爲我主義，一面貴存我，一面又賤侵物；一面主張損一毫利天下不與，一面又主張悉天下奉一身不取：故不得謂爲損人利己主義：然與墨子之兼愛主義則大相反。儒家孟子並辭而闢之曰：『聖王不作，諸侯放恣，處士橫議，楊朱墨翟之言盈天下；天下之言，不歸楊則歸墨：楊氏爲我，是無君也；墨氏兼愛，是無父也；無父無君，是禽獸也。』（滕文公篇）此亦可見楊氏學說，在孟子時代，實爲一有力之學說，直與儒墨並立。

又有列子名禦寇，（禦一作圄）鄭人。戰國策史疾爲韓使楚，答楚王問，謂治列圄寇之言。莊子內外篇稱列禦寇者尤多。尸子曰；列子貴虛。（廣澤篇）淮南子曰：列子學壺子。（繆稱訓）劉向曰：列子者，與鄭穆公同時，蓋有道者也。（鄭穆公遠在列子前。柳宗元曰：當在鄭繻公或魯穆公也。）有列子一書，隋志並錄八篇，舊本題周列禦寇撰，然書中多稱子列子必爲傳其學者所追記，非自作之書。今所傳列子八篇，力命篇一推分命，楊朱篇惟貴放逸，二義乖背，不似一家之書，足證並非原本。列子學說出於老子，『大畧明羣有以至虛爲宗，萬品以終滅爲驗；神惠以凝寂常全，想念以著物自喪，生覺與化夢等情；巨細不限一域，窮達無假智力

：治身貴於肆任，順性則所之皆適水火可蹈，忘懷則無幽不照。』（張湛列子註序）所明之義，往往與佛經參，大歸全於老莊。

又有莊子，名周，宋之蒙人。（蒙在河南商邱縣南二十里）周嘗爲蒙漆園吏，與梁惠王齊宣王同時。（老莊申韓列傳）漢書藝文志謂莊子書有五十二篇，今存者僅三十三篇。共分內篇七，外篇十五，雜篇十一。其中內篇七篇實莊子作；外篇雜篇多爲其徒假託。莊子主義，本於老子，大意在於逍遙肆志，無爲而自得。一切相對之差別相：如是非然否死生，有無成毀利害，莊子概不承認之，而主張『萬物皆一。』以爲宇宙之內，品物萬殊，『自其異者視之，肝膽楚越也，自其同者視之，萬物皆一也。』（德充符）『天下莫大於秋豪之末，而太山爲小。莫壽乎殤子，而彭祖爲夭。天地與我並生，而萬物與我爲一。』（齊物論）故『獨與天地精神往來，而不傲睨於萬物，不譴是非，以與世俗處。』（天下篇）

三、墨家　七國時學者以孔墨並稱：孔子言滿天下，而墨氏之學亡於秦季；故墨子之遺事，在西漢時已莫得其詳。墨學式微，不獨以其爲儒者所擯絀也。其爲道瘠薄而寡擇，言之垂於後世者，質而不華，申其意而不馳騁其辭；故莊周謂其道大觳，使人憂，使人悲，其行難爲！此墨學之所以不昌也：先秦諸子，畧紀墨學傳授一二，今匯集之，凡得墨子弟子十五人；再傳弟子三人，三傳弟子一人；治墨術而不詳其傳授系次者十三人，雜家四人，都不逾三十餘人。（據孫詒讓墨學傳授攷）墨子弟子：禽滑釐，高石子，高何，縣子碩，公尙過，耕柱子，魏越，隨巢子，胡非子，管黔滶，高孫子，治徒娛，跌鼻，曹公子，勝綽。墨子再傳弟子：許犯，索盧參（並學於禽滑釐，）屈將子（學於胡非子。）墨子三傳弟子田繫（學於許犯。）其墨氏各家傳授不可考者：有田俅子相里子相夫氏，鄧陵子，苦獲，已齒，五侯子（相里子弟子）我子，纏子。墨家鉅子：（墨家號其道理成者爲鉅子，若儒家之碩儒。）有孟勝，田襄子，腹䵍。徐弱，（孟勝弟子。）墨氏雜家；有夷之，謝子，唐姑果，鄭人翟。大抵墨學重實行，言多而不辯，諸子行誼，多見於呂氏春秋，淮南王書。

四、法家　法家以管子爲宗，管子名夷吾，（左傳）齊人。史記以爲潁上人。今存管子書七十六篇，多言管子身後事，蓋爲其徒所附益，不盡自著。管子主功利主義，任政强齊。故其稱曰：倉廩實，而知禮節，衣食足，而知榮辱，上服度，則六親固，四維不張，國乃滅亡。（管子牧民篇）又以虛靜無爲，教君用術；（心術篇）是以其言頗似道家。總之：管子之學，在明道德與生計之關係，及主張法律最高權而已。戰國時，李悝首倡述之，相魏文侯，富國强兵，漢志有李子三十二篇，今其書不傳，悝又收集諸國刑書，著爲法經六篇，（盜法，賊法，囚法，捕法，具法）極言法術要道。自李悝以後，法家惟申不害商鞅並著。史記申不害者，京人也。故鄭之賤臣，學術以干韓昭侯。昭侯用爲相，內修政教，外應諸侯，十五年，終申子之身，國治兵强，無侵韓者。申子之學，本於黃老，而主刑名，著書二篇，號曰申子。漢志法家，申子六篇，今其書已佚，惟見於後人所掇拾。其學可考者有三：一以虛靜無爲爲君術。二爲明法察令。三曰重農。商鞅者衞之庶孽公子，姓公孫氏。爲秦變法立富强之基，秦封之商於十五邑，故號商君。漢志商君二十九篇，今存二十四篇。亦非原書。蘇轍古史曰：『商鞅專言法，申不害專言術，韓非兼言法術』故商君書曰：『國之所治者三：一曰法，二曰信，三曰權。法者君臣之所共操也，信者君臣之所共主也，權者君之所獨制也。』（修權）又有尸佼，魯人，商君師之，漢志有尸子二十篇，今亡，後人輯爲二卷。愼到趙人，齊宣時遊稷下。漢志法家有愼子四十二篇，今亡。後人輯爲五篇。愼子先申韓，申韓稱之。韓非者，韓之諸公子，與李斯俱事荀卿。漢志法家，韓非子五十五篇具存。非之書，據史記所說，以爲皆其自撰。惟初見秦篇見戰國策，以爲張儀初見秦之詞；而存韓篇具李斯奏，疑出後人綴拾。書中推衍刑名法術之說，而集其大成；以爲古今異宜，社會變遷不同，則制度不得不異；是以舍道德而論法律，非仁義而尙威勢，而深以世之法古者爲愚。大抵韓非言變古與重刑，則本諸商鞅，亦畧取於荀卿，言人君無爲之術，本諸管子申不害愼到，而亦取諸老子云。

五、名家　古者名位不同，禮亦異數。孔子曰：必也正名乎。名不正則言不順，言不順則事不成，此其所長也。及警者爲之，則鉤鈲析亂而已。墨子書有辯經。晉魯勝注序：謂墨子作辯經以立名本。惠施公孫龍祖述其學，以正別名（一作刑名）顯於世。孟子非墨子，其辯言正辭，則與墨同。荀卿莊周等，皆非毀名家，而不能易其論也。據此則名家當出墨子。漢志列鄧析爲名家之首。列子謂鄧析操兩可之說，設無窮之辭，呂氏春秋謂其以非爲是，以是爲非，是非無度，而可與不可日變！子產殺之，是非乃定。是鄧析乃詭辯者流，離理自騁爲術，亦名家之失也。鄧析書漢志二篇，今傳無厚轉辭二篇，其詞淺而不深，故疑非其本，以相傳既久，要是名家之源也。尹文，齊人。說齊宣王，先公孫龍。漢志尹文子一篇，已亡。今所傳尹文子二篇，爲魏仲長氏撰定，並非原書。莊子稱其接萬物以別宥爲始，皇皇以救世爲志，而非僅騁口辯者比也。惠施與莊子同時，嘗爲梁惠王相，莊子屢稱之。漢志名家惠子一篇，今不傳。其學說見於莊子天下篇中有云：『至大無外，謂之大一；至小無內，謂之小一。無厚不可積也，其大千里。天與地卑，山與澤平。日方中方睨，物方生方死。大同而與小同異，此之謂小同異；萬物畢同畢異，此之謂大同異。南方無窮，而有窮。今日適越，而昔來。連環，可解也。我知天之中央，燕之北，越之南是也。氾愛萬物，天地一體也。』又云：『卵有毛。雞三足。郢有天下。犬可以爲羊。馬有卵。丁子有尾。火不熱。山出口。輪不輾地。目不見。指不至，至不絕。龜長於蛇。矩不方，規不可以圓。鑿不圍枘。飛鳥之景，未嘗動也。鏃矢之疾，而有不行不止之時。狗非犬。黃馬驪牛三。白狗黑。孤駒未嘗有母。一尺之棰，日取其半，萬世不竭。」關於此等辭說，不可猝知，註家亦每多異解！然大抵詭辯雖足以飾人之心，易人之意；但只能勝人之口，不能服人之心！公孫龍趙人，嘗爲平原君客。以堅白之辯，鳴於時。漢志有公孫龍子十四篇。今傳公孫龍子有跡府，白馬論，指物論，通變論，堅白論，名實論，等六篇。跡府疑後人所集錄，餘篇亦多脫悞。

六、陰陽家　起於推步占驗，蓋三代以上舊教。至鄒衍則一變其理想，深觀陰陽消息而作怪迂之變，終始大聖之篇十餘萬言。其語閎大不經，必先驗小物，推而大之，至於無垠，（史記孟荀列傳）漢志有鄒子四十九篇，又騶子終始五十六篇，今皆不傳。

七、縱橫家　縱橫家託始於鬼谷子，而蘇秦張儀衍其傳。鬼谷子書，漢志不著錄。隋志縱橫家始有鬼谷子三卷。鬼谷之術，宜出於道家之變，而嘗稱陰符；蓋戰國縱橫之徒，記鬼谷之精語十三篇爲此書與。唐志稱蘇秦之書，大抵皆捭闔鉤鉗揣摩之術，殆指出於鬼谷書捭闔飛鉗揣摩之篇也。

八、農家　農家有許行，楚人，與孟子同時。創爲君臣並耕之說，以爲無所事聖王，（據孟子滕文公，漢書藝文志）爲古代之無政府主義者。

九、兵家　兵家託始太公；及齊威王使大夫追輪古者司馬兵法，附穰苴於其中，號司馬穰苴兵法，而孫武吳起之書，亦相繼而出，後世讀兵法者多宗之。

本節參閱書舉要

一、漢書藝文志

二、莊子天下篇

三、荀子非十二子篇

四、淮南子要略

五、章太炎諸子學略說（刊在丙午年國粹學報）

六、胡適諸子不出於王官（刊在太平洋第一卷第七號）

七、胡適中國哲學史大綱

八、史記七十子傳孟荀列傳老莊申韓列傳

九、孟子滕文公篇

十、列子楊朱篇

十一、謝无量中國哲學史

十二、孫詒讓墨子傳略墨學傳授攷（刊在墨子閒詁）

十三、王桐齡先生儒墨之異同第七章儒墨教義之實行

十四、梁啓超中國古代學術思想變遷史第三章全盛時代

歷史　六經皆史也：易與神物以前民用，書取疏通知遠，詩以敷陳諷諭，禮以存官典，春秋以道政事。蓋『古之所謂經，乃三代盛時典章法度見於政教行事之實，而非聖人作爲文字以傳後世也。』（文史通義經解上）嚴格論之，六經中以尙書春秋左傳最關史料。尙書之外，又有周書，凡爲七十一章，上自文武下終靈景。春秋之外有紀年，左傳，國語，戰國策等書：皆爲此時代之史記。紀年起自夏殷周，皆三代王事，無諸國別也。唯特記晉事，起自殤叔，次文侯昭侯，以至曲沃莊伯，莊伯之十一年十一月，魯隱公之元年正月也。皆用夏正建寅之月爲歲首，編年相次。晉國滅，獨記魏事，下至魏哀王之二十年，蓋魏國之史記也，其著書文意大似春秋經，推此足見古者國史策書之常也。左傳出於左丘明，孔子既著春秋，

而丘明受經作傳。蓋傳者轉也。轉受經旨以授後人。或曰傳者傳也，所以傳示來世。國語亦出於左丘明。既爲春秋內傳；又稽其逸文，纂其別說，分周魯齊晉鄭楚吳越八國事，起自周穆王，終於魯悼公，別爲春秋外傳國語，合爲二十一篇。戰國策其篇有東西二周秦齊燕楚三晉宋衛中山，合十二國，分爲三十三卷。夫謂之策者，蓋錄而不序，故即簡以爲名。或云漢代劉向以戰國游士爲之策謀，因謂之戰國策。

本節參閱書舉要

一、章學誠文史通義卷一

二、劉知幾史通卷一

數學　算術之學發端遠古。至周，關於算數之學，始有專書，周髀算經其著者也。「是書內稱周髀長八尺，夏至之日晷一尺六寸。蓋髀者股也，於周地立八尺之表以爲股，以影爲句，故曰周髀。其首章周公與商高問答，實句股之鼻祖。……其本文之廣大精微者，皆足以存古法之意，開西法之源。』（四庫全書總目提要）又按周禮地官九數掌於保氏。所謂九數：即九章算數（註一）按九數周髀二書，相傳爲周公作。寔則周末遺書，不知何人所傳也。春秋之時，孔子之門，身通六藝者七十二人，則此中固當有長算術者！降及戰國，諸子百家，雜然並出，學者多應用算術，以論形勢而講兵法：蓋人事愈進化，則算術愈精密，此周之數學，所以遠勝前代。

（註一）九數簡釋

方田　此章以邊綫之長短，求面積之多寡，而丈量田地之法本此矣。以面形之大小，求體積之多寡，而盤倉窖之法本此矣。以方圓束法，各樣堆垛量木梱法，算法相同，故悉隸焉。

粟米　此章以量法求多寡，以衡法求輕重，以度法求長短。

差分　差者等也，物之混者，求其等而分之。以人戶之差，求賦稅多寡。以官品之差，求俸祿多寡。以價之差，求貨物多寡。以合本之差，求得利多寡之類是也。

少廣　此章如田截縱之多益廣之少，故曰少廣。以面積之多寡，求綫之長短，則曰開平方，而分田截積之法本此矣。以體積之多寡，求面形之大小，則曰開立方，而米求倉窖之法本此矣。以束法求邊周，堆垛求廣縱，算法相同，故悉隸焉。皆各方田章還原之意。

商功　商度也，商量用力之法也。此章以堅壤之律，求穿地之實。以廣闊高深求城隄河渠之積，以用力難易，求人工之多寡。以奔走遲速，求程途之遠近。

均輸　均平也，輸送也。此章以田地之多寡，人戶之上下，求賦稅。以道德之遠近，負載之輕重，求脚費。以物價之參差，求均停。以人物之隱互求顯現。

方程　方者比也，程者式也。設問中諸物繁冗，諸價錯雜，無可置算，必須布置行列，定爲一成之式，然後遞互遍乘同異，加減求其有等，作爲比例，故曰方程。

盈不足　盈不足，借有餘不足，以求隱雜之數也。蓋隱雜者不見之數，有盈不足則有可見矣。故即此而求之，亦為因較而得正數之法。此固比例法也。但比例法以實數求實數，而盈不足則以虛數求實數焉。

本節參閱書舉要

一、四庫全書總目提要天文算法類

天文學　天文學至周頗見進步，推測星宿運行之術亦開，將周天之星分為二十八宿，四方各有七星：東方蒼龍，有角亢氐房心尾箕；北方玄武，有斗牛女虛危室壁；西方白虎，有奎婁胃昴畢觜參；南方朱雀，有井鬼柳星張翼軫。又將列國領土，分配於各星，名曰分野。故星經云『角亢鄭之分野，兗州；氐房心，宋之分野，豫州；尾箕，燕之分野，幽州；南斗牽牛，吳越之分野，豫州；須女虛，齊之分野，青州；危室壁，衛之分野，并州；奎婁，魯之分野，徐州；胃昴。趙之分野，冀州；畢觜參，魏之分野，益州；東井輿鬼，秦之分野，雍州；柳星張，周之分野，三河；翼軫，楚之分野，荊州也。」當時謂屬於分野之分星，若有變異之時，則此分野國，當有災難，因是星占之數，亦隨之發達。如周之史佚，萇弘，魯之梓愼，晉之卜偃，鄭之裨竈，宋之子韋，齊之甘德，楚之唐眛，趙之尹皐，魏之石申：皆學著天文，以星占名世，其學蓋自有傳者。

本節參閱書舉要

一、史記天官書

曆學　曆學掌之太史，王者敬授人時，必以司天爲要。夏以建寅月爲正月。殷以建丑月爲正月，周以建丑月爲正月。蓋卽夏正以正月，殷正以十二月，周正以十一月。周德既衰，史不記時，君不告朔；故疇人子弟分散，或在諸夏，或在夷狄，是以其禨祥廢而不統。魯文公元年閏三月，而春秋非之！故傳曰：『於是閏三月，非禮也。先王之正時也，履端於始，舉正於中，歸餘於終。履端於始，序則不愆。舉正於中，民則不惑。歸餘於終，事則不悖。』（左傳）魯哀公十二年，以建戌之月爲建亥，蟄虫不伏！『季孫問諸孔尼？仲尼曰：丘聞之，火伏而後蟄者畢，今火猶西流，司厤過也。』（左傳）故春秋書曰：『冬十有二月螽，』蓋譏之也。

本節參閱書舉要

一、史記厤書

哲學　儒家哲學，至孔子集其大成。孔子學說，最主要者爲「仁，」仁之一字，孔子以前無人道及。以仁爲人生觀中心，爲孔子最大發明。義之一字，孔子所不講，孔子只講智仁勇；仁義對舉，是孟子所發明。孔子卒後，子夏子游子張一派，對於孔子學說，與所删定經典，爲形式的保守，異常忠實，以有若爲其代表。另有曾子一派，不注重形式，注重身心修養，子思孟子皆其後勁。孔子之學，以內聖外王爲極則，對於性命，不很多講；孟子則公然講性與天道，以爲敎育根本。又孔子論政治以德治爲本；處社會，揭忠恕之道；居家庭，敎孝弟之義：皆爲儒家道術要諦。若易則爲古代所傳之哲學，自伏羲畫卦之後，文王作卦辭，周公作爻辭，至孔子復作十翼；（註一）於是易之哲學根本原理皆備。大抵易以明宇宙萬物消長變化之大法，其於自然界，大小終始，精粗表裏，無所不貫；以爲物生而有象，象而後有滋；萬物雖賾，皆數之滋也，故可察其數以窮其變。惟此等哲學思想，雖多係大傳說，意其義並成周時易敎所傳，非必出自孔氏。

（註一）彖上，彖下，象上，象下，繫辭上，繫辭下，文言，說卦，序卦，雜卦，總稱爲十翼；亦稱傳，或易傳，或易大傳。自司馬遷，稱『孔子晚而喜易，序，彖，繫，象，說卦，文言』以後，後人皆謂十翼爲孔子作。惟自北宋歐陽修疑繫辭文言說卦序卦雜卦非孔子作！南宋葉適斷定繫辭以下非孔子作！學者間謂十翼非孔子作；最近梁啓超先生謂『

除了彖象還無人否認是孔子作品外，其餘幾乎同孔子沒有關係。……繫辭文言以下各篇，是孔子後學受了道家和陰陽家的影響而作的書。』（古書眞僞及其年代）

道家哲學在老子集大成，老子哲學思想，萃於道德五千言。認天道爲無知，於超出天地萬物之外，假設一個「道」，即是「無」，以爲天地本源。以「無爲」爲旨，「無不爲」爲用，教人謙抑寡欲。其後列子喜老子學而得其高虛，所論「有」生於「無」，及始終變易之理，大抵近於老子。又有莊周，亦以萬有悉由「道」生，「道」即消長變化於吾人之前之大勢力！「道」外無萬有，萬有以外無「道」，「道」之發現爲萬物。故凡一切生滅成毀皆「道」也。

墨家哲學以墨子爲主，墨子之學，以天爲本。學者言天，蓋有四種義：一，形體之天。二，主宰之天。三運命之天。四理法之天。墨子所言，多是主宰之天；故認天志，爲『天下之明法度。』以天爲道德律與政治之淵源，處處將人生行爲上的應用，作爲一切是非善惡之標準。

法家哲學，昌明於春秋戰國間。是緣當時社會變遷劇烈，清靜無爲之教，德禮感化之言，敬天明鬼之訓，皆不足以範圍人心；社會制裁力全失，有賴國家強制力執行；於是法之主義，遂應社會需要而起。故管子謂「智者假衆力以禁強虐，而暴人止；」（君臣篇）商君謂「民衆而姦邪生，故立法制爲度量以禁之。」（君臣篇）韓非謂法必緣民衆而需要始急。而法宜平等，故尹文子曰：「萬事皆歸於一，百度皆準於法。」（大道篇）商君曰：「法之作用，在於齊天下之動，人類之不齊者，智愚賢不肖，而可使之受同等之待遇者惟法。」（賞刑篇）又法宜注重客觀標準，故管子主張使法擇人，使法量功。（明法篇）尹文子謂聖人自己出，聖法自理出，商君主張立法明分，中程者賞，毀公者誅。（修權篇）凡此皆以法爲純任客觀，除去一切主觀之弊害，極言人治之不可恃，而法治之可長久。

名家哲學，以循名責實爲救時弊法門，即孔子亦言正名。春秋以來，如宰我，子貢，蘇秦，張儀，騶衍，騶奭，淳于髡，田駢，惠施，公孫龍之徒，皆以辯說顯名。然其歸無不謂如使名實符合，萬事萬物咸得其正，以立政治之大本，則社會常治不亂；故尹文曰：「今萬物具存，不以名正之則亂，萬名具列，不以形應之則乖：故形名不可不正也。」「名定則物不競，分明則私不行。物不競非無心，由名定故無所措其心；私不行非無欲，由分明故無所措其欲。」此名家因正名分以定萬事之說也。

本節參閱書舉要

一、胡適中國哲學史大綱
二、謝无量中國哲學史
三、王振先中國古代法理學
四、梁啓超儒家哲學（刊在清華週報）

醫學　周代醫術甚爲進步。據曲禮有醫不三世不服其藥之說。又據周官醫師掌醫之政令。而食醫，疾醫，瘍醫，獸醫，復各分職治事。此由國家政令與社會經驗足徵醫學發達者也。醫師之有名者，則有扁鵲，鄭人，姓秦氏，名越人。爲醫或在齊，或在趙，視病盡見五藏癥結。識趙簡子之疾，起虢太子之死，知齊桓侯之不治，名聞天下。過邯鄲，聞貴婦人，卽爲帶下醫；過雒陽，聞周人愛老人，卽爲耳目痺醫；來入咸陽，聞秦人愛小兒，卽爲小兒醫：隨俗爲變。然當時醫者猶少，故諸侯有疾，往往求醫於鄰國；如晉景公有疾求醫於秦，秦使醫和爲之是也。至於民間，多有信巫不信醫者。

本節參閱書舉要

一、左傳

二、史記扁鵲倉公列傳

繪圖　周代畫學進程，遠勝前古。據周官所載：冬官有役人之官，地官有掌管地圖之吏。又春官司常掌九旗之物：日月爲常，交龍爲旂，熊虎爲旗，鳥隼爲旟，龜蛇爲旐，爲畫旗之證。司服所掌有袞冕鷩冕毳冕之屬，皆因畫而成，爲畫袞之證。司尊彝掌六尊六彝之位，其別有鷄彝鳥彝山尊諸名；鄭玄說鷄彝鳥彝謂刻而畫之爲鷄鳳凰之形，山尊刻而畫之爲山雲之形，爲畫尊彝之證。師氏居虎門之左，司王朝；鄭玄說王日視朝，於路寢門外畫虎焉，以明勇猛，此畫門之證。考工記梓人張五彩之侯。鄭玄說五彩者，內朱，白次之，蒼次之，黃次之，黑次之，其侯之師，又以五彩畫雲氣焉，此爲畫侯之證。又史書中嘗言古之帝王，皆建明堂以聽政，明堂之四壁，則繪有圖畫。家語謂周敬王時，孔子適周，觀乎明堂，覩四門墉，有堯舜之容，桀紂之象，而各有善惡之狀興廢之誡焉。又有周公相成王抱之負扆南面以朝諸侯之圖焉。孔子徘徊而望之，乃喟然謂從者曰：「

此周之所以盛也。夫明鏡所以察形，則觀之往古，亦可以知今矣。』謹按，周官出自戰國，家語或稱僞作，然此等繪畫史蹟，終不能謂其非周代所有。：且西周時封膜爲周君畫筴；春秋時，臧孫畫藻於梲，葉公畫龍，宋元君召衆史作畫，魯公輸班寫水神忖留之貌，均列載記！而當時有爲齊王繪畫者，答王之問曰：畫犬馬實難，畫鬼魅則易！是不但繪事進步，即評畫亦發牣。

本節參閱書舉要

一、陳彬龢譯中國美術史第五章周

建築　周代建築見於考工記匠人者有云：『周人明堂，度九尺之筵，東西九筵，南北七筵，堂崇一筵，五室，凡室二筵。……廟門容大扃七个，闈門容小扃參个，路門不容乘車之五个，應門二徹三个。內有九室。九嬪居之；外有九室，九卿朝焉。……王宮門阿之制五雉，（雉長三丈高一丈）宮隅之制七雉，城隅之制九雉。……門阿之制，以爲都城制；宮隅之制，以爲諸侯之城制。」又周官夏官『量人掌建國之灋，以分國爲九州，營國城郭，營后宮，量市朝道巷門渠，造都邑亦如之。』又逸周書作雒解曰：「乃位五宮，太廟，宗宮，考宮，路寢，明堂；咸有四阿，反坫，重亢，重郎，常累，復格，藻梲，設移，旅楹，惷常畫。內階玄階，堤塘山廧；應門庫臺玄閫。」據此則建築明堂朝廟宮寢之匡畧可徵。

本節參閱書舉要

一、周禮夏官量人，冬官考工記匠人

二、逸周書作雒解

三、王國維觀堂集林明堂寢廟考

雕鑄　雕刻之事，周代掌之玉人雕人。據考工記『築氏爲削；』鄭氏注云『今之書刀。』所以刻器者也。又據考工記『玉人之事，鎮圭尺有二寸，天子守之。命圭九寸，謂之桓圭，公守之。命圭七寸，謂之信圭，侯守之。命圭七寸，謂之躬圭，伯守之。」又考春官典端：王執鎮圭，公執

三犧鼎

三犧鼎者周代宗廟中調製犧牲之具。體製渾圓，兩耳作矩形，全體雕淺凸雷紋，下具三足，狀如牛蹄。蓋上附一圓柄，周圍蹲三牛，故名曰三犧鼎。鼎內有銘文，分刻二處。其一在亞形中，狀若神靈來享後離別之狀。其二在亞形外，文曰諸女匜大子尊彝。言諸妃作此器供大子之用。蓋底亦刻銘文，與鼎內相似。（中國美術）

桓圭，侯執信圭，伯執躬圭，子執穀璧，男執蒲璧。鎮圭則雕琢四鎮之山

，桓圭則雕琢宮室之象，信圭躬圭則雕琢人形，穀璧則雕琢米粒，蒲璧則雕琢編爲網目之蒲蒲文。試更稽瑞玉圖古玉圖考，觀其圭璧刻紋，益足證雕刻技術之進步。

冶鑄之術，始見於考工記。曰：「攻金之工：築氏執下齊，冶氏執上齊，鳧氏爲聲，㮚氏爲量，段氏爲鎛器，桃氏爲刃。」鄭氏注曰：「多錫爲下齊，大刃削殺矢鑒燧也。少錫爲上齊，鍾鼎斧斤戈戟也。聲，鍾錞于之屬。量，豆區鬴也。鎛器，田器錢鎛之屬。刃，大刃刀劍之屬。」又考工記曰：「金有六齊：六分其金，而錫居一，謂之鍾鼎之齊。五分其金，而錫居一，謂之斧斤之齊。四分其金，而錫居一，謂之戈戟之齊。參分其金，而錫居一，謂之大刃之齊。五分其金，而錫居二，謂之，削殺矢之齊。金錫半，謂之鑒燧之齊」據此不爲冶鑄有專官，即金錫參合之法亦甚詳！論其製作，見於春官小宗伯者，則有六彝六尊，爲供給祭祀賓客之禮器。六彝者：鷄彝，鳥彝，斝彝，黃彝，虎彝，蜼彝。六尊者獻尊，象尊，壺尊，著尊，大尊，山尊。就中虎彝蜼彝與大尊，為有虞之遺制；鷄彝，黃彝與山尊，則為夏后之遺制；斝彝與著尊，則為商代之遺制；犧尊象尊與鳥彝為周制。犧尊若牛形，穿其背以盛酒於體內，亦能用以酌酒。此外祭器，炊器，酒器，食器，樂器，暨其他用器，（註一）流傳至現代者甚多；大抵器體，皆施以刻飾，或為饕餮，（可惡之獸面）螭，（如龍而色黃無角）夔，（木石之怪如龍一角）魚，龍，雲，雷，牛，羊，熊，虎，鳳，鳥，等狀。又於其提梁，蓋，鈕，鋬，耳，流，足，往往鑲之以金銀。此種鑄品，其明淨勻整，觸手滑潤，不着些微糢糊痕跡，技巧之精妙，為後世所莫及！

（註一）炊烹之器，有鼎，（為調和五味之器，圜者三足，方者四足）鍑，（似釜而斂口，有兩耳與環）甗（上甑下鬲，有隔，款足，與鬲同）盉（調味之器，有蓋有提梁或紐，如流多之鳳觶，有三足）等。盛酒之器，有尊，（如瓶而圈足）罍，（似尊而大）彝，（比尊低，有兩耳，圈足）舟，（彝之彝似彝）卣（盛香酒之中尊，有蓋與提梁，圈足）等。酒觴，有爵，（有流尾鋬，兩注，戈足三）觚，（似尊而細有侈口，圈足四稜）觶（侈口圈足）角，（似爵無柱有蓋）斝（似爵而大，無流尾）等。飲食器，有簠，簋，（皆熟食所用之器，簠爲方者以盛加饍，簋爲圓者以盛常饍，均有蓋與圈足）豆，（以盛濡物，形如其字，有蓋，）敦，（以盛黍稷，又於會盟用以插血，有兩珥，有蓋，圈足連方座，若三足）瓿，（似壺而低，盛醯醬，圈足）壺，（以盛酒醬，有方圓二種，圈足，多貫耳，或有環）等。盥滌之器，有匜，（注水之器，有流鋬圈足或四足，蓋形多變兕）盤（有謂用以就洗者，盛棄水之器，侈口，圈足，或有兩耳飾文多魚黽）等。量器有鐘，鈁（鐘圓形，鈁方形皆似壺）等。樂器有鎛鐘，（亦謂特鐘，獨懸一鐻之大鐘）編鐘，（鐘十六口懸於一鐻）錞，（體爲橢圓，上大下小，無底，紐多虎螭）鐲，（似鐘有小甬）鐃，（如鈴）鐸（似鐘而有小柄與舌）等。

本節參閱書舉要

一、周禮冬官考工記玉人春官宗伯典瑞
二、馬驌繹史卷一百五十八瑞玉圖
三、陳彬龢譯中國美術史第五章周
四、古玉圖考

音樂　周公以治禮作樂爲治國要具，故音樂視夏商益有進步。考武王克殷，乃命周公爲作大武。大武者，天下始樂周之征伐行武也。典樂之官，據周官春官之屬，有大司樂，掌樂德樂語樂舞之事。樂之德六，中和祗庸孝友是。樂之語亦六，興道諷誦言語事。樂之舞又有六，雲門大卷（黃帝之樂）大咸（堯之樂）大磬（舜之樂）大夏（禹之樂）大濩（湯之樂）大武是。周代重視音樂，故常兼收並蓄，分事以敘舞歷代之樂：雲門以祀天神，咸池以享地祇，大磬以祀四望，大夏以祭山川，大武以享先妣，太武以享先祖。凡六樂者，文之以五聲，播之以八音，司樂之屬，有大師小師大胥小胥磬師鐘師笙師鎛師籥師等，諸官已爲明備。又立鞮鞻氏之官，掌四夷之樂與其聲歌，則立制並不遺夫域外。音樂注重如此，故當時伶州鳩師摯師襄師曠等，皆以精音律著名。

本節參閱書舉要

一、周官春官大司樂
二、呂氏春秋古樂篇
三、白虎通禮樂篇
四、左傳

先秦文化史終

刊誤表

頁	行	誤	正
一六五	八	屬國段	屬國段全部低下二格
一九四	七	文字	文學
二〇〇	一	宮室	建築
二七七	一一	屬國段	屬國段全部低下二格
四〇六	一	繪圖	繪畫

中華民國十八年十二月出版

先秦文化史

每册定價大洋一元

編著者　孟世傑

印刷者　文化學社

北平和平門前

發行者　文化學社

電南四五八〇

寄售處　各埠各大書局均有代售

唐代文化史研究

羅香林著

吳敬恒題

中華民國三十三年八月重慶初版
中華民國三十五年六月上海初版
（・90204滬報紙）

唐代文化史研究

每册定價國幣壹元貳角
外埠酌加運費匯費

著作者　羅香林
發行人　李宣�的
上海河南路
印刷所　商務印書館印刷廠
發行所　商務印書館
各地

目次

唐代文化史研究

唐代文化的新認識

一　研究唐代文化應有的新觀點

唐代文化，在世界文化史上的重要性，是中外學者所公認的。韋爾斯世界文化史『中國的隋唐時代』一章說：

『在第七·第八·第九世紀，中國是世界上最安定最文明的國家。……那時候，歐羅巴及西亞細亞的零落的人民，住在茅舍，小城，或悍盜的堡壘中；而中國的人，却大多數在平靜，快樂，慈愛的環境中過活；西方的人心，正苦於神學錮蔽的黑暗，而中國的人心，却開展寬暢，而有進步』。

這可知、唐代，在當時實是世界文化的重心，實是世界歷史演進的總動脈。不了解唐代的文化，是不能了解當時的世界大勢與世界歷史的。

可是，過去我們研究唐史，對於唐代文化，因爲受觀點和研究方向的限制、檢討起來，仍不免有若干部分，還覺不足：

第一．過去我們往往祇注意事物的跡象，而沒有注意事物本身的發展和影響。歷史上發生的事物，我們往往祇就事物的外表研究，而指出他的眞實，但這事物的功能如何？以後怎樣演變？影響如何？就往往忽略去了。

第二．過去我們往往祇注意唐代所有成就的各個局部，而不注意他整個的演進，而爲綜合的研討。對於唐代文化的研究，往往只注意零零碎碎的考據，而沒有系統的研討而尤忽略唐代很有系統的典章制度。結果，對於唐代文化，體系不爲昌明，使人有『見樹不見林』的感覺。

第三．過去我們往往祇注意唐代外國文化的如何輸入中土，而忽略中國文化的對外國輸出。結果對於唐代文化的體用與精神所在，便也不易昌明。

總之，過去我們，對於唐代文化的研究，雖然已有相當的歷經，不過還有多少地方需要我們的補充。我們站在現代史學的立場來研究唐代文化，自然不能沒有一種新的觀點。這觀點，就是指補充上述三點的不足來說的。我們對於過去研究唐代文化所已得到的資料，要完全理解。而過去所不夠的地方，我們也要加以補闕，加以闡揚。

我爲着『拋磚引玉』的關係，對於研究唐代文化的重點，『不揣淺陋』，打算就下列各部分，作幾個舉例的說明，希望博雅君子，多予指正！

二　唐代在國際關係上的和綏精神

唐代在國際關係的上有一種特點而爲各朝代所沒有的，這就是『天可汗』的觀念，與據此觀念而生的國際上和綏關係的存在。在中國東北西北邊外的各國，可汗是國家領袖的尊號，等於中國內地歷來所稱的皇帝或天子。而唐代自太宗時起，一方面爲中國的皇帝，而同時又受中國以外的各國，共同擁戴爲『天可汗』。這所謂『天可汗』，就是諸國嚮化的可汗。換句話說，就是國際上所以和綏的重心。這一點，自文化播盪方面看來，是很有意義的。王溥唐會要卷一百，雜錄，謂：

『（貞觀）四年三月，諸蕃君長詣闕，請太宗爲天可汗，乃下制，令後璽書賜西域北荒之君長，皆稱皇帝天可汗，諸蕃渠帥有死亡者，必下詔册立其後嗣焉。』

這裏所說的『諸蕃君長』，資治通鑑卷一百九十三唐紀九，作『四夷君長』，要之，是指當時中國東北西北西南邊外的各國首領與使臣。所謂『皇帝天可汗』，是指中國皇帝兼各國擁戴的天可汗。所謂『北荒』和『西域』，範圍相當廣的。這只看同書卷九十八曹國條，卷九十九石國條，所載諸國受天可汗的節制，及新唐書卷二太宗紀，貞觀二十年，『九月甲辰，鐵勒諸部，請上號爲天可汗』等事，便可得到證明。

這天可汗的觀念，是當時各國心悅誠服表現出來的，不是以武功造成的。當時天可汗於那些國家設置都督府與羈縻州，以爲和綏各國的機構。在天可汗和綏維繫下，各國間的爭執，固然由天可汗制裁，就是中國有事，天可汗亦可徵發各國軍隊，入平變亂。如唐使臣王玄策，檄調尼泊爾國的軍隊，平定印度叛亂，以及肅代二宗時，徵調大食回紇的軍士，入平安史的變亂，便是其例。

以上就是唐代國際關係上的開展。這種國際和綏的組織，開始於唐太宗貞觀四年，但不是終於唐太宗本身。太宗以後，如高宗，武后，睿宗，以至玄宗天寶十四年以前，凡一百二十五年（西曆六三〇年至七五五年），是天可汗和綏維繫的階段。在這階段裏，唐代的文化，大放光明。學術教化，遠被遐荒。所以各國都派遣學生，到中國留學。當時的教育，也許沒有現在的普遍，但長安的國子學，既有學生八千餘人，這可說是當時國際上最大的學府了。安史亂後，天可汗制度的維繫，雖已逐漸轉變，然而唐代文化的「光被四表」，却並不因之停止。所以天可汗的觀念，是很值得研究的。這是關於唐代文化新觀察的一個例子。我所說的，自然還很簡略。

三　唐代在法律體系上的廣被世界

現在我們再就唐代法律的實施與影響的空間來觀察，覺得它也是有世界性的。這就是說，它不但可以在中國本地施行，就是本地以外的國家，也受它的節制與影響。

我們知道：中國法律是世界五大法系的一個。其餘四個，是印度法系，羅馬法系，伊斯蘭教法系，英美法系。這四大法系，雖然各有其獨立的偉大價值，但都不如中國法系施行的長久與影響的鉅大。比如印度法系，雖也成立很早，但行使的國家中間已間斷了。羅馬法系也早已間斷而徒爲學者作研究對象了。至於伊斯蘭教法系與英美法系，則年代較短，自文化史的立場說來，其重要性遠在中國法系之下。中國法系的成形，雖早在周秦時代，但其內容的充美，與其實施範圍的推廣，及其影響的鉅大，却仍在唐代，所以普通又以唐律代表中國法系。

唐代法律，分律，令，格，式四類，律是國家的根本大法，凡貴賤尊卑之數，國家大典大法，以及斷罪議處等，皆依據於律；令是所以補充律的法條，所謂『律無正文者，則行令』；格是『百官有司所常行之事』；式是『百官有司所常守之法』，總之格與式，是中央與地方各級機關的組織規章，與職掌權責，以至各種辦事的細則。此外有例，『凡式無正文者，則舉例以比附之』。這律令格式的總合運用，就是全部法律的實施。他一方面匯合中國歷代法律的菁華，一方面又針對當時的需要，而以重人品，重等級，重責任，論時際，論關係，去貪汚，定主從，定等次，重賠償，重自首，避操縱，爲整個的法律精神，也就是法治的精神。這是他所以爲後代所沿用的本身因素。

不過要理解唐代法律的偉大功能，不能以單從唐以後各代的沿用與影響的研究爲已足，而尤其要從他的世界性的開展與運用去認識。唐代法律，不但切實的行使於中國本地，而且順適的行使於中國以外的國家，其影響不僅沿襲於本國，而且廣被於世界。倭學人仁井田陞著『唐令拾遺』一書，其序說云：

『中國法律之影響，東至日本，朝鮮，南至安南，西至西域，北至契丹，蒙古。

『而倭學人桑原隲藏，於京都演講『中國之古代法律』，亦說：

『（日本）自奈良朝至平安朝，吾國（倭國自稱）王朝時代之法律，無論形式上與精神上，皆根據唐律』。

這裏所謂『影響』，所謂根據，是指將唐律稍爲簡單化而付以實施的意思。這只看鄭麟趾撰的高麗史刑法志所謂採取唐律，『删煩取簡，行之一時，不可謂爲無據』，等記錄，便可得到證明。惟仁井田陞所舉朝鮮安南與契丹蒙古等地，當時本早屬中國領土，與中國內地州縣相同，其行使唐律，當是遵守國家的功令，還不能以世界性相擬。

至倭國與廣義的西域，其行使唐律，自是唐代法律向世界開展的明證。考倭國簡單化的行使唐律，是始於他們天智天皇所定的近江令，該令於唐高宗總章元年頒行，蓋卽自唐代貞觀令所演出。其後至其天武天皇，則有天武律令，以唐代武德貞觀永徽三律令爲藍本。至文武天皇，則有大寶律令，大要鈔自永徽律令。至元正天皇，則有養老律令，竊取之唐代長孫無忌等所纂的唐律疏議。至醍醐天皇，則有延熹格式，亦完全效法唐代格式。其後各代，則多就上述各律令參修頒行。蓋倭國自其天智天皇時起，卽約當於唐總章元年起，以至豐臣秀吉前後，幕府大將軍專政，卽軍閥專政時止，約當於中國萬曆年間止，前後凡九百餘年，皆爲簡單化的施用唐律的時期，影響的鉅大，可想而知了。至於廣義的西域，則以當時本爲國際和綏的天可汗所統屬，當然有許多是行使唐律的。就是各國的歲時，因其採用唐曆，當時稱爲『受正朔，請頒曆。』要之，唐代法律的推行於中國以外的各國，東起倭國，北至鐵勒，西至廣義的西域各國，範圍的廣，是空前的。

這種世界性法系，爲法治精神的極則。當日開展的史實，是很値得我們深度闡揚的，這總關於唐代文化新觀察的又一例子。

四　唐代在學術思想上的引導世界

唐代不但於國際和綏與法律推行，具有世界性的開展，影響於世界的，至鉅且深，而其學術思想，也具有世界性的開展，而且影響更爲鉅大。不過這開展，這影響，不在於唐代的當年，而在於唐以後的演爲洪流，與引導世界，這一點，我們也認爲非常重要。要眞正理解唐代的文化，不能不對於這點先爲明確的認識。

唐代學術思想影響最大的，首推儒家的經學，和從當時經學側面發展出來的早期理學。我們知道，儒家思想是歷代中國思想的主流，而儒家思想則以經學爲中心。中國經學，在兩漢時，有所謂今文家與古文家二派的對立和爭勝。到了東漢晚年，大儒鄭玄，始把他綜合爲一。然不久到了東晉以至南北朝，又以種種關係，而演爲南學和北學二派的對立和爭訟。到了隋文帝統一中國，南北學始漸漸的有匯合爲一的趨勢，但綜合整理的工作，却還沒有人去做。一直到了唐太宗，才命孔穎達顏師古等，從事統一經學的工作。他們認爲，經是像「日月經天，江河行地，」不可改的；解釋經文的注，或傳，或箋，則是古人傳了下來，選定了後，也是不能改的；祇有對他加以闡揚的意見，這意見的纂述，便叫做疏，亦卽是註解的註解。這諸經的注疏，當時叫做「諸經正義」。就中如毛詩正義，則根據鄭玄箋，由孔穎達作疏，尙書正義，則據孔安國傳，孔穎達作疏，周易正義，則根據王弼韓康伯注，孔穎達作疏，這就叫做三經；禮記正義，亦根據鄭玄注，孔穎達作疏，儀禮正義，也根據鄭玄注，賈公彥作疏，周禮正義，亦鄭注賈疏，這就叫做三禮！此外有春秋左傳正義，則據杜預集解，孔穎達作疏，春秋公羊傳正義，則據何休注，徐彥作疏，春秋穀梁傳正義，則據范甯集解，楊子勛作疏，這就叫做三傳。三經三禮三傳，合起來又稱九經，這些注疏都是唐太宗時完成的。其後至唐玄宗時，再加孝經論語注疏，至後代又加孟子爾雅注疏，就成爲淸代所慣說的十三經注疏。唐太宗爲了統一經說，特將諸經正義頒行全國，無論學校硏讀諸經，以及科擧考試經義，皆以諸經正義爲準。這樣一來，經學思想，便『定於一尊』。不但唐代正統的經學，功令的經學，全受他支配，就是唐以後的各代，也以注疏爲經學總匯，不說經學則已，要說經學，就不能不取材於他，而受他影響。就是到了現代，中外講經學的，也還不能完全離開注疏。唐代整理出來的諸經正義，有這一千多年來的威權，實在不可小看。

不過這是正面的影響，還有側面的影響，我們也不可忽略，因爲它也是綜合的發展，與正面影響是相反而相成的。唐代雖以明令規定以諸經正義爲經學的依據，但是也有一部分的學者，不願意受這束縛，想在注疏以外，發揮自己的意見，於是便專從經的本文探索，想在那裏發現本來的理蘊。這種工作恰巧與當時一部分的佛家學說相激盪，終以成了儒家的性理之學，這是一個很重要的側面成就。原來佛學傳到中國後，到了隋唐，有幾個宗派，已和中國文化日漸混合，已經成爲中國式佛學了，就中如天台宗專講身心修養的問題，華嚴宗專講『事理無礙』的道理，而禪宗到了唐代的六祖，即廣東慧能和尙，專講『即心即佛』和『頓悟』的道理，就像把佛家的思想，穿上了中國衣服。這給予當時一部分不甘注疏束縛的學者，以很大的激盪，而轉而從事於性理的硏求。

在這些學者中，李翺是他們的代表，他在文章方面本是韓愈的弟子，但他先受知於天台宗學者梁肅，同時又與禪宗的惟儼和尙往來。他看見許多學子都入於莊列老釋，都講性命之理，而一般儒家則爲注疏所範圍。他就想在原本的經文，找尋關於性命學說的根據。因此做了『復性書』一長文，分上中下三篇。他以爲『淸明之性，鑒乎天地，非自外來，』而主張以一種本性，盡人倫，行禮樂，『感而遂通天下』的方法，以達到最高無上的『誠明』境界，即聖人境界；而此明復的性，即是理的昭明。這與禪宗『即心即佛』的學說。正復相通。所以他常說：

『天下之人以佛理證心者寡矣。』他與晚年的韓愈，均看重理的觀念。韓氏對於大顛和尚的心折，就是因爲他能『外形骸以理自勝。』李翱等所倡導的性理學說，確是宋儒所倡『儒表佛裏』的理學的先河。所以可說是早期的理學。沒有這先河，宋代的理學，能否產生？是否即像現在所傳宋代理學的面目？那還是成問題的。這可知唐人經學側面影響的重大了。這也可證明唐代學者的確『開展寬暢』。

理學從經學側面演進而成，他是儒家的新學問，所以他的影響日新又新。他不但支配了一千多年國內的學術思想，而且也激發過歐洲的學術思想。十八世紀法唯理主義（Rationalism）的哲學，和德國觀念論的哲學，都是受中國理學所激發的，法國的大革命，多少會受中國理學的影響。總之都可證明唐代學術思想由於時間空間的播盪，而確具有世界性的開展，這也是很值得我們再作深度闡揚的。

我們知道：在明末淸初的時候，西方的基督教徒，尤其是耶穌會這一派的教徒，到中國傳教的，爲數極多。他們多半是意大利，西班牙，葡萄牙，或荷蘭的人，如利瑪竇（Matteo Ricci），就是其中最著名的一個。他們因爲要達到傳教的目的，所以不能不理解中國傳統的學問。而當時中國學問的主流，自然是儒家經學和理學。儒家以孔子爲至聖先師，所以耶穌會士們也拿孔子的思想來和他們的宗教思想相比較。他們的主要分子，如羅明堅（Michael Rugreri），著『天主實錄』，利瑪竇著『天主實義』，都認爲孔子所說的『天』，就是他們所奉的上帝。他們以爲這樣的立說，可使中國人士易於接受他們的宗教，而一方面又可藉孔子的學說，加強西方人士對於基督教的信仰。不過他們雖然佩服孔子，但對於唐宋以來的理學，尤其理學家所說的『即心即理』，『即物即理』的解說，則認爲與宗教精神相反，而深致排斥。所以他們一方面介紹原本的孔子學說，而一方面却又反對當時的理學。他們深怕西方人士不能分別理學與原本孔學的異同，所以就於介紹孔子學說時，並對唐宋以來的理學加以批判，和排斥。

可是事情却出乎這些傳教士的所料，當時歐州的智識份子，本來對中國各時代的歷史，和學術思想的流變，還不十分淸楚，那些是孔子的本原學說？那些是宋以來的理學？一時是不易體會的。因此在接受原本的孔學時，就把理學也連帶的接受了。而當時的歐洲，正苦於專制君主的腐敗，和宗教空氣窒塞，與人們理趣的受阻。所以當中國理學，一傳到歐洲後，他們就感覺到無限興趣。尤其是法國的學者，他們把理學認爲是無神論的思想，甚麼都注重於理（Reason），而不相信有神。這樣一來，便加強了法國哲學的唯理主義。他們拿這種理解去反對宗教，反對專制而腐敗的君主。唯理主義啓明運動的大師如笛卡兒(Rene' Descartes)，以及反宗教反專制的最大權威者如服爾德(Voltaire)，都是深受中國理學啓發的。這種新起的思潮，很快的傳播整個的法國，終以促成了法國的大革命，推翻了王室，建立了共和政治。

現在再看德國受到中國理學的激盪情形。德國的文化背景，本來和法國有點不同，當理學跟孔學傳到德國時候，他們的學者多以爲他和基督教的思想，並不衝突，他們以爲中國人所說的理，就是基督教所說的神，而且理的涵義，比神還要開展。而其最先以理神論來接受理學的，就是他們的哲學家賴布尼茲（Leibaiz），他以爲中國理學所說的理或道，就是天的自然法則，違背天的法則，就是違背理性的法則，這和基督教的本義相合，理和神是相合的。自從賴氏作有力的辯護後，接着有佛朗克（Francke）和吳爾夫（Wolff）等，都受賴氏影響，努力提倡中國思想。而吳夫爾更在哈爾（Halle）大學講授中國哲學，將上述主張，注入一般學子腦海，使德國在賴氏和他的影響下，發生觀念論的正統哲學，到了吳氏的再傳弟子康德（Kant），著『純理性的批判』一書，掀起了德國的精神革命。神的宗教存在，一變而至神的哲學的存在。由康德到菲希德（Fichte），和黑格爾（Hegel）等，有以神爲道德的存在者，如康德本人，有以神爲普遍的自我者，如菲希德等，有以神爲構成世界的統一的絕對觀念者，如黑格爾等。總之都是受過中國理學影響的。他們的學說都是與理學義蘊的延展，有相當關係的。這是德國思想上的一大革命。要了解他的『活水源頭』，是不能不推溯於唐代經學的側面功能與影響。

儒家理學於中國以至世界的影響，其鉅大可想而知了。我們窮根究抵，已知他是遠紹於唐代的理學先河，而唐代的理學發端，又是整理經學的側面成果。所以，我們常說：唐代的學術思想，在整個的世界思潮上，是有過引導功能的。這也是關於唐代文化新觀察的又一例子。雖說中間也曾經若干的演進，而後始成爲具有世界性發展的，但他本身不先有可以發展的萌芽，也未必有如許功能罷。

五　研究唐代文化應有的新認識

綜上所舉例證，我們可以認識三點：

第一，唐代文化是具有開創性的文化。他不但完全繼承先代文化的優良傳統，並以協進態度融匯外來文化，而同時更以之作爲基礎，創發更爲日新，更爲光瑋，而自成體系的文化。他是統一的發展，而不是孤立的發展，我們深度的研究唐代文化，可以振作學者綜合創發的精神，而會心文化建設的重要。

第二，唐代文化是具有世界性的文化。他不但深入的滲透於中國任何部分，而且同時或發展到稍後，也曾廣被於世界各國，而確曾盡過引導世界的功能。我們深度的研究唐代文化，可以開擴學者的胸襟，而領會歷史所賦予中國的使命。

第三，唐代文化是具有適應性的文化。這因爲他是統一的發展，所以能適應地廣被於中國本土，而彌演彌進；又因爲他不是孤立的發展，所以同時能適應的遠傳於世界各國，使世界的學者於感到人的理趣下，而樂予接受引導。我們深度的研究唐代文化，可以印證學者思想感通的力量，而領會世界合作的有據。

以上是個人對於唐代文化所認識的輪廓。當然，要眞正的研究唐代文化，不能祇從國際關係，法律實施，和學術思想三方面去分析，其他有關係的方面，還多得很。不過因爲時間的關係，此刻不能一一舉例。淺陋如我個人，寧足以云造述？但冀待爲『發嘒之引』，就萬幸了。

（民國三十二年七月十二日渝大公報星期論文）

大唐創業起居注考證

一 引言

荀悅中鑒時事篇：『先帝故事，有起居注，日用動靜之節，必書焉』。此言起居注製作始於後漢明帝，(註一)，所以記錄帝王日常言語動靜，以備國史採錄而傳信也，(註二)。其初皆史官所錄，自隋，置爲職員，列爲侍臣，專掌其事，每季爲卷，送付史官，是爲起居注有專官職掌之始，(註三)。然亦有非史官或起居注專官而撰述者，(註四)。唐高祖舉義晉陽，以溫大雅爲大將軍府記室參軍，撰大唐創業起居注三卷。及高祖受禪爲帝，分命百官，其起居注官有起舍人，隸中書省。貞觀二年，移其職於門下省，置起居郎二人。顯慶中，復於中書省置起居舍人，遂與起居郎分掌左右。起居舍人本記言之職，入閣則位於起居郎之次，(註五)。凡舍人與郎所記，亦每季爲卷，送史館參核。蓋此皆屬原本史料，所記旣豐，參證尤便也。其後雖制度不無因時少變，然起居注之爲時君及史家所重視，固歷趙宋未替也。研治吾國自東漢至宋之歷史而不欲明究其時君臣上下日常處理國事之景況；自無事乎各朝起居注之論述，若欲探究其時君臣上下日常處理國事之景況，則各朝起居注之蒐訪與擘討尚矣。

起居注既以記錄人君言行動止爲原則，而又官書與私家撰述並行，故有時已久，傳替已多，則其書亦隨之日富。惟此類史籍，其屬於官書者往往僅藏當時史館，或時主所指定之公府，民間鮮能見者，流播既罕，傳鈔尤稀，而史館或公府所藏，又於易朝之際，易爲兵火所傷，故雖產量不菲，而時移勢易，則存者絕少；其私家撰述，則以其非一般學人所須閱讀，故傳世亦不甚易。隋書經籍志載漢晉南北朝起居注，自漢獻帝起居注五卷以下凡四十種，都一千二百二十四卷，（註六）舊唐書經籍志載列代起居注，自漢獻帝起居注五卷至溫大雅大唐創業起居注三卷，凡二十九種，都一千零四十四卷，（註七）當時所藏雖不無可觀，然自經五季兵燹，至宋時存者既無幾矣，今更無論。而宋代諸起居郎所錄起居注，雖王應麟玉海，頗有所記，然其書今日多不可見。清儒好古敏求，於舊籍蒐討，尤悉力赴之，惟所見宋以前起居注，亦僅溫氏大唐創業起居注及宋人所撰宋孝宗起居注等而已，（註八）；宋孝宗起注據杭世駿答任武承問起居注第二書，謂汪宮贊杜林，嘗於直內廷時見之，然猶在傳疑之列，數年前外舅海鹽朱先生嘗作漢唐宋起居注考，謂宋周必大承明集載所撰起居注藁一卷，所記爲孝宗即位時事，共三日，亦即孝宗起居注一部分，（註九）。苟汪氏在內廷所見一說爲可信，而又爲另一較完備之本，則今世所存中古起居注，所可知者實有溫氏大唐創業起居注，及承明集起居注藁，與所謂內廷之孝宗起居注等三書。三書之價值，固未能遽爲判別，然自年代之遠近言之，則以大唐創業起居注爲可貴，而其首尾完整，傳本較多，肇討較易，更非杭氏所謂猶在傳疑之宋孝宗起居注與周氏事僅三日之起居注業，所可同日而語，是大唐創業起居注乃存世唯一可貴之起居注也。

大唐創業起居注爲歷朝起居注中碩果僅存之品，（註一〇），斯固不待論矣。欲治李唐所由興義得國之史實，及唐高祖未即位時之言動舉止，此書實爲絕好資料。惟今世治唐史者，每忽略此書，此蓋由此書所記唐高祖舉義動機與新舊唐書及司馬光資治通鑑，所記微異，學者疑此或爲僞託之品，是以寧不徵引；不知溫氏之曾著大唐創業起居注，新舊唐書本傳，及經籍志，藝文志史部，並曾注錄。舊唐書修於五季石晉之世，其本紀及列傳所根據資料，多屬唐人國史，（註一一），其經籍志則僅錄開元盛時四部諸書，以毋煚古今書錄，及毋煚等羣書四部錄爲藍本。而毋等書目，實據玄宗時乾元殿東廊所藏四部書入文。其源委具見經籍志序論。是溫氏大唐創業起居注，開元初，已見藏於乾元殿矣。不特此也，劉知幾於唐中宗景龍四年，作史通，其外篇正史篇，謂溫大雅首撰創業起居注三篇。是早在開元以前，劉氏已知有溫氏大唐創業起居注。其非後人僞託，毫無疑者。至其書之所以與新舊唐書及通鑑所記微異者，正爲其較具原始面目之證。蓋舊唐書所根據之唐人國史，乃唐人於唐太宗世民，以皇子而射殺太子建成受禪爲帝後之作品，而唐人國史所記李唐創業事蹟，又多錄自貞觀十七年許敬宗等所修高祖實錄。新唐書及通鑑所記李唐舉義諸事蹟，雖所據資料，有在舊唐書所據以外者，（註一二），然亦不能不受太宗即位後諸史臣所撰史書之影響，故所記大要與舊唐書同。溫大雅大唐創業起居注作於武德之世，遠在太宗等射殺太子建成以前，無事迴護或懸記；是以所記高祖舉義動機，較能獲實，其與新舊唐書及通鑑所記微異，正可藉是以發其他唐代史臣所記之覆，固不必因是而疑溫氏撰書之非實也。

溫大雅之曾撰起居注信矣、而學者又疑今本大唐創業起居注，或非當日原作，以大雅於武德九年嘗受世民命，出鎮洛陽，守候鉅變，於世民殺建成事，事前曾預密議，所作起居注必不能如今本之兼述建成世民二人功蹟而無所偏也。不知溫氏起居注作於高祖初即位之世，其時建成與世民之裂痕未萌，大雅與高祖之關係雖深，然於建成及世民，固無所用其左右袒也。史通外篇正史篇，謂：

『惟大唐之受命也，義寧武德間，工部尙書溫大雅，首撰創業起居注三篇。自是司空房玄齡，給事中許敬宗，著作郞敬播，相次立編年體，號爲實錄。迄乎三帝，世有其書』。

『三篇』，當即『三卷』別稱，蓋以一卷爲一篇也。按史通作者劉知幾，生於唐高宗龍朔元年，至武后長安二年，以著作郞兼修國史，又八年，作史通，其時去李唐創業未遠，所云『義寧武德間』『首撰』事，自是可信。溫書既撰於義寧武德交接之際，則其所述事必至高祖即位而止。此與傳本起居注，斷限正合。傳本起居注，雖於卷中記高祖過馮翊蒒宅時，曾語及高祖祖李虎廟諱，又稱世民曰秦王，然李虎廟諱本爲武德元年六月二十二日所追尊，(註三二)，距武德元年五月甲子，高祖即位，僅一月餘耳。世民封爲秦王，亦在六月，皆與『義寧武德間』『首揆』事，無礙。又北宋晁公武郡齋讀書志，敍錄大唐創業起居注，謂『記高祖起義，至受隋禪，用師，符讖，受命，典册事』，與今本正合。陳振孫直齋書錄解題，謂大唐創業起居注『記三百五十七日之事』，亦與傳本所記日數合。陳騤中興書目亦謂：創業起居注『起隋大業十二年，爲太原道安撫，盡義寧二年五月甲子卽帝位，卽武德元年，紀用師，符讖，受命，典册事』，與郡齋讀書志同。是大唐創業起居注，自唐宋以來，並無別本，實爲溫氏原著，無疑矣。

美人賓板橋(Woodbridge Bingham)君，頗治唐史，翹然挺秀。民國二十四年春自北平來遊南京，與余相値，爲言欲治溫氏大唐創業起居注，余具以所見告之，且言必爲溫書考證，相會二次，盡歡而別。光陰易度，忽忽年餘，聞賓君治唐史日精，而余所約擬作之大唐創業起居注考證，以人事紛紜，獨遲遲未就，旣愧前約，益負初心！比以學校暑假，因盡三日之力，爲草此篇，意在暴露溫氏行實及其書所記重要事蹟與意義，文字工拙，弗暇計也。惟博雅君子進而教之！

二　作者考略

大唐創業起居注爲溫大雅所作。大雅字彥宏，太原祁人。事蹟見新舊唐書合鈔卷一百十二本傳。惟傳文簡略，於溫氏行誼，十無二三。幸所附其弟彥博及大有二傳，不無相當連繫。又沈炳震唐書宰相世系訂譌卷五溫彥博表，亦頗載溫氏源流及系派。茲就各書所記與溫氏行誼有關係者，爲條舉如次：

溫氏之家世□按大雅上世，與東晉溫嶠，同出一源，沈氏宰相世系訂譌溫彥博表云：

「嶠字太眞，江州刺史始安忠武公。從子楷，從桓譖奔於後魏，兄孫奇，馮翊太守，曾孫裕，太中大夫，生君攸』。

君攸卽大雅父也。舊唐書溫氏本傳，作君悠。初仕北齊，爲林文館學士，入隋官泗州司馬，大業末爲司隷從事，見隋政日亂，遂謝病歸里。其人長於文學，與薛道衡李綱相友善，（註一四）。生子三：長卽大雅，次彥博，字大臨，三大有，字彥將，皆以學行才辯著稱。大雅在隋，與顏思魯俱在東宮，彥博與思魯弟愍楚，同直內史省，彥將與愍楚弟遊秦，典校祕閣，二家兄弟，各爲一時人物之選，（註一五）。後大雅以丁父憂去職；退居鄉里。唐高祖起義，引大雅大有，共參機務。及高祖受禪爲帝，大雅遂歷官至陝東道大行臺工部尚書。太宗卽位，累轉禮部尚書，封黎國公，（註一六）。彥博於隋末爲幽州總管羅藝司馬，後隨藝歸唐，徵爲中書舍人，俄遷中書侍郎，封西河郡公，隨張瑾出禦突厥，爲所擒獲，太宗卽位，突厥送款，徵還，授雍州治中，貞觀四年，遷中書令，進爵虞公，十年，遷尚書右僕射，卒於官，（註一七）。大有與兄大雅，隋末同居鄉里，高祖舉義，頗藉助之，武德元年，累轉中書侍郎，封淸河郡公，卒於官，（註一八）。大雅一門之盛，唐初諸臣所罕見也。大雅子無隱，官至工部侍郎，無隱玄孫造，官至河陽節度使，禮部尚書，（註一九）。蓋大雅之世德宗風，有足多也。大雅少長，賢父之家，其才華與學養可謂淵源有自，會高祖舉義晉陽，須得能文有識之士，爲典文檄，大雅適當其選，宜其魚水相忘，而得參與機務也。

温氏之年代　温氏生卒年代，新舊唐書合鈔，本傳無考，惟其弟彥博卒於貞觀十一年，年六十四，事見大雅附傳，及太宗本紀。大雅與彥博及大有同時入仕，年齡必相差無幾，其卒在彥博以前，證以合鈔本傳，『大雅將改葬其祖父，筮者曰：「葬於此地，將害兄而福弟」。大雅曰：「若得家弟（指彥博）永康、我將含笑入地」。葬訖，歲餘而卒，謚曰孝』。其時當在彥博未遷中書令以前，質言之即貞觀四年以前。據此則大雅之卒，當在貞觀二三年間，其年歲至少在五十六七以上。由此上推五十六七年，爲陳宣皇帝太建四五年，北周武帝建德元二年。此即温大雅生卒之大略年代也。

温氏與唐室　大雅與唐室之關係，合鈔本傳，謂『高祖鎮太原，甚禮之。義兵起，引爲大將軍府記室參軍，掌文翰。禪代之際，與司錄竇威，主簿陳叔達，參定禮儀。……武德元年，歷遷黃門侍郎，……高祖從容謂曰：我起義晉陽，爲卿一門耳』。又創業起居注，記大業十二年隋煬帝自江都遣使至太原赦高祖罪云：『初，使於夜至，太原温彥將宿於城西門樓上，首先見之，喜其靈速，報兄彥宏，馳以啓帝，帝時方臥，聞而驚起，執彥宏手而笑曰：「此後餘年，實爲天假」。……』此可知温氏與李唐創業關係匪淺。按大雅與竇威陳叔達，皆爲高祖初即位時參與機務之文臣，然威與叔達皆與晉陽舉義無關。叔達於大業末出爲絳郡通守，遂師抵絳郡，叔達以郡歸款，授丞相府主簿，始與大雅共掌機密，(註二〇)。竇威於隋末坐事免歸鄉里，高祖入關，召補大丞相府司錄參軍，雖禪代之際，朝章國典，多其所定，(註二一)，然在唐視叔達且爲晚進，以比大雅，更毋論矣。要之唐初文臣其最明曉高祖發難掌故，且自始卽參與機務者，皆莫大雅若也。且大雅一家於義軍初起，亦嘗參謀軍事，資治通鑑卷一百八十四隋紀八隋恭帝下云：「義寧元年六月，……寂（裴寂）等，乃請尊天子爲太上皇，立代王爲帝，以安隋室，而檄郡縣，改易旗幟，雜用絳白，以示突厥。……西河郡（從淵命。甲申淵遣建成世民，將兵擊西河。命太原令大原温大有，與之偕行，曰：「吾兒年少，以卿參謀軍事，事之成敗，當以此行卜之」。……已丑，攻拔之，建成等引兵還晉陽，……裴寂等上淵爲大將軍，……唐儉及前長安尉温大雅爲記室，大雅仍與弟大有，共掌機密。……」是大雅弟大有，且嘗親與戎役，與李唐創業，關係尤鉅。大雅旣以久與機密，武德年間，遂歷官黃門工部諸侍郎，皇子世民，尤與結納。會太子建成，與齊王元吉，欲殺世民。世民以洛陽形勝，可備緩急，乃命大雅移鎮其地，並遣秦府車騎將軍張亮，將左右王保等千餘人，赴之，陰結山東豪傑以俟鉅變。大雅至洛陽，數陳祕策，世民甚嘉賞之，(註二二)。及世民射殺太子建成，受禪爲帝，大雅亦未幾遷禮部尙書，是世民之喋血禁庭，雖其時大雅方在洛陽，未嘗親視其役，然而事前亦未嘗不參與其議也。惟此與大唐創業起居注之記錄問題無涉，蓋其時去温氏作起居注時，已逹八九年矣。

温氏之著作，今鈔本傳，僅謂大雅『撰創業起居注三卷』，此蓋就其較著名者言之耳。按温氏久典機務，熟於唐初掌故，雅有著作之才，所著書除起居注外，今可考者，尚有數種，合鈔經籍志雜史類補錄，載『温大雅今上王業記六卷』，所記當爲高祖時事。又職官類補錄，載『温大雅大丞相唐王[illegible]屬記二卷』，所記當爲高祖初入長安開相府置官屬時事。此二書疑皆與起居注有關，然今皆不傳，無以取驗。起居注，據諸書所記，並作三卷，或三篇，上卷記起義旗至發引日，凡四十八日事，中卷[illegible]起自太原至京城，凡一百二十六日之事，下卷記起攝政至郎眞，凡一百八十三日之事。惟[illegible]本文獻通考作五卷，此蓋誤三爲五也。董誥等輯全唐文，僅載温大雅代唐高祖答李密書一篇，文與起居注所載略同。蓋除起居注外，温氏其他著作及文章，疑皆失傳久矣。

三　事蹟辨證

大唐創業起居注之最可注意者爲其所記事蹟與新舊唐書及通鑑所記之互有出入，而其中最重要者則爲李唐舉義興師之究由高祖主動，抑由其次子世民主動之問題。新舊唐書及通鑑皆謂興師之意出於世民，高祖似爲被動，起居注則謂興師之意全出高祖，世民第爲其父效力建功而已。二說立場，本自不同，故所牽涉事蹟，亦頗有異說。若就吾人之客觀態度判之，則起居注所記，實覺較近眞際，茲分數點辨之，藉明温書之價値。

李氏當爲天子之謠讖　通鑑隋紀七恭皇帝上，所記李唐興師之動機所屬，與起居注所記動機所屬，雖各不同，然皆曾引『李氏當爲天子』一謠讖，是謠讖符命之說，雖今人已不置信，然在當時實爲一種足資號召或取禍之口實，不無暗示之方，且藉是亦可略見高祖興師主動被動之消息。通鑑恭皇帝上義寧元年云：

會突厥寇馬邑，淵遣高君雅將兵，與馬邑太守王仁恭幷力拒之，仁恭君雅戰不利。淵恐並獲罪，甚憂之。世民乘閒屏人說淵曰：「今主上無道，百姓困窮，……不若順民心，興義兵，轉禍爲福，此天授之時也。……明日世民復說淵曰：……且世人皆傳李氏當應圖讖，故李金才無罪，一朝族滅，大人設能盡賊，則功高不賞，身益危矣」。……淵乃嘆曰：「吾一夕思汝言，亦大有理」。……』

按此所云『李氏當應圖讖』，李金才無罪族滅事，並見同書隋紀六煬皇帝中大業十一年，文云：

『初，高祖（指隋文帝）夢洪水沒都城，意惡之，故遷都大興。申明公李穆薨，……以渾（按卽金才之名）爲穆嗣……帝卽位，渾累官至右驍衛大將軍，……會有方士安伽陀，言李氏當爲天子，勸帝盡誅海內凡李姓者。渾從子將作監敏，小名洪兒，帝疑其名應讖，常面告之，冀其引決。敏大懼，數與渾及善衡，屏人私語，述（宇文述）譖之於帝，……三月丁酉，殺渾，敏，善衡，及宗族三十二人』。

按『洪水沒都城』讖語，亦見於劉餗隋唐嘉話。而所謂『李氏當爲天子』之謠，則舊唐書卷三十七五行志亦嘗言之，文云：

『隋末有謠云：「桃李子，紅水繞楊山」。煬帝疑李氏有受命之符，故誅李金才。後李密據洛口倉以應其讖』。

按當時此類歌謠，實甚流行，隋書卷二十二五行志，亦嘗記載。而李密之崛起稱兵，亦頗藉此類『李氏當爲天子』之讖語以資號召。通鑑隋紀七煬皇帝下，大業十二年，嘗追記李密從翟讓謀反事，文云：

『李密自雍州亡命，往來諸帥間，說以取天下之策，始皆不信。久之稍以爲然，相謂曰：「斯人公卿子弟，志氣若是；今人人皆云楊氏將滅，李氏將興；吾聞王者不死，斯人再三獲濟，豈非其人乎」？由是漸敬密。密察諸帥唯翟讓最彊，乃因王伯當以見讓。……會有李玄英者，自東都逃來，經歷諸賊，求訪李密，云：斯人當代隋家。人問其故，玄英言：「比來民間歌謠，有桃李子曰：「桃李子，皇后繞楊州，宛轉花園裏，勿浪語，誰道許」？桃李子，謂逃亡者李氏之子也；皇與后，皆君也；宛轉花園裏，謂天子在楊州，無還日，將轉於溝壑也；莫浪語，誰道許者，密也」。旣與密遇，遂委身事之。……讓見密爲豪傑所歸，欲從其計，猶豫未決。有賈雄者曉陰陽占候，……密深結於雄，使之託術數以說讓』。

可知『李氏當應符讖而爲天子』一傳說，實爲當時朝野所熟知事。高祖之得聞是類謠讖及李金才族滅事，因而暗懼或暗喜，其時必早，固不待義寧元年（按卽大業十三年）如通鑑恭皇帝上所記聞世民所述『功高』『身危』諸語，而後始爲感動也。以此證以溫氏創業起居注所述，則此類謠讖之作暗示高祖以蓄意興師舉義，更昭然若揭。起居注上卷云：

『旣而隋主遠聞，以帝（指高祖題淵）與（王）仁恭，不時捕虜，縱爲邊患，遂遣司直馳驛繫帝，而斬仁恭。帝自以姓名著於圖籙，太原王者所在，慮被猜忌，因而禍及，頗有所晦。時皇太子在河東，獨有秦王侍側耳。謂王曰：隋歷將盡，吾家繼膺符命，不早起兵者，顧爾兄弟未集耳』。

又云：

『軍司以兵起甲子之日，又符讖尙白，請建武王所執白旗以示突厥。帝曰：……宜兼以絳雜半續之。諸軍稍旛，類皆放此。營壁城壘，旛旗四合，赤白相間，映若花園』。開皇初，太原童謠云：「法律存，道德在，白旗天子出東海」。亦云：「白衣天子」。故隋主恆服白衣，每向江都，擬於東海，常修律令，筆削不停，并以綵畫五級木壇自隨，以事道。又有桃李子歌曰：「桃李子，莫浪語，黃鵠繞山飛，宛轉花園裏」。按李爲國姓，桃當作陶，若言陶唐也。配李而言，故云桃。花園宛轉，屬旌幡。汾晉老幼，謳歌在耳，忽覩靈驗，不勝懽躍。帝每顧旗幡笑而言曰：「花園可爾，不知黃鵠如何，吾當一舉千里，以符冥讖」！』

高祖所感發於謠讖者如此，而謠讖之得聞於高祖，又殊非晚。則就符讖一事例言之，高祖之舉義代隋，當亦不待通鑑與新舊唐書所云受世民之勸告而始有是念也，惟當時高祖雖有是念，但對李密之先託言符瑞者，仍故示推崇，而以謠讖之應驗予之。起居注卷中，載記室承報李密書，有云：

『……天生蒸民，必有司牧，當今爲牧，非子而誰？老夫年踰知命，願不及此，欣戴大弟（按指密）攀鱗附翼。惟冀早膺圖籙，以寧兆庶！宗盟之長，屬籍見容，復封於唐，斯榮足矣！……』（此書亦見全唐文溫大雅文）。

此亦可證當日李密以符讖號召之爲高祖左右所熟知也。

唐高祖未舉義前之大志及羣士之勸進　新舊唐書高祖本紀，以李唐舉義，由於世民主動，敍高祖爲人，僅若一普通福將，略無異表。不知此乃誤據貞觀十七年敬播房玄齡許敬宗等所修高祖實錄，欲以剏業之功，獨歸太宗，因爲僞飾，故致眞相以失也。高祖爲人，雖不得謂爲狡黠，然實頗富權謀，且早有四方之志，此則參以同書別傳及他書記述而可知者。段成式酉陽雜俎卷一忠志云：

『高祖少神勇。隋末，嘗以十二人破草賊號無端兒（新唐書作毋端兒）數萬。又龍門戰，盡一房箭，中八十八』。

「可知高祖……」勇力非凡。又合鈔卷一百八劉文靜傳云：

『劉文靜字肇仁，……隋末爲晉陽令，……及高祖鎮太原，文靜察高祖有四方之志，深自結託。』

「又卷一百九」武士彠傳云：

『武士彠，并州文水人也。家富於財，頗好交結。高祖初行軍於汾晉，休止其家，因蒙顧接，及爲太原留守，引爲行軍司鎧。時盜賊蜂起，士彠嘗陰勸高祖舉兵，自進兵書及符瑞。高祖謂曰：「幸勿多言兵書禁物，尙能將來，深識雅意，當同富貴耳」。』

所謂『尙能將來，深識雅意』，知其非無所籌謀，特尙有待耳。又通鑑隋紀七恭皇帝上亦云：

『淵之爲河東討捕使也，（大業十一年，淵爲使討捕河東），請大理司直夏侯端爲副。端，詳之孫也，善占候及相人。謂淵曰：「今玉牀搖動，帝座不安，參墟得歲，必有眞人起於其分，非公而誰乎？主上猜忌，尤忌諸李，金才旣死，公不思變通，必爲之次矣」。淵心然之。及留守晉陽，鷹揚府司馬太原許世緒，說淵曰：「公姓在圖籙，名應歌謠，握五郡之兵，當四戰之地，擧事則帝業可成，端居則亡不旋踵，唯公圖之」！……』

當高祖爲河東討捕使時，旣『心然』夏侯端『變通』之勸，則其非僅有神勇而無大志明矣。以此證以溫氏起居注所記，更足以知高祖之素懷偉志，而多權謀。起居注卷上云：

『隋大業十二年，煬帝之幸樓煩時也，帝以太原黎庶，陶唐舊民，奉使安撫，不踰本封，因私喜此行以爲天授。所經之處，示以寬仁，賢知歸心，有如影響』。

又云：

『帝素懷濟世之略，有經綸天下之心，接待人倫，不限貴賤，一面相遇，十數年不忘，山川險要，一覽便憶。遠近承風，咸思託附。仍命皇太子於河東潛結英俊，秦王世民於晉陽，密招豪友。……』

此外如所記簡善騎射者效突厥飲食居止，因而擊破突厥；以羸兵居中賺敵，因而擊破歷山飛；稽詞與北蕃私通引突厥南寇，因而誅戮隱懼義舉之王威高君雅等；僞崇李密示無大志，因而蓄力制服李密；僞言已斬宋老生，使敵陣大亂，因而縱兵攻取霍邑；擊破長安而秩序井然，略無所亂，因而收服人望；己獲代王而僞示尊崇，因而演成禪讓之局，凡此諸事，皆非無權謀或大志者，所可語其奧妙。新舊唐書於此類事蹟，雖亦間有記載，然爲體例所限，文殊簡略；且既以興師之主動人歸之太宗，則此類謀略於高祖亦失其意義。此則幸賴溫氏起居注得以發其覆者也。

世民首謀舉義說之非實㉛舊唐書高祖本紀，謂高祖於大業十三年爲太原留守，時『羣賊蜂起，江都阻絕。太宗與晉陽令劉文靜首謀勸舉義兵。俄而馬邑校尉劉武周據汾陽宮，舉兵反。太宗與王威高君雅將集兵討之。高祖乃命太宗與劉文靜及門下客長孫順德劉宏基，各募兵，旬日間，衆且一萬』。新唐書高祖本紀亦云：『是時煬帝南遊江都，天下盜起，高祖子世民，知隋必亡，陰結豪傑，招納亡命，與晉陽令劉文靜謀舉大事，計已決，而高祖未知之，欲以情告，懼不見聽。……世民陰與寂（裴寂）謀，寂因選晉陽宮人私侍高祖。高祖過寂飲酒，酒酣從容，寂具以大事告之。高祖大驚。寂曰：「正爲宮人奉公，事發當誅，爲此爾」。世民因入白其事，高祖初陽不許，欲執世民送官，已而許之，曰：「吾愛汝，豈忍告汝耶」！……』一若李唐舉義，純爲世民與劉文靜所主謀者。通鑑隋紀七恭皇帝上，所記大致相同。今按此 記載，實由史臣曲筆，非當日高祖於發難事，果處於被動之境也。關於此層，上文所辨『李氏當爲天子之謠讖』，及『唐高祖未舉義前之大志與羣士之勸進』二節，已略發其覆，茲再舉一事辨之。新舊唐書合鈔卷一百十八李靖傳云：

『李靖，本名藥師，雍州三原人也。……大業末累除馬邑郡丞。會高祖擊突厥於塞外。靖察高祖，知有四方之志，因自鎖上變，將詣江都，至長安，道塞不通，而止』。

按高祖擊突厥，在大業十二年，而諸書言太宗首謀勸高祖舉義，復結裴寂關說，在義寧元年，即大業十三年。李靖等於十二年已知高祖有取天下之志，必欲告之煬帝，則高祖舉義興師之意不待義寧元年太宗與裴寂等之勸迫而始萌亦明矣。以此證以溫氏起居注，則不特與李靖傳所記相合，且太宗之雄圖，亦似爲高祖所啓發。起居注卷上云：

『煬帝自樓煩還至雁門，爲突厥始畢所圍，事甚平城之急，賴太原兵馬，及帝所徵兵，聲勢繼進，故得解圍。……乃詔帝……北備邊朔。帝不得已而行，竊謂人曰：「……天其或者殆以畀余，我當用長策以馭之，和親以使之。……

可知李靖『自鏁上變』，不爲無因。又起居注卷上記高祖爲煬帝所遣司直所繫，乃告次子世民，謂：

『今遭羑里之厄，爾昆季須會盟津之師，不得同受孥戮，家破身亡，爲英雄所笑！……』

又記高祖命建成與世民往擊西河，並訓之云：

『太原遼山縣令高斌廉，拒不從命，……西河不時送款。帝曰：「遼山守株，未足爲慮，西河繞山之路，當吾行道，不得留之」！六月甲申，乃命大郎二郎，率衆取之，……臨行，帝語二兒曰：「爾等少年，未之更事，先以此郡，觀爾所爲，人具爾瞻，咸宜勉力」！……往還九日，西河遂定。師歸，帝聞喜曰：「以此用兵天下，橫行可也」！是日，即定入關之策』。

觀此可知世民之英武，亦高祖有以啓發之也。又孰謂世民『謀舉大事，計已決，而高祖未之知』耶？

唐高祖初舉義時與突厥之關係　舊唐書高祖本紀記高祖舉義與突厥之關係謂『甲戌，遣劉文靜於突厥始畢可汗，令率兵相應』。同書突厥傳，所記略同。而新唐書高祖本紀，亦云：『遣劉文靜使突厥，約連和』。按隋唐之際，正值突厥全盛時期，寇邊掠塞，略無虛日。高祖志切安邦，初起義時，迫於環境，實嘗委屈和之，通鑑隋紀八恭皇帝下，嘗記其事，文云：

『義寧元年六月己卯，李建成等至晉陽。劉文靜勸李淵與突厥相結，資其士馬以益兵勢。淵從之，自爲手啓，卑辭厚禮，遣始畢可汗。云欲大舉義兵遠迎主上，復與突厥和親，如開皇之時。若能與我俱南，願勿侵暴百姓；若但和親，坐受寶貨，亦唯可汗所擇。始畢得啓，謂其大臣曰：隋主爲人，我所知也，若迎以來，必害唐公而擊我無疑矣：苟唐公自爲天子，我當不避盛暑，以兵馬助之。卽命以此意爲覆書。使者七日而返，將佐皆喜，請從突厥之言。……寂等乃請尊天子爲大上皇，立代王爲帝，以安隋室，……改易旗幟，……以示厥突。淵曰：此可謂掩耳盜鐘，然逼於時事，不得不爾。乃許之遣，使以此議告突厥』。

觀此，可知高祖入關之改立代王，亦與突厥始畢之不欲復迎隋主有關。通鑑所記，雖已略明當日時勢，然於高祖所以必與突厥連和，及所謂『卑辭厚禮』之底蘊，則須藉溫氏起居注足之。起居注卷上云：

『景寅，突厥數萬騎，鈔逼太原，入自羅郭北門，取東門而出。帝分命裴寂文靜等，守備諸門，並令大開，不得輒閉。而城上不張旗幟，守城之人，不許一人外看，看亦不得高聲，示以不測。衆咸莫知所以。仍遣首賊帥王康達率其所部千餘人，……潛往北門隱處設伏誡之；……康達等無所出力，並墜汾而死。……城內兵數無幾，巳喪千人，軍民見此勢也，私有危懼。……帝見兵少，又失康達之衆，戰則衆寡非敵，緩恐入掠城外居民。夜設伏兵出城以據險要，曉令他道而入，若有援來。仍誡出城將士，兵見突厥，則速舉險，勿與共戰，若知其去，必莫追之，送出境而還，使之莫測。爾後再宿，突厥……巳亥夜潛遁。明旦，城外覘入馳報，帝曰：「我知之矣」。……卽立自手疏與突厥，……」此蓋以當日義師尚未全集，突厥卽遽爾掩至，雖一時以空城計之妙用，幸獲相安，然實慮其再來，貽誤義擧，故乘其宵遁，反遣使與和。此亦高祖自動興師之證。蓋非志切擧義，則不知慮與突厥連和之迫切與必要也。至所謂『卑辭厚禮』一節，據温氏起居注亦可得其梗概，其文云：『……仍命封題，署云名啓。所司報請云，「突厥不識文字，唯重貨財，願加厚遺，改啓爲書」。帝笑而謂請者曰：『何不達之深也？……我若敬之，彼仍未信，如有輕慢，猜慮愈深。古人云，屈于一人之下，伸於萬人之上，……且啓之一字，未直千金，千金尚欲與之，一字何容有悋？此非卿等所及」。乃遣使者馳驛送啓』。所謂『署云名啓』，當指稱臣而言，特大雅未明言耳。然此亦非高祖所願意者，故受禪爲帝後，卽以敵國之禮對之，其後且以詔敕加突厥。袁樞通鑑記事本末太宗平突厥武德宗八年條云：『先是，上與突厥書，用敵國禮。秋七月甲辰，上謂侍臣曰：「突厥貪婪無猒，朕將征之！自今勿復爲書，皆用詔敕」』。

太宗承高祖之志，遂於貞觀四年，平滅東突厥。時高祖爲太上皇，尚在人世。是高祖初擧義時對突厥之『卑辭厚禮』，雖不無遺憾，然其後能不忘國恥，又及身卽見突厥之平服，要可取諒於國人也。此事別書多不載，通鑑所記，當亦錄自起居注原文。此亦温書可注意之點也。

李建成之功過　新舊唐書旣以首謀興師之功歸之太宗，於高祖之權謀大略，且多掩沒，建成元吉之不爲詳錄，更靡足論。今按元吉於興師以後，留守太原，雖無攻城掠地之勞，然不無鞏固後方之力。建成與世民同領大軍，自太原啓行，至攻陷京師，勞役初無二致，雖建成謀略，或不如世民，然謂其全無表現，則容有未是。通鑑作者，不明貞觀間所傳實錄或其他史料之不無曲筆，遂於唐紀七武德九年，於太宗射殺建成元吉文下，妄加評語，謂：

『立嫡以長，禮之正也；然高祖所以有天下，皆太宗之功，隱太子（卽建成）以庸劣居其右，地嫌勢逼，必不相容。嚮使高祖有文王之明，隱太子有泰伯之賢，太宗有子臧之節，則亂何自而生矣？……』

不知高祖固非常之人，而建成亦不盡如所傳之庸劣。今以溫氏起居注證之，則通鑑庸劣之說，實迹近妄語。起居注云：

『帝以姓名著於圖籙，……側耳謂王（指世民）曰：……不早起兵者，顧爾兄弟未集耳』。（卷上）。

六月巳卯，太子與齊王（指元吉），至自河東，帝懽甚。裴寂等乃因太子秦王等入啓，請依伊尹放太甲，霍光誅昌邑故事，廢皇帝而立代王，與義兵而繫郡縣，改旗幟以示突厥，師出有名，以輯夷夏』。（卷上）。

可知高祖對諸子，態度略同，故義師初舉，卽命建成與世民同往擊西河，以試其才。起居注云：

『西河不時送款。……六月甲申，乃命大郎二郎，率衆取之。除程命齎三日糧。時文武官人，並未置，軍中以次第呼太子秦王爲大郎二郎焉。……往還九日，西河遂定。……即日定入關之策。癸巳，以世子爲隴西公爲左領軍大都督，左三統軍等隸焉。二郎爲敦煌公，爲右領軍大都督，右三統軍等隸焉。世子仍爲太原郡守』。（卷上）。

按西河之克，爲義師初舉首功，高祖大將軍府之得以建立，且與此役聲威有關。而舊唐書高祖本紀，則僅云：「六月甲申，命大宗將兵徇西河，下之』。於建成之曾同往，不提隻字。其爲實錄有意闕筆，蓋無疑義。起居注又云：

『秋，七月壬子，以四郎元吉爲太原郡守，留守晉陽宮，文武後事，並委焉。義師欲西入關，移營於武德南。癸丑，……是夕，次於清源，……帝乃將世子及敦煌公等率家僮十數，巡行營幕』。

『……辛巳旦發，引取傍山道，而趨霍邑，七十餘里，……帝謂謂大郎二郎曰：「今日之行，在卿兩將」！……是日未時，帝將麾下左右輕騎數百，先到霍邑城東，……且遣大郎二郎各將數十騎，逼其城，行視戰地。……大郎領左軍擬屯其東門，二郎將右軍，擬斷其南門之路。……未及戰，帝命大郎二郎馳而向門，義兵齊呼而前，……（宋）老生欲入不得，軍頭盧君諤所部人等，跳躍及而斬之。……』

『……戊午，帝親率諸軍圍河東郡。分遣大郎二郎，長史裴寂，勒兵各守一面……』

『……景寅，遣世子隴西公將司馬劉文靜，統軍王長諧，姜寶誼，竇琮諸軍，數萬人，屯永豐倉，守潼關，備他盜，慰撫使人竇軌等受節度焉。遣敦煌公率統軍劉弘基，長孫順德，楊毛等諸軍，數萬人，往高陵道，定涇陽，雲陽，武功，盩厔，鄠，諸縣等，慰撫使人掾殷開山等受節度焉』。

『……乃命隴西公量簡倉上精兵，自新豐道趣長樂離宮，令敦煌公率新附諸軍，自鄠縣道屯長安故城。……冬，十月辛巳，帝至灞上，仍進營，停于大興城春明門之西北，與隴西敦煌等二公諸軍二十餘萬衆會焉。……』

『……辛卯命二公各將所統兵往爲之援。京城東面南面，隴西公主之，西面北面，敦煌公主之。城中見而失色，更無他計』。（以上均卷中）。

凡此諸事，新舊唐書，或則記而不周，或則記而偏畸，或則全未記錄，似皆不若起居注之平正。起居注又云：

『……十一日（通鑑作十一月）景辰，味爽，咸自逼城，……東面軍頭雷永吉等，已先登而入，守城之人分崩。帝乃遣二公率所統兵依城外部分，封府庫，收圖籍，禁虜掠，軍人勿雜，勿相驚恐。太倉之外，他無所干。……代王先在東宮，乃奉迎居於大興後殿。……戊午收陰世師，骨儀，崔毗伽，李仁政等，並命隴西公斬於朱雀街道，以不從義而又愎焉，餘無所問……』。（卷中）。

按東面軍由建成主持。是京城之克，以建成所部爲首功。故高祖於城定後，卽命建成殺守城將陰世師等以徇。新舊唐書於攻克京城之首功，皆略無所記，通鑑隋紀八恭皇帝下，亦僅云『軍頭雷永吉先登，遂克長安』，於雷永吉屬於建成所統事，亦未提及，意亦依據貞觀朝所修高祖實錄入文，故與起居注略異。起居注又云：

『義寧元年冬十一月甲子，少帝以帝爲丞相，進封唐王，……己卯，以隴西公爲唐王世子，改封敦煌公爲秦國公，四郞元吉爲齊國公。……以是以世子爲左元帥，秦王爲右元帥。……三月，左右二元帥軍，招諭東都。……』（卷下）。

是自義旗初舉，以至攻克京師，建成與世民，功績略相當。西河之克，固由二人之力，京師之克，則建成所部更有先登之功。通鑑武德九年條所云『庸劣』之說，不足爲訓，明矣。建成功過如何？固爲國史中不甚重要之問題，然此足證貞觀間所修高祖實錄而爲新舊唐書及通鑑直接間接所依據者不免有所掩飾或偏重之弊。知建成『庸劣』說之不足置信，則李唐興師爲世民主動一說之實出僞飾，亦思過半矣。

四　史實考存

大唐創業起居注，足證新舊唐書或通鑑之不免有所爲飾，已於上文略擧例辨證。玆進言其所錄史實之未見於新舊唐書，或見之而未顯著者，爲擧數例如次：

一者爲李唐上世居地之記錄　新唐書高祖本紀，記李唐上世源流，謂：『高祖神堯大聖大光孝皇帝諱淵字叔德，姓李氏，隴西成紀人也。其七世祖暠，當晉末，據秦涼以自王，是爲涼武昭王。暠生歆，歆爲沮渠蒙遜所滅。歆生重耳，魏弘農太守。重耳生熙，金門鎮將，戍於武川，因留家焉。熙生天賜，爲幢主。天賜生虎，西魏時賜姓大野氏，官至太尉，與李弼等八人，佐周代魏有功，皆爲柱國，號八柱國家。周閔帝受魏禪，虎已卒，乃追錄其功，封唐國公，謚曰襄。襄公生昞，襲封唐公，隋安州總管柱國大將軍，卒謚曰仁。仁公生高祖於長安』。

按高祖籍貫，舊唐書册府元龜與太平御覽等，均作狄道，不作成紀。當以狄道爲是。其地卽今甘肅狄道縣。李唐上世出於李暠，李暠爲漢李廣子李敢之後，廣曾祖仲翔，漢初爲將軍，討叛羌於素昌，不敵死之，素昌卽今狄道，仲翔子伯考奔喪，因葬於狄道東川，遂家焉，（註二三）。世爲西州右姓，卽所謂隴西李氏也。暠與子歆，均未他徙。李唐追記上世所出，故曰隴西狄道。歆子重耳，國滅後，展轉奔於後魏，家居何地？諸書無考。重耳子熙，因出鎮，移家武川，武川鎮在今綏遠境內，當陰山南北之衝。其後熙復率家移居南趙郡，（註二四），卒葬其地，故唐會要卷一帝號上記云：『獻祖宣皇帝諱熙。……葬建初陵，在趙州昭慶縣界』。昭慶縣在今河北省隆平縣東。熙子天賜，據唐會要記載：『追尊光皇帝，廟號懿祖。葬啓運陵，在趙州昭慶縣界』。是李熙與子天賜，皆曾家居今隆平縣附近也。天賜子虎，據唐會要記載『追尊景皇帝，廟號太祖，葬永康陵，在京兆府三原縣界』。三原，卽今陝西省三原縣。是李虎在西魏時，旣以官貴移居矣；惟除居京師外，曾家居何地？新舊唐書及其他史乘，多不可考，幸溫氏大唐創業起居注於記述義師途經馮翊郡時，曾兼敍高祖祭舊居五廟事，可爲李虎曾居馮翊頗久之證。起居注卷中云：

『壬申，進屯馮翊郡，過舊宅，虔告五廟，禮也。初周齊戰爭之始，周太祖數往同州，侍從達官，隨便各給田宅。景皇帝與隋太祖，並家於州治。隋太祖宅在州城東南，西臨大路。景皇帝宅居州城西北，而面灤水。東西相望，二里之間，數十年中，兩宅俱出受命之主，相繼代興。時人所見，開闢已來，未之有也』。

按同州卽今陝西省大荔縣。隋太祖卽隋文帝父楊忠。是李虎與楊忠，曾同時家於大荔。李虎大荔舊宅，旣有祠廟，則其非短時居停可知矣。楊忠上世亦嘗於後魏以出鎮，移家武川，與李虎上京世略同，事蹟見隋書文帝本紀。得溫氏此段記錄，益知隋唐帝室，上世環境，正多同者。李行吉甫元和郡縣圖志卷二關內道二同州條，記馮翊縣有『興德宮，在縣南三十二里。義旗將趣師，軍次於忠武園，因置亭子，名興德宮，興家令寺』。當亦與李虎舊宅有關，不然，何以軍倥偬之際，遽爲置亭子而名宮耶。李虎子昞，卽唐高祖父。據唐會要記載：『追尊元皇帝，廟號世祖，葬興寧陵，在京兆府咸陽題界』。咸陽卽今陝西咸陽縣，與長安接壤。證以舊唐書高祖本紀：『高祖以周天和元年，生於長安，七歲襲唐國公』，可知李昞晚年，曾家居長安，而且早歿。又起居注卷中嘗載高祖擧義誓師害文云：

『……某以庸愚，謬蒙嘉惠，承七葉之餘慶，資五世之克昌，遂得地臣戚里，家稱公室，典驍衞之禁兵，守封唐之大宇。……』

所以『七餘葉慶』，蓋指自李暠至昞而言。與新舊唐書所記代數相合。李虎所移居地，幸得溫氏記錄，略可考見，此則大唐創業起居注存錄史實之一例也。

二者爲新舊唐書不列傳唐初人姓名事蹟之記錄，按舊唐書修於五季石晉之世，所根據者多屬唐人所修國史等要籍，余曩作唐書原流考，已詳言之。而唐人國史，則列傳每有所偏，於唐初隨從創業之輩，其名節不甚顯者，亦每不爲入傳，今以大唐創業起居注所錄校之，其有見遺於新舊書列傳，而其事蹟又於李唐創業不無相當關係者，亦有數人，如通議大夫張綸，是其例也。起居注卷中記張綸事蹟云：

『壬寅遣通議大夫張綸等，率師經略稽胡離石，龍泉，文城諸郡。……乙丑，張綸等下離石郡，其太守楊子崇，爲亂兵所害。崇卽後主從弟也。頗有學識性理，帝甚惜之。崇性怯而無謨，故及於難。……九月乙卯，張綸自離石道下龍泉文城等郡，獲文城太守岑公鄭元璹送焉。帝見元璹，釋而遣之』。

按稽胡爲匈奴一支，亦周隋間西北強族之一。又卷下記張綸所獲鄭元璹事蹟云：

『……又南陽朱粲，衆有數萬，並好食人，自稱可達汗。莫知可達汗之名，有何義理。酷害異常。又有賊蕭銑，起兵於江陵。於是以華陽公鄭元璹以爲太常卿，封沛國公，遣將兵出商山上洛道，定南陽以東諸郡。……』

高祖受禪後，張綸之功蹟如何？今姑不論，然就其經略離石，龍泉，文城諸郡，及其地稽胡，並獲鄭元璹俾爲唐室效力一事言之，亦旣與李唐初年大局不無相當關係。新唐書高祖本紀，雖曾提及張綸其人，然語殊簡略，且未言其與平稽胡之關係；不知自離石以西，以至今日甘肅慶陽，自北周以來，卽爲稽胡出沒之地。隋末稽胡爲亂於離石者，亦殊猖獗，隋書楊子崇傳，及舊唐書卷五十六劉季眞傳，全唐文卷二唐高祖令太子建成統軍詔，頗曾言之，余另有稽胡考，明其與北齊北周及隋唐之關係。高祖舉義，必於中途命良將經略稽胡者，正慮其將爲後顧之憂也。其後稽胡於武德三年，由梁師都導引入寇，武德四年，高祖復命皇太子伐稽胡，其勢稍殺。起居注所記張綸經略稽胡事，雖亦文甚簡略，然視新舊唐書本紀所記旣扼腕多矣。此亦起居注存錄史實之一例也。

三者爲唐高祖日常生活之記錄　新舊唐書高祖本紀，雖於高祖出處大節，及每年大事，各有相當記述，然爲體例所限，於高祖之日常生活，略無所道。大唐創業起居注，原以記錄高祖日常動止爲原則，故足補新舊書之闕。如卷中所記義師在途高祖日常處埒公牘情態及其書法狀態云：

『義旗之下，每日千有餘人，請賞論勳，告寃伸屈，附文希旨，百計千端，來衆如雲，觀者如堵。帝處斷若流，嘗無疑滯。……帝時善書，工而且疾，眞草自如，不拘常體，而草跡詔媚可愛。嘗一日授千許人官，更案遇得好紙，走筆若飛，食頃而訖。得官人等，不敢取告符，乞寶神筆之跡，遂各分所授官名而去』。

世第知唐初帝王，惟太宗善書，今觀温氏所記，則高祖固亦書法能手，太宗善書，亦淵源有自也。此又起居注存錄史實之一例也。

五　文字考異

大唐創業起居注，向有學津討源，津逮祕書，祕册彙函，及鍾人傑刻唐宋叢書等四刻本。此外有黃丕烈所藏舊鈔本，係影鈔宋本，又有章壽康所藏藍格鈔本，並稱善本，（註二十五）。光緒間江陰繆荃孫嘗據二鈔本以校學津討源本。頗有是正，刻於藕香零拾。此外又有四庫全書本，則據浙江巡撫採進本精鈔。然就刻本而論，則以藕香零拾本爲最善；惟其中人名及年月日等，間有與新舊唐書及通鑑微異或上下文不一致者，兹爲條舉於次：

如卷上『有鄉長劉龍者，……竊知雅（高君雅）等密意，具以啓聞』，『劉龍』，新舊唐書高祖本紀及劉文靜附傳，均作『劉世龍』。通鑑隋紀七恭皇帝上，亦作『劉世龍』。

同上：『晉陽令劉文靜，導開陽府司馬劉正會，辭告高君雅王威等，與北蕃私通』。『劉正會』，新舊書作『劉政會』，有傳。

同上：『命裴寂，劉文靜爲大將軍府長史司馬，以殷開山，劉正會，温大雅，唐儉，權弘壽，盧階，思德平，武士彠等，爲椽屬記室參佐等官』。思德平，通鑑隋紀七恭皇帝上作『田德平』。文云：『王威高君雅見兵大集，疑淵有異志，……留守司兵田德平，欲勸威等按募人之狀。士彠曰：「討捕之兵，悉隸唐公，威君雅，但寄坐耳，彼何能爲」？德平亦止』。起居注之『德平』，當卽此人。『思』卽『田』誤。

同上：『以鷹揚王長階，姜寶誼，揚毛，京兆長孫順德，竇琮，劉弘基等，分爲左右統軍副統軍』。『王長階』，本書卷中作『王長諧』。新唐書高祖本紀亦作，『王長諧』，『階』爲『諧』誤。

卷中：『壬寅遣……張綸等率師經略稽胡，離石，龍泉，文成等諸郡』。『文成』，同卷下文，作『文城』。按文城郡，隋置，唐改慈州，卽今山西省吉縣治。『文成』誤。

同上：『盩厔賊帥何潘兒，向善志等，亦各率衆數千歸附。宜君賊帥劉旻，又率其黨數千人降帝』。盩厔，新舊唐書並作『盩厔』，卽今陝西盩厔縣，『盩厔』誤。『何潘兒』，新舊書及通鑑隋紀八恭皇帝下並作『何潘仁』，『向善志』，新唐書高祖本紀作『向善思』，通鑑恭皇帝下與起居注同。『劉旻』，新唐書高祖本紀作『劉炅』。

同上：『十一日，景辰，昧爽，咸自逼城』。『十一日』，新唐書高祖本紀通鑑恭皇帝大並作『十一月』，是。

同上：『改大業十二年爲義寧元年』。按高祖入克長安，立代王爲帝，事在大業十三年十一月，卽改是年爲義寧元年。此云『十二年』，誤。

卷下：『宇文化及兼弟智及等，并驍果武賁司馬龕，監門郞將裴乾通等，謀同逆，……殺後主於彭城閣』。『司馬龕』，通鑑唐紀一高祖上之上，作『司馬德戡』。『裴乾通』，通鑑唐紀一作『裴虔通』。

繆氏大唐創業起居注跋，記所校正凡二十餘處，末云：『餘所疑尙多，無別本可校，較勝於學津本而已』。按校書除取證於別本外，尙有取證於他書，及取證於本書之法，繆氏蓋僅以別本相校，而未嘗取證於他書及本書上下文。學者如能並以三法校錄大唐創業起居注，必能成爲更完善之本。玆所考異，第舉例耳。

六　餘論

大唐創業起居注作者行誼，及其書內容，已略如上述。抑余於此有不能不附爲申說者，卽温氏此書，武德初曾否進獻，及其在唐初如何傳播之問題。貞觀間，房玄齡，敬播，許敬宗等，修高祖實錄，欲以刱業之功，歸之太宗。其時温氏旣死，苟其書當日曾經進獻，雖依太宗時例，天子不觀起居注，以聽起居注官直筆，然許敬宗等固得見之，而不難以温書記錄與己意不同，而改之或廢之；苟其書在武德初年未嘗進獻，至玄宗朝蒐錄羣籍，始入乾元殿書廊，則以温氏嘗受世民恩遇，出鎭洛陽，數陳密策，值玆建成已死，世民已立之際，難保不自易其稿，即於高祖功蹟，不能損益，然於建成元吉之相當勞役，要可削[illegible]不書。不然，則必其書在武德初雖未進獻，或雖經進獻，而已頒行於時，無能追改，或許敬宗等認爲無須追改，是以能存其原始面目；又不然，則必溫氏爲一性絕正直，而能不以私人恩愛，而輕改史實記錄之節士，是以其書能傳信而不滅。今觀傳本大唐創業起居注，實不類曾經追改或僞飾之作，則二者或曾有一於此矣。茲以材料尚感不足，不能判斷，容當再考，以就正通人！

中華民國二十五年七月二日羅香林脫稿於南京大石橋新民坊九號

（注一）參考外舅海鹽朱先生漢唐宋起居注考（北京大學國學季刊二卷四號）。

（注二）見隋書經籍志史部起居注類後敘。

（注三）見唐六典。

（注四）新唐書藝文志乙部起居注類，有王逸之三代起居注鈔十五卷，流別起居注四十七卷，當屬私家選述。

（注五）見新唐書百官志。

（注六）隋書經籍志史部起居注類，並雜載穆天子傳及後周太祖號令等書。合稱『右四十四部一千一百八十九卷』。今按其中眞正屬起居注者，僅四十種，一千二百二十四卷。隋志不特種類有誤，且卷數合記數亦有誤也。

（注七）舊唐書經籍志史部記起居注凡四十一家，此蓋以實錄詔令等並記，其眞正屬起居注者實僅二十九種，凡一千零四十四卷。

（注八）見朱先生漢唐宋起居注考引杭世駿答任武承問起居注第二書。

（注九）見漢唐宋起居注注考。

（注一〇）外舅朱先生嘗諭我，天津市立圖書館，藏有明萬曆起居注鈔本，此亦碩果僅存之品也。

（注一一）見拙著唐書源流考（國立中山大學文史研究所月刊二卷五期）。

（注一二）同上。

（注一三）見唐會要卷一帝號上。

（注一四）見新舊唐書合鈔卷一百十二溫大雅傳傳附彥博傳。

（注一五）見同上附溫大有傳。

（注一六）沈炳震唐書宰相世系訂僞卷五溫彥博表作黎孝公。按溫大雅封黎國公，諡曰孝，沈氏蓋誤合耳。

（注一七）見合鈔溫大雅傳並溫彥博傳，及太宗本紀。

（注一八）見同上附溫大有傳。

（注一九）見沈氏訂僞溫彥博表。

（注二〇）見合鈔卷一百十二陳叔達傳。

（注二一）見同上竇威傳。

（注二二）參考合鈔溫大雅傳及資治通鑑唐紀七武德九年條。

（注二三）見湯球撰十六國春秋輯補卷九十二西涼錄一。

（注二四）外舅朱先生近作駁李唐爲胡姓說，於李唐氏族所自出，及其上世移家武川，復移居南趙郡事，考證最精，讀者最宜參考。

（注二五）見繆荃孫大唐創業起居注跋。

（本文初發表於國立北平研究院史學研究所史學集刊第二期）。

壇經之筆受者問題

一

六祖法寶壇經爲禪宗重要經典，自來言禪宗南派思想者皆首於此書求之。吾人不言唐代哲學思想則已，欲言唐代哲學思想，則不能不於此書作一相當研究。惟壇經之筆受者問題，又爲研究該書或禪宗史乘所不宜忽視者。茲就壇經之筆受者問題，作一簡單考述。

按壇經雖非六祖盧慧能所自作，然自來皆謂蓋六祖之所說其法也。慧能自謂不識文字，生平當無著作可言，今所見壇經，大率皆署名法海記述，法海爲廣東韶州曲江人，六祖入室弟子，其曾記錄壇經，自來鮮人懷疑，惟數年前胡適之先生作荷澤大師神會傳，則謂『後世所奉爲禪宗唯一經典的六祖壇經，便是神會作的』。此與壇經之筆受者問題及慧能教義之傳授問題，關係甚鉅，不可不究其虛實。

二

胡先生神會傳云：

『……壇經最古本中有「吾滅後二十餘年，……有人出來不惜身命，第佛教是非，豎立宗旨」的懸記，可爲此經是神會或神會一派所作的鐵證。神會在開元二十二年在滑臺定宗旨，正是慧能死後二十一年。這是最明顯的證據。壇經古本中無有懷讓行思的事，而單獨提出神會得道，「餘者不得」，這也是很明顯的證據』。

又云：

『韋處厚（死於八二八）作興福寺大義禪師碑銘，有一段很重要史料：「在高祖時有道信叶昌運，……在高宗時有慧能筌月指。自脉散絲分，或遁秦，或居洛，或之吳，或在楚。秦者曰秀，以方便顯。洛者曰會，得總持之印，獨曜瑩珠，習徒迷真，橘柘變體，竟成檀經傳宗，優劣詳矣。……楚者道一，以大乘攝，大師其黨也」。……韋處厚明說壇經是神會門下的「習徒」所作，可見此書出於神會一派，是當時大家知道的事實。但究竟壇經是否神會本人所作呢？我說，是的。至少壇經的重要部分是神會作的。……因爲壇經中確有很精到的部分，不是門下小師所能造作的。我信壇經的主要部分是神會所作，我的根據完全是考據學所謂「內證」。壇經中有許多部分和新發現的神會語錄完全相同，這是最重要的證據』。

胡先生於上述二段要語下更舉『定慧等』，『坐禪』，『闢當時的禪學』，『論金剛經』，及『無念』等五例，以實其論。其說誠爲一時創見，然吾細考敦煌新出現唐寫本南宗頓教最上大乘摩訶般若波羅密經六祖慧能大師於韶州大梵寺施法壇經，卷端明著『兼受無相戒弘法弟子法海集記』。而開卷二三行，卽言法海與六祖關係，文云：

『慧能大師於大梵講堂中，昇高座，說摩訶般若波羅密法，受無相戒。其時座下僧尼道俗一萬餘人。韶州刺史□據，及諸官僚三十餘人，儒士餘人，同請大師說摩訶般若波羅蜜法，刺史遂令門人僧法海集記，流行後代，與學道者承此宗旨』。

卷末亦云：

大師言：「今日以後，迎相傳受，須有依約，莫失宗旨」。法海又曰：大師今去，留付何法？今後代人，如何□佛」？六祖言：汝聽，後代迷人，但識衆生，即能見佛，……」「法海願代代流傳，世世不絕」，……此壇經，法海上座集，上座無常，付同學道漈，道漈無常，付門人悟眞，悟眞在嶺南曹溪山法興寺，見今傳受此法。……』

是敦煌新發現舊寫本大梵寺施法壇經，固法海所記集也。

按此舊寫本壇經，其編次與內容，均與明以後諸本違異，其和神秀傳法偈第三句作『佛性常清淨』。偈下接云：『又偈曰：心是菩提樹，身爲明鏡臺；明鏡本清淨，何處染塵埃』？類此之點，不一而足。其最足令人注意者，爲卷末所述禪師傳法世次，文云：

『六祖說偈已了，放衆生散，門人出外思維，即知大師不久住世。六祖後至八月三日食後，大師言：「汝等善位座，吾今共與等別」。法海問言：「此頓教法傳授，從上已來，至今幾代？」』六祖言：「初傳受七佛釋迦牟尼佛第七，大迦葉第八，阿難第九，末田地第十，商那和修第十一，優婆毱多第十二，提多迦第十三，佛陀難提第十四，佛陀密多第十五，脇比丘第十六，富那奢第十七，馬鳴第十八，毗羅長者第十九，龍樹第二十，迦那提婆第二十一，羅睺羅第二十二，僧迦那提第二十三，僧迦那舍第二十四，鳩摩羅馱第二十五，闍耶多第二十六，婆修盤多第二十七，摩拏羅第二十八，鶴勒那第二十九，師子比丘第三十，舍那婆斯第三十一，優婆堀第三十二，僧迦羅第三十三，婆須密多第三十四，南天竺國王第三子菩提達摩第三十五，唐國僧慧可第三十六，僧璨第三十七，道信第三十八，宏忍第三十九，慧能自身，當今受法第四十』。

此於宗密圓覺經大疏鈔卷三下所記二十八代說頗有差異，於今本壇經出入尤多，其勉強比湊之迹亦較今本爲顯露，蓋即未經宗密契嵩等改竄之古本也。觀此本卷末，附識『法海付同學道漈，道漈付門人悟眞，悟眞現今傳受此法』，是唐宗密以前，嶺南流行本壇經，固咸認爲法海記集也。

法海事蹟，諸書皆不甚詳，傳燈錄五，五燈會元二，指月錄四，皆僅錄今本壇經機緣品一則備數，全唐文卷九百十五法海文小傳則謂『法海字文允，俗姓張氏，丹陽人、一云曲江人，出家鶴林寺，爲六祖弟子，天寶中，預揚州法愼律師講席』。按法海爲廣東韶州人，諸書無異說，此云丹陽人，當誤引另一法海入傳。考贊寧宋高僧傳卷六義解三，有唐吳興法海傳，當卽全唐文小傳所本。其云曲江人，爲六祖弟子句，爲編者所加，從此傳所云天寶中預揚州法愼律師講席一點觀之，其人似爲律宗中人，當與韶州法海無涉。韶州法海名位不顯，其門下亦無甚高僧。脫非彼曾記集慧能說法言論，吾意禪宗中人必不忘以彼名附益。觀敦煌發現本壇經，及今本壇經，均稱法海爲上座，知其人實頗具辭辯，其曾記集慧能言行，竊謂無可疑也。

三

而胡先生神會傳所辯證各，亦似有須省察者：韋處厚大義禪師碑雖有『竟成壇經傳宗』之語，然細審韋氏文句，本自可疑，慧能謁宏忍雖在高宗咸亨二年，然其成名實在武后稱制以後，神秀晚年，雖嘗奉召入京，然未幾卽之洛陽天宮寺，今韋碑一則曰『高宗時有慧能筌月指，』一則曰『秦者曰秀，』其未嘗深勘史實，而但據傳說入文，顯而易見，其所述事端未足深據；而所謂『竟成壇經傳宗』者，覈其文義，又似爲『習徒迷眞，橘柘變體』之結果，換言之，苟習徒不迷眞，不變體，卽無壇經傳宗之『竟成』。『壇經傳宗』，已爲『變』，爲『迷』，則韋氏心目中不變迷者，其未作檀經，尋可知矣。此可省察者一。宗密爲神會四傳弟子，爲荷澤門中唯一高僧，於神會事蹟頻有續述，平生重舊典，善著述，苟神會曾結撰壇經，宗密必能知之，亦必能道之，乃今考宗密著述，從未提及神會撰壇經事，是宗密以前，尙無神會竟成壇經之傳說亦可知也。此可省察者二。神會語錄，雖與敦煌發現本壇經多相同者，然此僅足證明二者有轉錄關係，必不能卽斷定壇經確爲神會所作；蓋非神會作品，神會亦得受其影響，取資參考，爲撰語錄。吾人固可疑青原南嶽篡取神會壇經，然亦未嘗不可疑神會語錄或亦曾模仿法海本壇經也。此可省察者三。且此亦非余之私言，前人亦有作是類想者，明釋眞一刪訂壇經，附辨謬僞云：『神會雖智解聰慧，而法海志誠等皆大弟子，……但見祖師欲離世間，悲泣雨淚，……獨神會情不動，亦無涕泣，祖云：「神會小師，却得善不善等」，……祖師亦未必便將此語定弟子高下，如釋迦佛滅度時，舍利佛等諸大弟，皆號泣流淚，豈舍利佛，亦劣下耶？余疑此語爲圭峯門人所增益者』。此雖純屬主觀之論，然足提示荷澤中人亦可改竄別系中人著作也。吾意壇經爲記集慧能言行之叢錄，記錄或不一其人，多寡或不一其字，法海記集固無可疑，法海以外當亦另有記錄也。傳燈錄慧能傳所述壇經，卽未言及撰人，文云：

『印宗與緇白千餘人，送師歸寶林寺，韶州刺史韋據請於大梵寺，轉妙法輪，受無相心地戒，門人記錄，目爲壇經，盛行於世』。

又同書卷二十八南陽慧忠國師語云：

『吾比遊方，多見此色，近尤盛矣。聚却三五百衆：目視雲漢，云是南方宗旨，把他壇經改換，添糅鄙譚，削除聖意，惑亂後徒，豈成言教，苦哉吾宗喪矣』！

按慧忠，爲慧能弟子。受心印後，居南陽白崖山，肅宗上元二年（西元七六一），召居京師，待以師禮。大歷十二年(西元七七七)卒，謚大證禪師。慧忠至京師前一年，(卽上元元年)，神會於洛陽寂滅，二人在北，雖未嘗面值，然時代至近，觀慧忠所論，則神會在日，所謂壇經也者，已爲人改換矣，內容多寡不一，當無待論。神會會錄壇經之說，胡先生固自言之成理，然不能因此遂謂原無法海本也。唐本壇經之不一其類，意亦如儒門論語之有魯論齊論乎！

（文見民國二十三年國立中山大學文史研究所月刊）。

唐釋大顛考

一　諸論

兩宋儒表佛裏之理學，實以唐李翺復性書爲先河，此近日治中國中古哲學史者所常言也，（註一）。李翺少讀儒書，從韓愈學爲古文，又從佛門藥山惟儼旁習禪學，其學說之儒佛兼資，可謂淵源有自，此亦近日治中國中古哲學史者所常言也，（註二）。惟韓愈之排佛分際，及其與大顛之關係，以及惟儼與大顛之關係，則不復爲世人所注意。而究之實際，則韓氏於『外形骸以理自勝』之佛學，嘗受相當影響；李翺著書靡特與韓氏思想無復衝突，且驗於時勢之推移，思潮之激盪，反相得益彰。大顛與李翺雖生平未嘗相值，然以其與惟儼嘗於潮州同事惠照，學風相同，（註三），又嘗以『外形骸以理自勝』之故，使被謫至潮洲之韓愈，不能無羨於中，是大顛與李翺又不無間接關係也。不揣淺陋，爰就各家記載，略將大顛與惟儼之事蹟，考述如次。

二　大顛與惟儼

欲考大顛與昌黎之關係，須先探明大顛之行誼與禪風，欲述李翺儒表佛裏學說之所來，須先明其當日與惟儼之關係及惟儼之行誼與禪風，欲述昌黎與李翺所受佛說之異同，須先考明大顚與惟儼之關係及其禪風之異同。此爲本題應有之步驟，亦解決中唐性理之學所由發生一問題關鍵之所在也。玆依次述之。

大顚與惟儼雖同爲中唐禪宗重要人物，然以所處地域各殊，及傳薪弟子顯晦各異，元明以來，大顚行誼既不若惟儼之爲人知曉；惟唐宋人著述，則多稱道之者，可知其當日影響之鉅也。考大顚原名寶通，爲禪宗南派慧能三傳弟子，初於潮州師事惠照，後往衡山師事石頭希遷，反粵後復授法於潮州，傳弟子漳州三平山義中（一本作忠）禪師，雖其學說系統，今日已不可盡考，然其行誼與禪風大略尙可見也。宋釋道原景德傳燈錄卷十四潮州大顚和尙傳云：

『潮州大顚和尙，初參石頭。石頭問師曰：「那個是汝心」？師曰：「言語者是」。便被石頭喝出。經旬日，師却問曰：「前者既不是，除此外何者是心」？石頭曰：「除却揚眉動目將心來」！師曰：「無心可將來」。石頭曰：「元來有心，何言無心，無心盡同謗」。師言下大悟。異日侍立次，……石頭曰：「何者是禪」？師曰：「揚眉動目」。石頭曰：「除却揚眉外，將汝本來面目呈看」！師曰：「請和尙除揚眉動目外鑒某甲」。石頭曰：「我除竟」。師曰：「將呈和尙了也」。石頭曰：「汝既將呈我心如何」？師曰：「不異和尙」。石頭曰：「不關汝事」。師曰：「本無物」。石頭曰：「汝亦無物」。師曰：「既無物，卽眞物」。石頭曰：「眞物不可得，汝心見量意旨如此也，大須護持」！師後辭往潮州靈山隱居』。

此可見大顛禪學，實頗受石頭希遷之傳授。希遷，爲禪宗慧能再傳弟子，其禪學，大要出於慧能高弟子靑原行思和尙，（註四），以『當知自已心靈』爲主旨，謂『先受佛傳，不論禪定精進，唯達佛之知見』，『心佛衆生，菩提煩惱，名異體一』，『體離斷常，性非垢淨，湛然圓滿，凡聖齊同，應用無方，離心意識，三界六道，唯自心現，水月鏡像，豈有生滅』，（註五）。蓋大要亦演繹壇經義旨而成也。大顛受其指示，故其禪風與法門，大略從同；惟大顛於未往衡山謁石頭和尙時，實嘗與藥山惟儼同事惠照，或不無相當影響。道光廣東通志卷三百二十八釋老一引潮州府志大顛傳云：

『寶通號大顛，俗姓陳氏，或曰楊姓，先世爲潁州人。生於開元末，幼而穎異。大厤中，與藥山惟儼，並師惠照于西山』。

惠照行誼，諸書失載，上述廣東通志釋老一，謂其爲潮州僧，『蓋曹溪之派也』。道原傳燈錄卷六，南嶽懷讓禪師法嗣九人中，有潮州神照禪師一人，懷讓與行思同爲慧能嫡傳高弟子，則神照與行思弟子石頭和尙，同爲慧能再傳弟子，行輩相同，年代亦必相當，然則所謂大顛未事石頭和尙以前所事之惠照禪師，驗以年代與地望，實卽神照禪師也。唐代釋子名字，以『神』字而易爲『惠』字者，不僅神照一人而已，如禪宗北派初祖神秀，在洛陽天宮寺時又稱『惠秀』，（註六），是其例也。神照禪風與行誼，傳燈錄卷六，以其無『機緣語句』，未敘錄，其卷五懷讓禪師傳，亦僅謂『入室弟子，經有六人，……一人得吾鼻，善和氣，神照』。並未載其出處，然神照既爲懷讓入室弟子，則其禪風自必與懷讓相似，而懷讓禪學，則大要謂『一切法，皆從心生，心無所生，法無能住，若達心地，所作無礙』，（註七），蓋與石頭希遷亦大同而僅小異也。是大顚習禪，雖嘗歷事二師，然其所得法門，總不離『若達心地，所作無礙』，『三界六道，唯自心生』，『離心意識』，『應用無方』等妙義也。故傳燈錄卷十四大顚傳，載其返至潮州靈山，上堂示衆，有語云：

『夫學道人，須識自家本心，將心相示，方可見道，……吾今爲汝諸人分明說出，各須聽受，但除却一切妄運相念見量卽汝眞心，此心與塵境及守認靜默時，全無交涉。卽心是佛，不待修治。何以故？應機隨照，冷冷自用，窮其用處，了不可得，喚作妙用，乃是本心，大須護持，不可容易』。

所謂『須識自家本心』，所謂『眞心』『與塵境及守認靜默時全無交涉』，所謂『應機隨照，冷冷自用』，蓋卽大顚習禪法門也。至大顚與惟儼之關係，則廣東通志所引潮州府志，謂其先同事惠照，『既復與之同遊南嶽，參石頭』。此外各書，雖多未及同學同參事，然於惟儼之曾受學於惠照，則皆全無異詞，時代亦相當，以此知惟儼禪學之來源殆與大顚相似也。宋姚鉉唐文粹卷六十二載唐仲澧州藥山故惟儼大師碑銘幷序云：

『惟大師生南康信豐縣，自爲兒童時，未嘗處羣子戲弄之中，往往獨坐，如思如念。年十七郎兩度太庾，抵潮之西山，得惠照禪師，乃落髮服緇，執禮以事。大曆八年，受具於衡嶽希琛律師，……一朝乃言曰：大丈夫當離日靜，焉能屑屑事細行於衣巾耶？是時南嶽有遷，江西有寂，中嶽有洪，皆悟心契。……師……居寂之室，垂二十年。……』

贊寧宋高僧傳卷十七護法五唐郎州藥山惟儼傳亦云：

『釋惟儼，俗性寒，（按此字疑誤，）絳縣人也。……年十七從南康事潮陽西山惠照禪師。大曆八年納戒於衡岳寺希深（一本作澡）律師所，……遂謁石頭禪師，密證心法，住藥山焉。……』

所述惟儼籍貫及其離希深律師後所受法之禪師，雖不相符，然皆同謂年十七自南康入粵，師事惠照，意惟儼上世爲山西絳人，後遷南康，惟儼雖已不生於絳，然自郡望言之，仍未嘗不可稱絳也。至於離希深律師後，所受法之禪師，一云大寂，一云石頭，大寂卽傳燈錄卷六所載南嶽懷讓禪師最得意弟子道一禪師，卽世所謂馬祖大師者也。雖與石頭之出自靑原行思者，行輩相同，禪風亦大略相類，然究之系統有別。唐伸所撰碑文，蓋據惟儼卒後八年，其門人所持行狀，介長安崇敬寺大德之請託而爲之宣揚者。崇敬寺大德爲唐伸從母兄，時距惟儼之死，尙僅八年，見聞當較確實，（註八），可知惟儼離希深律師後所參謁師事者，常爲道一禪師，宋高僧傳該段所錄，意亦傳說之訛耳。傳燈錄卷十四澧州藥山惟儼禪師傳，亦列惟儼於石頭門人，所錄行誼，大致與宋高僧傳惟儼似仿，當屬同出一源，惟所載傳法機緣語句較多而已。惟儼禪學，唐仲碑文，嘗略提及，文云：

『……寂曰：「汝之所得，可謂浹於心術，布於四體，欲益而無所受，欲知而無所知，渾然天和，合於大無，吾無有以教矣」。……由是陟羅浮，涉清涼，歷三峽，遊九江，貞元初，因憩藥山。……自是常以山疏數本佐食，一食訖，就座，轉法華，華嚴，涅槃，晝夜若一，始終如是者，殆三十年矣。……一旦，謂其徒曰：「……靈源自清，混之者相，能滅諸相，是無二色，窮本絕外，爾其悉之」。……非夫罄萬有，契眞空，……焉能遺形骸，忘嗜慾，久而如一者耶』！

其文雖簡，然所謂『渾然天和，合於大無』，所謂『靈源自清，混之者相』，所謂『遺形骸，忘嗜慾』，正可知其禪風之所在也。其所以能爲儒門所喜悅者，亦正在是。其與大顛禪風相同者，亦在是也。

三　大顛與韓愈

唐代儒釋道之爭，蓋至劇烈。儒家經注之學，自初唐孔穎達等纂集諸經正義爲說經者之定本以來，以功令之限制，外教之誘掖，除李鼎祚，啖助，趙匡，陸淳諸入外，殊無傑出人物，(註九)，聰明之士，多轉而投身佛門，或以儒生而兼習釋學。其以儒家立場而排斥佛教者，雖代有其人，然大率皆僅能有政治上社會上之作用，非能以學說折之也。而鬬爭之結果，則不特儒者不能舉釋門而『人其人，火其書，廬其居，明先生之道以道之』，甚且反爲釋門學者所乘，而使之競以心性問題爲中堅思想。雖其外表仍不能不維持儒家之傳統局面，然其內容之盛攙釋門理解，已爲不容或掩之事實，其後遂演爲兩宋至明之理學。其尤可注意者，則爲韓愈與李翺前後對於佛教之態度，及其所受佛說之影響。不爲闡明其關係，殆不足以說明宋明學理之由來也。

韓愈爲儒家中以道統自任者，又少能文章，富有才氣，其出而替儒排佛，自爲勢所必然之事，（註一〇），觀其所爲原道，（註一一），一則曰：『古之所謂正心誠意者，將以有爲也。今也欲治其心，而外天下國家，滅其天常，子焉而不父其父，臣焉而不君其君，民焉而不事其事。……舉夷狄之法，而加之先王之教之上，幾何其不胥爲夷也』。再則曰：『夫所謂先王之教者，……博愛之謂仁，行而宜之謂義，由是而之焉之謂道，足乎已無待於外之謂德，其文詩，書，易，春秋，其法禮樂刑政，其民士農工賈，其位君臣父子師友賓主昆弟夫婦，其服麻絲，其居宮室，其食粟米果蔬魚肉，其爲道易明，而其爲教易行也。……堯以是傳之舜，舜以是傳之禹，禹以是傳之湯，湯以是傳之文武周公，文武周公傳之孔子，孔子傳之孟軻，孟軻之死，不得其傳焉』。一種爲儒家關於政治與社會之思想與學說而衞道之精神，一種『繼往開來』『以道自任』之抱負，躍現紙上，雖說者謂其不免誇誕，且於儒家道術亦無深切領悟，（註一二），然其態度之嚴肅與強實則至可注意也。其後至元和十四年，唐憲宗遣中使杜奇英押宮人三十，迎鳳翔法門寺護國眞身塔所藏釋迦文佛指骨，愈上表力爭，（註一三），情詞尤激切，謂：

『佛本夷狄之人，與中國言語不通，衣服殊製，口不言先王之法言，身不服先王之法服，不知君臣之義，父子之情，……乞以此骨，付之有司，投諸水火，永絕根本，斷天下之疑，絕後代之惑，……』

其態度視原道所言尤強實。會憲宗方信仰佛教，以愈言爲逆，遂貶之出爲潮州刺史，而儒家排佛之勢欲稍息。惟當日昌黎所排斥者，大祇皆屬與儒家倫理觀念及人生態度相抵觸之佛教儀式或行爲，所謂，『教迹』是也。如昌黎集卷二一送靈師，謂：『佛法入中國，爾來六百年。齊民逃賦役，高士著幽禪。官吏不之制，紛紛聽其然，耕桑日失隸，朝署時遺賢』，所指純爲由教迹所引起之影響。至於佛教所根據之哲學思想或方法，昌黎實未嘗反對，且嘗與高僧往返，以不得解除煩擾爲憾，如昌黎集卷十廣宣上人頻見謂：『三百六旬長擾擾，不衝風雨卽座埃。久慚朝士無裨補，空愧高僧數往來。學道窮年何所得，吟詩竟日未能迴！』似於高僧理趣又有欽愧之意。且以嗜文章氣誼之故，於釋子能文者，早喜與往來，（註一四）。迨後以論佛骨貶謫，益以地遠，無平日文章氣誼之友可與言晤，而不能不藉助於與釋氏之往來以自遣，會高僧大顚，適於是時以『應機隨照，冷冷自用』，『識自家本心』諸禪法，唱導於潮，前有所需，後有所應，於是而大顚與昌黎之友誼關係以起矣。

覩昌黎量移袁州，作書答孟簡所問，(註一五)，謂：

『來示云：「有人傳愈近少信奉佛氏」，此傳者之妄也。潮州時，有一老僧號大顛，頗聰明，識道理。遠地無可與語者，故自山召至州，留郭十數日。實能外形骸以理自勝，不爲事物侵亂。與之語雖不盡解，要自胸中無滯礙，以爲難得，因與來往。及祭神至海上，遂造其廬。及來袁州，留衣服爲別，乃人之情，非崇信其法，求福田利益也』。

雖外表仍示排斥佛教不少貸，然既自明爲大顛『外形骸以理自勝，不爲事物侵亂』，『要自胸中無滯礙，以爲難得』之佛理所折服矣。此則大顛所予昌黎之影響也。世之護昌黎者，每不信大顛所與昌黎之影響，(註一六)，不知昌黎與大顛之關係，原爲不可掩飾之事實，上述與孟簡書即其明證。且此外尚有一事足資發明者，元釋念常佛祖歷代通載卷十五大顛禪師條云：

『……侍郎韓愈，嘗問如何是道？師良久，時三平爲侍者，乃擊禪床。師云：「作什麼」？三平云：「先以定動，後以知拔」。退之喜曰：「愈問道於師，却於侍者得個入處」。遂辭而去』。

按三平，謂漳州三平山義中禪師，大顛高弟子也。今三平山所存明木刻廣濟大師行錄，(註一七)，亦謂義中『後遊潮州□山，禮見大顛……由是妙造空中，深了無得。復引韓愈侍郎，通入信門，……寶麻初，遂辭大顛，遊於漳水，……建三平眞院』。此事雖此外不見於別書，然三平爲大顛傳法弟子，則諸書並無異詞。廣東通志引潮州府志大顛傳云：

『長慶四年，一日，告辭大衆而逝，年九十三。……法嗣三平禪師，馬頰本空禪師，本生禪師』。

而唐王諷漳州三平大師碑銘并序，(註一八)，亦云：

『……則有大師法名義中，俗姓楊氏，爲高陵人，因父仕閩，生於福唐縣，年十四，宋州律師玄用剃髮，二十七具戒。……先依百巖懷暉大師，歷奉西堂百丈石鞏，後依大顛大師。處麻初，到漳州，州有三平山，因芟薙住持，敞爲招提，學人不遠荒服請法者，常有三百餘人。示以俗諦，勉其如幻解脫，示以眞空，顯非祕密度門。……知性無量，於無量中以習氣所拘，推爲性分；知智無異，於無異中以隨生所繫，推爲業智。以此演教，證可知也。……咸通十三年十一月六日，晏坐示滅，享年九十二，……因爲銘曰：「觀跡知證，語默明焉，觀證知教，……權實形焉，體用如一，曷以言宣，太素浩然，吾師亦然。觀其定容，見其正性。不閱外塵，朗然內淨。智圓則神，理通則聖。師能得之，隨順無競。…得性之分，識時之機。遂心大師，邈不可追！……」』

觀此可知三平禪學造詣矣。其所謂，『知圓』『理通』，『隨順無競』，正大顛『外形骸以理自勝』之法門也。其所謂『知性無量，於無量中以習氣所拘，推爲性分』，尤爲兩宋儒者『理一分殊』諸說之所本。三平居大顛門下，具此圓通理解，其足以助成大顛與昌黎之結交關係，蓋無疑者，佛祖歷代通載所述，常有客觀根據也。此外昌黎外三書集復有與大顛通，亦為大顛與昌黎關係甚深之旁證，因或疑其文字曾為後人所附益，(註一九)，今不具引。

昌黎自謫潮返後，以所作文字較少，未能見其思想上之變化，然其態度已寖不如前此強厲矣，意者亦受『外形骸以理其勝』之禪風影響歟。觀其元和十五年自袁州召拜國子祭酒行次盆城所作除官赴闕至江州寄鄂岳李大夫詩(註二〇)云：『……我昔實愚蠢，不能降色辭。子犯亦有言，臣猶自知之。公其務貰過，我亦請改事。……』可知其不能無動於中矣。比外如長慶四年所作與張十八同效阮步兵一日復一日詩云(註二一)：『一日復一日，一朝復一朝。……富貴自縶拘，貧賤亦煎焦。俯仰未得所，一世已脫鑣。譬如籠中鶴，六翮無所搖。譬如兔得蹄，安用東西跳。還看古人書，復舉前人瓢。未知所究竟，且作新詩謠。』則又有返求本性之傾向，而漸趨於純理之境矣。

四　大顛惟儼與李翺

大顛與惟儼之關係，及惟儼之行誼與禪風，已於上文略述之矣。玆進言惟儼與李翺之關係，及李翺與大顛理解之異同，贊寧高僧傳惟儼傳云：

『……元和中李翺為考功員外郎，與李景儉相善，儉除諫議，薦翺自代。及儉獲譴，翺乃坐出為朗州刺史。翺閑來謁儼，遂成警悟。又初見，儼執經卷不顧。……翺性偏急，乃倡言曰：「見面不似聞名」。乃呼翺，應唯。曰：「太守何貴耳賤目？」翺措手謝之。問曰：「何謂道耶」？儼指天指淨瓶曰：「雲在青天水在瓶」。翺於時暗室已明，疑冰頓泮。初翺與韓愈柳宗元劉禹錫爲文會之交，自相與述古言，法六籍，……無何翺邂逅於儼，頓了本心，末由戶部尙書，襄州刺史，充山南東道節度使，復遇紫玉禪翁，且增明道趣，著復性書上中下三篇，（原文誤作二篇），大抵謂本性明白，爲六情玷汚，迷而不返，今率復之，猶地雷之復見天心矣。卽內教之返本還源也。……』

按李翺出爲朗州刺史，在元和十五年七月，(註二二)則其結識惟儼，已在昌黎識大顚之後。出儒門而問理於釋子，就韓李二人而言，實昌黎啓其端也。惟昌黎與大顚往來後，於釋學僅有『外形骸以理自勝』之簡單認識，雖於排佛之嚴肅態度，不無少改，然於心性之學，未有顯明獲弋。而李翺則不特於儒家思想，多所參悟，卽於佛家心解，亦多所旁通。太和二年戊申，以所見作復性書三篇，(註二三)，探賾索隱，於性理之學，闢一領域，謂非接近佛徒之影響，不可得也。惟李翺究爲儒家，故其書外表皆遠攀儒家經典，而不及佛書。復性書之言曰：

『……於戲，性命之書雖存，學者莫能明，是故皆入於莊列老釋。不知者謂夫子之徒不足以窮性命之道，信之者皆是也。有問於我，我以吾之所知而傳焉，遂書於書，以開誠明之源，而缺絕廢棄不揚之道，庶幾可以傳於時。……』（復性書上）。

此卽李翺作復性書之主旨，蓋謂莊列老釋所倡言之『性命』之學，孔子弟子非不言之，諸家所言之心性問題，儒家舊籍亦儘可得相當解決，特學者不察，是以彼不能不『書於書』耳。李氏之意，蓋欲以莊列老釋所言『性命』之學，以充實儒家之『性命』學說，故不以儒表佛裏爲病。而其所標舉之鵠的，則爲一種以養心性，盡人倫，行禮樂，而達其至高無上之本性的『誠』『明』的『聖人』的境界，故曰：

『……性者天之命也，聖人得之不惑者也。……聖人者寂然不動，不往而到，不耀而緒，……雖有情未嘗有情也。……是故誠者聖人之性也。寂然不動，廣大清明，照乎天地，感而遂通天下之故。……』（上篇）。

然欲達此境界，必有修治之術，而修治之道，第一步則爲『知心無思』。李氏之言曰：

『弗慮弗思，情則不生，情既不生，乃爲正思。正思者無慮無思也……方靜之時，知心無思者，是齋戒也』。（中篇）。

『然在此境界時，心只是靜。此靜乃與動相對之靜，不靜時即又動矣』。（註二四）。故須有第二步『本無有思』之修治，李氏之言曰：

『知本無有思，動靜皆離，寂然不動者，是至誠也。……無不知也，無弗爲也，其心寂然，光照天地，是誠之明也。……』（中篇）。

『此寂然不動，非與動相對之靜』，乃超乎動靜之絕對之靜也。達此靜界，是謂之道，故曰：

『道者，至誠而不息者也，至誠而不息則虛，虛而不息則明，明而不息則照天地而無遺，非他也，此盡性命之道也。』（上篇）。

李氏修治之道，不曰使心無思，而曰『知心無思』者，以使心無思，是以情止情，以情止情，則情互相止而不可窮，故曰：

『情者性之邪也，知其爲邪，邪本無有，心寂然不動，邪思自息，惟性明照，邪何所生。如以情止情，是乃大情也，情互相止，其有已乎』？（中篇）。

『知心無思』，蓋爲李氏妙義。李氏之意，以爲：

『人之所以爲聖人者性也，人之所以惑其性者情也，……情既昏，性斯匿矣，非性之過也。……性與情不相無也，雖然，無性則情無所生矣。是情由性而生，情不自情，因性而情，性不自性，由情以明……百姓之性與聖人之性弗差也；雖然，情之所昏，交相攻伐，未始有窮。……』（中篇）。

又曰：

『清明之性，鑒乎天地，非自外來也。故其渾也，性本不失，及其復也，性亦不生』。（中篇）。

唯性之本源可以爲聖，故『復性』可以爲聖，唯『性與情不相無』，而『情之所昏，交相攻伐』，故必須『復性』。此卽李氏一貫之思想也。李氏說性，動引易繫詞傳與論語中庸，而尤以中庸爲重，觀其外表，誠所謂『夫子之徒』之言也。然若索其究竟，則殆與惟儼與大顚之理解相通，而與中庸所說『性命』與『誠』之古義反貌同而實異。所謂『百姓之性與聖人之性弗差』，『人之所以爲聖者性也，人之所以惑其性者情也』者，卽惟儼『靈源自淸，混之者相』之說也，所謂「誠者聖人之性也，寂然不動，廣大淸明，照乎天地，感而遂通天下之故』，『動靜皆離，寂然不動』者，卽惟儼『渾然天和，合於大無』，乃大顚所謂『眞心與塵境及守認靜默時全無交涉』之境也。所謂「弗慮弗思，情則不生，情旣不生，乃爲正思』者，亦卽惟儼『遺形骸，忘嗜欲』，大顚『外形骸以理自勝』之法也。而李氏復性書所述『視聽昭昭，而不起於見聞』，『物至之時，其心昭昭然明辨焉，而不應於物』諸語，益與大顚對昌黎所述『無思無爲，寂然不動，……陰陽之序不能亂，天地之數不能役』諸語有關。謂大顚與李翺有間接關係，觀此益信矣。至於李氏所引易與中庸諸語，其詮釋之不合古義，則一般治中古哲學史者，已言之數矣，(註二五)，玆不贅。

與李翺相往來之高僧，除惟儼外尙有唐州紫玉山道通禪師，(註二六)，信州鵝湖大義禪師，(註二七)，泗州開元寺澄觀(註二八)等等。道通爲石頭希遷弟子，禪風大致與希遷同。大義與翺關係不深，澄觀與翺雖有文字之雅，然影響亦不深。其與李翺性理思想之來源並有相當關係者，除禪宗惟儼大顚外，當以天台宗信徒梁肅爲最。肅於貞元二年作止觀統例，(註二九)，於天台宗關係甚鉅。貞元九年，『翺始就州府之貢舉人事，其九月，執文章一通』，謁於梁肅，『時梁君之譽，塞天下，屬詞求進之士，……無虛日，……謂翺得古人之遺風，期翺之名，不朽於無窮』，(註三〇)，翺大爲感動。十一月梁肅病卒，翺爲作感知己賦，(註三一)，可知其與梁肅係關之深矣，翶所作復性書，雖與天台宗根本思想，有不合者、然其語氣則多與梁肅止觀統例相仿，止觀統例所謂『夫止觀者何為也？導萬化之理，而復歸於實際者也。實際者何也？性之本也，物之所以不能復者，昏與動使之然也。照昏者謂之明，駐動者謂之靜。明與靜，止觀之體也』。正與李翶復性書所述性明情昏，必去昏復明諸說相似，雖極二家究竟，自又各有不同，然其相當關係，要不可否認也。

然而李翶對於佛家之態度，亦僅採其關於心性之理解而已，至於佛家之『教迹』，李氏固與昌黎同抱反對與排斥之態度也。觀其與本使楊尚書請停率修寺觀錢狀(註三二)，云：

『……天下之人以佛理證心者寡矣，惟土木銅鐵，周於四海，殘害生人，為逋逃之藪澤。……』

又再請停率修寺觀錢狀，(註三三)，云：

『……佛法害人，甚於楊墨。論心術雖不異於中土，考教迹實有蠹於生靈。浸溺人情，莫此之甚。……』

可知李氏於佛家之『佛理』與「教迹」，分辨甚悉。佛理雖可採以證心，而『教迹』要所排斥也。其後至大和七年，翶出為潭州刺史湖南觀察使，(註三四)，益以實行摧毀『教迹』為能事，贊寧宋高僧傳卷十一習禪四長沙東寺如會傳云：

『釋如會韶州始興人也。……穆宗長慶癸卯歲，終於寺，……瘞塔於城南。廉使李翶盡毀近城墳塔，唯留會所瘞浮圖，以筆題曰：「獨留此塔」。以別賢愚矣。……』

可知李翺之反對『教迹』，且不僅如昌黎之見於言語文章而已。

又李翺雖明採佛家對於心性之理解，然於儒家之傳統局面，仍不能不力予維持，其態度絕非其他僅以調和儒佛自任者可比。觀其答泗州開元寺僧澄觀書，論撰寺鐘銘文事，一則曰：『吾之銘是鐘也，吾將明聖人之道焉，則於釋氏無益也；吾將順釋氏之教而述焉，則惑乎天下甚矣，何貴乎吾之先覺也』。再則曰：『足下欲吾之必銘是鐘也，當順吾心與吾道，……如欲從俗之所云，……何藉於李翺之詞哉』？可知其態度之所在矣。

五 結論

余述大顚惟儼與韓愈李翺之關係，大略如上。玆總結如次：

一者，以韓李等趨向於佛家心性理解之領悟與採求，益可證明當日佛家所倡導之純理境界及其心性問題，尤其爲禪宗南派所倡『卽心卽佛』之心解問題之風靡傾動，莫可抑當，有以使聰明之士，爭趨共赴，而使儒家門庭冷落，而不能不參採其說，以爲解釋古經之資，以滿足時士需求，爲不可掩飾之事實也。夫昌黎之排佛，誰不知者？以昌黎素以排佛爲口實之人，尙不能不折服於『外形骸以理自勝』之佛家心解，則當時其他學者之一般傾向，蓋可知矣。觀昌黎與孟簡書殷殷以『以籍（張籍）湜（皇甫湜）輩，雖屢指敎，不知果能不叛去否』爲念，而不知其本身亦寖假『叛去』而不覺，是非大可注意者歟？

二者，兩宋理學，自昔謂首創於濂溪周子，『周子太極圖創自河上公，……河上公本圖名無極圖，……鍾離權得之以授呂洞賓，……而以授陳摶，……皆以授种放，放以授穆修，……修以無極圖授周子；』（註三五），周子『得聖賢不傳之學，作太極圖，通書，推明陰陽五行之理，命於天而性論人者，瞭若指掌。……程灝及弟頤，……受業周氏，已乃擴大其所聞，表章大學中庸二篇，與孟子並行，……融會貫通，無復餘蘊』，（註三六），而不知儒者性理之說，早倡於翺，大學與孟子之重視，爲韓子所先倡，中庸之重視，爲李氏所先倡。宋人理學，唐人已開其先緒，雖其促進而完成之者，要自不止一因，然而不有唐人之醞釀，殆亦無能爲立其系統也。夫然則惟儼與大顛等所影響於中國學術思想之演進者爲不微矣。近日治中國中古哲學史者，雖嘗明證李氏復性書爲兩宋『新儒學』之先河，然於李氏與釋子之關係，初未遑分析，故於李氏思想之來源，未能說明，（註三七），余茲所考，蓋冀稍補斯闕耳。

（註一）見梁任公先生講儒家哲學第四章二千五百年儒學變遷概略上，（周傳儒筆記本）。

（註二）見吳恩裕韓愈李翺與佛教之關係，（清華週刊第三十八卷第九期）。

（註三）見道光廣東通志卷三百二十八釋老一引潮州府志釋寶通傳。

（註四）見道原景德傳燈錄卷十四行思禪師第一世石頭希遷大師傳。

（註五）同上。

（註六）贊寧宋高僧傳卷八習禪一有唐荊州當陽山度門寺神秀傳，卷十九感通三有唐洛京天宮寺惠秀傳，驗其事蹟與年代，實即一人，蓋名字稍易，又以所注重以爲作傳之對象者不同，遂以複出也。

（註七）見傳燈錄卷五南嶽懷讓禪師傳。

（註八）見唐仲惟儼大師碑銘并序，文首自述。

（註九）見皮錫瑞經學歷史七經學統一時代。

（註一〇）見新舊唐書合鈔卷二百十一韓愈傳。

（註一一）見韓昌黎全集卷十二。

（註一二）見原道附注引蘇子由說。

（註一三）見新舊唐書合鈔韓愈傳。

（註一四）見韓昌黎全集卷二送惠師，送靈師，送文暢師，卷五送無本師歸范陽，卷七送僧澄觀，卷九別盈上人，和歸工部送僧約，卷十廣宣上人頻見過，卷二十送浮圖文暢師序，卷二十一送高閑上人序。

（註一五）見韓昌黎全集卷十八。

（註一六）見韓昌黎全集外集卷二與大顛師書題下所列各家辯論之語。

（註一七）見翁國樑手勘咸通碑（翁氏石印本）。

（註一八）見姚鉉唐文粹卷六十四。

（註一九）見韓昌黎全集外集卷二與大顛師書題下所列各家辯論之語。

（註二〇）見韓昌黎詩集編年箋注（雨雅堂本）卷十一。

（註二一）見同上卷十二。

（註二二）見新舊唐書合鈔卷二百十一李翺傳。

（註二三）見念常佛祖歷代通載卷十六文宗二年戊申條。

（註二四）引馮芝生先生韓愈李翺在中國哲學史中之地位語，（清華週刊三七卷第九，十期）

（註二五）見吳恩裕韓愈李翺與佛教之關係。

（註二六）見贊寧宋高僧傳卷十習禪三唐州紫玉山道通傳。

（註二七）見念常佛祖歷代通載卷十五憲宗丙戌年條。

（註二八）見董誥等編全唐文卷六百三十六李翺三，答泗州開元寺僧澄觀書。

（註二九）見上述佛祖通載卷十四德宗貞元丙寅歲條。

（註三〇）見全唐文卷六百三十四李翺一，感知己賦。

（註三一）同上。

（註三二）見全唐文卷三百十四。

（註三三）同上。

（註三四）見新舊唐書合鈔李翺傳。

（註三五）見黃宗羲宋元學案卷十二。

（註三六）宋史卷四百二十七道學傳序。

（註三七）梁任公先生於清華大學講儒家哲學，於唐宋儒學之系統，剖析至明，惟於李翺與惟儼及昌黎與大顛之關係，則未提及。

（民國二十五年九月十日作於廣州中山圖書館）

唐代桂林磨崖佛像攷

說明：本文原附照片及拓片共三十一幅，因目前不易製圖，故爲略去。民國三十二年八月二十七日。著者識。

一　引論

中國中古時代所遺留之藝術，有一種形制鉅麗，望之儼然，即之也溫，具有偉大引力，而足令人起無限之感發者，其爲佛教之磨崖造像乎。此類造像，自以在今山西大同雲岡，自北魏至唐，所鑿石窟佛像，與在今太原天龍山，自北齊至唐，所鑿諸佛像，並在今河南洛陽縣南龍門山，自北魏至唐，所鑿諸佛像，與在今河北磁縣南響堂山，自隋至唐，所鑿諸佛像，並在今甘肅敦煌鳴沙山千佛巖，自唐代武后至玄宗時，所鑿諸窟之塑像，爲最著。此蓋治中國藝術史者所常言也。惟此外尚有在今廣西桂林西山一帶，其唐代佛教造像，亦有足與西北各區相並論者，以種種關係，迄今未爲學人所注意，其造像景況，與藝術作風，不見於諸家藝術史著錄。直至最近，二三好古敏求之士，始於轉徙之際遇之。豈物之顯晦，亦有數焉也乎！

余自昔年治華南文獻，見兩粵佛教，自漢末至六朝，即頗發達，至李唐尤盛。如牟融於漢末移家蒼梧，於其地究心佛道，成理惑論一文，見梁僧祐編弘明集卷一。非其地先盛行佛教，有相當內典可讀，寧能如是精進耶？六朝以后，中外僧侶之經行兩粤者，爲數尤衆。頗以謂兩粤接連南海，其佛教實自印度泛海所傳入，非經中原展轉而至，故自成風氣，其佛教藝術，亦必自成系統，與中原或西北各區有殊。民國二十一年春，嘗以調查人種之便，至粤北曲江南華寺，考察六祖慧能遺蹟，盤桓久之。會寺內羅漢樓北宋木刻羅漢，已先爲暴軍與傖父所燬，雖訪問不無所獲，（註一）而可寶貴之藝術遺蹟，未及見也。稍後，至廣州西來初地華林寺，見羅漢堂所塑羅漢，雖甚工巧，然已爲清物，而所謂禪宗初祖之達磨遺蹟，渺不可識。其後，至光孝寺，觀南漢千佛鐵塔，雖造作亦殊不易，然鑄像略具模形而已，藝術上評價不高也。二十五年秋，以掌籍廣州，見各家藝術史專書，及史蹟調查報告，其中如倭　常盤大定之支那佛教史蹟，於中國西北部與中部，及沿海各地之佛教史蹟，多所攝影，而廣西獨付闕如，蓋其於中國佛教之傳播，尚多未悉，而中邦人士雅不喜其越俎代庖，行同剽掠，自未能爲明備之發現也。方擬就兩粤佛教藝術史蹟，爲更深廣之調查，而倭寇遽於翌年八月，大舉內侵，吾國蠢起抗戰，形勢蒼黃，未及卽爲出發。越年十月，以運度館書，溯牂牁西上，頗欲順爲考察史蹟，而瘧疾竊發，終未如願。自是廣州陷沒，余展轉桂黔滇蜀，復再返上庠任教，山城講授，交通維艱，遂無暇爲史蹟考察矣。惟良願未遂，彌增思慮耳，

會友人陳志良先生，自滬港移席桂林，於二十八年冬赴桂林麗澤門外，探訪古蹟，於西山

佛像巖發現磨崖佛像數十龕，雖佛像大半剝落崩毀，然獲見末署年代之造像題記二方，旣其文字，均帶唐以前氣息。悉為奇寶，始為文論述桂林之佛教藝術遺蹟，（註二）。以余有針芥之投，為損書報告，並郵寄所為廣西古代文化遺跡一文。余觀其所述西山佛教遺蹟區域之廣，與八桂山巖之多，意其發現或有未盡，其造像作風，必有可特別究求之點。因復書致意。越年八月，學校奉令再遷粵北，余率一部分學生，以遷校之便，為滇湘桂文化考察團，沿途分組考察。至九月下旬，返抵桂林，稍訪問文化機關，卽與友人黃文溥先生，至西山訪古。登危峯，行峭壁，捫落石，履荊蓁，果於陳志良先生論文所提述各佛像外，復得大小佛像，數十龕。十月三日，復與畢業生余君兆鎏，同至西山蒐訪磨崖佛像。余遠望觀音峯，半山石巖，隱約有巨形佛像，因鼓勇登山，攀穿叢莽，果見巖下，豎阿閦佛（Akshobya）造像，首及身軀，皆甚完好，坐高國尺四尺數寸，面目彷含無限善意，而作風與大同雲岡洛陽龍門之造像不同，而反與印度菩提伽野（Buddhi-Gaya）古遺佛塔大佛像，及爪哇佛樓（Borobudur）大佛像，大致相同，與中國西北各地及中原之造像，適成另一系統。佛像座崖左方刻造像題記，署大唐調露元年昭州司馬李實造像一鋪。蓋為初唐鴻物，適與余昔年所假想者相符合。余與余君，相與大喜不置焉。自是每獨往西山摩索造像，復於阿閦佛造像右崖，發現巨形佛像數尊，作風皆同。余日以盤山越嶺為事，蓋旣以寄其思古幽情，亦適以避敵機空襲警報也。

而友人吳求勝教授，復於其間邀余遊市內伏波山還珠洞，謂洞多佛像與宋人題刻，至則果見孤峯矗立於灕江左岸，碧巖臨波，幽窅獨絕。洞前門分上下二層，巖壁鑿佛像大小羅列，不可勝計，下層左壁有巨形造像四尊，雖健美不如西山觀音峯造像，而作風略同。上層右壁有巨形造像十餘尊，中一尊，踞江上懸崖，絕健舉。對崖有浮雕巨形佛像，壁刻造像題記，著『大中六年桂管監軍使賜緋魚袋宋伯康鐫』，蓋晚唐宣宗時物。以此知還珠洞造像，其年代皆較西山造像略晚，蓋在宣宗復揚佛法之後，未經摧禁，故較西山造像完好。其後與友人李文瀾先生至市北疊彩山，訪瞿式耜與張同敞成仁處。於山之南麓，見石壁造像數尊，中一尊尙完好。其左稍上爲風洞，洞口亦多佛教造像，作風與西山及伏波山諸造像同。蓋至是而桂林之唐代磨崖佛像，其不在禁止遊觀之區者，已大略寓目矣。然猶以桂林佛教史蹟之未得盡爲蒐證也，復於十月下旬，至市之東南角文昌門外開元寺，與市東七星巖右棲霞寺，及月牙山龍隱寺等，頻爲考訪。開元寺始建於隋，爲桂林現存佛寺之肇基最古者，舊有唐顯慶五年褚遂良書金剛經碑，及五代馬楚時書金剛經碑，前者早已無存，後者今毀臥於地，鴻物受厄，覩之且爲戚焉。臥碑後，有舍利塔，形制甚古，塔前有明建文二年刻觀音大士畫像，及釋迦文殊普賢三聖畫像碑，均朱覺本立，惟未見特色。棲霞寺今爲廣西省立醫學院所移用，寺雖創建於朱明遺民號渾融和尙之張某，然寺內準提閣右腋山麓，爲唐時祀無量壽佛畫像之所，而無量壽佛俗姓周氏，於中唐尤蜚聲於桂林全縣衡陽間，於湘桂佛教傳播關係頗鉅，（註三），惜其畫像今已不見。龍隱寺半在龍隱巖內，舊稱釋迦寺，似亦創建頗早，以巖壁刻元祐黨人碑，著稱於世，有宋刻日月光菩薩畫像，及智者大師等畫像，前者像與題記迄今尚存，後者像已早滅，惟存題記。惟此類畫像，皆非有特殊作風。蓋桂林之佛教藝術遺物，自以西山磨崖造像爲最勝，次之爲伏波山還珠洞磨崖造像，又次爲疊彩山磨崖造像，自餘非同日可語矣。

余自是頗欲以桂林西山之唐代造像爲研究中心，鳩集資料，爲專撰一文，以闡明此適成另一系統之西南佛教藝術；曾陳志良先生過訪，謂舊友盛成中先生，亦在桂林，且同嗜訪古，因常往晤談，彼介紹桂人林半覺先生以見，半覺治金石篆刻有年，方爲桂省府編纂粵西碑碣總志，凡碑刻拓本，皆由之彙集著錄，即西山佛像巖諸造像題記，亦半覺與志良所最先發現，蓋其於桂林之石刻掌故，實最悉也。余因是常與半覺率拓工往來於八桂諸山巖題刻間，過有可資印證之品，即爲之拓墨，而各區造像，亦爲擇要攝影。諸實地資料，約略就備，而學校亦催促返粵授課矣。所憾者自廣州陷沒，凡余昔年所自置關於藝術史之中外圖籍，皆以倉卒過甚，未及同遷，而館書亦以移庋關係，未能遠地自隨，學校圖籍，更以展轉播遷，損之又損，雖有新獲拓片與攝影，而鮮參考圖書，勾稽無由，難爲論定。撰述意興，遂爲消阻，彷徨數月，未敢操觚。繼念倭寇侵陵，迄未稍止，戰禍所臨，文物爲摧，若不先將新獲資料，速爲理董成編，則再更變亂，必益難蒐討。因是不揣疏陋，輒自託於護存資料之義，爲略述桂林之教佛史蹟及其重要造像之作風，並附論其與中外文化交通之關係，與其自成系統而克與西北各地佛教造像相提並論之特徵，以冀就正於好學深思之士，若其詳明之闡發，則當俟之異日矣。

矣。

二　佛教之傳入桂林及其興廢景況

佛教於何時始傳入桂林？雖今日已難詳考，然以漢末牟融所作理惑論與當日交通之景況推之，必在漢末與三國之際，已自印度經安南傳入。蓋安南與海外各國早有交通，而其地自秦漢以來，即屬中國，則海外各地如印度等國，經安南而通好中國，當亦起源甚早。如漢書地理志粵地條所述：

『自日南障塞徐聞合浦，船行可五月，有都元國，又船行可四月，有邑盧沒國，又船行可二十餘日，有諶離國，步行可十餘日，有夫甘都盧國，自夫甘都盧國船行可二月餘，有黃支國。……自武帝以來獻見有譯長，屬黃門，與應募者俱入海，市明珠，璧流離，奇石，異物，齎黃金雜繒，而往。所至國，皆稟食爲耦，蠻夷賈船，轉送致之。……平帝元始中，王莽專政，欲耀威德，厚遺黃支王，令遣使獻生犀牛。自黃支船行可八月至皮宗，船行可二月，到日南象林界云。黃支之南，有已程不國，漢之譯使，自此還矣』。

都元似即都亢之誤，所謂都元國，似即馬來半島之都昆，（註四），蓋元與亢文字易混，而都亢都昆，即同音相轉也。邑盧沒國，似即緬甸沿海之拘蔞密，（註五）。諶離國似即驃國之悉利城。（註六），夫甘都盧國，似即緬甸之蒲甘城，（註七）。皮宗似即新加坡附近之比嵩　，Pisag）。

（註八）。而黃支則多數學者以為即南印度之建志補羅。（註九）。漢稱今安南為日南。據此則漢之使臣及海客，已自今安南與雷州半島，經馬來半島，而遠達於南印度等地矣。後漢書西域傳天竺條，則更明述印度使臣曾歷安南入貢之經過。其文云：

天竺國一名身毒，在月氏之東南數千里。……其人弱於月氏，修浮圖道，不殺伐，遂以成俗。從月氏高附國以西南至西海，東至磐越國，皆身毒之地。身毒有別城數百，城置長，別國數十，國置王，雖各小異，而俱以身毒為名，……和帝時，數遣使貢獻，後西域反叛，乃絕。至桓帝延熹二年四年，頻從日南徼外來獻。』

身毒即印度對音。可知安南在東漢時已多印度人往來。而其他與印度貿易之西方各國，多經安南通好中國，如後漢書西域傳大秦條云：

『大秦國……與安息天竺，交市於海中，利有十倍。……至桓帝延熹九年，大秦王安敦，遣使至日南徼外獻象牙犀角玳瑁，始乃一通焉』。

所謂大秦即東羅馬國。夫漢時印度使臣既屢自安南入貢，而與印度交市海上之東羅馬，又經安南通好中國，印度人於中國之交通景況，當已熟知，則其國熱心傳教之佛徒即隨之經安南入華，不難推測而知矣。漢末牟融於蒼梧著理惑論，述中原人士避地安南與廣西之景況，及其學佛經過，謂：

是時靈帝崩後，天下擾亂，獨交州差安，北方異人，咸在焉，多為神仙辟穀長生之術。時人多有學者，牟子常有五經難之。道家術士，莫敢對焉，比之於孟軻距楊朱墨翟。先是時牟子將母避世交趾，年二十六，歸蒼梧娶妻。太守聞其守學，謁請署吏。時年方盛，志精於學，又見世亂，無仕宦意，遂竟不就。……久之，退念以辯達之故，輒見使命，方世擾攘，非顯己之秋也。……於是銳志於佛道，兼研老子五千文。含玄妙爲酒漿，翫五經爲琴簧，世俗之徒，多非之者，以爲背五經而向異道。欲爭則非道，欲默則不能，遂以筆墨之間，略引聖賢之言證解之，名曰牟子理惑云。』

按漢時交州，淹有今日之，南廣東及廣西一小部分。所謂交趾，卽今安南北部，牟融避地交趾，繼遷蒼梧，卽於其地著理惑論，爲中國人討論佛說之相當早出者，其所依據之內典，或其他資料，當非自中原所傳入，而實自印度先傳至安南，而再傳蒼梧。漢時蒼梧郡治，在今廣西梧州。自梧至今日桂林，有灕江可通，自昔爲中原經湘至交廣之要道。則以蒼梧郡治漢末之已有佛教流傳，亦可推證稍後桂林亦有佛教流傳矣。東漢以後，中外僧侶，往來交廣者，爲數更衆，如梁釋慧皎高僧傳卷四法蘭傳，載法蘭『欲求異聞，至交州遇疾，終於象林。』卷三曇無竭傳，載曇無竭『宋永初元年，招集同志二十五人，遠適天竺，後於南天竺隨舶放海，達廣州』。卷三求那跋摩傳，載求那跋摩，『以聖化宜廣，不憚遊方，先已隨商人竺難提舶，欲向一小國，會值風便，遂至廣州』。卷三求那跋陀羅傳，載求那跋陀羅，『旣有緣東方，乃隨舶汎海，元嘉十二年至廣州』。贊寧續高僧傳卷一眞諦傳，載『拘那羅陀，亦云眞諦，本西天竺優禪尼國人，並齎經論，於大同十二年八月十五日，達於南海。』是其例也。此類僧侶，雖以今日廣東之廣州與安南之河內，爲出入孔道。然依粤桂地理，與自昔之交通孔道言之，必多數曾經過桂林，其風教必有被及，則桂林佛教之盛，所從來久矣。

桂林之有佛教雖疑肇始於漢末，而廣播於六朝，惟佛寺之創建，則似始於隋代，今文昌門外開元寺，即其遺址。該寺又稱萬壽寺，故清乾隆間宛平查淳撰重修萬壽寺碑，謂：『桂林諸寺，其最古者，萬壽寺，寺在文昌門外。隋始建，曰開元寺，在唐曰興善寺，宋曰寧壽寺。』而桂林唐代唯一之舍利塔，亦建於是寺。光緒臨桂縣志卷二十四金石五，載唐高宗顯慶四年興善寺舍利函記，文云：

『□大唐顯慶二年歲次丁巳，十一月乙酉朔，十三日丁酉，於桂州城南興善寺，開發建立此妙塔七級，聳高十丈。至顯慶四年，歲次已未，四月丁未朔，八日甲寅，葬佛舍利二十粒。東去大□三十餘步，舍利鎮寺，普共法界，一切含識，永充共養，故立銘記。』

惟今寺內所存舍利塔，已爲明洪武十八年所重建，據唐莫休符桂林風土記，則唐舍利塔前，並有褚遂良書金剛經碑，蓋遂良於顯慶二年，出貶桂林，故得親與建塔之役，而並爲書碑也。該寺尚有五代楚馬賓立金剛經碑，今已折爲數段，而臥毁於地。按馬賓爲楚王馬殷弟，吳任臣十國春秋：『賓，武穆王弟也，天成初，武穆建楚國，改賓靜江軍觀察使。』五代靜江軍、即今桂林，其經碑當立於是時。考馬楚頗崇尚佛法，故於桂林佛寺，亦盛爲修建。自是歷趙宋至明清，雖代有修復，（註一〇），至明代且於舍利塔前，立碑刻觀音大士畫像，及釋迦文殊普賢三聖畫像，然終無隋唐五代之盛況矣。故元張湖山桂林寧壽寺詩云：

『丹殺飛升四望賒，香消無復夢豪華。向來馬氏殫禪力，要擬龍宮作佛家。老樹烟霜臺榭古，石封苔蘚井欄斜。上人不用蓮花漏，自有林梢報曉鴉。』

蓋桂林之佛教，自唐初已有西山之延齡寺及西慶林寺與此開元寺相輝映，其後各地益寺宇林立，開元寺寖失其重心地位矣。

繼文昌門外開元寺而興起者，似以西山延齡寺爲最早。莫休符桂林風土記，嘗述延齡寺故事，文云：

『寺在府之西郭郊三里，甫近隱山，舊號西慶林寺。武宗毀廢，宣宗再崇。峯巒牙張，雲木交映，爲一府勝遊之所。寺有古像，徵於碑碣，蓋盧舍那佛之報身也。此地元本荆榛，先無寺宇，因大水漂流巨材至，時有工人操斧斤砍伐，將欲下斫，忽見一梵僧立於木旁，有曰：「此木有靈，爾宜勿伐」。既而能去。有洗蔬者於其上則浮，濯薰辛於上又沉，雅契梵僧之言，由是咸知有靈，遂刻削爲僧佛。當則天臨朝之日，梵金人長一丈一尺，乞袈裟，乃詔大臣問其事，皆莫能解。旋奏：陛下既有此夢，乞依夢中造袈裟，懸於國門以俟驗。明早大臣奏：懸袈裟忘收已失。遂詔天下求之，已在桂州盧舍那佛身。至今尊卑歸敬，遐邇欽崇，時旱請雨，皆響應如雲』。

按莫氏所述，雖頗雜荒誕神話，然足證延齡寺之創建，已在武后以前，舊名爲西慶林寺，且嘗於武宗會昌滅法時爲所摧毀。考唐延齡寺舊址，當在今桂林麗澤門外隱山以西之觀音峯下。音觀峯與石魚峯及西峯相連，統稱西山，光緒臨桂縣志引李通志，謂：

『西山在隱西山，三峯連屬，曰石魚，曰觀音，曰西峯。石魚一作立魚。舊有西慶林寺，後名延齡寺，今廢。內有古像，舊有盧舍那像』。

今西山樂羣社射擊場之上半截，當卽唐延齡寺遺址。寺原甚廣，其後院卽觀音峯東南麓，山徑石壁，多鑿燈龕，半山懸崖，則鑿大小石窟，中鑿佛像，小者高一尺餘，大者高七八尺。其燈龕有景龍二年題記。造像有調露元年等題記，皆唐高宗時遺蹟。惟佛像今已僅存十一，其景況當於下文述之。延齡寺亦早已崩毀，今惟於草際或土中略存殘甎廢瓦而已。蓋佛教之在桂林西山，自以中唐以前爲最盛，自晚唐武宗於會昌五年，詔全國裁汰僧尼，摧毀佛寺佛像，桂林西山，橫受影響，磨崖造像，多爲所毀，雖宣宗繼統，復興佛法，而元氣已傷，終難回復。迄趙宋代興，雖有名僧紹言等，演法西山，名士米芾等，嘗與盤桓，(註一二)而當時之佛教重心，似已移於灕江東岸之七星巖一帶，西山緇流，僅擅歷史上勝名而已。下及明代，益形荒落，故光緒臨桂縣志，引明嘉靖間張羽王鳴鳳著桂勝云：

『西山迤邐，兩峯夾道，上至高處，環桂山水，其勝益皆。故唐人於此登高，禪剎道觀，爭據兩崖。崖鐫佛像，僅餘金碧。若乃樓閣塵銷，文字露立，烏啼荒冢，草蔓石階。雖足俯視兩山，然積廢大甚，不可復支矣』。

淸初定南王孔有德，雖頗興佛寺，然所經營者亦僅文昌門外之開元寺等數區而已，西山之荒廢如故也。自近年桂林樂羣社於隱山西石魚觀音二峯下，闢地爲射擊場，延齡寺基址，益爲所夷，昔年緇流唪經之所，今爲壯士習射之區矣。惟山崖削壁所殘存造像，尚有其不朽之藝術價值也。

繼西山延齡寺而興起者，則以水東門外七星巖之壽佛庵爲較早。庵址在今七星巖右之棲霞寺內，今有壽佛洞一遺蹟。據淸初趙炯編棲霞寺志卷上基地，謂：

『壽佛洞在寺內準提閣，左腋山麓，天然石室，深丈許，高五尺，闊僅旋馬。土人鑿石爲無量壽佛像，祀之。旁侍者爲靈武大師。……按全州志，壽佛本邑人，僧名寂照。曾省母，食以雞，後出腸江中洗之，雞復活，但缺一跖，乃母所食也。唐時，桂人見佛從侍者入棲霞，跡之不見，因爲像以祀。侍者本妖人，佛降之，皈依後，贈號靈武。佛壽百三十歲，示寂湘山之光孝寺，今肉體尚存』。

按壽佛洞以祀壽佛得名，其右麓之棲霞寺，卽唐以來壽佛庵之舊地，同上棲霞寺志卷下渾融和尙傳云：

『渾融和尙，法名本符，漚和上人弟子，湖廣沅州人，姓張氏。……拱粵將軍劉起蛟者，知僧有將略，每善遇之，諮以機宜，因勸畜髮。……乃卸緇佩劍，從劉，所至皆捷，時有秃參軍之號云。逮衡州失守，於是毅然謝劉曰：吾終不能附膏火以同燼也。乃振錫於七星巖之壽佛庵。庵固隘且陋，中池多毒蛇，僧塡池，恢基爲殿，奉釋迦，蛇遂絕。嗣建亭閣廊廡，植松竹雜卉，遂成名刹。……歲辛卯，彭公禹峯來，日與諸名卿嘯詠其間，因題其額曰棲霞，以舊有棲霞洞也』。

而壽佛則爲唐肅宗代宗時演法於桂林與全縣及衡陽一帶之奇僧，全縣湘山寺卽彼所開創，道光重修湘山寺志卷上，載其事蹟甚詳，其文云：

『我師於建中靖國元年勅封慈佑寂照妙應普惠大師，法諱全眞，別號宗慧，係湖南郴州資興縣程水鄉天壽里周源山人，俗姓周。……在唐開元十六年甲辰歲十二月十二日亥時誕生，……天寶癸未，師年十六，拜辭父母，詣郴州城西北開元寺，出家受戒，與衆不同，要求最上乘無大善知識指示，……師卽其年冬，單瓢片笠，卽往徑山，恭禮道欽禪師。……乃自立禪關，跏趺於中，數載，六通神足，十力智周，……拜辭國師，送之門曰：子緣在南荒，試遡湘游，遂源闡化。……唐太和八年冬，則師之百六辰也，僧俗萬衆，奉上尊號，湘山聖化主人無量壽佛……』。

壽佛之遨遊桂林，當在唐文宗太和與開成之際。七星巖一帶之始有佛徒棲息，至晚當在其時。而同屬七星山範圍之龍隱巖，亦爲宋時遊客勝遊之所。巖有釋迦寺，香火尤盛。光緒臨桂縣志載宋周刊釋迦寺碑，可資印證。今改稱龍隱寺。有宋鐫智者大師等畫像，其題記，今尚完好，

（註一二）。文云：

『城裏崇明寺住持，碁僧義緣，謹用齋資，命匠者鐫莊就：天台教主智者大師，擎天得勝關將軍，壇越關三郎，相儀圓，具在龍隱巖釋迦寺，開光齋僧，上報四恩，下資三友，至和二年乙未九月五日，謹題，僧師法，師巽，穩定，袞金符書，匠八易仕端，刊石盧遷』。

此外有宋區八娘鐫日月光菩薩像，亦完好，其題記云：

『本州城南左界通波坊女弟子區氏八娘，捨錢鐫造日月光菩薩二軀，永充供養。時至和元年五月二十日記』。

蓋皆宋仁宗時遺蹟。而龍隱巖外峭壁，刻宋八平蠻三將碑，碑廣丈餘，形制之鉅，殆所罕見。其碑額爲僧寶珍所作篆書，尤銛厲絕倫，而自成風格，尤爲南服篆刻之冠。以此知當日來往於龍隱巖一帶者，尙多擅於藝事之僧侶。

繼七星巖一帶之佛寺而興起者，有伏波山之還珠洞，與叠綵山之風洞，二山之佛寺香火，雖遠不久棲霞龍隱二寺及城中各寺之盛，然在晚唐，亦爲佛門信士寄其深情宏願之所。二地佛教造像，容於下文述之。而其地以宋明以來，別有其他名蹟，故佛教遺蹟反不爲學人所重視，致記錄獨稀，無從詳考，斯亦治佛教史者之大憾也。蓋伏波山以近在桂林東北城根，孤峯矗立，俯瞰灕江，風景絕勝，其下還珠洞，復可從灕江泛舟入遊，宋時以其地建癸水亭，爲文人詩酒留連之所，緇流早不能與爭，觀洞口下壁，所刻宋曾宏正所自書還珠洞詩，及右壁所刻明寄甕次宋人韻一詩，即可知其概梗。曾宏正詩云：

『僂指重來二十春，繫船猶記舊篙痕。飛鴻踏雪空留迹，隨水浮萍那有根。模索交遊半爲鬼，尋思往事黯消魂。天涯老泪空横睫，欲賦歸歟事灌園』。

寄甕次韻詩云：

『洞口經冬氣若春，飛花隨意點苔痕。濁醪未厭澆胸次，短菊猶堪插鬢根。落日半空撩野色，寒江呼笑寫吟魂。諸僧不解山靈意，晚磬冷冷出紺園。正德孟冬月再入還珠洞，次宋人韻，竹溪寄甕。』

蓋其地自宋明以來，已爲墨客騷人所嘗領矣，故僧磬不爲時尚焉。而其最足令人嚮往者，則爲宋方信儒在洞左壁所刻米芾自畫小像，骨與氣勁，妙逐神俱。語其價值，實足與是洞晚唐所鑿諸佛像相頡抗。容當於另文述之。而疊彩山之風洞，則以前崖石級下爲清初明遺臣瞿式耜與張同敞二公抗節殉難處，今風洞口『定粵禪林』山門內，尙巍然立一豐碑，大書『瞿張二公成仁處』。過之者皆肅然起敬。此蓋以二公節烈，炳耀寰宇，故其遺迹亦遂壓倒其地一切佛教史蹟焉。

要之桂林佛寺，隋唐之際，當以文昌門外之開元寺爲重心，迄高宗中葉，始以西山延齡寺爲主，文宗以後，而七星巖之壽佛庵等，稍與競爽，自武宗滅法，名刹爲摧，而延齡寺及西山各峯之磨崖造像，受厄尤鉅．宣宗復法，官民信士，復於伏波山與疊彩山磨崖造像，然已不若西山造像之鉅偉。趙宋以後，各寺互爲盛衰，而大要以七星山之釋迦寺與西山之西峯寺爲重。明淸以來，則以文昌門外開元寺與七星山棲霞寺爲主。今則惟棲霞寺較完整可觀，自餘各寺，多不堪問矣。今茲所欲詳究者，爲西山與伏波山及叠彩山之唐代磨崖造像，其餘各佛教事蹟則未暇一一考求焉。

三　桂林西山之唐代勝蹟與佛教造像

桂林西山在麗澤門外二里許之隱山老君洞西，出麗澤門，循新開麗君路，至麗君新村，越湘桂路鐵軌，旁經隱山南麓，再進爲新闢隱山新村，其東北爲樂羣社射擊場，場對新開公路，中爲天然廣場，蓋即唐代延齡寺基地。廣場左右邊，及後面，皆石山，似石灰岩。右一峯，形長而峯仰，稱石魚峯。後一峯，亭　爲三叠，殆即昔人所謂觀音峯者。其三叠下，連一小峯，正視如石筍，如蓮花，側視如昂首蛟龍，友人陳志良先生稱之曰佛像巖，(註一三)。其西一高峯，獨盤亘而雄偉，似即昔人所謂之西峯。其左麓迴旋而南，適成廣場橫屏。而西峯西南坡，地勢高而內平，尚留昔經建築之痕迹，殆即宋代西峯寺與千山觀遺址。唐時自今麗澤門經隱山以至今樂羣社射擊場前，除山嶺與若干高坡外，皆碧波巨浸，稱蒙溪西湖。雖湖水不深，而氣象廣闊，隱山與西山悉立湖上，景緻絕佳，或亦桂林山水所由甲天下之一端。惟時廢時浚，廢則田連阡陌，浚則瀲灧如新。觀宋鮑同西湖記略，及元郭思誠新開西湖之記，與明田汝成遊廣西諸山記略，可知其梗概，鮑同記略云：

『桂林西湖，今經略使徵猷張公所復也，舊曰蒙溪。去城里許，而近勝爲一郡甲。案唐吳武陵隱山記，韋宗卿六洞記，皆述溪潭可以方泳。然歲久廢爲田，尚可考者爲一潭二池，有芰荷，廣不踰尋丈，餘盡耕稼之隴矣。……遂以默記厥由，居山之麓，衆泉所匯，中偃而四窪，茲蓋天成，第流泉使之不得去，則湖可坐而復。乃相所從泄，作斗門以閘之。未幾水遂盈衍瀰漫，若潭若池，橫徑將數十畝。望之蒼茫皎澈，千峯影落，霽色秋清，景物輝煌，轉盼若新。』

郭思誠新開西湖之記云：

『湖之爲言瀦水之澤也。……桂林郡城，相去數里許，亦有西湖，水源自夾山點魚洞而出，潛繞隱山潛洞，南隔陽江。唐宋名賢帥此郡者，建立亭閣洲嶼於湖山，皆有著跡於郡志。惟南軒先生張公，改置放生池，非特遊賞之所也。桂林爲郡，山有餘，而水不足，此湖綿亘數頃，天造地設，非人力穿鑿所就，寬可維舟，深可爲淵，宣洩風土，鬱蒸之氣，潤澤城郭。地接資慶蘭若，號爲五峯，龍脈所聚，爲一郡山川形勝，豈偶然哉。歸附後，曩歲宣憲二司，蓄養魚利甚溥以助公用。繼有猾徒，周其姓者，蒙□□夤緣邑吏，請□湖西爲田，壘石塞源於流杯池，開渠洩水於陽橋江，芰荷蓮而長葑菲，築堰壩而圍田塍，掩爲己產，立券售於市戶曾唐李王楊五姓，歲收采利肥家。……後至元乙亥，余叨長憲幕，……

亟命帥篆攝縣事盧陵劉宗信，勘覈實，塞其渠而疏其源，撤其壘而疏其堰，……不數日，水痕如故……』。

田汝成記略云：

『隱山俗稱爛柯石，山下舊爲巨湖，七百餘畝，唐刺史李渤所開，可以方泳，芰荷煙雨，綵鷁牙檣，景物之美，吳武陵記之甚詳。尋就堙涸，宋經略使張維復濬之，滀水齋泓，增置臺榭，植竹藝花，侈於前觀。元季爲田，迄今荒壞蔓草，狼籍狐兔之居，惟濠溪淵深，猶存一帶。』

蓋桂林西湖，本就隱山與西山之天然地勢略爲濬瀦而成者，經營於唐，而修浚於宋，再疏於元，迄元末復堙爲田，至於今遂全部乾涸，僅麗澤門外，數畝濠塘，荷蕖縱橫，臨風搖曳而已。

唯桂林西山一帶，自昔有山水之勝，而又與城市相離，於佛徒幽棲，最爲適意，故唐初遂於其地觀音峯下，建慶林寺，後以七星山有慶林觀，遂稱西山慶林寺曰西慶林寺。中唐以後，則改稱延齡寺。北宋末又稱資慶寺，而西峯之西南坡，亦早有西峯寺。觀北宋柳開桂州延齡寺西峯僧咸整新堂銘并序，及方信孺伏波山還珠洞米芾自畫小像刻石題記，與隱山招隱洞管定夫等題名，可知宋時西山一帶，緇流尚盛。柳氏新堂銘并序，見光緒臨桂縣志卷二十四，其文云：

『桂州西峯僧咸整，湻化元年，下山十二年矣。整之師洎祖師，悉如整。開興贊善大夫張洲，爲整作新堂以居之……。』

方信孺題記云：

『寶晉宋公，世居太原，後徙襄陽，自公始定居潤州。……信孺頃過洊光，訪公遺跡，得北山養病篇，及□□□石刻，□□來桂林，復得贈僧紹言詩序，及伏波巖與潘景純同遊石刻，□□公嘗尉桂林，秩滿寓居西山資慶寺，頗與紹言遊，故有此作，其他蹤迹，則闕如也……』。

管定夫等題名云：

『計使括蒼管定夫，帥守鉅野李誠之，後先來桂，且久未嘗一武西湖，壬申初伏，始獲遊覽，自資慶，腰輿上千山觀，憩西峯中峯隱山，煮茗談方外事。移時泛舟訪招隱，巖竇幽邃，奇石森列，湖光瀲灩，雲錦帶映，誠可賞已……』。

蓋西山以地位佳勝，故雖至不甚崇尙佛法之宋代，而高僧之棲止其地者，尙不甚少。若在李唐，其勝況更可推知矣：

唯西山爲緇流勝地，故唐時一般信士之進香其地，或磨崖造像以寄其宏願者，爲數至夥。而水涯山徑，不能不盛鑿燈龕，以照人行，今隱山老君洞右，以至山背招隱洞，及北牖洞，石崖多唐代所鑿燈龕形，如穹窿，三面方而頂作弧形，中徑一尺或尺餘不等。其北牖洞對面西山石魚峯東麓所鑿一龕，下有唐人題記，爲友人林覺先生所先發現，書法樸茂，字徑一寸，正書，其文云：

『景龍（首行）景龍三年八月二十四日，（二行），□□客安野那之石（三行）室，故記，（四行）』。

蓋隱山與石魚峯東麓間，凡今日農田，皆昔年西湖一部分而爲遊客信士舟行所必經之地，其麓崖之有唐盤燈龕，卽此故也。按此題記所述安野那，疑是女子名字。王讜唐語林卷四賢媛，記玄宗在禁中，有姬曹野那，後生壽安公主。此云安野那，疑本自中原至桂，非桂籍也。由此麓崖西行，約半里，至近年所闢之樂羣射擊場。其西北端爲觀音峯南麓首疊，山形如蓮蓬。下一石崖，裂爲二壁，左壁有小龕磨崖造像，高一尺數寸。旁有題記，亦爲林半覺先生所先發現，書法略遜，字徑八九分，正書，於當地名稱，頗可參證，其文云：

『佛弟子李□□□（首行），廖氏，合家等，發心於□（二行）山禪寺後龍山上，造（三行）釋迦文殊普賢佛三□（四行），上報四恩，下資三□，□（五行）界人天，同沾利樂，□（六行）□□□□□□□（七行）□□□□□□□（八行）』。

雖題記年代，已剝落難認，然審其字體，似爲唐以後物。從是崖折右斜上，至觀音峯首疊，有巨形造像一龕，中鑿毗盧遮那佛像(Vairocana)，像坐高三尺，尚完好，面目慈肅，左手按膝，右手平舉，掌心向外，衣褶簡樸，胸部外突而滿，髮髻甚佳，左右各立三侍者，均高二尺數寸，乳部甚發達。龕下有小佛龕一列，今爲叢莽所蔽，亦略完好。從此處，更折右斜上，高十數丈處，山崖如圍屏，有更鉅之佛龕一列，皆早被摧毀，惟正中一龕，佛像模形尚存，坐高四尺數寸。面對陽橋江，今稱甲山河，形勢甚佳。其右橫崖，有小形佛龕一列，亦摧毀殆盡，惟二燈龕尙完好耳。

由觀音峯首登，折而左，向西行，約三十餘步，斜崖上一小形佛龕，佛像坐高一尺數寸，左右立二侍者，略完好。其左又上，鑿佛龕三，皆小形，稍摧毀。再西行，山坳下多亂石，其左一巨石，鑿二燈龕。龕下似原有文字，然剝落難識。其左崖有小形佛像數軀，亦摧毀殆盡。由山坳西行，約百數十步，即觀音峯二疊南麓，翹首望之，見半山多巖窟。其右又上，爲絕壁懸崖，盤亙如圓帳，沿崖可攀登，至觀音峯二疊之絕頂。其半山諸巖窟，今多爲叢莽所掩，中一巖，上崖突出如屋蓋，左崖側伸以障之，適成三角形屋角，左可避西北烈風，上可禦四時雨水，而其深處仍甚光亮。唐人即於是崖內壁鑿爲佛龕，中作阿閦佛像（Akshobya），其完好爲全桂造像之冠。余至桂林，始發現及之。其佛像坐高四尺數寸，面部圓長而端重，鼻根雖高，而略有波度，眉不與鼻根相接，而甚昂爽，目形扁長而溫肅，雖不甚類華人目形，然亦不類西北胡人目形，口合而脣微撳，耳長而垂至頷下，二足作趺坐形，左手輕按膝蓋，而手背顯露，右手仰置足上，而掌心顯露，胸部發達而上突，乳頭細圓而顯露，腰腹緊縮而內陷，袈裟簡樸而形薄，髮髻甚佳，造像背作圓渾形，全像作端詳證法狀，望之溫厚而健實，熟視愈覺莊肅而可敬，能使人於無形中而嚮往不置，忘乎世事之紛囂，而頓生無極之至情，蓋爲造像之神品矣。佛像兩旁作二侍者立蓮蓬上形，各高二尺數寸，惟制作較遜，佛像座右刻造像題記，書法甚茂實，有薛稷書信行禪師碑意味，字徑八九分，正書。其文云：

『大唐調露元（首行）年。十二月八（二行）日，隨太師太(三行)保申明公孫（四行），昭州司馬，李（五行）實，造像一鋪。（六行）。』

隨太師太保申明公爲隋初之李穆，穆封申公，卒謚曰明。故稱申明公，(註一四)。李實卽其孫也。調露元年，爲唐高宗卽位之三十年，卽西元六七九年，以此知西山造像以唐高宗時爲最盛。其觀音峯首叠之一完好造像，作風與此相同，當亦唐高宗時物，蓋距今已一千二百六十餘年矣。由此復折而右，沿峭崖盤行而上，至絕壁處有更鉅之造像四龕，中一龕造像作立正形，高約八尺，面目已稍摧損，惟身部尙全，衣褶簡樸，姿態凝端，似爲觀世音菩薩相。其旁三龕，皆頗摧損，以像在懸崖絕壁，未能近視，亦未見造像題記，然作風與半山阿閦佛造像略同，當亦唐高宗時物，或年代稍早，亦未可知。由半山阿閦佛造像處下山，更向西行，至觀音峯三叠處西南麓，山崖如削壁，多小形造像，像龕多淺露，或竟爲浮雕。其一崖略內凹，造像雖已摧損，而旁刻一小題記，尙完好，書法秀逸，字徑四五分，正書，似爲婦女手筆。其文云：

『曹楚玉母（首行）造（二行）。』

其西崖較高處，一小形佛龕，像尙完好，高一尺數寸。龕下似刻有題記，然未得捫視，未審果作何語。要之西山之唐代造像，雖爲數至多，然其形制之鉅偉，造作之神妙，自以觀音峯二叠半山之阿閦佛造像爲首屈一指矣。

由觀音峯之三叠西南麓，稍前行，折而南，有石笋，盤空矗立，卽友人陳志良先生所稱爲爲佛像巖者。巖多小形佛像，雖多數已甚剝落，然模形尙可辨識。其東北崖，略可攀登而上，佛像雖已模糊，然有二造像題記，尙大略可識。其一署梁今義，又一署秦三歸，皆陳志良先生所先發現。其梁今義一題記，書法略帶六朝氣息，字徑及寸，正書。文云：

『造阿彌陁佛兩軀（首行），弟子梁今義，并身（二行）影，永代供養，□□（三行）衆生，同斯願海，（四行）。』

題記雖無確實年代，然彌字作弥，陀字作陁，軀字作躯，當爲初唐所遺。其秦三歸題記，書法相仿，字徑一寸二分，正書，其文云：

『仏弟子秦三歸，造彌（首行）陁仏三軀，并身影，□（二行）文殊一軀，及身影（三行），仏弟子□僧養，造彌陁仏（四行）□軀，及身影，供養□二一軀，（五行）。』

此蓋秦三歸，與□僧養，二人合刻一處之題記，雖亦未署年代，然陀作陁，軀作躯，佛作仏，當亦初唐所遺。其東崖正面右方，磨作平壁，鑿一巨龕，中作塔形，下層爲四級臺階，中作長方柱形，內鑿尖角而垂長之穹窿形，但甚淺露，上纍三級倒置形之臺階，而蓋以圓頂，頂上作立竿而橫繫三架形，望之如接連十字架。以無題記可考，原意何在，今尙未知。塔之外圍，復作龕，然甚淺露，意者其爲別一宗教之遺蹟乎。其東崖左角，稍南處，一巨石，略磨其東面，作一燈龕，龕頂作人字形，與其他燈龕作穹窿形者絕殊。左方刻一題記，形文字左行，在西山各石刻中亦最別緻。書法似略端重，字徑二寸數分，正書。其文云：

『上元三年，（首行），五月十九（二行）日，□火□（三行）□八米□（四行）多□命□（五行）□此，（六行），』

其命義何在，尚未明識，意與上述巨形塔龕，或有聯帶關係。按上元爲唐肅宗年號，肅宗於上元二年晏駕，其明年太子豫即位，改元寶應，是爲代宗。此云三年，當由地處南服，消息不通，未知肅宗駕崩，故襲用上元年號所致，南方碑刻，多此事例，非僞品也。其西崖存燈龕數龕，形狀無與上元三年一龕相仿者。其西南相連處，另一小石巖，形如靈芝，頗玲瓏可愛。周圍鑿小形佛像十數軀，惟已摧損淨盡。由此巖，折而南，約二十餘步；即西峯西南麓之背脊，下有小形佛像數龕，亦摧毀略盡。其旁鑿二燈龕，原并有題記，今已剝落，各見一二字而已。此則西山觀音峯一帶之造像大凡也。

由樂羣社射擊場大門內左進，行數十步，即西峯南麓之東南坡。坡崖爲橫疊成層之石灰岩，昔年並多巨形造像，今已摧損無遺，惟佛龕模形尚存。中一龕，原造像處磨爲平壁，中刻元至元間郭思誠撰新開西湖之記。其左一巨形殘龕，右壁刻『石匠流傳』四字。循崖壁向西北行，其高崖處，存殘佛像十數龕。造像皆早摧損。稍北下坡，爲赴西峯西南坡之山徑。從山徑，稍登高，路旁一石，狀若立屏，上刻『蔣家後龍山』等字。又上，折而右，依石崖爲露臺，鑿佛像三，各坐高近三尺，眼鼻已摧毀，軀體尚完好，作風與觀音峯各造像同，惟略粗糙。折而左，一石崖，刻榜書『千山觀』三大字，字徑一尺數寸，甚秀逸，似宋人書法。旁有方匡題記，已剝落莫辨。折而右，稍上坡，有巨石露於土面，鑿巨形佛龕二窟，像已摧毀。其左有宋轉運使蘇安世題名。字徑二寸，正書，文云：

『轉運使蘇安世與進士趙揭來，并男召文祥文炳文等行。政和二年□□□日書』。

惟石已中裂，下截陷入土內。題名右，有小形佛龕二窟，像已摧毀。由此石，折左又上，約二十餘步，有巨石矗立，如長方形屏臺，高約三丈，長約五丈，有宣統元年翻刻宋方信孺篆書『碧桂山林』四字，其屏上各題刻，多已剝落，惟王臚舟草書詩卷尚完好。屏臺下有較平之山地，約二畝，當即昔年西峯寺與千山觀遺址。由屏臺折而左，行十餘步，一巨石，有宋陳昉等題名，字徑二寸，正書，其文云：

『轉運使權經略安撫使□□□□□提點刑獄磨改□□提舉常平陳中□，徙道走馬，□□陳昉明達，同遊西山，飯于□□□□西峯閣，□茶盤□□□□□，政和改元仲冬□□□□□□題。』

由此石，折而左，復上坡，一巨石橫露土上，中鑿毗盧遮那佛像，坐高三尺數寸，尚完好，額刻一雙線圓圈，徑約八分，意爲受戒標誌。腹廣腰小，復部衣褶若疊浪形，一手舉掌向外，一手按膝，爲西峯南麓西南坡諸造像之最佳者，惟未見造像題記，未知確實年代，以作風之近於觀音峯阿閦佛造像言之，當亦初唐遺物。此則西山西峯南麓西南東南諸坡崖各造像之大凡也。

四　桂林伏波山與叠彩山之唐代造像

若乃伏波山與叠彩山之佛教造像，則範圍殊不若西山造像之廣，蓋其爲平地矗立之孤峯，又近在城廂，所接連之建築物較夥，可造像處，本已無多，而其鐫造年代，又已在晚唐宣宗復崇佛法之際，其時全國於磨崖造像之風氣，已較初唐略衰，故其時造像，不特爲數較少，即制作亦較西山造像爲遜。然自藝術史之研究言之，仍有其不可輕忽之價值。按伏波山在桂林城東北隅伏波門外，由今桂林桂北路，至伏波門內北城根，行數十步，即至伏波山之還珠洞，洞廣數丈，高數尺或一二丈不等，而頗爲延長。由後門穿洞，行三十餘丈，折而左，即至洞前門。門臨灕江，江水盛時，可泛舟至門。聞昔年並可篙小舟入洞。今則洞門已略築厚牆，僅留一邊可至洞側江澼洗浣。由洞門朝內觀看，其左壁鑿佛像四龕，均完好。其第一龕，佛像坐高四尺數寸，面目與西山觀音峯阿閦佛造像相同，惟較鈍弱。亦胸挺腰細，左手按膝，右手下截已損，雙足趺坐，衣褶自肩下垂，簡樸有力，不露乳。今造像爲霉苔所侵，已稍晦黑，不若上述西山阿閦佛造像之明朗。其旁二侍者，身軀瘦削而腿長，亦頗別緻。佛座下崖石，高低不平，諒未刻造像題記。其第二龕，佛像坐高約四尺度，面目衣褶與第一龕造像相彷。惟右手按膝，胸部更突，肩膀廣厚，略帶強悍之風。其座下石崖，已爲宋人磨平，另刻題名，左書，字徑二寸，文云：

『曲江譚掞，弟（首行）拱，抃，湟川蕭（二行）汝明同遊，紹（三行）聖丁丑，孟秋（四行）三日，文初題。（五行）。』

此題名，雖亦不無歷史價值，然與造像無涉，而其磨平造像座崖，致無從考證原日造像之有無題記，更為可惜。其第三龕，造像作坐蓮形，亦高約四尺。面目長圓，已漸染華人面目形氣，胸部已略平貼，腰亦較巨，全身蒙衣，衣褶斜披，若水浪紋，而甚有力，左手按膝，右手舉掌向外，惟掌與指已損。造像座下崖石，亦已為宋人磨平，另刻題名。其第四龕，為一菩薩造像，面目與第三龕造像相彷。全像高八尺數寸，左手下垂，右手舉掌向外，衣褶已剝落不顯，造像座下未見題記。其對面右壁，亦造像四龕，惟形制較左壁造像略小而遜。其中一龕，像背雕刻『乙亥年四月二十八日，寄名石佛，保長命。』蓋為後人認石佛為契爺之題記，與原日鐫造佛像用意無涉。其外一龕，已露在洞口牆外，宋人於其地築癸水亭，今已崩沒。惟洞牆外石坡，尚存立柱支亭之鑿孔。是洞，宋明人題名題詩，多不可計，以其與造像無涉，故不備述。

由還珠洞前門內，傴行而左，經一黑巖，今有石級與樓梯，可盤登至此洞上層。洞口甚高，今已鋪木為樓板，所由供市民避警報與遊息也。巖洞雖寬僅五六丈，然形勢絕佳，又為遊人刻石題名者所不易上，故為佛徒造像還願之勝地。今全部崖壁，尚存大小佛像數百軀，甚有鑿造僅半，而未及完成者，以其必懸空搭架，施工非易也。此巖造像，雖多不若下層左壁四龕之巨偉，然其左崖臨江處一龕，為毗盧遮那佛像，則鐫造特巧。其造像亦作坐蓮花形，坐高三尺數寸，面目與西山觀音峯阿閦佛造像，大致略同，惟頷部略瘦，衣褶較顯，左手按膝，右手舉掌向外，雙足作趺坐形，頭部略向前伸，全形健適可愛。左右二侍者，亦鐫造甚精，蓋為伏波山全部造像之冠矣。其對面右壁，則多高不盈尺之小像，制作亦粗糙，模糊。惟臨江數龕，則較鉅麗，中一龕為一菩薩造像，高約七尺數寸，面目和善，右手下垂，左手略舉而牽繫衣帶，雖健實少遜，而衣帶飄舉，亦為桂林諸造像之別具一格者。其龕壁右上角，刻造像題記一方，字徑及寸，書法略帶柳公權氣息，正書。其文云：

『桂管監軍使，賜緋魚袋，宋伯康，（首行），大中六年九月二十六日鐫（二行）。』

大中為唐宣宗年號，則此造像，以至於還珠洞全部造像，以其未經人事摧毀觀之，似皆宣宗復興佛法後所鐫造，較西山觀音峯一帶之造像，已晚一百七十餘年矣。然距今亦已一千零數十年，不可不謂為南服之又一瑰寶焉。

至叠彩山，則在桂林城內東北角，由今桂林桂北路，折東至叠彩路，又稱法政路，中途至第五路軍通信兵團與廣西省立醫院接隣處，今闢為馬路，約半里，即至叠彩山南麓，稍折而右，登石級，即見『瞿張二公成仁處』一巨碑，又上為山門，有亭，頗敞。稱景風閣，唐時元常侍晦，嘗於此賦詩。其左旁亂石，多明清人題刻。由亭又上，即至風洞口外定粵禪林大佛殿，殿宇今為某機關所移用，分室辦公，禁遊客往觀，故未易考訪。其殿背，昔為洞口空地，可遊觀各崖壁造像，今則已由某機關補建房屋，僅一門可入洞內。在洞行數十步，可至山之東北，是爲洞之後門。更由是折右，可登叠彩山頂。洞內左黑壁，有長可盈丈之側睡佛像，雖刻不甚精巧，亦未見造像題記。其上崖，多高不盈尺之小佛像，亦略近粗製。惟此睡佛像，昔年頗爲文人所嚮往，如洞內另一壁所刻番禺許炳麃風洞遊仙詩四首之三云：

『紗帽落風前，笑摘山花戴。醉枕石頭眠，學佛大自在』。

以洞之後門，適對東北角曠地，天風易入，故洞內常終歲有風，其錫名風洞，殆卽此故。又以其洞口多鐫佛像，故別稱福眞洞，又稱福庭。今洞中所刻題詩，有袁枚遊風洞登高望仙鶴明月諸峯詩，草書，字徑及寸，頗描述洞內外各景況。其詩云：

『泱泱天大風，誰知生此洞。古劍劈山開，千年不合縫。我身傴僂入，風迎更風送。折腰非爲米，縮脰豈爲凍。偶作謦咳聲，一時答者衆。匉訇非扣鐘，弇鬱如裂甕。石乳桂瓔珞，陰冰凝蠕蝀。遊畢再登高，出洞如出夢。一節傴又豎，兩目闔復縱。遠山亦所媚，橫陳怪石供。仙鶴不可招，明月猶堪弄。底事急謀歸？雲濕衣裳重』。

所可惜者，洞口崖壁所鑿各佛像，今已爲房屋所礙，不易觀看。數年前友人招我衡先生權，曾至其地攝影，今就其所攝相片觀看，洞口大小佛像，合計幾達百尊，且皆未經人事摧損。其中一巨形佛龕，造像坐高約可四尺，面目與西山觀音峯阿閦佛造像略同，而衣披較寬敞飄逸。其旁二侍者，製作亦巧，均拱手作合十形。雖未知其究有無造像題記，然以全部作風勘之。當非晚唐以後物，意與伏波山諸造像之年代，約略相當。出風洞前門，折而右，越今廣西省立醫院圍牆，卽至叠彩山東南麓，其石坡有造像數龕，中一龕，爲阿彌陀佛造像（Amitabha）。乳顯，耳長，目秀，作風與西山觀音峯阿閦佛造像亦略相近。惟二手均置趺足上，下坐蓮花，題記今已剝落，其右旁侍者立像，亦已摧蝕略盡。由此下坡，南行，經省立醫院新建病室，卽至於越山，山左一小分支，曰四望山。嘉木連園，殘霞斷藹，渙漫層崖，氣象殊佳。唐會昌三年，元晦四望山記，卽刻於是山，記爲隸書，頗矯健。字徑一寸數分，左書。其文云：

『山名四望，故亭爲（首行）銷憂。亭之前後，綿（二行）絡山腹，皆溪梁危（三行）磴。由西而北，復東（四行）上叠彩右崖，至福（五行）庭石門，約三十餘（六行）步』。以此知福庭之名，由來久矣。意元晦以前，風洞崖壁，已略有造像，特不及西山之盛，故當會昌五年武宗詔廢佛寺佛像時，未被摧殘，迄宣宗復崇佛法，或又與伏波山同爲佛門信士所盛營佛像耳。此則伏波山與叠彩山諸磨崖造像可得而考察者之大凡也。

五　桂林唐代佛教造像與印度及爪哇等地佛教造像之關係

桂林唐代佛教造像之景況，已略如上述。雖其形制之鉅麗與造作之精巧，以視山西大同雲岡與河南洛陽龍門等地之佛教造像，不逮遠甚，（註一五）且然以作風與印度菩提伽野（Buddhi-Gaya）大佛像，與南洋爪哇佛樓（Boraludur）大佛像，多相同處，在中國可謂爲另一系統之佛教藝術遺蹟，其價值正不以其形制與造作之不如雲岡龍門諸造像而有所貶損也。茲試舉菩提伽野大佛像，暨爪哇佛樓大佛像之作風，與桂林西山觀音峯阿閦佛造像暨伏波山還珠洞上層左壁臨江毗盧遮那佛造像之作風，兩相比較，以示其直接泛海傳播之關係。

按菩提伽野爲釋迦牟尼佛成道處，在今印度東部之伽雅(Gaya)。伽雅，中國舊時譯作伽野，地當橫貫印度之鐵路線上，今屬貝哈省(Bihar)。離加爾各答(Calcutta)三百九十二英里，快車七點又一刻可達。由伽雅下車，再僱馬車，或步行，可達菩提伽野。菩提卽佛(Buddh)對音，菩提伽野，卽所謂佛伽雅也。其釋迦牟尼佛成道處，有範圍頗廣之建築物。印度人稱之曰味哈喇(Vihara)，卽精舍之意，中國舊譯作菩提場，卽所謂佛場也。場之中，爲偉大佛塔，塔坐西向東，作四方形，高一百六十英尺。下甚寬廣，漸高則漸縮小，至末梢，則作圓柱尖頂形。塔內凡大層九，小層不計數。下層爲廟，故西人稱之曰大廟(The Great Jemple)。中國舊稱之曰大覺塔，或大覺寺。蓋爲印度現存之唯一鉅大古塔矣。塔原爲阿育王(Asoka)所創建，代有修葺，今所存者爲西元一八八〇年，卽光緒六年，所重修，費八萬盧比。惟塔之規模與塔內佛像，則爲古昔所遺。塔四周之石欄杆，亦阿育王所創建，今僅殘存少許。大塔之外圍，有小塔無數，蓋爲昔年印度及各國佛徒諸王大臣所慕聖蹟造，以爲旋祀者。大塔後有菩提樹(Buddhi Tree)，樹下一石臺，東與大塔後牆相接，卽所謂釋迦牟尼佛成道處之金剛座也。相傳釋迦佛初出家，苦行六年，後於此樹下結跏趺坐，靜心思維，矢志『不成正覺誓不起座』，果於此得證『阿耨多羅三藐三菩提』，澈悟『四諦』，『十二因緣』，『八正道』，『六波羅密』等教義。大塔之創建，即所以紀念釋迦佛於是處成道也。其菩提樹，印度原稱貝鉢羅樹(Pepul)，自昔已被砍伐數次，今所存者，或謂已爲第四次所培植矣，(註一六)。其大佛像即在大塔之內，巍然跏趺於崇高寶座上，右手按膝，而中指下著座盤，左手仰置趺足上，作托物形。身放金光，頭頂肉髻，眉清而高，目扁而長。鼻梁略帶波形，耳垂長，幾與肩接，胸飽滿而露右乳，腰緊縮而內歛，袈裟薄而褶紋稀細，身端好而健舉，與桂林西山觀音峯阿閦佛造像，殆全相似。其造作年代，雖今日仍未能確考，然遠之可推測爲阿育王時所造作，近之則初唐玄奘法師西行求法時，已於此像下至誠瞻仰，五體投地，距今亦一千數百年矣，(註一七)。要之當較桂林各造像爲略早。茲就二造像之相同作風試列表比較如次：

造像 所比較之部分	印度菩提伽野大覺塔佛像	桂林西山觀育峯阿閦佛造像
髮髻	旋髮紺青頂肉髻。	髮圓覆而頂髻。
鼻形	鼻上根與眉接近，而鼻梁微作波形。	鼻上根雖不與眉接，然高與眉平，勢氣相接，鼻梁亦微作波形。
眉形	眉高而末梢略上竪，作斜目形。	眉高作彎月形。

目形	目不深而扁長。	目不深而扁秀。
耳形	耳垂長至頦，幾與肩接。	耳垂長至頸，幾與肩接。
頸形	頦圓滿，中作拱形渾圈。	頦圓滿而自然。
胸部	肩闊垂而接飽滿胸部。	肩闊垂而接飽突之胸部。
乳部	右乳部顯露。	右乳部顯露，乳頭尤顯。
腰腹	腰腹內堅而中微陷。	腰腹緊縮。
手勢	右手下垂按膝，手背顯露，中指下着坐盤，左手上膀微向左曲，而手掌仰置於右足之上，作托物形。	右手下垂按膝，手背顯露，左手掌仰置於右足之上，作托物形。
足勢	雙足趺坐，右足蹺起，脚底向上。	雙足趺坐，右足叠起，脚底向上。
衣褶	衣披甚薄而緊，衣褶作細線而遒勁。	衣披甚薄而緊，衣褶輕細。
年代	唐太宗貞觀以前，即西元六二七年以前。	唐高宗調露元年，即西元六七九年。

二佛像制作之相同，當非偶然暗合，而必有其圖式傳播，或工匠傳習之關係。而菩提伽野之造像，年代較早，又爲佛教策源所在，則桂林佛教造像之淵源於是，不難推證而知矣。

至南洋爪哇佛樓之造像，其作風更爲自印度所直傳，蓋與桂林之佛教造像，實同一源流也。按瓜哇佛樓，當地人士，稱之曰婆羅浮圖（Borobudur），位於荷屬東印度之爪哇島中部，今隸馬葛廚府（R. Kenoe）與馬吉浪（Magelang）日惹（Djkja）文池蘭（Maentilan）等地交界，佔南緯七度三十七分，東經一百十度十二分，超出海面約一千三百尺，四面環山，蜿蜒如龍。氣溫最高爲華氏表九十三度，最低爲六十三度，平均在七十七度左右。以氣候之獨佳，故樹木葱蘢，鳥蝶翠飛，落日西照，紅霞映山林如錦，天然美景，飫之醉人，佛樓之建於其地，蓋有意焉。考爪哇佛樓爲窣堵波（Stupa）即佛塔之一種，蓋爲塔身四方，外作層級，故漸高漸縮，而頂部則呈半圓形之偉大建築。其形製極爲複雜，有洋臺：走廊，繞欄，佛龕等部分。臺基爲廣五百呎之方形，基層頗高，非一躍可上。其上各層，四週有走廊可通，廊廣可三人並行，高與人齊，廊壁與各層石壁，均鏤鐫佛教圖像，石壁較高處，則砌爲佛龕，龕爲佛塔之雛形，中藏佛像，四週行廊之中段，則闢爲上下二層，出入口，砌以石級。其第四層行廊之入口，則砌作彷如巴黎凱旋門之建築。而塔之最高處，則爲巨形佛龕，其絕頂則爲呈尖狀之八角柱形。以塔之建築，似專以紀念佛教之神聖與偉大，而非所以棲宿僧侶，故塔內爲滿實體，而略無可供居住之空隙，此其異於別地大佛塔也，（註一八）。

至此塔各佛龕之造像，歸類計之，最重要者凡六佛，一爲毗盧遮那佛造像（Vainoc na），像擧右手，而大拇指與食指向上，爲辯論之表記（Vitarka—mudra）。二爲阿閦佛造像（Akshobya）像置右手於膝前，背向前曲，爲證明之表記，（bhumispareamudra）。三爲羅陀那三婆波佛造像(Ratnasambhava)，右手仰置於膝上，而略向後曲，爲慈悲之表記(Varamudra)。四爲阿彌陀佛造像(Amitabha) 雙手交置於趺足上，爲沈思之表記(Dyanamadra)。五爲不空成就佛造像(Amoghnasiddha)，舉右手而掌反向，爲怔怖之表記 (Abhayamudra)。六爲金剛薩埵佛造像(Vajnasauta)，兩手均置於胸前，右手在上，左手向下，爲宣示教旨之表記(Dharmacaksamudna)，(註一九)。其手足與體勢及髮髻等，皆與印度菩提伽野大佛像相同，面目亦約略相似，惟稍覺短削，自頰至頷，亦稍圓尖而已。其阿閦佛造像，則與桂林西山觀音峯阿閦佛造像至爲相似，惟左手手角略爲向外。其毗盧遮那佛造像，則與桂林伏波山還珠洞上層左壁臨江毗盧遮那佛造像至爲相似，右手姿勢與作風亦全相同，惟還珠洞造像左手下垂按膝，爪哇佛樓造像，則左手仰置趺足上，作托物形，微有出入而已。要之與菩提伽野造像及桂林各造像皆爲同一典型也。至其年代，則以佛樓本身無碑刻敍述，未能明識。惟爪哇之有佛教，當由於印度移民於其地建立王國所致。印度人在爪哇所建王國之馬達蘭姆 (Mataram)，自西元九二五年後，已日見衰亡，而爲東爪哇之回教王國所代興。故佛樓與佛像之創建，最晚亦當在公元九二五年以前，卽五代後唐同光三年以前。近人於佛樓臺基下，曾發現簡單銘文，謂爲西元八五〇年左右卽唐宣宗大中四年左右所建立。而另據近人於荷屬蘇門答臘所發現之碑刻考之，則爪哇阿的亞哈瑪大王(Maha-Raja Adirajaadityadharma)於西元六五六年卽唐高宗顯慶元年，曾於爪哇建造七級浮圖，說者謂卽指此佛樓，(註二〇)。蓋印度佛敎文化之移殖南洋羣島，自以唐初印度移民在蘇門答臘室利佛逝與爪哇分建王國爲獨盛，爪哇佛樓與佛像之造作，早之可在唐高宗時，遲之亦當在晚唐宣宗時也。此與桂林有年代可考之佛教造像早之爲唐高宗調露元年卽西元六七九年之製作，晚之爲宣宗大中六年卽西元八五二年之製作者，亦約略相似。而皆並受印度影響，其作風之相同，非無因矣。

以此證以唐代安南僧侶至印度求法者之獨多，及其常有自印度或南洋等地蒐譯經典返中國者，則其時桂林佛教造像之直接受印度作風之影響，不難得其消息矣。如義淨大唐求法高僧傳，載：

『本又提婆者，交州人也。不閑本諱，泛舶南溟，經遊諸國，到大覺寺，徧禮聖蹤』。

又載：

『窺冲法師者，交州人，……與明遠同舶而泛南海，到師子洲，向西印度，見玄照師，共詣中土，到王舍城。……』

又載：

『智行法師者，愛州人也。……泛南海，詣西天，徧禮尊儀，至弶伽河北，（按卽恆河）』。

又載：

『大乘燈禪師者，愛州人也。……幼隨父母汎舶往杜和羅鉢底國，方始出家。後隨唐使剃緒，相逐入京，……居京數載，頗覽經書；而思禮聖蹤，情契西極，遂越南溟，到師子國，……過南印度，復屆東天，往耽摩立底國。……』

唐之交州與愛州，均屬安南都護府。此卽唐代安南僧侶多至印度求法之例證。求法高僧傳又載：

『會寧律師，益州成都人也，麟德年中（西元六六四至六六五年），杖錫南海，汎船至訶陵洲，停住三載，遂共訶陵國多聞僧若那跋陀羅（此云智賢）譯經。會寧既譯得阿笈摩本，遂令小僧運期，奉表齎經，還至交府，馳驛京兆，奏上闕庭，冀使未聞，流布東夏。運期從京還達交阯，造諸道俗，蒙贈小絹數百匹，重詣訶陵，報德智賢，與會寧相見，於是會寧方適西國』。

而小僧運期，卽安南人。故求法高僧傳，又載：

『運期師者，交州人也，與曇潤同遊，仗智賢受具。旋迴南海，十有餘年，善崑崙音，頗知梵語，……』

此卽安南僧侶，曾自海外齎經典返國之例證也。按自安南入長安洛陽等地，本有二路可通，其一經今廣西桂林，出湖南北上，其二經今雲南昆明附近出姚安，至四川北上。唐時雲南爲南詔所據，叛服靡常。交通較滯，(註二一)，則當時自印度經安南入中原，或自中原經安南出國之僧侶，必多數曾經行桂林。彼輩既曾齎所譯經典入國，則其必爲傳習印度佛教造像之作風，而留其制作實踐於桂林，亦爲事勢所宜然矣。

而於桂林西山觀音峯造阿閦佛大像之李實，當時爲昭州司馬。唐之昭州，即今廣西平樂縣，地當灕江中流，爲自梧州至桂林所必經地，其所以於桂林造作佛像，亦以桂林爲自安南經桂湘至中原一孔道之中站，原有自印度傳習而至之造像藝術，得以遂其供養之願也。按李實題記，自署隋太師太保申明公孫。申明公爲李穆封號與謚法。按李延壽北史卷五十九李穆傳，穆與兄李賢，周隋之際，最爲榮顯。周武帝嘗降璽勞賢與穆，賞賜甚厚，子姪男女內外諸孫三十四人，各賜衣一襲，隋文帝即位，穆尤受寵，開皇六年卒。子惇，字士獻，周文帝令功臣長子並與略陽遊處，惇尤被引接，每有遐方服翫珍奇，無不頒賜，封安樂郡公，先穆而卒，子筠，嗣襲祖爵。惇弟怡，位儀同三司。怡弟雅，封西安縣男，隋初進爵爲公。雅弟恆，封曲陽縣侯。恆弟榮，封長城縣公。榮弟直，封歸政縣侯。直弟雄，封密國公。雄弟渾，筠死，由渾襲穆爵。渾字金才，後爲宇文述所譖，誣以反叛，被煬帝誅殺，家族皆流嶺表。實爲穆第幾孫？其父爲惇爲怡爲雅？抑爲恆爲榮爲直爲雄爲渾？今未能詳考。然觀其一門在隋初之顯赫，意實亦必豪舉成性，其在桂林造像供養之特爲工巧，亦以其習知遐方珍奇，而又身處中外交通一重要孔道之灕江中流，則其造像作風與菩提伽野大佛像相同，不難索解矣。

六　桂林佛教造像與湘水流域及其他各孔道之佛教藝術傳播

桂林之佛教造像，雖瑰瑋外之不如印度菩提伽野與爪哇佛樓之造像，內之不如山西大同雲岡與洛陽龍門等地之造像，然以其爲中印文化交流一重要路線所遺痕迹之代表，其在歷史上與文化上之價値，誠無所讓焉。蓋嘗考之，佛教東來，殆分四路：一者由印度西北經波斯，越葱嶺，入敦煌，而分佈於甘陝晉冀豫等地；二者由印度東北，經緬甸至滇，北入巴蜀，出漢中，沿漢水，下長江，而匯於金陵等地；三者由印度恆河口，泛海至安南或廣州，循西江灕江，而達於桂林，經湘水而會於長江流域；四者由印度沿海，經馬來半島，直接汎海而至閩浙蘇魯等省沿海，而屆於舊日靑徐二州等地。其思想系統與藝術作風，亦循此四道而異，而中國文化之西行，亦似循四孔道而與西方文化起交流作用。各孔道舊傳藝術遺蹟遺物之研討，小之可爲當地文物評價與護持之又一根據，大之可爲中外文化交流共進之闡發，好學深思之士，想能心知其意也。茲就桂林佛教造像及其相連事蹟之與上述第三孔道之傳播有關係者，先爲條述，而後再附說其餘各孔道之傳播，以明桂林唐代磨崖造像之地位。

按由安南經桂林至湖南出長江流域，其沿途佛寺與桂林關係甚鉅而又有中外文化交流之痕迹者，有今廣西全縣之湘山寺，及今湖南衡陽之雁峯寺。二寺之所由發揚，並與至曾桂林而爲桂人所崇祀之壽佛有關。全縣湘山寺卽以壽佛演法而創建，道光重修湘山寺志卷上云：

『我師（按卽指壽佛）……至湘源縣，其時唐至德元載丙申夏四月也。尋幽選勝及湘山笄布臺……遂剪棘結茅，躬畬自給。邑人乃剏淨土院居之，僧從者甚衆，開演大義，常作語偈。……太和九年，沙汰僧尼，會昌五年，廢殘佛像，焚毀藏經，甚之極矣。師無恙，……丙寅春，唐宣宗即位，有詔復興釋教，湘源之父老子弟，此時已苦旱三年矣，衆入覆釜山，迎師出，師擲錫東飛佛蓋山之陰，正行間，甘澍踵之。……大中二年春，……始歸淨土院，衆皆大喜，其肉髻長髭，遂不復剃。每日召徒衆講無量壽經，參學十二觀，或善男信女，信心念佛，並無他語。十方來者曰：說得一尺，不如行得一寸，一切捧喝機鋒，概置不言。對士大夫曰：忠孝是佛；對農工曰：勤儉是佛，對商賈曰：公平是佛，風俗爲之一變。……命圓鏡圓鑑，編輯覆釜山演經臺所說歌偈，數十萬言，名曰遺教經。……一時禪林之盛，遂爲楚南第一』。

此爲湘山寺之緣起。壽佛於湘山講無量壽經，而寺之前身，又名淨土院，似其人實奉淨土宗者。而湘山寺之最足令人注意者，則爲寺南諸山中有波斯巖一遺蹟，據同上湘山寺志卷下謂：『波斯巖在寺南四十里，前後有龍潭，多佛像，泉竇直通漳井，崖多記遊石刻』。巖以波斯爲名，而又多佛像，似爲自波斯西來之僧侶所經始。而同書卷下載寺內石刻有『須菩提祖師像石刻，在山門右，唐人作』。又有『觀音大士像石刻，在景德寺（按即今湘山寺）中，唐吳道子作』。又有『金剛經全部石刻，在山門左，唐（按指南唐）保泰三年立』。可知其地自唐至五代多佛教藝術作品，而須菩提師像，亦似爲西來僧侶曾經棲止之痕迹，不然亦當爲華僧之印度化較深或曾至印度求法者之遺蹟。其尤足印證者，爲同書卷一所載寺內祇園坊有『安南國使張公留題石刻』，錄於『明嘉靖間重修妙明塔碑』，與『定南王重修湘山寺碑』二注記間，當爲晚明石刻。可知其地卽在晚明尙與中外使臣之經行有關。而同書同卷載『大雄寶殿明萬曆己巳重修』，其兩旁至今有舊塑十八羅漢像，殊精巧可愛，中一尊尤英勁多姿，深目鬍髭，闊顙勾鼻，一望而知似歐洲意大利等地人形貌，其內衣之頸部形式，尤似歐人服裝，(註二二)。其曾受西土作風影響，實無可疑；或竟以佛家諸羅漢多出於天竺，其形貌與華人異，塑匠卽以當時西來之天主教徒擬之，而據其形貌雕塑，亦未可知。按萬曆爲明神宗年號，自元年癸酉，至四十八年庚申，中無己巳歲。湘山寺志於大雄寶殿重修之歲次，或有誤記與誤筆。惟萬曆時西歐天主教徒汎海來華者已甚衆，或有曾經行於桂林全縣間而留其影響於湘山寺者，亦未可知，究之亦桂林全縣間爲中外文化交流一孔道之明證也。

至衡陽雁峯寺，則在衡陽城南迴雁峯上，峯雖不高，而兀立湘水西岸，俯瞰全城，形勢極佳。由今衡陽南外大街，稍折而西，卽至迴雁山麓，山門額『上達』二字，拾級而上，至大雄寶殿，爲順治四年重建，殿供三寶世尊造像，塑製尙好。大雄寶殿後一便殿，今已爲倭寇飛機炸毁，其殘存佛像，移置大雄寶殿後走廊，中一尊，坐高四尺度，像爲木刻加泥金裝鑾，甚精巧可愛，右手舉掌向外，左手作托物形，蓋卽毗盧遮那佛像也，(註二三)。雖以全寺重修之景況考之，其造像當爲晚明以後物，然其作風全與桂林伏波山還珠洞上層左壁臨江唐鑿毗盧遮那佛造像相同，蓋出同一源流，故雖先後已歷數百十年，而仍可識其作風傳播之關係。大雄寶殿左側後方爲壽佛殿，殿宇完整，香火尤盛。額刻『我回來了』四字，蓋卽紀念是地與壽佛之關係，而歷經修建者也。道光湘山寺志卷上載壽佛嘗演法其地，文云：

『師因出遊，唐至德初，師過衡州雁峯寺，形貌非常，而黧黧隆，闊口方頤，耳大垂肩，齒厚三分，身長九尺二寸，骨瘠如柴，脚長一尺五寸，横寬四寸，寺僧怪其形，不容止宿。師曰：旣不容宿，當借行僮。衆嗤之曰：行僮難得，要泥塑金剛，本當奉送。師曰：不難，以手指其一……忽然金剛倒地，一健僮挑擔，從師而去。衆皆訝曰：聞郴州出佛，意其人乎？衆追之，至渡矣。跪且泣曰，肉眼不知活佛，願留回寺。師曰：吾乃遊僧，奈何言佛。衆苦留之，師以袈裟一偈留之。偈曰：雲遊僧者悟眞空，千佛袈裟萬代宗。山寺衆僧留不住，五百年間轉雁峯。……』

此雖頗雜神話，然足見壽佛曾蒞臨其地，所謂『我回來了』，卽謂壽佛於五百年後復化一僧還至其地也。今壽佛殿後爲住持僧宿舍。甚淸靜可居，現方丈爲悟靈和尙，似長沙人。另有知客龍伏應會二和尙，亦住其內。寺內走廊牆壁，頗鑲昔年碑刻，中一方爲乾隆三十九年續刻迴雁峯敕建乘雲禪寺碑記，於全寺歷史，略有提述。其文云：

『衡邑城南約里許，有迴雁峯乘雲禪寺者，爲衡岳七十二峯之勝景也。衡誌歷歷可考。該寺始於梁天監時，宏宣律師奉敕創建，由來古矣。迨唐天寶元年，無量壽佛於玆證果，故稱活佛道場，又稱壽佛殿，又謂袈裟寺。至此可謂極盛時代，往後歷有興廢，及明洪武九年，郡紳奏請僧齊正，重興殿宇，克承佛志。至崇禎十六年，突遭兵燹之災，以致敗毀殆盡。國朝順治四年，僧空旦，復建大雄寶殿。康熙四年，劉公正禮，倡建大悲閣，復修壽佛殿，左曰摩雲舍，右曰指月寮，殿之兩旁曰齋堂，曰客廳。斯時友嵩禪師，卓錫掛此。闡先聖之教，揚佛祖之風，淵源六祖，付法十房，至此可謂中興時代。殿後數磴，上達方丈，方丈後有山嶺一座，直至古塹爲界。左抵古塹，塹口邊山脚起，以至慈雲塔，上憑行人路爲界，前抵壽佛殿坪煙雨池，山門爲界，右抵雨花亭，行人路爲界，四抵界綫分明。衲等因視前碑已圮塌，邀同郡紳黃鶴軒張芝蘭劉仕達王南山等確認碑載，繼續刊記。務希後來大德，維護培植，以壯觀瞻，而保勝蹟，是爲序。住持圓澈，監院參禪，知客自悟。乾隆三十九年甲午夏月吉日續刊』。

可知雁峯寺創建於南北朝時，惟自中唐以至宋明，則全受壽佛影響。要之，實與桂林全縣之佛教與其藝術遺蹟爲同一系統。此則印度佛教藝術直接汎海而向灕水湘水相連一交通孔道不斷傳播之明證也。

至由印度泛海經南洋等地至閩浙蘇魯沿海而屆於舊日青徐二州等地一路線，卽所謂中印交通之第四孔道，則可以六朝中外僧侶之自青州海岸登陸或乘舶一事證之，如法顯佛國記，載其赴印度求法，歸國時海舶因風向關係，被吹至青州長廣郡，及慧皎高僧傳，載釋佛馱跋陀羅卽覺賢，與釋智嚴，同自西土，經交阯，泛海至青州東萊郡，並載釋道普欲自長廣郡附舶至印度求法，是其顯例。法顯佛國記云：

『法顯住此國二年，更求得彌沙塞律藏本，得長阿含雜阿含，復得一部雜藏此悉漢土所無者。得此梵本已，卽載商人大船，上可有二百餘人，……乃到一國，名耶婆提。……停此國五月日，復隨他商人大船，上亦二百許人，賫五十日糧，以四月十六日發，東北行趣廣州，……於時天多連陰，海師相望僻誤，遂經七十餘日，糧食水漿欲盡，……卽便西北求岸，晝夜十二日，長廣郡界南岸，便得好水菜，……卽乘小船，入浦覓人，欲問其處，得兩獵人，卽將歸，令法顯譯語問之，……答言：此靑州長廣郡界，統屬劉家。聞已，商人歡喜，卽乞其財物，遣人往長廣郡。太守李嶷，敬信佛法，聞有沙門，持經像乘船泛海而至，卽將人從至海邊，迎接經像，歸至郡治。商人於是還向揚州，劉法靑州，請法顯一冬一夏。夏坐訖，法顯遠離諸師久，欲趣長安，但所營事重，遂便南下向都，就諸師出經律。……是歲甲寅，晉義熙十二年，歲在壽星，夏安居末，迎法顯道人旣至，留共冬齋。因講集之際，重問遊歷，其人恭順，言輒依實，由是先所略者，勸令詳載。』

慧皎高僧傳佛馱跋陀羅傳云：

『佛馱跋陀羅，此云覺賢，迦維羅衞人。智嚴西至罽賓，諮詢國衆，孰能流化東土，衆僉推賢。嚴旣要請苦至，賢遂愍而許焉。……至交趾，乃附舶循海而行。……頃之，至靑州東萊郡』。

又同書道普傳云：

『道普，高昌人，經遊西域，偏歷諸國。慧觀法師欲重尋涅槃復分，乃啓宋太祖資給，道普將書吏十人，西行尋經，至長廣郡，船破傷足，因疾而卒』。

法顯所乘商船，雖云因風偶至青州海岸，而佛䭾跋陀羅所乘船之逕赴青州，則非偶然可知矣。道普將書吏十人欲至青州長廣郡附船西行，則更足證明青州海岸與南洋羣島以至與印度等地，本有海船往還，而可率衆乘載。其爲自昔中外交通之又一要道，實無可疑。而與法顯同船之商人，多自青州南赴揚州，法顯亦『南下向都』，道普赴長廣郡候船出國，又爲劉宋所遣，智嚴返抵青州東萊後，更於義熙十四年詣建康譯經，則當時青州與長江下游如揚州建康等地有交通之便，亦至明顯。建康與青州等地之佛教藝術，當亦爲自印度泛海所傳播。觀法顯佛國記盛述印度拘薩羅國舍衛城祇洹精舍佛蹟之美，謂：

『到拘薩羅國舍衞城……卽波斯匿王所治城也。……波斯匿王思見佛，卽刻牛頭栴檀作佛像，置佛坐處，佛後還入精舍，像卽避出迎佛，佛言還坐，吾般泥洹後，可爲四部衆生法式，像卽還坐。此像最是衆像之始，後人所法者也。佛於是移居南邊小精舍，與像異處，相去二十步，祇洹精舍，本有七層，諸國王人民，競興供養，懸繒旛蓋，散華燒香，燃燈續明，日日不絕，……念昔世尊住此二十五年，……繞祇洹精舍，有九十八僧伽藍，盡有僧住處，唯一處空』。

而稍後，至崇信佛法之梁武帝，遂嘗遣人至印度模寫祇洹精舍諸繪畫，(註二四)，其時之畫師張僧繇，亦遂以擅於佛畫著稱。其稍前之蕭齊文惠太子亦盛於建康棲霞山督造諸佛像，則其所受印度藝術影響之深，與其藝術傳播之路線，亦不難逆識而知矣。而隋代於青州雲門山，所鑿諸優秀石窟，其佛像亦至今猶存，觀其作風與大同雲岡及洛陽龍門等地造像有別(註二五)，意者亦直接受印度造像之影響，而又另爲一系統者乎！此則由印度經南洋羣島泛海至青州一路線中外文化傳播之痕迹，與桂林一路之傳播遺蹟，而並堪研討者也。而國父孫公中山亦謂(註二六)：

『中國山東濱海之名勝，有曰琅邪者，而南洋羣島有地曰琅邪（Langa）波斯灣有地亦曰琅邪（Linga）此卽東西海道交通之殘蹟，故三地同名也』。

按山東海濱之琅邪，爲自春秋戰國以至秦漢魏晉南北朝之重要海港。其地在諸城縣東南，北與膠州灣相接，稱琅邪臺。膠州灣口之北岸爲青島，其西北濱海諸山，卽所謂勞山。六朝時均屬長廣郡，國父所言，正足與上述法顯歸國至長廣郡登陸，與道普欲至印度寫經必至長廣郡候舶等事，可相互發明。而英人史密斯教授（G. Elliot Smith）所著船與古代文化之移殖，(Ships as Evidence of the Migrations of Marly Chlture.1917.) 更引申拉克伯里之說謂(註二七)：

『當聖那基烈王引腓尼基海軍入波斯灣以後，不到二十年，商賈早由埃里特列亞(Eritrea)非州及紅海岸南部之沿岸地，（今之意屬索馬利蘭）到達中國之膠州灣了。這是西紀元前六八〇，——六四二年，（春秋周僖王二年至周襄王十年）的事。……彼等乘來的船，于其舳作鳥首，或動物之首，及兩隻大眼，而於其艫則裝兩個巨大的舵櫓，這明明是埃及造船法爲中國長久所採用了』。

按此所云『舳作鳥首或動物之首及兩隻大眼』之海船，中國自昔稱山東船，其來往於膠州灣以至於中外海上各地，當起源甚早，其爲中國所自創？抑自埃及所傳入？雖未能如史密斯教授之武斷，然以中外古代海船形制之相同言之，亦可知此交通路線航行之早，此亦足與上述自印度泛海經南洋羣島，得直接至靑州等地，而傳播佛教藝術一說克互爲證佐者也

至於由印度西北經波斯越葱嶺至新疆由敦煌而至中原一孔道，則爲自昔所稱之西域通道，(註二六)。印度佛教及其藝術由陸路傳播於中國，及中國文化自陸路傳播於西土者，自李唐以前，大率皆循此通道。今山西大同雲崗及太原天龍山等地自北魏至唐之造像，及洛陽龍門自北魏至唐之造像，及敦煌鳴沙山千佛巖之唐代塑像，即爲循此孔道所傳播所演進之鴻物。印度北部，昔有犍陀羅國(Gundhara)，地當此通道之要衝，由西亞細亞至中國之旅客，亦多經行其地。當希臘馬其頓大王亞力山大東征時，曾分遣部將據有其地，希臘藝術隨之移殖，自是與印度佛教藝術，及波斯與中國之藝術，於其地起混化作用，而構成一種有特殊作風自成系統之藝術，即所謂犍陀羅派藝術是也。此派藝術，所表現之方面，至廣且富，而見於佛像之造作者亦夥。犍陀羅西部山地那竭國之佛影，一時有天下第一之稱，其地昔時當曾盛營石窟造像，而遺其影響於

四隣。由西域通道所傳播於甘陝晉豫之佛教造像，多於或明或暗中帶有犍陀羅派藝術之作風，卽是故也。此爲一般治中國藝術史者所常提及之事蹟，玆不悉贅。要之與自印度泛海經安南或廣州至桂林一孔道之佛教藝術，及自印度泛海經南洋羣島而至靑州與建康等地之佛教藝術，皆各有其不朽價值，而須並爲研討者也。

而由印度經緬甸至滇，入邛蜀，出漢中，沿漢水下長江，而匯於金陵等地一孔道，則亦導源甚古，史記西南夷列傳云：

『元狩元年，博望侯張騫，使大夏來，言居大夏時，見蜀布邛竹杖。使問所從來。曰從東南身毒國，可數千里，得蜀賈人市；或聞邛西可二千里，有身毒國』。

身毒卽印度對音，邛卽今四川西南部西昌縣一帶地，印度於漢武帝時得與蜀賈人市易，而以蜀布邛竹杖販於大夏，則當時邛蜀等地與印度已有陸路交通，實無可疑。按由今西昌縣循陸路至印度，惟取道雲南姚安，至大理、經騰衝、出緬甸一孔道爲較便。大理爲唐時南詔國都，其西保山縣，爲漢永昌郡治，而永昌自昔爲中外交通要道，後漢書南蠻西南夷傳於記載永昌哀牢夷後接云：

『永元六年，郡徼外忍敦乙王慕延慕義，遣使譯，獻犀牛大象。九年徼外蠻，及撣國王雍由調，遣重譯，奉國珍寶。……永寧元年，撣國王雍由調，遣使者詣闕朝賀，獻樂及幻人，能變化吐火，自支解，易牛馬頭，又善跳丸，數乃至千。自言我海西人，海西卽大秦也。撣國西南通大秦』。

後漢時撣國，即隋唐時驃國，地在今緬甸與安南暹羅之一部分地。張騫所述印度與蜀賈人之市易，當即循此孔道。而爲此孔道一要衝之永昌，晉時且多印度人雜居。常璩華陽國志南中志永昌郡云：

『明帝乃置郡，……去洛六千九百里，……有閩濮、鳩獠、僄越、躶濮、身毒之民』。

則此孔道與印度關係之鉅，亦可知矣。而唐時南詔國都，且有『鶴拓』之稱，見新唐書南蠻傳。鶴拓似即犍陀羅之對音，(註二九)。蓋中印文化早循此孔道傳播，南詔初年盛崇佛法，中外教徒，即以犍陀羅國擬之，故稱曰鶴拓。而由保山大理，則可東出姚安，而至四川西南之西昌，更北至雅安，可折東至成都等地，更折東北，由閬中出陝西漢中，由漢中更可北往長安，或東下漢水，而至武漢等地，順長江而匯於金陵。今四川雅安縣有後漢高頤墓遺蹟，墓前石獸，雕刻簡樸，姿態豪壯，軀體與四肢極相稱。其胸前兩側，刻翅膀形，作飛躍狀。此在西方藝術品，至爲常見，當爲受有希臘影響之波斯作風自緬甸經雲南而傳至者，(註三〇)。而盛唐以後，四川各地亦盛爲磨崖造像，妙品特多。如廣元縣北之千佛崖，爲開元三年劍南節度使韋抗所造，甚偉麗可觀。其他如南江與巴縣及大足縣北山等地，亦多唐代造像，作風與廣元相同，(註三一)。蓋即此孔道佛教藝術傳播之遺蹟。而在漢水中流之襄陽，及其稍北之河南南陽，與江蘇之江寧丹陽等縣，其南北朝以前之陵墓，多刻造胸帶翅膀而作飛躍狀態之石獸，稱天祿辟邪，或稱爲麒麟，或俗稱石馬，形制均甚奇瑋，（註三二），蓋與雅安高頤墓前之石獸，爲同一系統。南陽漢宗資墓前之天祿辟邪。今尙完好無損。襄陽刻造有翅膀石獸之事蹟，則可於南齊書豫章文獻王嶷傳見之，其文云：

『上數幸嶷第。宋長寧陵隧道出第前路。上曰：我便是入他家墓尋人。乃徙其表闕麒麟於東岡上。麒麟及闕，形勢甚巧，宋孝武於襄陽致之。後諸帝王陵，皆模範而莫及也』。

據此，則襄陽一地，當日實擅於刻造石獸，而江南各六朝陵前之石獸，其作風確自漢水流域所傳播，今日江南各六朝陵墓胸帶翅膀諸石獸之尙可窺見者，如丹陽蕭齊諸帝陵前之石麒麟，江寧宋武帝劉裕初寧陵前之石麒麟，及陳武帝霸先萬安陵前之石麒麟，與梁安成王蕭秀墓前之石天祿辟邪，以及梁鄱陽王蕭恢墓前之石天祿辟邪等，合計尙達二十餘軀，皆爲中土藝術瓌寶。此類石獸，雖與佛教藝術無關，然以其與四川廣元等地之佛教造像爲自同一孔道所傳播，亦足爲研究此孔道中外文化交流史蹟之取資。要之，與自印度經安南或廣州而至桂林一孔道之中外文化傳播遺蹟有同等價值，而並須吾人之詳爲檢討者也。

若就上述四孔道之佛教傳播史蹟，及其所流行之宗派，以及其他有關係事蹟，而更爲羅列比較，必更可顯示此四孔道所傳播各佛教造像作風所由各成系統之根源，而自印度經安南或廣州至桂林再出湘水而匯於中原之佛教造像，其藝術地位亦必更爲明顯。惜乎資料未備，未能騾詳述焉。

七　附論

唐代桂林之佛教造像，其傳播史實，與造作景況，藝術作風及現存狀態，與所屬系統，及應有地位，已略如上述。則其應如護持？應如何研究？亦今日所不能不附論者。茲試依管見，爲陳述二事：就桂林各山崖洞壁之造像，擇其較完好者，如西山觀音峯首叠之毗盧遮那佛造像，二叠半山之阿閦佛造像，及西峯東南麓舊日千山觀後方左崖之毗盧遮那佛造像，與伏波山還珠洞下層左壁之四造像，及上層臨江之毗盧遮那佛造像，與叠彩山風洞口之巨形佛像，並洞外右崖之阿彌陀佛造像，各爲滌其霉苔，補其崖壁，增築覆蓋，使不爲風雨所侵蝕。其當門則築以鐵柵，使四民得觀看，而不爲汚損。並於鐵柵外爲另立碑記，說明其年代與名稱，及造作經過，與形制尺寸，並藝術價値，使之得永遠留傳，而爲人世所共同鑒賞與共同研討之瓌寶。敢有損毁之者，從嚴治罪，列爲地方法律。其他不甚完好之造像，以及摧毁佛龕，亦各爲淸理，增補崖壁，使不致再加損毁。此其關於保證護持者一也。於西山觀音峯下爲設一公立藝術專科學校，除研習一般藝與開創新時代藝術外，兼令護持桂林各地造像，而自印度經安南與廣州至桂林出湘達內地一孔道中外學術文化之交流史實研究，與藝術闡揚，亦責令主理。此其關於研究創發者二也。此二事皆簡便易行，甚望政府當局，與博聞遠識之君子，速起圖之！豈唯桂林之幸，抑亦國家學術文化之幸也。民國三十年十一月三十一日與寧羅香林初稿。

（注一）見東方雜誌第三十三卷第十七號拙作曹溪訪古記。

（注二）見建設研究第三卷第一期（廣西建設研究會出版）陳志良廣西古代文化遺跡之一探考。

（注三）見道光湘山寺志卷上。

（注四）參考倭人藤田豐八東西交涉史之研究，南海篇，（商務印書館何健民譯本，改名曰中國南海古代交通叢考），前漢時代西南海上之交通記錄。惟藤田豐八僅言都亢之地望當爲馬來半島之都昆，而未嘗推究二譯名之關係。按漢文元與亢，常易訛誤，元與混，音不相涉，都元當卽都亢之誤，亢與混，則聲紐相同也。

（注五）參考藤田豐八中西交涉史之硏究南海篇前漢時代西南海上之交通記錄，及馮承鈞中國南洋交通史漢代與南海之交通。

（注六）同注五。

（注七）同注五。

（注八）同注五。

（注九）同注五並參考法人費瑯（G.Ferrand）崐崙及南海古代航行考，（商務印書館有馮承鈞譯本）。

（注一〇）參考獅子吼月刊第一卷第二期，（桂林廣西佛教會巨贊法師主編），陳志良桂林的開元古寺。

（注一一）見桂林伏波山還珠洞米芾自畫小像刻石下方信孺題記。該題記今頗剝落，光緒臨桂縣志卷二十金石志曾錄載其文，亦多缺字，惟於米芾，曾爲臨桂尉，及解組與西峯僧紹言來往一事，文字尚可辨識。

（注一二）參考獅子吼月刊第一卷第二期林半覺桂林之佛教碑刻。

（注一三）同注二。

（注一四）見李延壽北史卷五十九李穆傳。

（注一五）關於大同雲岡及洛陽龍門二地自北魏至唐之佛教造像，須參考倭人常盤大定之支那佛教史蹟第二冊，及(J.Kackin)編Guidecalslogue du musee Guimet,Les Collēctions Boudāhiqus。並倭人關衛著西方美術東漸史，（商務印書館有熊得山譯本）。

（注一六）參考譚雲山印度周遊記，（新亞西亞學會出版），窮恆河考佛蹟，及唐玄奘大唐西域記。

（注一七）同注十六。

（注一八）參考黃素封科學的南洋，（商務印書館出版），第十二篇爪哇婆羅浮圖石雕考，及(Dr.N.J.Krom)編著(Boro Bndur)。惟黃氏對於佛名多錯記者，本文並曾略爲訂正。

（注一九）同注十八。

（注二〇）見南洋研究（國立暨南大學南洋文化事業部出版）第一卷第三期許克誠荷屬東印度之古代略史。

（注二一）參考新舊唐書南蠻傳。

（注二二）余幾次欲往全縣湘山寺調查，均未果行，此文所述湘山寺事蹟，除根據道光湘山寺志外，並多根據友人招我衡權所曾遊覽之口頭報告。

（注二三）余於民國廿九年十一月二十五日，及三十年一月二十七日，曾二次以乘湘桂火車經過衡陽之便，至迴雁峯之雁峯寺調查史蹟。本節所述皆根據實地所得之資料，並參考乾隆南嶽志卷一及卷六。

（注二四）參考姚思廉梁書武帝本紀，及關衛西方美術東漸史第三章中國中原西方藝術之傳統上。

（注二五）參考常盤大定支那佛教史蹟第四册，及關衛西方美術東漸史第四章中國中原西方藝術之傳統下。

（注二六）見顧實穆天子傳西征講疏讀穆天子傳十論第七穆傳發見上古東西交通之孔道所引。

（注二七）此據倭人西村眞次文化移動論（商務印書館有李寶[illegible]譯本）所引。因英人史密斯氏之原著，余手頭尚未有也。

（注二八）參考友人曾問吾先生中國歷代經營西域史，（商務印書館出版）。

（注二九）據法人伯希和（Paul Pelliot）交廣印度兩道考（商務印書館有馮承鈞譯本），謂南詔國都有犍陀羅之稱。以音讀之渾合言之，當即新唐書南蠻傳所云之鄯拓也。

（注三〇）參考關衞西方美術東漸史第三章中國中原西方藝術之傳統上。

（註三一）參考倭人大村西崖中國美術史（商務印書館有陳彬龢譯本）第十二章唐。

（註三二）參考外舅朱遏先先生希祖著六朝陵墓調查報告，（中央古物保管委員會出版）。

唐人鬬雞戲考

一

雞爲家禽之一，與人生關係至深，而中國人之視雞，尤多神祕之興味：子丑寅卯辰巳午未申酉戌亥，爲代表年月日時之十二地支，各有生肖，其習傳久矣；而酉之禽爲雞，酉年爲雞年，凡雞年生人，往往自視與鷄有特殊關係。元楊瑀山居新語：『延祐都城鷄有禁，不許倒提雞，違者有罪，並以仁皇酉景命也』。此蓋以仁宗爲酉年生人。故市民倒提鷄者，有禁。此其例一。

然歷史中亦有以將鷄倒懸，觀其振撥叫號爲可悅者。資治通鑑陳紀八：北周天元帝性行怪惡，『又好倒懸鷄及碎瓦於車上，觀其叫號以爲樂』。其與鷄之關係，誠亦怪矣。此其例二。

抑鷄善能司晨，每至五更，必高啼報曉。唯其守時，故上自早朝羣官，以至鄉村農家，旅人遊客，下至販夫走卒，關吏柝者，皆以鷄啼爲動止徵候。而鷄鳴狗盜，亦演爲史乘佳話。史記孟嘗君列傳：『秦昭王後悔出孟嘗君，卽使人馳傳逐之。孟嘗君至關，關法鷄鳴而出客，孟嘗君恐追至，客之居下座者，有能爲鷄鳴，而鷄盡鳴，遂發傳出，出如食頃，秦追果至關，已後孟嘗君出，乃還』。以鷄爲農村或關譏客舍報曉之具，故詩人對鷄亦倍饒興趣或感慨，如詩國風：『女曰鷄鳴，士曰旣旦』。唐人截句：『鷄聲茅店月，人跡板橋霜』。蘇東坡句：『世間何物催人老，半是鷄聲半馬蹄』。而黃遵憲公度，輯錄客家山歌，其一亦云：『送人出門鷄亂啼，送人離別水東西；挽水西流不容易，從食不養五更鷄』。此其例三。

鷄鳴雖未必果可悅耳，而午夜寂寥，得彼長鳴，足助意興，故長鳴鷄爲世所愛，而朝野有鷄唱之俗。蘇東坡仇池筆記：『光黃人，二三月，羣聚嘔歌，不中音律，宛轉如雞鳴耳。與宮人唱漏微相似，但極鄙野。漢官儀：宮中不畜鷄，汝南出長鳴雞，衞士候於朱雀門外，專傳雞唱。又應邵曰：今雞鳴歌。晉太康地道記曰：後漢衞士習此曲，於闕下歌之，今雞唱是也。今余所聞，豈雞唱之遺音乎？今土人謂之山歌云。』此其例四。

論語鄉黨：『山梁雌雉，時哉，時哉！子路共之，三嗅而作』。按雉亦雞一種，昔賢對雞，竟有『時哉』之嘆，則其爲世人所重，亦可知矣。而習俗又每以雞之特殊舉動爲事變預兆，如謂母鷄登屋主凶喪或火災，引爲大忌，等等，皆可翫味。又段成式酉陽雜俎亦云：『鷄無故自飛去，家有蠱；鷄日不下樹，妻妾有奸謀』。此其例五。

抑西南士族有所謂鷄卜者，尤視雞爲神物。周去非嶺外代答卷一：『南人以雞卜，其法以小雄雞未孳尾者，執其兩足，焚香禱所占而撲殺之。取腿骨洗淨，以麻線束兩骨之中，以竹梃插所束之處，俾兩腿骨相背於竹梃之端，執梃再禱，左骨爲儂，儂者我也，右骨爲人，人者所占之事也。乃視兩骨之側所有細竅，以細竹梃長寸餘者遍插之，或斜或直或正或偏，各隨其斜直正偏而定吉凶，其法有一十八變，大抵直而正，或附骨者多吉，曲而斜或遠骨者多凶』。按漢書郊祀志：『是時旣滅兩粵，乃命粵巫，立粵祝，祠安臺，無壇，亦祠天神，帝百鬼，而以雞卜。上信之，粵祠雞卜，自此始用』。則西南土民之習雞卜，由來久矣。此其例六。

而陳思王曹植有鬥雞篇：『遊目極妙伎，淸聽厭宮商。主人寂無爲，衆賓進樂方，長筵坐戲客，鬥雞閒觀房。羣雄正翕赫，雙翹自飛揚，揮羽激淸風，悍目發朱光，觜落輕毛散，嚴距往往傷。長鳴入靑雲，扇翼獨翺翔，願蒙狸膏助，常得擅此場』。是鬥雞亦爲自來娛戲之一。故應瑒鬥雞詩亦云：『戚戚懷不樂，無以釋勞勤。兄弟遊戲場，命駕迎衆賓。二部分曹伍，羣雞煥以陳：雙距解長緤，飛踴超敵倫，芥洞張金距，連戰何繽紛？從朝至日夕，勝負尙未分，專場驅衆敵，剛捷逸等羣。四坐同休贊，賓主懷悅欣。博奕不非樂，此戲世所珍』。按左傳昭公二十五年：『季郈之雞鬥，季氏介其雞，郈氏爲之金距，平子怒，益宮於郈氏，且讓之，故郈昭伯亦怨平子』。墨子小取篇：『讀書非好書也，且鬥雞非雞也，好鬥雞，好雞也』。史記蘇秦列傳：『臨菑甚富而實，其民無不吹竽鼓瑟彈琴擊筑鬥雞走狗營六博蹹鞠者』。是春秋戰國間齊魯已盛行鬥雞之俗。列子黃帝篇：『渻子爲周宣王養鬥雞，十日而問：雞可鬥已乎？曰：未也，方虛驕而恃氣。十日又問。曰：未也，猶應影響。十日又問。曰：未也，猶疾視而盛氣。十日又問。曰：幾矣，雞雖有鳴者，已無變矣，望之似木雞矣，其德全矣，異雞無敢應者，反走耳』。此雖僞託之言，然亦可證鬥雞之俗由來已久。此其例七。

綜觀上述各例，中國人與雞之關係，誠深切而神祕矣，然究之仍以鬥雞爲最普遍可歆，而鬥雞之俗，又以李唐爲最盛。唐陳鴻祖東城父老傳：『玄宗在藩邸時，樂民間淸明節鬥雞戲，及卽位治雞坊於宮間，索長安雄雞，金毫鐵距，高冠昂尾，千數，養於雞坊，選六軍小兒五百人，使馴擾教伺。上之好之，民風尤甚，諸王世家，外戚家，貴主家，侯家，傾帑破產，市□以償雞直。都中男女，以弄雞爲事，貧者或弄假雞』。鬥雞而至於設雞坊，置雞官，其重視可知矣。唐人嗜好特多，其荒工廢業，而無益身心者，以鬥雞爲最甚。茲於講述唐史之便，略就其時鬥雞逸事，試爲比錄如次。此蓋純爲彙集舊聞，俾爲省察而作，非有新意，惟博雅君子辱而教之！

二

唐代君主酷嗜鬥雞戲者甚多，舊唐書一百九十王勃傳：『勃年未及冠，應幽素舉及第……沛王賢聞其名，召爲沛府修撰，甚愛重之。諸王鬥雞，互有勝負，勃戲爲檄英王雞文。高宗覽之，怒曰：據此是交構之漸。卽日斥勃，不令入府』。以議及鬥雞，而致被斥出府，則當日鬥雞者意興之盛，亦可知矣。而高宗亦必爲此道中人。高宗以後，中宗睿宗，爲沛王賢兄弟行，亦爲嗜鬥雞戲者，而睿宗子玄宗，則鬥雞之癖尤深。新唐書五行志云：

『玄宗好鬪雞，貴臣外戚皆尙之。識者以爲雞酉屬，帝生之歲也。鬪者，兵象，近雞禍也』。

陳鴻祖東城父老傳，述賈昌身世，於玄宗嗜鬪雞事，記述尤詳：

『帝出遊，見昌弄木雞於雲龍門道旁，召入爲雞坊小兒，衣食右龍武軍，……擧二雞，雞畏而馴，使令如人。護雞坊中謁者王承恩，言于玄宗，召試殿庭，皆中玄宗意。卽日爲五百小兒長，……開元十三年，籠雞三百，從封東嶽，……十四年三月，衣鬪雞服，會玄宗於溫泉。……昭成皇后在相王府，誕聖於八月五日，中興之後，制爲千秋節，賜天下民牛酒樂三日，命之曰酺，大合樂於宮中，或酺於洛元會與淸明節，率皆在驪山。每至是日，萬樂具擧，六宮畢從。昌冠雕翠金花冠，錦袖繡襦袴，執鐸拂，道羣雞，敍立於廣場，顧盼如神，指揮風生，樹毛振翼，礪吻磨距，抑怒待勝，進退有期，隨鞭指低昂，不失昌度，勝負旣決，強者前，弱者後，隨昌雁行，歸于雞坊。角觝萬夫，跳劍尋撞，蹴毬踏繩，舞於竿顚者，索氣沮色，逡巡不敢入，豈教猱擾龍之徒歟』。

而玄宗同輩諸王，亦稱以鬪雞遣日，唐書卷八十一，三宗諸子傳讓皇帝憲傳云：

『玄宗爲太子，嘗置大衾長枕，將與諸王共之，諸王日朝側門，旣歸卽具樂縱飲，擊毬鬪雞，馳鷹犬爲樂，如是歲月不絕』。

其後代宗穆宗文宗至僖宗，俱有是癖。資治通鑑大曆十四年：『先是諸國屢獻馴象，凡四十有二，上曰：（指德宗），象費豢養，而違物性，將安用之？命縱於荊山之陽，及豹貓鬬雞獵犬之類悉縱之」。德宗所縱，蓋卽代宗所癖養也。又段成式酉陽雜俎：

「威遠軍子將臧平者，好鬬雞，高於常雞數寸，無敵敢者。威遠監軍與物十疋，強買之，因寒食，乃進十宅諸王，皆好鬬雞，此雞凡敵十數，猶擅場怙氣，穆宗大悅，因賜威遠監軍帛百疋。主雞者想其蹠距，奏曰：此雞實有弟，長距善鳴，歲歲賣之河北軍將，獲錢二百萬」。

趙璘因話錄亦云：

「文宗嘗觀鬬雞，優人稱嘆大好雞。上曰雞既好，便賜汝」。

而王讜唐語林卷七亦載僖宗鬬雞事：

「僖宗好蹴毬鬬雞爲樂，自以能於步打，謂俳優石野猪曰：朕若試步打進士，當得狀元」。

帝王以外，則重臣寵倖，以及四方豪客，亦多以鬬雞爲務。舊唐書卷五十九姜皎傳：

「皎，長安中爲尚衣奉御，玄宗在藩邸，皎識其有非常度，委心焉。……及卽位，……數召入臥內，命之舍敬坐，與妃嬪連榻，間擊毬鬬雞，呼之不名也」。

同書卷一百零五王鉷傳：

「鉷子準，衛尉少卿，亦鬬雞供奉」。

此則以玄宗酷嗜鬬雞，故臣下亦相習成風也。由是而公卿世家之子弟亦多以鬬雞爲事，王定保唐摭言卷九記晚唐秦韜王，有詞藻，亦工長短句，引其貴公子行云：

『階前莎毬綠不卷，銀鑪噴香挽不斷。……主人功業傳國初，六親聯絡馳朝車，鬬雞走狗家世事，抱來皆佩黃金魚。……』

又唐沈亞之馮燕傳：

『馮燕者，魏豪人，少以意氣任俠，專爲擊毬鬬雞戲，……遂亡滑，與滑中少年雞毬相得』。

唯唐代鬬雞之風最盛，故見於文人藝士之吟咏或繪畫者亦最多。新唐書藝文志子部藝術類，有閻立德晝鬬雞圖。此外見於畫史者，有張萱繪鬬雞射鳥圖，及周昉繪鬬雞射鳥圖。而韓昌黎與孟郊有鬬雞聯句，尤雄健可愛：

『大雞昂然來，小雞竦而待。(愈)。崢嶸顛盛氣，洗刷凝鮮彩。(郊)。高行若矜豪，側睨如伺殆。(愈)。精光目相射，劍戟心獨在。(郊)。既取冠爲冑，復以距爲鐓，天時得清寒，地利挾爽塏。(愈)。磔毛各噤瘁，怒癭爭碨磊，峨膺忽爾低，植之瞥而改。(郊)。腷膊戰聲喧，繽紛落羽皠，中休事未決，小挫勢益倍。(愈)。妬腸務生敵，賊性專相醢，裂血失鳴聲，啄殷甚飢餒(○)郊。對起何急驚，隨旋誠巧紿，毒手飽李陽，神槌困朱亥。(愈)。惻心我以仁，碎首爾何罪？獨勝事有然，傍驚汗流浼。(郊)。知雄欣動顏，怯負愁看賄，爭觀雲填道，助叫波翻海。（愈）。事爪深難解，嗔睛時未怠，一噴一醒然，再接再礪乃。（郊）。垂頭碎丹砂，翼塌拖錦綵，連軒常賈餘，清厲比歸凱。（愈）。選俊感收毛，受恩慚始隗，英心甘鬥死，義肉始庖宰，君看鬥雞篇，短韻有可採？（郊）。』（韓昌黎全集卷八。）

惟當時文士大抵皆不直鬥雞或鬥雞者所爲，如韓偓觀鬥雞偶作云：

『何曾解報稻粱恩，金距花冠氣遏雲，白日梟鳴無意問，惟將芥羽害同羣』。

唯唐人酷嗜鬥雞，故凡人之善使雞鬥者，必爲朝野所重視，東城父老傳所載之賈昌，卽其顯例：『當時天下號（昌）爲神雞童，時人爲之語曰：生兒不用識文字，鬥雞走馬勝讀書，賈家小兒年十三，富貴榮華代不如：能令金距期勝負，白羅繡衫隨軟輿，父死長安千里外，差夫持道挽喪車。……（開元）二十三年，元宗爲娶梨園弟子潘大同女，男服佩玉，女服繡襦，皆出御府。昌男至信至德，天寶中妻潘氏，以歌舞重幸於楊貴妃，夫婦席寵四十年，恩澤不台』。夫以善使雞鬥，遂致『席寵四十年』，則其見重於時，亦可知矣。

三

唐代京師關於鬥雞之設置，有雞坊與鬥雞樓。雞坊地址，據陳鴻祖東城父老傳，在兩宮之間，按兩宮謂大明宮與興慶宮。考徐松唐兩京城坊考卷三，兩宮之間，有長樂坊，爲左教坊所在地，有安興坊，有宦者仇士良及楊恭復等宅，長樂坊東爲入苑，有十王宅，其下附近爲興慶坊，有玄宗兄弟五王宅。而所謂五王者，卽上述讓皇帝傳所記諸王，蓋皆以鬬雞擊毬爲遣日之方者。故謂當時雞坊置於兩宮之間，其說可信。至鬬雞樓，則在大明宮九仙門外，唐兩京城坊考卷上：『九仙門之外，有鬬雞樓，走馬樓』。考唐長安九仙門外亦爲右羽林右龍武右神策諸軍所在地，觀上述神雞童『召入爲雞坊小兒，衣食右龍武軍』，益知鬬雞樓在九仙門外，與右龍武軍駐地相接。

而管理雞坊與鬬雞之官卒，則有護雞坊謁者，與雞坊小兒，唐代諸帝多有鷹犬之好，有鵰坊，鶻坊，鷂坊，鷹坊，狗坊等五坊之設。其官卒有五坊宮苑使，五坊小兒等。而雞坊不與五坊列故設官亦稍異。其護雞坊謁者，新唐書百官志無專官，意或以內謁者充之。按內謁者，官居從八品下，其雞坊小兒以六軍小兒爲之，數至五百，當無官秩。觀賈昌爲五百小兒長，衣食右龍武軍，意雞坊諸小兒，待遇與諸軍卒相等。又此外有鬬雞供奉，王鉷子準，曾爲之，但官品如何，史無明文；要之，或亦與賈昌相似，名位雖卑，而實際則帝王所常親近也。

民國二十六年九月三十日屬稿於中山圖書館時敵機正日襲廣州也。

唐代波羅毬戲考

一　緒論

隋自煬帝廣，好勤遠略，使裴矩出張掖，掌西域交市，招致諸胡，啗以厚利，於是而西域人士競以趨附中國爲榮，其文化亦挾而俱東，（註一），靡特中國之音樂繪畫歌劇以及服食器用，受其彰響，即技擊遊藝之俗，亦寖起變化。唐興，凡百多沿隋制，而國威遠播，四裔來同，西化日甚：其最著者，則爲波羅毬戲之傳播，國君嗜好於上，武臣效尤於外，而佳人寵佞，競相講習，以投時好，百業寖廢，唯務擊毬，甚至如國君性命，亦嘗爲毬客所算，（註二），其他驕兵悍將以擊毬而擾亂或肇禍者，更不可數計。且其戲法，更由中國而傳之東方各地。是擊毬之俗，又不僅與當日風紀有關，技藝有關，且與國家之政治或軍事，亦不無相當影響也。顧前此治史之士，則多忽略此類問題。民國二十年，有倭人今村鞆者，著日鮮支那古代打毬考一文，見一九六號一九八號朝鮮，於日本朝鮮打毬情形，敍述頗審，惟疏於中國史事，誤以汪雲程蹴鞠圖譜所述蹴鞠爲即波羅毬戲，其無當於理，不待辯也。二年前向君覺明，著唐代長安與西域文明一書（註三），中載長安打毬小考，始爲探其源流，明其技術，繁徵博引，貢獻實鉅。然其文爲體裁所限，所考以長安爲主，於當日各地擊毬風氣之探究，未遑悉究也。余不揣淺陋，妄廁上庠講席。學子有以唐代打毬故實相詢者。因就向君所考，並益以瀏覽所及，更爲增考並疏釋如次：

二　波羅毬戲之入華

隋唐以前，中國雖早有蹴鞠之戲，然皆以步打足踢爲主，與波羅毬戲以騎馬杖擊者截然不同。惟前代學者，每附會爲一，此蓋由望文生義，未嘗深考二戲之由來與技術所致。如唐蔡孚打毬篇（註四）序云：『臣謹按，打毬者，往之蹴鞠古戲也。黃帝所作兵勢，以練武士，知有材也』。不知蹴鞠爲春秋戰國以來中國之固有技術，如史記蘇秦傳：『臨菑（齊國都城）甚富而實，其民無不吹竽，鼓瑟，彈琴，擊筑，鬬雞，走狗，營六博，蹹鞠者』。是其例證，而擊毬則爲隋唐之際，新自西域所傳入者，如唐封演封氏聞見記卷六所云：

『太宗常御安福門，謂侍臣曰：「聞西蕃人好爲打毬，比亦令習，曾一度觀之。昨昇仙樓有羣蕃街裏打毬，欲令朕見；此蕃疑朕愛此，騁爲之。以此思量，帝王舉動，豈宜容易，朕已焚此毬以自誡」』。

是其例也。考波羅毬戲發源於波斯，其後西傳君士坦丁堡（Constantinople），東傳土耳其斯坦，由土耳其斯坦復傳中國西藏印度諸地，日本高麗亦習此戲，則又得之於中國者也，（註五）。至其所以名之爲波羅（Polo）者，今日已難確考，惟唐杜環經行記，（註六），謂：

『拔汗那國，在怛羅斯南千里，……大唐天寶十年，嫁和義公主於此國。國中有波羅林，林下有毬場』。

拔汗那卽漢代大宛國。舉毬場與波羅林相繫，則其爲波羅毬場無疑矣。惟『波羅』一詞，究作何解，則不易攷知；中國載籍，記述西域風土，曾涉及波羅一詞者，此外有數起，如隋書卷八十三西域傳曹國條云：

『曹國都那密水南數里，舊是康居之地也。……國中有得悉神，自西海以東諸國，並敬事之，其神有金人焉。金破羅闊丈有五尺，高下相稱，每日以駝五頭，馬十匹，羊一百口祭之，常有千人食之不盡』。

康居大宛，地域相連，所謂『破羅』，或與『波羅』爲同一詞類，是『波羅』似爲一種植物名詞。又新舊唐書合鈔卷二百五十六吐蕃傳上，載吐蕃贊普於『顯慶三年，獻金盎金頗羅等，請昏，未許』。同書卷二百五十八下西戎傳龜茲條，載『上元中素稽獻銀頗羅名馬』。所謂『頗羅』，當與『破羅』『波羅』爲同一詞類，是『波羅』又爲西域一種方物之名也。此外復有以『波羅』一音爲樂歌之名的，如隋書卷十四音樂中云：

『天興（北魏道武帝年號）初，吏部郎鄧彥海奏上廟樂，創制宮懸，而鐘管不備，樂章既闕，雜以簸邏迴歌，初用佾八，作皇始之舞，至太武帝平河西，得沮渠蒙遜之伎，賓嘉大禮，皆雜用焉。此聲所興，蓋得苻堅之末，呂光出平西域，得胡戎之樂，因又改變，雜以秦聲』。

所謂取代廟樂鐘管之『篳篥迴歌』，其名詞本爲音譯，與『波羅』，亦似同一詞類，要之皆自西域所流傳也。此外尚有以波羅爲地名者，（註七），然皆不能證明其與波羅毬之波羅有何關係。要之波羅毬傳入中國後，雖已不復與波羅一詞相聯繫，波羅一詞之原意，今亦不可卒攷，然其獨立名詞則固數數見於隋唐宋諸典籍也。苟能循是勾稽，將來或不難明其語意，此則治中西交通史者所宜再爲勤求者也。

『波羅』一詞之語意，雖今日已不可卒攷，然其毬之傳自西域，則靡特封氏聞見記所載『聞西蕃人好爲打毬』一語，可資引證，卽求之正史，亦可揭其傳播之迹也。新舊唐書合鈔卷二百五十八西戎傳下安國條云：

『安者，一曰布豁，又曰捕喝，元魏謂忸蜜者。東北至東安，西南至畢，皆百里所，西瀕烏滸河，治阿濫謐城，卽康居小君長罽王故地。……東安或曰小國，曰喝汗，在那密水之陽，……治喝汗城，亦曰籛斤，大城二十，小堡百。顯慶時，以阿濫爲安息州，卽以其王昭武殺爲刺史；籛斤爲木鹿州，以其王昭武閉息爲刺史。開元十四年，其王篤薩波提遣弟阿悉爛達拂耽發黎來朝，納馬豹。後八年獻波斯騾二，拂菻繡氍毬一，鬱金金石蜜等；其妻可敦，獻柘辟大氍毬一，繡氍毬一，乞賜袍帶鎧仗，及可敦袿襹。……』

安國所貢諸毬，雖史籍未嘗言其用法，然與名馬同列，與打毬之毬，爲同一毬類，則無可疑也。蓋打毬之戲，雖太宗時已亦令習，然其時意者風氣未盛，所用之毬，或仍須取之西域，故至開元之際，安國入貢猶以氍毬爲重要方物也。

波羅毬之毬，在波斯原名爲Cui，唐人易之爲毬，讀『幽渠切』，與波斯之Cui，其音至近，疑卽Cui之對音，（註八）。又以前各書，似不見毬子，凡球類之物，皆以球或鞠稱之，無稱毬者。以此益知打毬之戲爲隋唐之際新受西域影響而起者，惟中國原有蹴鞠之戲，蹴鞠之鞠，毬與毬字音近，故往往稱打毬爲擊鞠，如新五代史卷十三梁家人傳載：『太祖（朱溫）東歸，留友倫宿衞，伺察昭宗所爲，友倫擊鞠，墜馬死，太祖大怒，以兵七萬至河中，昭宗涕泣，不知所爲』。是其例也。然唐人記載則尙多能分別之者，雖論述打毬源流，或嘗取之與蹴鞠相附會，然其記載打毬與蹴鞠之事實，固釐然莫混也。蓋其時打毬之風新與未久，與蹴鞠並行，學子習知毬鞠之異，故操筆記事，不致淆混。資治通鑑卷二百四十三唐僖宗紀，載『上好鞠毬，鬭雞，尤善擊毬』、舉蹴鞠與擊毬並列，知二戲不可淆混矣；通鑑雖爲宋人司馬光所作，然所據資料，固皆取之唐人記事也。

三　波羅毬戲之規制

波羅毬爲一種騎馬杖擊之戲，故必於廣場爲之。毬受擊後，或旋空而飛越，或滾地而疾走，故必輕其體積，飾其外形，使易擊動，而便視識。又擊毬各期命中，故須精製毬杖，灣其下端，使易張擊。而賽毬貴迅速有法，故又必精選良馬，使便馳驅。而馳驅毬馬，貴神速無阻，故又須廣闢毬場，使平滑如砥，而便施展。毬也，杖也，乘馬也，毬場也，四者爲波羅毬戲基本工具，工具不備，不足以言戲也；工具備矣，而規則不立，比賽無紀，亦不足以言勝負；工具與規則咸備矣，而後乃能積健爲雄，熟習生巧，變化乃技，以成其術，玆略釋之。

大祇毬子之製，其先以編毛結圓爲之，故其字從毛，或於毬外更裹薄韡，使易油繪，亦未可知。惟李唐以後，則多徑以薄韡裹木爲之者，如金史卷三十五禮志八所記，『毬狀小如拳，以輕韌木枵其中而朱之』，是其例也。明鐘惺名媛詩歸卷十一，載唐魚玄機打毬作：『堅圓淨滑一星流，月杖爭敲未擬休。無滯礙時從撥弄，有遮攔處任鉤留；不辭宛轉長隨手，卻恐相將不到頭。畢竟入門應始了，願君爭取最上籌』。所謂堅圓淨滑，自非薄韡裹木不辦。然其外表，則自來均重彩繪，故唐武平一幸梨園觀打毬應制詩（註九），有『分鑣戲綵毬』之語，宋史卷一百二十一禮志二十四打毬條有『內侍發金合，出朱漆毬，擲殿前』之語。

至於毬杖，則製作尤巧。蔡孚打毬篇云：

『德陽宮北苑東頭，雲作高臺月作樓。金鎚玉鑾千金地，寶杖琱文七寶毬。……奔星亂下花場裏，初月飛來畫杖頭』。

又金史卷三十五禮志八拜天條云：

『已而擊毬。各乘所常習馬，持鞠杖，杖常數尺，其端如偃月』。

此可見其杖之巧琱文飾與其端之作灣月形也。唯毬杖常飾紋彩，打毬時又須飛擊作勢，故時人每以『電光相逐』爲喻，如段成式酉陽雜俎卷九章行規條，所云：『見空中有電光相逐如毬杖』，是其例也。大祇擊毬之戲，其命中易否，與毬杖關係甚鉅，故嗜毬之輩，必出重價以置杖，而社會遂專有精製毬杖之人。唐杜光庭錄異記云：

『蘇校書者，好酒，唱望江南。善製毬杖，外混於衆，內潛修眞。每有所闕，即以毬杖干于人，得所酬之金以易酒。……晉州汾西令張文渙長官說此』。

此亦可見唐時擊毬者之多也，不然，蘇校書何得製杖干人以濟所闕耶！

至於乘馬與擊毬之關係，則自來以詩文咏述毬戲之士，類能言之。如閻寬溫湯御毬賦云：

『宛駒冀駁，體佶心閑，銀鞍月上，華勒星還，細尾促結，高鬐難攀，儼齊足以驤首，待鶩乎其間』。

又蔡孚打毬篇云：

『共道用兵如斷蔗，俱能走馬入長楸。紅鬣錦鬃風騄驥，黃絡青絲電紫騮。……自有長鳴須決勝，能馳迅足滿先籌』。

又如唐張祜觀打毬詩（註一〇）云：

『白馬頓紅纓，梢毬紫袖輕。曉冰蹄下裂，寒瓦杖頭鳴；叉手膠粘去，分鬃線道絣。自言無戰伐，髀肉已曾生』。

此外如王讜唐語林卷五亦嘗記打毬與乘馬之關係，文云：

『開元天寶中，上數御觀打毬爲事，能者左縈右拂，盤旋宛轉，殊有可觀。然馬或奔逸，時致傷斃。永泰中蘇門山人劉鋼，于鄴下上書于刑部尚書薛公，云打毬一則損人，二則損馬，爲樂之方甚衆，何乘玆至危，以邀晷刻之歡耶』！

唯擊毬純恃馬捷，故歷代帝王之嗜毬者，皆注意乘馬之選擇與馴習，而唐玄宗嗜馬尤甚，至欲求通馬經者以相講習(註一一)，而『毬馬之好』，遂亦成爲專詞。畫家繪畫，亦多以毬馬爲體裁，如新唐書卷五十九藝文志丙部藝術類，載：『韓幹畫龍朔功臣圖，姚宋及安祿山圖，相馬圖，玄宗試馬圖，寧王調馬打毬圖』，是其例也。然唐人擊毬，亦有以驢代馬者，如郭英又拜劍南節度使，教女伎乘驢擊毬是也，(註一二)。又舊唐書卷十七敬宗紀云：

『寶曆二年六月甲子，上御三殿，觀兩軍教坊內園，分朋驢鞠角抵。戲酣，有碎首折臂者，至一更二更方罷』。

又段成式酉陽雜俎卷八云：

『崔承寵少從軍，善騎驢鞠豆脫，杖捷如膠焉。後爲黔南觀察使……』。

可見當日並盛行騎驢打毬也。

至於毬場，尤爲唐人所注意。凡武臣出鎮鉅藩者，大率皆於其地自築毬場。而長安君臣上下之擊毬場所，填築尤巧。奢靡之輩，且以油料灑築，如武崇訓楊愼交之自築毬場，(註一三)，是其例也。大祇毬場之築。以平滑爲唯一原則。故唐人之咏述毬戲而並及毬場者，率皆就其平滑爲言。如閻寬温湯御毬賦云：

『廣場惟新，掃除克淨，平望若砥，下看猶鏡。微露滴而必聞，纖塵飛而不映。欲觀乎天子之入，先受乎將軍之令』。

又楊巨源觀打毬有作(註一三)云：

『新掃毬場如砥平，龍驤驟馬曉光晴。入門百拜瞻雄勢，動地三軍唱好聲。玉勒回時沾赤汗，花騣分處拂紅纓。欲令四海氛烟靜，杖底纖塵不敢生』。

唯毬場以平滑爲主，故遇不治毬場而致草生其間，尙謂不礙毬子往來者，自不免爲嗜毬之癖所啓齒也(註一六)。

玆更進言擊毬規則。惜乎唐人記述，既不可詳考，無已，姑以宋金史所述足之。宋史卷一百二十一禮志二十四打毬條云：

『打毬本軍中戲，太宗令有司詳定其儀。三月會鞠大明殿，有司除地，竪木，東西爲毬門，高丈餘，首刻金龍，下施石蓮華坐，加以綵績。左右分朋主之，以承旨二人守門，衞士二人持小紅旗唱籌，御龍官錦繡衣，持哥舒棒，周衞毬場。殿階下，東西建日月旗，教坊設龜茲部鼓樂於兩廊，鼓各五，又於東西毬門旗下，各設鼓五。閤門豫定，分朋狀取裁，親王近臣，節度觀察都團練使，刺使，駙馬，都尉，諸司副使，供奉官，殿直，悉預其兩朋。

……天廄院供馴習馬，并鞍勒。帝乘馬出，教坊大合涼州曲，諸司使以下前導，從臣奉迎。既御殿，羣臣謝宣召，以次上馬，馬皆結尾，分朋自兩廂入。……帝擊毬，教坊作樂奏鼓，毬既度，颭旗鳴鉦。止鼓，帝回馬，從臣奉觴上壽……飲畢上馬。帝再擊之，始命諸王大臣，馳馬爭擊，旗下擂鼓，將及門，逐廂急鼓。毬度，殺鼓三通。毬門二旁，置繡旗二十四，而設虛架於殿東西階下，每朋得籌，即插一旗架上以識之。帝得籌，樂少止，從官呼萬歲，羣臣得籌則唱好，得籌者下馬稱謝。凡三籌畢，乃御殿，召從臣飲』。

此爲宋制，其毬場布置，及行列次序，或與李唐不無出入，然其分朋比勝，馳馬爭擊，度門得籌，鳴樂唱好，固與李唐無殊也。此可以唐王建所作宮詞(註一六)，及張建封酬韓校書愈打毬歌(註一七)，驗之，王氏詞云：

『對御難爭第一籌，殿前不打翻身毬。內人唱好龜兹急，天子龍輿過玉樓』。

又張氏打毬歌云：

『僕本修文持筆者，今來帥領紅旗下。不能無事習蛇矛，閑就平場學使馬。軍中伎癢驍智材，競馳俊逸隨我來。護軍對引相向去，風呼月旋明光開。俯身仰擊復傍擊，難於古人左右射，齊觀百步透短門，誰羨養由遙破的。儒生疑我新發狂，武夫愛我生雄光。杖移鬃底拂尾後，星從月下流中場』。

所謂『對引相向』，當即分朋比勝也。『透短門』則毬度門也。然其後則有獨豎一門，分隊而爭擊者，如金史卷三十五禮志八拜天條所載：

『已而擊毬……分其衆爲兩隊，共爭擊一毬。先於毬場南立雙桓，置板，下開一孔爲門，而加網爲囊。能奪得毬，擊入網囊者爲勝』。

是也。凡此皆屬擊毬規制。若夫擊毬技術，則有女子『翻身毬』一技，最爲吟詠家所稱譽，蓋翻身逆擊，本自不易，而於馬上爲之，更覺搖曳生姿，倍增婀娜，（註一八）。唐代以毬術著稱者，皇室中有玄宗宣宗僖宗三人。自餘臣工，則以周寶（註一九），及河北夏將軍（註二〇），爲最。其餘左右神策軍之老手，及毬工毬將之屬，則每以擊毬爲職務，其技藝之精，更靡論矣。

四　唐代君臣之打毬

唐代皇室及宮女或寵臣新貴之屬，並喜擊毬，而始倡之者則爲太宗，封氏聞見記所載，『太宗……謂侍臣曰：聞西蕃人好爲打毬，比亦令習』，諸話，可爲例證。自是演爲風氣，至中宗景龍年間，且以幸梨園觀打毬爲應制詩賦試題，厥風之煽可知矣。沈佺期有幸梨園亭觀打毬應制一詩（註二一），序云：

『詩紀景龍四年春二月，上御梨園，命三品以上，拋毬拔河，韋巨源唐休璟衰老，隨絙踣地，不能興，上及皇后妃主，臨觀大笑』。

又其詩云：

『今春芳苑遊，接武上瓊樓。宛轉縈香騎，飄颻拂畫毬；俯身迎未落，迴轡逐傍流。祇為看花鳥，時時誤失籌』。

又新舊唐書合鈔卷七中宗紀：『（景龍四年）二月……庚戌，令中書門下供奉官五品以上，文武三品以上，並諸學士等，自芳林門入，集於梨園毬場，分朋拔河，與皇后公主，親往觀之』。是芳林門內之之梨園且有專供打毬之所也。而玄宗毬馬之精，尤為時人稱道，雖吐蕃名手，亦不逮焉。封氏聞見記卷六云：

『景雲中，吐蕃遣使迎金城公主，中宗於梨園亭子賜觀打毬。吐蕃贊咄，奏言臣部曲有善毬者，請與漢敵。上令仗，令試之，決數都，吐蕃皆勝。時玄宗為臨淄王，中宗又令與嗣虢王邕，駙馬楊慎交武秀等四人，敵吐蕃十人。玄宗東西馳突，風回電激，所向無前，吐蕃功不獲施』。

又王讜唐語林卷[illegible]云：

『元宗嘗三殿打毬，榮王墮馬，悶絕，黃幡綽奏曰：大家年紀不為小，聖體又重，儻馬力既極，以至顛躓，天下何望？何不看女壻等與諸色人為之。如人對食盤，口眼俱飽，此為樂耳。傍觀大家馳逐忙遽，何暇知樂！上曰：爾言大有理，後當不復自為也』。

又唐李濬撫異記云：

『上（玄宗）好走馬擊毬，內廐所司者意猶未適。會黃幡綽戲語相解，因曰：「吾意欲良馬久之，而誰能通於馬經者」？皤綽奏曰：「臣能知之」，且曰：「今三丞相悉善馬經」。皤綽上曰：「吾與三丞相語政事之外，悉究其旁學，不聞有通於馬經者，爾又焉得知之」？皤綽曰：「臣日日沙堤上見丞相所乘馬，皆良馬也，以是知必通馬經」。上因大笑而語他』。

又資治通鑑卷二百十一玄宗紀云：

『上（玄宗）素友愛，近世帝王莫能及。初即位爲長枕大被，與兄弟同寢，諸王每旦，朝於側門，退則相從飲宴，鬬雞擊毬，或獵於近郊，遊賞別墅』。

又唐閻寬温湯御毬賦（註三二），云：

『天寶六載，孟冬十月，霜淸東野，斗指北闕，已畢三農，亦休百工，皇帝思温湯而順動，幸會昌之離宮。越三日下明詔，伊蹴鞠之戲者，蓋用兵之技也。武由是存，義不可捨，頃徒習於禁中，今將示於天下。……珠毬忽擲，月杖爭擊，并驅分鑣，交臂疊跡……』。

可知玄宗靡特個人嗜好毬馬，且嘗以擊毬爲兄弟羣從及臣下相提倡也。玄宗後，李唐諸帝，嗜擊毬者，指不勝屈，有以打毬受驚而得疾者，如穆宗是也。新唐書卷八穆宗敬宗紀云：

「十二月（元和十五年）庚辰，獵于城南。壬午擊鞠於右神策軍』。『長慶元年……二月，……辛卯擊鞠於麟德殿』。『敬宗，……穆宗長子也。……長慶二年十二月，穆宗因擊毬，暴得疾』。

而袁樞通鑑紀事本末卷二百零二宦官弒逆篇，言之尤詳：

『穆宗長慶二年冬十月，庚辰，上與宦官擊毬於禁中。：有宦者墜馬：上驚，因得風疾，不能履地。自是，人不聞上起居，宰相累乞入見，不報』。

有以父死未幾卽恣情擊毬，而其後卒爲擊毬將所殺者，如穆宗子敬宗是也。通鑑紀事本末二百零二同篇又云：

『是夕（長慶四年正月壬申），上崩於寢殿，……丙子，敬宗卽位於太極東序。……二月，丁未，上幸中和殿擊毬，自是數遊宴擊毬，賞賜宦臣樂人不可悉記。……夏四月，卜者蘇玄明與染坊供人張韶善。玄明謂韶曰：「我與子卜，當升殿坐，與我共食，今主上晝夜毬獵，多不在宮中，大事可圖也」。韶以爲然，乃與玄明謀，結染工無賴者百餘人，……揮兵大呼，趣禁庭。上時在清思殿擊毬，諸宦者見之驚駭，急入閉門，走白上。……（寶曆）二年，夏六月，甲子，上御三殿，令左右軍教坊內園爲擊毬手搏雜戲，……上遊戲無度，狎暱羣小，善擊毬，好手搏。……十二月辛丑，上夜獵還宮，與宦官劉克明，田務澄，許文端，及擊毬將蘇佐明，王嘉憲，石從寬，閻惟直等二十八人飲酒。上酒酣，入室更衣，殿上燭忽滅，蘇佐明等弒上於室內』。

敬宗嗜好擊毬，李唐諸帝，莫與爲比，陶元皓，靳遂良，趙士則，李公定等，並以毬工得見便殿。事蹟並見新唐書卷二百八宦者傳下，而結果亦最慘，被弒時年僅十八也。其後凡文宗武宗宣宗，均喜打毬，(註二三)，宦者仇士良遂以毬獵聲色爲蠱君心竊權柄之術，新唐書卷二百七宦官上仇士良傳云：

『仇士良字匡美，循州要寧人，……文宗與李訓欲殺王守澄，以士良素與守澄隙，故擢左神策軍中尉，……士良之老，中人舉送還第。謝曰：諸君事善天子，能聽老夫語乎？衆唯唯。士良曰：天子不可令閑暇，暇必觀書，見儒臣，則又納諫，知深慮遠，減玩好，省遊幸，吾屬恩且薄，而權輕矣。爲諸君計，莫若殖財貨，盛鷹馬，日以毬獵聲色蠱其心，極侈靡使悅不知息，則必斥經術，間外事，萬機在我，恩澤權力，欲焉往哉？衆再拜，士良殺二王一妃，四宰相，貪酷二十餘年，亦有術自將，恩禮不衰云』。

而武宗嗜毬尤酷。新唐書卷一百十一周寶傳云：

『(寶)會昌時選方鎭才校，入宿衞，與高駢皆隸右神策軍，歷良原鎭使。以善擊毬，俱備軍將軍。駢以兄事寶，寶強毅，未嘗詘意于人，官不進。自請以毬見，武宗稱其能，擢金吾將軍。以毬喪一目，進檢校工部尚書，涇原節度使』。

夫人臣至以毬術干君，而君以爲能，尋以毬而令主鉅鎭，則其主之平日嗜毬，而有針芥之投，亦可知矣。至宣宗則毬術尤精，雖二軍老手，猶每服其能。唐語林卷七云：

『宣宗，弧矢擊鞠皆盡其妙。所御馬，銜勒之外，不加雕飾，而馬尤矯捷。每持鞠杖乘奔躍，運鞠於空中，連擊至數百而馬馳不止，迅若流電。二軍老手，咸服其能』。

又裴廷裕東觀奏記云：

『上（宣宗）敦睦九族，於諸侯王，尤盡友愛，卽位後，於十六宅起雍和殿，每月三兩幸，與諸侯王擊鞠合樂，錫賚有差』。

宣宗以後，則僖宗昭宗，並善擊毬，而僖宗尤以毬術自誇。資治通鑑卷二百四十三僖宗紀云：

『廣明元年二月，殺左拾遺侯昌業；昌業以上專務遊戲，上疏極諫，上大怒，召昌業至內侍省賜死。上好蹴鞠鬪雞，尤善擊毬。嘗謂優人石野猪曰：「朕若應擊毬進士舉，須爲狀元」。對曰：「若遇堯舜作禮部侍郎，恐陛下不免駁放」。上笑而已』。

是僖宗之自負可知矣。是時黃巢已發難曹濮，皖贛湘粵，爲所蹂躪，尋復率衆渡淮，進窺京洛，而僖宗猶嗜毬拒諫，宜其國祚卒爲巢黨朱温所移也。又通鑑紀事本末卷二百十四王建據蜀篇云：

『（廣明元年）：（田）令孜見關東盜日熾，陰爲幸蜀之計，奏以（陳）敬瑄及其腹心左神策大將軍楊思立，牛勖，羅元杲，鎭三川。上令四人擊毬賭三川。敬瑄得第一籌，卽以爲西川節度使，代（崔）安潛』。

是藩鎭大員之授除，且以擊毬勝負定之，其沉迷荒謬，實罕見也。昭宗毬術，雖未明見於各家著籍，然觀通鑑紀事本末二百十七朱温篡唐所載：

『（天祐元年）自崔胤之死，六軍散亡俱盡，所餘擊毬供奉內園小兒，共二百餘人，從上而東。全忠（朱温）猶惡之，爲設食於幄，盡縊殺之』。

昭宗是雖在被迫出都，猶以擊毬供奉相隨，則其平日嗜好擊毬無疑矣。考昭宗於天祐元年四月，被朱溫所刼，自長安遷居洛陽，至八月爲朱溫所弑，是李唐諸帝擊毬之積習，直至國變身喪而始止也。此外諸帝，如憲宗，亦嗜擊毬，王溥唐會要卷二十七行幸嘗載其於元和十五年『十二月，幸右軍擊毬，遂畋於城西』。雖未嘗直接以擊毬召禍，然晚年以遊樂無度，卒爲宦官陳宏志所弑，未始與擊毬無間接影響也。

自朱溫於天祐四年（公元九零七）簒唐，肇開五代十國紛爭割據之局，雖各朝皇室之嗜好打毬，不若李唐之甚，然其習爲常事，固與李唐無殊。通鑑紀事本末朱溫簒唐篇云：

『冬（天復三年）十月辛巳，宿衞都指揮使朱友倫，與客擊毬於左軍，墜馬而卒』。

按友倫爲朱溫從子。是朱梁帝室子弟，其先亦習喜打毬。又歐陽修新五代史卷五後唐莊宗紀云：

『三年（同光）春，正月庚子，如東京，毀卽位壇爲鞠場，二月己巳，聚鞠於新場，乙亥射雁於王莽河』。

按鞠場，似卽波羅毬場，非蹴鞠之所，蓋稽之故籍，凡蹴鞠之所皆不言場也。是後唐帝室亦習喜擊毬。至於諸國如南唐孟蜀等之並喜打毬，則更無論矣，（註二四）。

他如貴臣寵倖及宮女，其習嗜擊毬，比之天子與皇室，亦略無遜色。資治通鑑卷二百零九中宗紀云：

「上好擊毬，由是風俗相尚。駙馬武崇訓楊愼交，灑油以築毬場」。楊愼交居宅，在長安靖恭坊。其自築毬場，則在坊之西隙，(註二五)。豪侈而至油灑毬場，其嗜好亦可知矣。又德宗時司徒兼中書令李晟，及文宗時戶部尙書王源中，俱以善能擊毬，顯名於時。晟宅在永崇坊，有自築毬場；源中宅在太平坊，暇日輒與諸昆秀打毬於里第，(註二六)。是其嗜毬實與唐玄宗相仿。而唐室宮女打毬之習，則可以王建之宮詞證之。王氏宮詞云：

『新調白馬怕鞭聲，供奉騎來遶殿行；爲報諸王侵早入，隔門催進打毬名』。

此外，則長安之豪俠少年，亦喜爲之。李廓長安少年行(註二七)云：

『追逐輕薄伴，閑遊不着緋。長攏出獵馬，數換打毬衣。曉日尋花去，春風帶酒歸。靑樓無晝夜，歌舞歇時稀』。

打毬而至於數換其衣，其豪競亦甚矣。又當時文人學士，亦有能擊毬者。唐制，進士及第，諸士子於慈恩寺題名後，例於曲江集會遊賞，而月燈閣打毬，尤爲盛舉。進士行中且有能與兩軍老手相頡抗者。唐摭言云：

『乾符四年，諸先輩月燈閣打毬之會，時同年悉集。無何，爲兩軍打毬將數輩私較，於是，新人排比旣盛，勉强遲留，用抑其銳。劉覃謂同年曰：『儂能爲羣公小挫彼驕，必令解去，如何」？狀元以下應聲請之。覃因跨馬執杖，躍而揖之曰：「新進士劉覃擬陪奉，可乎」？諸輩皆喜，覃馳驟擊拂，風驅電逝，彼皆聘眎。俄策得毬子，向空磔之，莫知所在。數輩漸沮，僶俛而去。時閣下數千人，因之大呼笑，久而方止』。

按新進士榜發後在月燈閣集會擊毬，由來久矣，懿宗咸通十三年三月，卽曾舉行此會，蹴拂既罷，相痛飲於佛閣之上（註二八），風會如是，宜髦士嗜毬者之多也。

五　唐代波羅毬戲之分佈

唐代打毬之習，莫盛於長安，天子宮城有毬場，宮城北有毬場亭，大明宮東內院，亦有毬場，此外則平康坊亦置毬場，王公貴臣，則多於私第自闢毬場，如武崇訓，楊愼交，李晟，王源中諸人之各築毬場，是其例也。而三殿十六王宅，皆有打毬之地，甚至城內各街，亦以皇城街廣百步，橫街南北廣三百步，平日街裏亦可打毬，左右神策軍駐所，亦可會鞠，（註二九），其運動之普遍可知矣。此外則各郡邑爲雄藩所駐節者，亦盛行擊毬之戲；蓋擊毬本爲軍州之戲，故軍旅所至，則波羅毬之運動隨之。茲就各書所記郡邑打毬之習略爲考述如次：

（一）河南道　河南道所屬洛陽，開封，許昌，臨淮等縣，皆盛行擊毬之戲。新五代史後唐莊宗紀載同光三年毀東京卽位壇爲毬場，所謂東京，卽洛陽也。此可爲洛陽有擊毬習俗之證。唐范攄雲溪友議載：

『李相公紳，督大梁日，聞鎮海軍進健卒四人，一曰富蒼龍，二曰沈萬石，三曰馮五千，四曰錢子濤，悉能拔撅角觝之戲。既召至，果然趫徑，翌日於毬場犒軍』。

按大梁指今河南開封縣，唐初稱汴州，開封縣屬之，州治縣治，並置一地，而汴宋節度使亦駐節其地。李紳於文宗開成元年出任汴州刺史宣武節度宋亳汴潁觀察等使（註三〇），駐節開封，是時其地已有毬場，則其盛行擊毬之戲無疑矣。又通鑑紀事本末卷二百十一黃巢之亂篇載：

『徐州遣兵三千赴溵水過許昌，徐卒素名凶悖，節度使薛能，自謂前鎮彭城，有恩信於徐人，館之毬場。及暮，徐卒大譟，能登子城樓問之，對以供備疏闕，慰勞久之，方定』。

按許昌，唐屬許州，爲陳許節度使駐節地。其地毬場既能爲三千步卒館宿之所，則其地址之廣，與其擊毬風氣之盛，悉可知矣。又同書卷二百零六龐勛之亂篇云：

『（龐）勛招集銀刀等都竄匿者，及諸亡命匿於舟中，衆至千人。丁巳（咸通九年九月）至泗州，刺史杜慆，饗之於毬場，優人致辭。徐卒以爲玩已，擒優人欲斬之。坐者驚散』。

按泗州治在臨淮，其毬場能供饗千人，且能得優人以致辭饗卒，則其平日之習熹擊毬，亦可知矣。又韓昌黎全集卷十七上張僕射第二書，力諫張建封不宜擊毬，是時建封方爲徐州刺史徐泗濠節度使，駐節徐州彭城縣，（註三一），是徐州當日亦盛行擊毬之俗也。韓氏文云：

『愈再拜，以擊毬事諫執事者多矣。諫者不休，執事不止，此非爲其樂不可捨，其諫不足聽故哉！……今之言毬之害者，必曰有危墮之憂，有激射之虞，小者傷面目，大者殘形軀；執事聞之，若不聞者，其意必曰：『進若熟習，則無危墮之憂，避能便捷，則免激射之廣，小何傷於面目，大何累於形軀者哉」？今所言皆不在此，其指要非以他事外物牽引相比也，特以擊毬之間之事明之耳。馬之於人，性情殊異，至於筋骸之相束，血氣之相持，安逸則適，勞頓則疲者則同。乘之有道，步驟折中，少必無疾，老必後衰。及以之馳毬於場，蕩搖其心腑，振撓其骨筋，氣不及出入，走不及迴旋，遠者三四年，近者一二年無全馬矣。然則毬之害於人也決矣。……』

觀於韓氏諫書之切，知建封在彭城嗜毬之甚也。

(二)河北道　新舊唐書合鈔卷二百十二劉悟傳云：

『劉悟，正臣之孫也。……既而懼，亡歸李師古，李師古厚幣迎之。始亦未甚知，後因擊毬馳突，衝師古馬仆，師古怒，將斬之，悟猛，以氣語抑觸師古，師古奇而免之，因令管壯士將後軍』。

按李師古爲平盧節度使李正已孫，襲父納爲節度使，平盧鎮治營州，即今熱河朝陽縣，唐時正盛行擊毬之習也。又新唐書卷二百十一藩鎮傳李寶臣傳云：

『李寶臣字爲輔，本范陽內屬奚也。……朝義平，擢禮部尚書，封趙國公，名其軍曰成德，即拜節度使，……賜姓及名。於是遂有恆定易趙深冀六州地，步卒五萬，……與薛嵩，田承嗣，李正己，梁崇義相姻嫁，急熱爲表裏，……其弟寶正，承嗣壻也，往依魏，與承嗣子維擊毬，馬駭觸維死，承嗣怒囚之』。

按田承嗣爲安史餘黨，降唐後，爲魏博節度使，駐節魏州，此所云『依魏，與承嗣子維擊毬』之魏，蓋卽魏博節度使所駐之魏州（今河北大名縣卽其州治）也。李寶臣駐節冀州，其弟寶正，往依魏州，卽專擊毬，則其在冀已先習毬戲，亦自可知；果爾，則冀州當亦盛行擊毬之戲也。又同書藩鎮傳魏博傳云：

『（田）季安畏主之嚴，頗循禮法，及主薨，始自恣蹵鞠，從禽，酣嗜欲』。

按季安爲田承嗣孫，田緒子，年十五襲緒職爲魏博節度使，觀右記載，益知魏州打毬風氣之盛。又資治通鑑卷二百十八唐紀三十四肅宗上之下至德元年七月云：

『（時）河北諸郡猶爲唐守，常山太守王俌欲降賊，諸將怒，因擊毬縱馬，踐殺之』。

按常山，唐屬恆州，安史發難後，爲戰爭要地，安史事平，並定易趙深冀等州歸降將李寶臣領鎮，其地之盛行擊毬，非無因也。觀此，知河北道各重地，大率亦習打毬之術。其尤甚者，且以毬術烘動於時。段成式酉陽雜俎卷五詭習云：

『建中初有河北將軍姓夏，彎弓數百斤。嘗於毬場中累錢十餘，走馬以擊鞠杖擊之，一擊一錢飛起六七丈，其妙如此』。

此雖非打毬本誼，然以毬杖擊錢，盡其妙技，且於毬場舉行，則其毬藝之精，無待論矣。

(三)淮南道。宋無名氏輯五國故事卷上云：

『朱瑾，楊氏（吳主行密）之名將也。徐溫既出領潤州，以其子知訓知廣陵政事，謂之政事僕射。……一日，楊氏會鞠于廣場，知訓與瑾，立馬觀之，馬首相接，……』

所謂『會鞠』，即打毬也。蓋淮南自吳主楊行密子渥，縱情擊毬，流風所播，羣相則效，靡費之鉅，更爲諸鎮所弗逮也。通鑑記事本末卷二百二十四徐氏篡吳篇云：

『昭宣帝天佑二年……（周隱）對曰：「宣州司徒（指行密子渥）輕易信讒，喜擊毬飲酒，非保家之主。」……渥居喪，晝夜酣飲作樂，燃十圍之燭以擊毬，一燭費錢數萬。……』

其擊毬之無度，殆與唐敬宗相劣。此淮南嗜毬之證也。

（四）江南道。江南擊毬風氣，以南唐所都之金陵爲盛。其先似由淮南傳入，蓋南唐得國，本自吳主楊氏手所移篡，故凡楊氏舊俗，亦多流行江南。南唐近事（註三二）云：

『玄宗（南唐中主李璟）幼學之年，馮權嘗給使左右，上深所親倖，每曰：「我富貴之日，爲爾置銀靴焉」。保大初，聽政之暇，命親王及東宮舊僚擊鞠歡極，頒賚有等。語及前事，即日賜金三十斤，以代銀靴』。

又云：

『玄宗嗣位之初，春秋鼎盛，留心內寵，宴私擊鞠，略無虛日，常乘醉命樂工楊花飛奏水調詞進酒。花飛唯歌「南朝天子好風流」一句，如是者數四。上既悟，覆杯大懌，厚賜金帛，以旌敢言。……』

以此知江南之嗜擊毬也。此外如長沙等地，亦習喜擊毬。唐李亢獨異志卷下云：

『王鍔爲辛京杲下偏裨，杲時帥長沙，甚異之。一日擊毬，馳逐旣酣，鍔仰天呵氣，高數丈，若白練上衝。杲謂妻曰：「此極貴相」。遂以女弟配之。鍔終爲將相』。

(五)山南道　李肇國史補云：

『憲宗問趙相宗儒曰：「人言卿在荆州，毬場草生，何也」？對曰：「死罪，有之；雖然，草生不妨毬子往來」。上爲之啓齒』。

蓋是時方鎭大臣，多習擊毬，荆州亦有毬場之設，宗儒以不習毬事，聞者遂以『毬場草生』爲異，帝王亦以是相詰。觀此，知當日擊毬風氣之普遍矣，不然何至爲異耶？

(六)劍南道　新舊唐書合鈔卷一百六十八郭英乂傳云：

『郭英乂字元武，先朝隴右節度使左羽林軍將軍知運之季子也。少以父業，習知武藝，策名河隴間。……會劍南節度使嚴武卒，載以英乂代之，兼成都尹，充劍南節度使。旣至成都，肆行不軌，無所忌憚。……又頗恣狂蕩，聚女人騎驢擊毬，製鈿驢鞍，及諸服用，皆侈靡供飾，日費數萬，以爲笑樂』。

按英乂出鎭劍南，事在唐代宗廣德年間，是其時西川一地，已盛行擊毬之習矣。其後陳敬瑄以僖宗命賭毬得第一籌，出鎭西川，而蜀中毬風益熾。降及五季，王建以劍南西川節度副大使，稱王改制，諸子益習爲毬馬之戲。新五代史卷六十三前蜀世家云：

『元膺，建次子也。……爲人猳喙齲齒，多材藝，能射錢中孔。嘗自抱畫毬，擲馬上，馳而射之，無不中。』

降及後蜀孟氏，而蜀中毬藝未替，其先且有『猛入』之諺。宋秦再思洛中記異孟入條云：

『同光乙酉歲，王師平蜀，莊宗（後唐李存勗）詔太原節度使孟知祥入州，鎭成都。先是蜀人打毬，或一棒便入，湖子者爲猛入，音訛爲孟入，得陰一籌。其後，孟盡得兩蜀之地，乃僭大號，洎子昶降，乃知陰一籌者，果一子也』。

秦氏釋詞，雖容有附會，然謂蜀人及孟昶嗜毬，則無可疑也。全唐文卷八百九十一有幸寅遜諫孟昶擊毬馳騁疏，可爲例證，文云：

『……今復聞陛下或採戲打毬，雖宮禁無事，止於释悶，亦可一兩月時爲之。臣慮積習生常，不唯勞倦聖體，復且妨於庶務，諸司申覆，因之淹滯。其次奔蹄失馭，奄有驚蹶，陛下雖自輕，奈宗廟社稷何』？

而後蜀宮廷盛行擊毬之戲，益可於花蕊夫人所作宮詞證之。花蕊宮詞（註三三）云：

『小毬場近曲池頭，宣喚勳臣試打毬；先向畫廊排御幄，管絃聲動立浮油』。

『供奉頭籌不敢爭，上棚等喚近臣名；內人酌酒纔宣賜，馬上齊呼萬歲聲』。

『自教宮娥學打毬，玉鞍初跨柳腰柔；上棚知是官家認，遍遍長贏第一籌』。

按前蜀王建，有徐貴妃，號花蕊夫人，善爲詩，有藻思；後蜀孟昶，納青城費氏女爲妃，亦號花蕊夫人，幼能屬文，以才貌事昶。是花蕊，原有二人，惟今所傳花蕊宮詞百首，則爲孟昶妃費氏所作，（註三四），非前蜀徐妃作品也。

（七）嶺南道　莫休符桂林風土記云：

『長慶中，李給事渤，字濬之，除桂林，表吳武陵爲倅。故事副車上任，具櫜鞬通謝，又數日於毬場致宴。酒酣，吳乃致詞云：奉約同遊山水，奈何以紅帛繫於首，仍命婦女於看棚聚觀相恥』。

桂林有毬場，則當日嶺南西道官吏有擊毬之俗亦可知矣。

要之，李唐自太宗倡習擊毬，下逮衰亡，迄於五季，靡特國君每嗜擊毬，即郡邑駐軍亦以風會所趨，而盛爲斯戲，其流俗分佈之廣，殆與節鎮同也。上述七道，第就其常見於故籍載記者言之耳，究之，掛漏之點，容多有也。

六　結論

唐代打毬之戲，其風氣肇開於太宗時之『比亦令習』，蓋猶僅在京師爲然也。其後，日以盛行，至玄宗開天之際，益奔放不可遏。是時藩鎮之制，既由醞釀而完成，而打毬與習武有關，玄宗復以是相提倡。上有所好，下必甚焉。於是，而打毬之戲，遂由京師傳之各鎮。嗜好既深，傳播既廣，而影響遂非創制者所及料矣。語其尤要，約有三端：

一者謂打毬首開雄藩鉅鎮之輿兵構亂，而其禍遂至於日滋而莫已也。成德節度李寶臣之使弟寶正往依魏博節度使田承嗣也，會與承嗣子維擊毬，馬觸維死，寶臣謝教不謹，進杖示責，而承嗣遂鞭殺寶正。由是成德魏博交惡不休。寶臣始約淄青橫海節度使李正己共劾承嗣可討狀。唐代宗以爲各鎮相圖，則其勢易制，故卽詔寶臣與朱滔及太原兵攻其北，正己與滑亳河陽江淮兵攻其南，諸鎮由是始相攻伐，合從連橫，不可究詰，(註三五)，迄於唐亡，其亂未已。藩鎮之禍，雖不始於寶臣，然藩鎮之連兵，則以是爲引火。此則治李唐藩鎮問題者所熟知者也。此外，如朱溫以黃巢降將，出鎮汴梁，領河南諸鎮，使從子友倫，留京師直宿衛，伺察唐昭宗所爲，以擊毬墜馬身死，溫遂爲發兵七萬，至河中，脅以洩怒，(註三六)，昭宗涕泣，至不知所爲，未幾卽爲朱溫所弒，而唐祚未幾卽移。是擊毬之戲，嘗促成雄藩之釀禍，更昭然其若揭也。

二者謂唐代諸帝每喜打毬，卒之政務荒廢，禍亂隨之，而結果遂致日卽衰亡而莫可挽也。唐代諸帝最嗜毬者，莫如敬宗僖宗，敬宗擊毬，日之不足，繼之以夜，與戲者往往至碎首折臂，而其身亦卒爲擊毬將所弒；僖宗嗜毬，甚至以擊毬勝負，定西川節度使之除授，其荒謬尤無以比矣。昭宗繼立，益日以擊毬爲務，政廢民離，結果爲朱溫所弒。天擊毬何尤於人，特嗜之過甚，遂爲弊耳。

三者謂李唐以後，中國社會，盛行擊毬，迄於朱明，其風未沫，文人喜觀擊毬之戲，往往形諸吟咏，或迫於功令，不能不歌咏及之，而結果遂以產生無數關於打毬之作品也。唐人咏毬之作，其最著者，如沈佺期之幸梨園亭觀打毬應制，閻寬溫湯御毬賦，蔡孚打毬篇，楊巨源觀打毬有作，張祜觀打毬。張建封酬韓校書愈打毬歌，且由張氏酬歌，並知韓愈嘗日有咏毬之作，而王建宮詞所詠打毬諸絕，尤清豔可喜。李唐以後，咏打毬者，篇什尤多，悉數之，僕難終焉。其他本非詠毬戲，而搆詞立句偶爾及之者，亦往往而有，如陸放翁冬夜聞雁有感（註三七）所云：

『從軍昔戍南山邊，傳烽直照東駱谷。軍中罷戰壯士閑，細草平郊恣馳逐。洮州駿馬金絡頭，梁州毬場日打毬。王杯傳酒和鹿血，女眞降虜彈箜篌。大呼拔幟思野戰，殺氣當年赤浮面。南遊巴蜀已低摧，猶據胡床飛百箭。豈知蹭蹬還江邊，病臂不復能開弦。夜聞雁聲起嘆息，來時應過桑乾磧』。

是其例也。要之，打毬之戲，雖本身不必與文學有若何關係，然以其活躍有趣，足爲文人吟詠取資，觀於唐宋元明諸作家關於擊毬篇什之富，益知其影響所屆矣。而唐代藝術家或工匠，爲適應社會風尚，且往往以擊毬入畫，或爲陶俑，或爲雕刻，如韓幹繪寧王調馬打毬圖，是其顯例。法國古董商人某氏，且藏鉅鹿故城出土宋人所繪擊鞠圖，清故宮亦藏舊繪唐人擊鞠圖，是唐以後畫家仍多以擊毬爲繪事體裁者。又民國二十五年倫敦舉行中國藝術展覽會，大英博物館所送展品有唐俑一枚，作擊毬形狀，題曰 Polo Player 製作甚精。以此知唐代社會對於打毬之嗜好矣，（註三八）。

(註一)見司馬光資治通鑑卷一百八十一隋紀五煬皇帝上之下。

(註二)見袁樞通鑑紀事本末卷三十五宦官弑逆。

(注三)向著唐代長安與西域文明，於民國二十二年由北平燕京大學哈佛燕京社 (The Harvardyenching Institute) 出版，爲燕京學報專號之二。

(注四)見圖書集成藝術典第八百零二卷蹴鞠部引。又馬氏文獻通考樂考二十，亦誤以打毬爲蹴毬。

(注五)見向氏長安打毬小考。

(注六)見王國維古行記四種校錄，蓋自李元陽本通典所輯出者。

(註七)陶宗儀說郛卷六所載廣知西域志條有『波羅奈斯國，佛轉法輪處，在此國也』諸語，是波羅似爲國名，即波羅奈斯之省文。又樂史太平寰宇記卷一百五十七嶺南道一廣州新會縣條有『潭波羅山在縣南六十里，昔外人曾居此山，其潭波羅者，番語也』諸語，是中國以波羅名地者，皆循外國語音也。又廣東南海縣之虎門附近扶胥江口，有波羅廟，專祀海神，廟中舊塑達奚司空像，作波斯裝束，蓋亦自西域所流傳之神也。仇池羊城古鈔謂『達奚司空，在波羅廟中，相傳波羅國貢舶泊此，一人摘波羅子二枚，種之，風帆忽舉，衆置之以去，其人望且泣，遂立化於山上，後人漆其身加以衣冠，稱達奚司空，祀於廟門之左』。是波羅廟或以波羅國得名，或以波羅樹得名，要之皆與西域有關也。(崔弼有波羅外記，容當再攷)。今日廣東盛產波羅蜜菓，或獨稱波羅，甄其詞類，當亦直譯之西域，據此則拔汗那國之波羅林，似又爲波羅蜜菓林也。

(註八)見向氏長安打毬小攷。

(註九)見圖書集成藝術典蹴鞠部引。

(註一〇)同上。

(註一一)見唐代叢書李濬摭異記。

（註一二）見新舊唐書合鈔卷一百六十郭英乂傳，向氏小攷，以此爲英乂父郭知運事，非是。
（註一三）見資治通鑑卷二百零九中宗紀。
（註一四）見圖書集成藝術典蹴鞠部引。
（註一五）見李肇國史補毬場草生條。
（註一六）見毛子晉輯三家宮詞。
（註一七）見圖書集成同上蹴鞠部引。
（註一八）引向氏小攷語。
（註一九）見新唐書卷一百十一周寶傳。
（註二〇）見段成式酉陽雜俎卷五詭習。
（註二一）見圖書集成藝術典第八百零二卷蹴鞠部藝文引。
（註二二）見圖書集成藝術典蹴鞠部引。
（註二三）見向氏小攷，文宗寶曆九年，龍首池亦填爲毬場，是文宗亦習於打毬者也。
（註二四）見南唐近事及洛中記。
（註二五）見徐松兩京城坊考卷三。
（註二六）見同上永崇坊條。
（註二七）見全唐詩第七函第十册。
（註二八）據向氏小考所考定。
（註二九）見向氏小考引兩京城坊考。
（註三〇）見舊唐書卷一百七十三李紳傳。

（註三一）　韓昌黎全集卷十七上張僕射書題下小註。

（註三二）見圖書集成藝術典蹴鞠部引。

（註三三）見毛子晉輯三家宮詞。

（註三四）見毛子晉輯三家宮詞花蕊夫人宮詞跋尾。

（註三五）見新唐書卷二百十一藩鎮鎮冀列傳，並參考該書二百十至二百十四藩鎮全傳。

（註三六）見新五代史卷十三梁家人傳。

（註三七）見須溪精選陸放翁詩集卷一（商務四部叢刊本）。

（註三八）此據友人傅振倫先生所面告。傅先生於一九三五至三六年，參加倫敦中國藝術展覽會，據云大英博物館所送展之擊鞠唐俑，編號二四三二，其物原藏者 Georgen Eumorfopulos 也。其陶質係褐色，似曾塗彩，已脫落矣。傅先生於一九三六年一月遊巴黎，以盧芹齋君介紹，識法國古董商人某氏，其所藏宋人繪擊鞠圖殘卷，絹本，河北鉅鹿故城出土，原儲瓷甕內。畫頗精彩云。又美國可倫比亞大學教授富路特先生（Mr. Luther CarringtonGoodrich, Prof. of Chinese,Celnmbia University New York City)嘗遊歷中國，於民國二十六年春，偕譚卓垣先生訪余於廣州中山圖書館。據云在天津曾見其地收存古物中有唐俑及其他雜物，均有作擊毬形狀者。